“应用型卓越法律人才培养”系列教材

经济法实训

朱晓燕　编著

法律出版社
LAW PRESS · CHINA

作 者 简 介

朱晓燕 （1980— ），上海政法学院经济法学院讲师，中国海洋大学环境与资源保护法学博士。主要研究方向：海洋环境法、国际环境法。自 2011 年进入上海政法学院工作以来，先后出版《构建我国破产企业环境法律责任制度研究》、《环境资源法案例教程》、《我国防治海岸工程污染海洋环境法律制度研究》等专著和教材。

目　录

第一讲　竞争法律制度

◇ 重点体系

- 反垄断法
  - 垄断协议
    - 横向垄断协议
    - 纵向垄断协议
  - 滥用市场支配地位
  - 经营者集中
  - 行政性垄断
    - 指定或限定经营
    - 地区封锁
      - 限制商品流通
      - 招投标中的垄断
      - 限制外地投资
      - 限制设立分支机构
- 反不正当竞争法
  - 混淆行为
  - 侵犯商业秘密的行为
  - 诋毁商业信誉行为
  - 商业贿赂行为
  - 虚假宣传行为
  - 低价倾销行为
  - 不正当的有奖销售

◈ 考点精讲

● **全面论述**

壹　竞　争　法

一、竞争的概念及特征

竞争是指有着不同经济利益的两个以上的经营者,为争取利益最大化,以其他利害关系人为对手,采用能够争取交易机会的商业策略,以争取市场的行为。

竞争有如下几个特征:

(1)竞争的主体是两个或两个以上的经营者,他们在交易方向上一致,所在行业相同或相似,但经济利益上有着利害关系,彼此相互排斥。市场的范围是相对固定的,任何一个经营者对市场的占领或扩大，就意味着其他处于利害相关地位的经营者的市场相应也被占领或缩小。经营者竞争的最终目的就是争取交易机会，争夺并占领市场。

(2)竞争策略和竞争手段呈现多样性。为了争夺市场，经营者往往采用多种竞争策略和手段。竞争策略大致有：价格策略、广告策略、服务策略、促销策略、树立企业商誉等。竞争手段主要是围绕商品的价格、质量以及服务等条件来争取交易机会。

(3)竞争的结果会导致优胜劣汰。竞争中的优胜者，获得广大消费者的依赖和支持，占据市场并逐渐扩大市场；竞争中的失败者则相对处于劣势，在激烈的竞争中有被淘汰出市场的危险。

二、竞争法概述

(一)竞争法的概念及其调整对象

竞争法是指调整市场竞争关系和市场竞争管理关系的法律规范的总称。竞争法的调整对象是国家在协调经济运行的市场竞争活动中所形成的经济关系，具体包括以下几种：

(1)竞争关系。它是指经营者之间在交易过程中形成的以利害关系方为对手，相互争夺资金、技术、劳动力以及市场占有额的经济关系。竞争法对竞争关系的调整主要是通过法律规制创设平等、公正的竞争环境，保证公平竞争；同时保护正当竞争，制止非法垄断与不正当竞争，维护合法竞争者的利益。

(2)竞争管理关系。它是指国家经济管理机关在依照经济职权实施监督、管理市场竞争活动过程中所形成的经济关系。竞争法对竞争管理关系的调整主要是确立监督管理体制，明确管理职责，规定监督管理的程序，确认违法的法律责任。

(二)竞争法的作用

竞争法是国家调整市场结构，规范市场行为，保护和促进健康竞争的基本法律制度。竞争法的作用主要有以下几种。

(1)创设并完善公平竞争的社会条件。它主要通过维护合理的市场结构，建立健全公平竞争制度等方式来实现。

(2)制止非法垄断和不正当竞争，维护正常的市场竞争秩序。它主要通过对垄断行为、限制竞争行为和不正当竞争行为的制止来实现。

(3)保护和鼓励正当竞争。制止不正当竞争就是保护了合法经营者的竞争权利，为竞争机制作用的正常发挥提供了良好的条件。

(4)保护经营者和消费者的合法权益。它主要是通过制止垄断行为、限制竞争行为和不正当竞争行为对经营者和消费者合法权益的侵犯来实现。

(三)竞争法的原则

(1)合法竞争原则。合法竞争是指经营者必须按照法律法规的规定进行竞争。合法竞争的条件为：首先，竞争者主体地位应当是合法的；其次，竞争的内容应当是合法的；最后，竞争行为应当是合法的。合法竞争是竞争的前提条件和总的指导思想。

(2)公平竞争原则。公平竞争是指在同等的市场条件下,市场主体通过采用符合法律和商业道德的手段或方法,以实现其产品价值的一种市场机制。公平竞争是正当竞争的前提,是市场经济的本质要求。

(3)自由竞争原则。自由竞争是指竞争活动的参与者在法律许可的范围内,根据自己的意志决定参与或不参与一定的竞争行为。

(四)竞争法的立法体系

竞争法的立法体系,是指竞争法系统中不同法律规范之间的联系与结构方式。即调整竞争关系与竞争管理关系的法律规范按照一定的标准分类组合而形成具有密切联系,具有一定的结构的有机系统。竞争法的体系由以下几个部分构成。

(1)反垄断实体法。其主要内容有:确认垄断与非垄断的标准,即明确垄断的表现形式、构成要件;规定非法垄断的法律责任;关于反垄断法适用除外的规定等。

(2)反不正当竞争实体法。其主要内容有:确认正当竞争与不正当竞争的标准,即明确不正当竞争的构成要件、表现形式;规定不正当竞争的法律责任等。

(3)竞争管理体制法。其主要内容有:竞争管理机构设置的规定;管理机构的职责;被管理的主体在管理过程中的权利、义务及法律责任。

(4)竞争法程序规范。其主要内容有:监督、检查、处理竞争争议,查处非正当竞争案件等程序。

(五)竞争法的执法机构

国际上竞争法的执法机构的设置大体有以下三种模式。

(1)准司法机关性质的专门执法机构。这种做法以美国、日本为代表。美国的专门执法机构是联邦贸易委员会,该委员会具有极高的权威性,直接向国会负责,不受总统左右,执法中完全独立行使职权而不受其他任何因素的干扰。

(2)设立专门的行政机关。设立行政机关专门实施竞争执法,欧洲大多数国家采取了此种模式。

(3)司法机关。由司法机关执行竞争法,为行政机关依法行使职权提供司法支持。

在我国,依照《反不正当竞争法》的规定,竞争执法的职责授权给工商行政管理部门,县级以上人民政府工商行政管理部门对不正当竞争行为进行监督检查;法律、行政法规规定由其他部门监督检查的,则分别由质量技术监督部门、专门管理部门、商标管理部门、卫生管理部门、贸易管理部门等实施执法。国务院设立反垄断委员会,负责组织、协调、指导反垄断工作,履行法定职责。

贰　反垄断法

一、反垄断法概述

(一)垄断的语源

在中文里,"垄断"一词源自"龙断"。据《辞源》解释,"龙断"是指断而高的岗龙,即土岗高处。据学者考证,孟子是最早使用“龙断”这一名词用以表示实施某种经济行为的人。《孟子·公孙丑》云:“古之为市也,以其所有,易其所无者,有司者治之耳。有贱丈夫焉,必求龙断而登之,以左右望而罔市利。”可见孟子所称的垄断,是指有些贪利的“贱人”占据土岗高处,窥测和操纵市场的动态而牟取高利的行为。[1]

在西方现代语言中,用来表示“垄断”意义的词语,英文是 monopoly,德文是 mono pol,法文是 mono pole。这些词都源于拉丁文的 monopolist。而在拉丁文中的 monopolist 又源自希腊文 monopolization。在希腊文中,monopolist 是由 mo nos 和 pole in 组合而成的。mo nos 意为“单独的”,pole in 则为“买卖”、“经商”之义。monopolist 即为“独占”、“垄断”、“专利”、“买卖”之义。

与孟子差不多同时代的亚里士多德在其名著《政治学》中讲述了两个“垄断赚钱”的故事。一个故事讲到米利都人泰利斯,他在冬天预测到明年夏天油橄榄将获丰收,遂以很低的租金租下了启沃岛和米利都城的油坊及榨油设备。收获季节到来之时,榨油的人纷纷来到油坊,不得不以他所要求的高额金钱支付榨油设备的租金。另一个故事说,一个人在西西里岛用一笔存款购进了铁矿的所有存铁,随后各地的铁商来西西里岛买铁时,只有他一人能供应现货。他稍微提价,就以五十泰伦赚进一百泰伦。[2]

由此可见,不论是在古代中国还是在西方文明发祥地的古希腊,垄断作为一种经济行为都早已存在了。尽管垄断行为在中西方的表现方式不尽相同,但其最原始最基本的意义,都是指某人利用某种优势来控制和操纵市场,以获取高额利润的行为。正是垄断所具有的这一固有特性,使垄断通常被认为是一种不道德的甚至非法的行为而受到人们的非难。在孟子看来,垄断乃“贱丈夫”所为,而亚里士多德书中所述的那个西西里岛卖铁者则被限令离开了叙拉古城。[3]

(二)垄断的概念及特点

迄今为止,世界各国对垄断尚无一个统一的定义。这除了各国的国情不同这一原因之外,也因各国的法律所禁止之垄断随着经济发展的不同阶段对市场结构的不同要求而随之发生着变化。那么,何为垄断呢?垄断是指经营者以独占或者有组织的联合行动等方式,凭借经济优势或行政权力,操纵或支配市场,限制和排斥竞争的行为。垄断具有以下几个特征。

(1)形成垄断的主要方式是独占或有组织的联合行动。垄断者凭借自己在市场中的独占地位,靠操纵市场来谋取非法利润;不具有独占地位的经营者则依靠有组织的联合性行为,通过不合理的企业规模和减少竞争数量以及对具有竞争性的企业实行控制等方式排挤竞争对手,控制市场。

---

〔1〕胡寄窗:《中国经济思想史》(上册),上海人民出版社1962年版,第224页。

〔2〕[古希腊]亚里士多德:《政治学》,吴寿彭译,商务印书馆1965年版,第34页。

〔3〕邵建东:《中国竞争法》,江西人民出版社1994年版,第205~206页。

(2)垄断者之所以能形成垄断势力凭借的是经济优势或行政权力。凭借经济优势形成的垄断为经济性垄断;凭借行政权力形成的垄断为行政性垄断。无论是哪种垄断,其目的都是操纵或支配市场,获得垄断利润。

(3)垄断限制和排斥了竞争。垄断的直接结果是垄断者控制市场,垄断价格,排挤了竞争对手,垄断使竞争机制作用失效,从而限制、排斥了竞争。

(三)反垄断法的概念

反垄断法有广义和狭义之分,广义上的反垄断法是指在调整反垄断过程中所发生的经济关系的法律规范的总称。

狭义上的反垄断法是指《中华人民共和国反垄断法》,该法于 2007 年 8 月 30 日由第十届全国人民代表大会常务委员会第二十九次会议通过,自 2008 年 8 月 1 日起生效,共 8 章 57 条。

(四)反垄断法的调整对象

反垄断法的调整对象是在调整反垄断过程中所发生的经济关系,具体包括:第一,在确定禁止垄断范围中发生的经济关系;第二,在确定禁止垄断管理体制的过程中产生的经济关系;第三,在制裁非法垄断行为过程中发生的经济关系。

各国反垄断法所规制的垄断行为主要有以下几种:

(1)独占。它是指在特定的市场范围内,一个或极少数几个经营者,或是取得了绝对优势地位而排除了竞争,或是放弃竞争而排除了竞争。处于独占地位的垄断者完全没有竞争的压力,所以在质量、价格和服务上随心所欲,为所欲为,为了获取垄断利润,滥用经济优势,损害其他经营者和消费者的利益。

(2)合并。它是指那些通过减少企业数量,扩大经济集中形成垄断的结合行为。然而,并非所有合并行为都为反垄断法所禁止,只有当合并可能产生垄断或实质上阻碍、排斥竞争时才为反垄断法所限制或禁止。

(3)兼并。它是指企业通过有偿全部转让企业的方式或购买另一企业的股票和资产以及采用租赁、许可等方式扩大市场控制实力,导致实质上减少竞争并形成垄断的行为。

(4)合谋协议。它是指几个企业为了共同的经济利益,采用某种协议或联合组织的方式,联合行动、排除竞争,排除竞争对手尤其是排挤弱小企业。合谋协议的形式主要有:价格固定协议,联合抵制、阻止竞争对手进入市场协议,划分市场协议,限定产量协议等。

(5)独家交易。它是指生产某种特定产品或系列产品的企业只允许它的销售商经销该企业的产品,而不允许经销商销售其他同类竞争者的产品。这种垄断方式通过对经销商或承租人的胁迫,削弱竞争,导致垄断。

(6)股份保有。它是指一个企业不正当地占有另一个企业的股票或资本份额,也包括两个企业彼此占有对方的股票或资本份额。股份保有可能造成对竞争的限制,使保有企业之间统一行动，排除彼此间的竞争。

(7)董事兼任。它是指一个公司企业的董事同时担任其他可能是竞争对手公司的董事。这种董事的交叉任职，势必在本具有竞争关系的公司间减少或完全排除竞争。

(五)反垄断法的适用范围

下列行为适用反垄断法：(1)中华人民共和国境内经济活动中的垄断行为；(2)中华人民共和国境外的垄断行为，对境内市场竞争产生排除、限制影响的；(3)经营者滥用知识产权，排除、限制竞争的行为。

(六)反垄断法的适用除外

反垄断法的适用除外，是指各国为保护国家整体利益，在立法中规定允许某一部门、行业或者某一企业实行垄断经营。有的国家是在反垄断法中列专章或专条规定反垄断法适用除外，如德国和日本；有的则规定专门的“例外法”，如美国。

从各国规定看，反垄断法的适用除外主要有以下几方面。

(1)涉及国计民生的特殊行业、营业、服务，如公用事业、铁路运输业、电力、保险等。另外，那些比较分散、容易波动的农业以及不应过多过滥的自然资源开采业也属此列。

(2)风险极大的行业，如航天业等。

(3)特殊时期的特殊情况，如经济危机时期为对付危机采取的措施。

(4)国家垄断，国家垄断是指中央政府依照国家法律实行的必要的垄断，如国家计划、国家定价、烟草专卖等。国家垄断代表的是全局利益、长远利益。因此，不仅不能制止，反而应给予特殊保护。

(5)知识产权领域，该产权本身就具有独占性和垄断性，故不适用反垄断法。需要说明的是，如果知识产权的权利专有人滥用权利，对受让人和被许可人的权利造成限制，严重影响竞争对手的利益和损害交易对方的利益，这就构成限制竞争行为，也要受到反垄断法的制裁。

(6)农业生产者及农村经济组织在农产品生产、加工、销售、运输、储存等经营活动中实施的联合或者协同行为。

二、垄断行为的种类

我国《反垄断法》第1条明确规定：“为了预防和制止垄断行为，保护市场公平竞争，提高经济运行效率，维护消费者利益和社会公共利益，促进社会主义市场经济健康发展，制定本法。”很显然，制定反垄断法的目的之一就是预防和制止垄断行为。我国《反垄断法》规定的垄断行为主要有以下几种。

(一)经营者达成垄断协议

(1)经营者及垄断协议的含义。所谓经营者，是指从事商品生产、经营或者提供服务的自然人、法人和其他组织。垄断协议，是指排除、限制竞争的协议、决定或者其他协同行为。

(2)禁止具有竞争关系的经营者所达成的垄断协议。根据我国《反垄断法》规定，禁止具有竞争关系的经营者达成垄断协议，其主要内容包括：第一，固定或者变更商品价格；第二，限制商品的生产数量或者销售数量；第三，分割销售市场或者原材料采购市场；第四，限制购买新技术、新设备或者限制开发新技术、新产品；第五，联合抵制交易；第六，国务院反垄断执法机构认定的其他垄断协议。

(3)禁止经营者与交易相对人达成的垄断协议。禁止经营者与交易相对人达成的垄断协议包括：第一，固定向第三人转售商品的价格；第二，限定向第三人转售商品的最低价格；第三，国务院反垄断执法机构认定的其他垄断协议。但是，如果经营者能够证明所达成的协议属于下列情形之一的，则不适用反垄断法所禁止的有关规定：第一，为改进技术、研究开发新产品的；第二，为提高产品质量、降低成本、增进效率，统一产品规格、标准或者实行专业化分工的；第三，为提高中小经营者经营效率，增强中小经营者竞争力的；第四，为实现节约能源、保护环境、救灾救助等社会公共利益的；第五，因经济不景气，为缓解销售量严重下降或者生产明显过剩的；第六，为保障对外贸易和对外经济合作中的正当利益的；第七，法律和国务院规定的其他情形。

(二)经营者滥用市场支配地位

1. 市场支配地位的含义

所谓市场支配地位，是指经营者在相关市场内具有能够控制商品价格、数量或者其他交易条件，或者能够阻碍、影响其他经营者进入相关市场能力的市场地位。如何认定经营者是否具有市场支配地位？通常，认定经营者具有市场支配地位，应当依据下列因素：第一，该经营者在相关市场的市场份额，以及相关市场的竞争状况；第二，该经营者控制销售市场或者原材料采购市场的能力；第三，该经营者的财力和技术条件；第四，其他经营者对该经营者在交易上的依赖程度；第五，其他经营者进入相关市场的难易程度；第六，与认定该经营者市场支配地位有关的其他因素。此外，如果有下列情形之一的，可以推定经营者具有市场支配地位：一是一个经营者在相关市场的市场份额达到二分之一的；二是两个经营者在相关市场的市场份额合计达到三分之二的；三是三个经营者在相关市场的市场份额合计达到四分之三的。需要指出的是，若有上述第二种和第三种情形的，其中有的经营者市场份额不足十分之一的，不应当推定该经营者具有市场支配地位。被推定具有市场支配地位的经营者，有证据证明不具有市场支配地位的，不应当认定其具有市场支配地位。

2. 滥用市场支配地位的行为

我国反垄断法禁止具有市场支配地位的经营者从事滥用市场支配地位的行为。反垄断法禁止经营者从事滥用市场支配地位的行为有：第一，以不公平的高价销售商品或者以不公平的低价购买商品；第二，没有正当理由，以低于成本的价格销售商品；第三，没有正当理由，拒绝与交易相对人进行交易；第四，没有正当理由，限定交易相对人只能与其进行交易或者只能与其指定的经营者进行交易；第五，没有正当理由搭售商品，或者在交易时附加其他不合理的交易条件；第六，没有正当理由，对条件相同的交易相对人在交易价格等交易条件上实行差别待遇；第七，国务院反垄断执法机构认定的其他滥用市场支配地位的行为。

（三）具有或者可能具有排除、限制竞争效果的经营者集中

1. 经营者集中的情形

经营者集中是指下列情形：第一，经营者合并；第二，经营者通过取得股权或者资产的方式取得对其他经营者的控制权；第三，经营者通过合同等方式取得对其他经营者的控制权或者能够对其他经营者施加决定性影响。

2. 经营者集中的申报

经营者集中达到国务院规定的申报标准的，经营者应当事先向国务院反垄断执法机构申报，未申报的不得实施集中。但经营者集中有下列情形之一的，可以不向国务院反垄断执法机构申报：第一，参与集中的一个经营者拥有其他每个经营者百分之五十以上有表决权的股份或者资产的；第二，参与集中的每个经营者百分之五十以上有表决权的股份或者资产被同一个未参与集中的经营者拥有的。

3. 经营者集中申报应提交的材料

经营者向国务院反垄断执法机构申报集中，应当依法提交下列文件、资料：第一，申报书；第二，集中对相关市场竞争状况影响的说明；第三，集中协议；第四，参与集中的经营者经会计师事务所审计的上一会计年度财务会计报告；第五，国务院反垄断执法机构规定的其他文件、资料。申报书应当载明参与集中的经营者的名称、住所、经营范围、预定实施集中的日期和国务院反垄断执法机构规定的其他事项。经营者提交的文件、资料不完备的，应当在国务院反垄断执法机构规定的期限内补交文件、资料。经营者逾期未补交文件、资料的，视为未申报。

4. 对经营者集中申报材料的审查

根据我国《反垄断法》的规定，国务院反垄断执法机构应当自收到经营者提交的符合法律规定的文件、资料之日起 30 日内，对申报的经营者集中进行初步审查，作出是否实施进一步审查的决定，并书面通知经营者。国务院反垄断执法机构作出决定前，经营者不得实施集中。国务院反垄断执法机构作出不实施进一步审查的决定或者逾期未作出决定的，经营者可以实施集中。

国务院反垄断执法机构决定实施进一步审查的，应当自决定之日起 90 日内审查完毕，作出是否禁止经营者集中的决定，并书面通知经营者。作出禁止经营者集中的决定，应当说明理由。审查期间，经营者不得实施集中。

有下列情形之一的，国务院反垄断执法机构经书面通知经营者，可以延长审查期限，但最长不得超过 60 日：第一，经营者同意延长审查期限的；第二，经营者提交的文件、资料不准确，需要进一步核实的；第三，经营者申报后有关情况发生重大变化的。

国务院反垄断执法机构逾期未作出决定的，经营者可以实施集中。

审查经营者集中，应当考虑下列因素：第一，参与集中的经营者在相关市场的市场

份额及其对市场的控制力；第二，相关市场的市场集中度；第三，经营者集中对市场进入、技术进步的影响；第四，经营者集中对消费者和其他有关经营者的影响；第五，经营者集中对国民经济发展的影响；第六，国务院反垄断执法机构认为应当考虑的影响市场竞争的其他因素。

经营者集中具有或者可能具有排除、限制竞争效果的，国务院反垄断执法机构应当作出禁止经营者集中的决定。但是，经营者能够证明该集中对竞争产生的有利影响明显大于不利影响，或者符合社会公共利益的，国务院反垄断执法机构可以作出对经营者集中不予禁止的决定。对不予禁止的经营者集中，国务院反垄断执法机构可以决定附加减少集中对竞争产生不利影响的限制性条件。国务院反垄断执法机构应当将禁止经营者集中的决定或者对经营者集中附加限制性条件的决定，及时向社会公布。

对外资并购境内企业或者以其他方式参与经营者集中，涉及国家安全的，除依照《反垄断法》规定进行经营者集中审查外，还应当按照国家有关规定进行国家安全审查。

三、反垄断执法机构及其职责

国务院设立反垄断委员会，负责组织、协调、指导反垄断工作，履行下列职责：

（1）研究拟订有关竞争政策；

（2）组织调查、评估市场总体竞争状况，发布评估报告；

（3）制定、发布反垄断指南；

（4）协调反垄断行政执法工作；

（5）国务院规定的其他职责。

国务院反垄断委员会的组成和工作规则由国务院规定。国务院规定的承担反垄断执法职责的机构（以下统称国务院反垄断执法机构）依照本法规定，负责反垄断执法工作。国务院反垄断执法机构根据工作需要，可以授权省、自治区、直辖市人民政府相应的机构，依照法律规定负责有关反垄断执法工作。

四、行政垄断行为

（一）行政垄断行为的含义

行政垄断，是指行政机关和法律、法规授权的具有管理公共事务职能的组织滥用行政权力，限定或者变相限定单位或者个人经营、购买、使用其指定的经营者提供的商品的行为。

（二）反垄断法禁止的行政垄断行为

我国《反垄断法》对行政垄断作出了相应规定，禁止行政机关和法律、法规授权的具有管理公共事务职能的组织滥用行政权力，实施行政垄断。其具体内容有：（1）行政机关和法律、法规授权的具有管理公共事务职能的组织不得滥用行政权力，实施下列行为，妨碍商品在地区之间的自由流通：第一，对外地商品设定歧视性收费项目、实行歧视性收费标准，或者规定歧视性价格；第二，对外地商品规定与本地同类商品不同的技术要求、检验标准，或者对外地商品采取重复检验、重复认证等歧视性技术措施，限制外地商品进入本地市场；第三，采取专门针对外地商品的行政许可，限制外地商品进入本地市场；第四，设置关卡或者采取其他手段，阻碍外地商品进入或者本地商品运出；第五，妨碍商品在地区之间自由流通的其他行为。(2)行政机关和法律、法规授权的具有管理公共事务职能的组织不得滥用行政权力，以设定歧视性资质要求、评审标准或者不依法发布信息等方式，排斥或者限制外地经营者参加本地的招标投标活动。(3)行政机关和法律、法规授权的具有管理公共事务职能的组织不得滥用行政权力，采取与本地经营者不平等待遇等方式，排斥或者限制外地经营者在本地投资或者设立分支机构。(4)行政机关和法律、法规授权的具有管理公共事务职能的组织不得滥用行政权力，强制经营者从事本法规定的垄断行为。(5)行政机关不得滥用行政权力，制定含有排除、限制竞争内容的规定。

五、对涉嫌垄断行为的调查

(一)对涉嫌垄断行为的调查机构

根据我国《反垄断法》的规定，对涉嫌垄断行为有权进行调查的机关是反垄断执法机构，反垄断执法机构依法对涉嫌垄断行为进行调查。

对涉嫌垄断行为，任何单位和个人都有权向反垄断执法机构举报。反垄断执法机构应当为举报人保密。举报采用书面形式并提供相关事实和证据的，反垄断执法机构应当进行必要的调查。

(二)反垄断执法机构调查涉嫌垄断行为的措施

反垄断执法机构调查涉嫌垄断行为，可以依法采取下列措施：(1)进入被调查的经营者的营业场所或者其他有关场所进行检查；(2)询问被调查的经营者、利害关系人或者其他有关单位或者个人，要求其说明有关情况；(3)查阅、复制被调查的经营者、利害关系人或者其他有关单位或者个人的有关单证、协议、会计账簿、业务函电、电子数据等文件、资料；(4)查封、扣押相关证据；(5)查询经营者的银行账户。

(三)反垄断执法机构及被调查者的义务

反垄断执法机构在调查涉嫌垄断行为时，其应当承担的义务为：第一，执法人员不得少于二人，并应当出示执法证件；第二，执法人员进行询问和调查，应当制作笔录，并由被询问人或者被调查人签字；第三，反垄断执法机构及其工作人员对执法过程中知悉的商业秘密负有保密义务；第四，反垄断执法机构应当对被调查的经营者、利害关系人提出的事实、理由和证据进行核实；第五，反垄断执法机构对涉嫌垄断行为调查核实后，认为构成垄断行为的，应当依法作出处理决定，并可以向社会公布。

被调查的经营者、利害关系人或者其他有关单位或者个人应当配合反垄断执法机构依法履行职责，不得拒绝、阻碍反垄断执法机构的调查。

(四)反垄断执法机构调查中止

对反垄断执法机构调查的涉嫌垄断行为，被调查的经营者承诺在反垄断执法机构认可的期限内采取具体措施消除该行为后果的，反垄断执法机构可以决定中止调查。中止调查的决定应当载明被调查的经营者承诺的具体内容。反垄断执法机构决定中止调查的，应当对经营者履行承诺的情况进行监督。经营者履行承诺的，反垄断执法机构可以决定终止调查。但有下列情形之一的，反垄断执法机构应当恢复调查：(1)经营者未履行承诺的；(2)作出中止调查决定所依据的事实发生重大变化的；(3)中止调查的决定是基于经营者提供的不完整或者不真实的信息作出的。

六、法律责任

(1)根据我国《反垄断法》的规定，经营者违反《反垄断法》规定，达成并实施垄断协议的，由反垄断执法机构责令停止违法行为，没收违法所得，并处上一年度销售额1%以上10%以下的罚款；尚未实施所达成的垄断协议的，可以处50万元以下的罚款。

经营者主动向反垄断执法机构报告达成垄断协议的有关情况并提供重要证据的，反垄断执法机构可以酌情减轻或者免除对该经营者的处罚。

行业协会违反《反垄断法》规定，组织本行业的经营者达成垄断协议的，反垄断执法机构可以处50万元以下的罚款；情节严重的，社会团体登记管理机关可以依法撤销登记。

(2)经营者违反《反垄断法》的规定，滥用市场支配地位的，由反垄断执法机构责令停止违法行为，没收违法所得，并处上一年度销售额1%以上10%以下的罚款。

(3)经营者违反《反垄断法》规定实施集中的，由国务院反垄断执法机构责令停止实施集中、限期处分股份或者资产、限期转让营业以及采取其他必要措施恢复到集中前的状态，可以处50万元以下的罚款。

反垄断执法机构在确定上述各种违法行为具体罚款数额时，应当考虑违法行为的性质、程度和持续的时间等因素。

(4)经营者实施垄断行为，给他人造成损失的，依法承担民事责任。

(5)行政机关和法律、法规授权的具有管理公共事务职能的组织滥用行政权力，实施排除、限制竞争行为的，由上级机关责令改正；对直接负责的主管人员和其他直接责任人员依法给予处分。反垄断执法机构可以向有关上级机关提出依法处理的建议。

法律、行政法规对行政机关和法律、法规授权的具有管理公共事务职能的组织滥用行政权力实施排除、限制竞争行为的处理另有规定的，依照其规定。

(6)对反垄断执法机构依法实施的审查和调查，拒绝提供有关材料、信息，或者提供虚假材料、信息，或者隐匿、销毁、转移证据，或者有其他拒绝、阻碍调查行为的，由反垄断执法机构责令改正，对个人可以处2万元以下的罚款，对单位可以处20万元以下的罚款；情节严重的，对个人处2万元以上10万元以下的罚款，对单位处20万元以上100万元以下的罚款；构成犯罪的，依法追究刑事责任。

对反垄断执法机构依据《反垄断法》第28条、第29条作出的决定不服的，可以先依法申请行政复议；对行政复议决定不服的，可以依法提起行政诉讼。对反垄断执法机构依据《反垄断法》第28条、第29条作出规定以外的决定不服的,可以依法申请行政复议或者提起行政诉讼。

(7)反垄断执法机构工作人员滥用职权、玩忽职守、徇私舞弊或者泄露执法过程中知悉的商业秘密,构成犯罪的,依法追究刑事责任;尚不构成犯罪的,依法给予处分。

叁 反不正当竞争法

一、反不正当竞争法概述

(一)不正当竞争行为的概念与特征

关于不正当竞争行为的含义,学者们从不同角度对其进行了多种概括,综合多种论述,我们认为,狭义的不正当竞争行为主要是指违反善良风俗、商业道德,违反诚实信用原则的行为。在立法上,由于不正当竞争行为表现形式的多样性和复杂性,各国都采用一般与个别相结合的表达方式,即以概括和列举相结合的立法方式来规定不正当竞争行为。我国同大多数国家一样,既采用概括法也采用列举法规定不正当竞争行为。《反不正当竞争法》第2条第2款规定:"本法所称的不正当竞争,是指经营者违反本法规定,损害其他经营者的合法权益,扰乱社会经济秩序的行为。"除此之外,该法第二章又专章列举规定了我国现阶段危害最突出的11类不正当竞争行为。概括与列举相结合的立法方式的优点为:第一,使二者互为补充。列举式立法虽然明确具体,并易于确认,但它不可能穷尽所有不正当竞争行为,有挂一漏万之嫌。而概括式立法虽具有较强概括性,但其规定毕竟过于笼统、原则,而将二者结合起来,就可扬长避短,优势互补。第二,《反不正当竞争法》规定了市场交易的基本原则。凡遵循该法的基本原则的行为就属正当竞争行为,反之就是不正当竞争行为。这为一项具体行为是否属正当竞争行为提供了法律依据。

不正当竞争行为一般具有以下特征。

1. 不正当竞争行为的主体是经营者

所谓经营者,是指从事商品经营或者营利性服务的法人、其他经济组织和个人。其中,"商品经营",是指以营利为目的的商品生产和交换活动;"营利性服务",则是指以营利为目的,以提供服务为内容的经营活动。因此,经营者是对商品生产者、商品销售者和各种服务提供者的总称,具体指:依法登记成立并具有法人资格的企业、事业单位、社会团体;依法登记成立但不具有法人资格的私营独资企业、私营合伙企业、合伙型联营企业以及不具有法人资格的中外合作经营企业和外商独资企业。作为经营者的个人,通常是指个人合伙、个体工商户、农村村民等。政府及其所属部门,虽然不具有经营资格,但若其实施了限制竞争行为,则依法成为不正当竞争行为的特殊主体。

2. 不正当竞争行为具有违法性

这里的"违法"并非泛泛而谈,特指违反了我国的《反不正当竞争法》。这是不正当竞争行为的本质特征,也是分析判断一项具体竞争行为是否属于不正当竞争行为的根本标准。

3. 不正当竞争行为是经营者在市场交易中所为的行为

即不正当竞争行为发生在商业关系中，而不是发生在私人关系或其他社会关系中。

4. 不正当竞争行为侵犯了其他经营者的合法权益

实践中，不法经营者进行了不正当竞争的结果必然给其他经营者的合法权益造成损害。它通常直接或间接地侵害其他经营者的财产权、工业产权、公平竞争权、经营权等合法权益，轻者给其他经营者造成财产损失或名誉损害，重者则导致受害者严重亏损乃至破产倒闭。

5. 不正当竞争行为扰乱了正常的社会经济秩序

不正当竞争不仅严重阻碍了市场功能的正常发挥，而且破坏了健康的市场机制的形成。它阻碍了技术进步和社会生产力的发展，破坏公平竞争的市场秩序，妨碍正常交易，毒化社会风气，影响对外贸易。需要提出的是，不正当竞争不仅损害其他经营者的合法权益，扰乱正常的社会经济秩序，而且还会直接损害消费者的利益。如虚假广告，欺骗性有奖销售，往往使消费者不明真相，上当受骗，最终使其人身或财产蒙受损失。

(二)我国的反不正当竞争法

反不正当竞争法有广义和狭义之分。狭义上的反不正当竞争法是指全国人大常委会于1993年9月2日通过的《中华人民共和国反不正当竞争法》。狭义的反不正当竞争法是禁止不正当竞争行为的法律，即禁止经营者在市场交易活动的提供商品或服务的经营活动中，违背诚实信用的原则和公认的商业道德，损害其他经营者合法权益，扰乱社会经济秩序的行为。广义上的反不正当竞争法是调整在制止不正当竞争行为过程中发生的经济关系的法律规范的总称。

反不正当竞争法的调整对象是在制止不正当竞争行为过程中发生的经济关系。具体包括：第一，在确立反不正当竞争管理监督体制中产生的经济关系；第二，在确认不正当竞争行为中产生的经济关系；第三，在制裁不正当竞争行为中产生的经济关系。

(三)反不正当竞争法的立法目的

我国《反不正当竞争法》第1条明确规定："为保障社会主义市场经济健康发展，鼓励和保护公平竞争，制止不正当竞争行为，保护经营者和消费者的合法权益，制定本法。"据此，反不正当竞争法的立法目的有以下几条。

1. 鼓励和保护公平竞争，制止不正当竞争

竞争具有双重作用。公平的竞争，可以产生积极的企业行为和社会效果，推动市场经济的健康发展；而不正当的竞争，则会导致消极的企业行为和社会效果，破坏市场经济秩序，阻碍市场经济的发展。制定和实施反不正当竞争法的目的，就是要对市场竞争行为进行规范，对公平的竞争予以鼓励和保护，对各种不正当竞争予以制止和惩罚。制止不正当竞争行为是反不正当竞争法最直接的立法目的。

2. 保障社会主义市场经济健康发展

市场经济最基本的特征是竞争，市场经济最基本的运行机制也是竞争。竞争正常发挥作用的条件是需要有一个良好的市场竞争秩序。而良好的市场竞争秩序并不会因竞争而自然产生，需要人为地加以干预。反不正当竞争法通过规定市场竞争规则，使良好的市场竞争秩序得以建立，从而保障社会主义市场经济健康发展。

3. 保护经营者和消费者的合法权益

经济生活中产生的各种不正当竞争行为，不但扰乱、破坏了社会经济秩序，而且还直接或间接地损害了其他经营者和消费者的利益。反不正当竞争法通过规范竞争行为，制止不正当竞争，以实现对经营者和消费者合法权益的保护。

（四）市场交易的基本原则

市场交易的基本原则，也称市场交易的基本规则，是我国反不正当竞争法的内容之一，它是确认竞争行为是否正当的一个原则性依据，同时，也是经营者进行市场竞争的根本准则。

根据《反不正当竞争法》第2条的规定，市场交易的基本原则是以下几点。

（1）自愿原则。它是指经营者在市场交易活动中，根据自己的意愿设立、变更、终止法律关系的原则。

（2）平等原则。它是指任何参与市场交易活动的经营者的法律地位、权利能力平等的原则。

（3）公平原则。它是指任何参与市场交易活动的经营者都按照相同的规则活动，享有的权利和承担的义务不能有失公平的原则。

（4）诚实信用原则。它是指经营者在市场交易活动中应保持善意、诚实，应恪守信用、不进行欺诈的原则。

（5）遵守公认商业道德的原则。它是指任何参与市场交易活动的经营者应当遵守除上述原则之外在长期的市场交易活动中形成的，为社会普遍承认和遵守的商事行为准则、惯例的原则。

（五）反不正当竞争法与其他法律的关系

1. 反不正当竞争法与反垄断法

反不正当竞争法与反垄断法有着密切的联系，二者既有相同点，也有不同点。首先，它们同属于竞争法的范畴，都调整竞争关系，它们的立法宗旨，都是为了维护正常的社会经济秩序和保护公平合理竞争，排除限制公平合理竞争的各种要素，促进市场经济的健康发展。其次，它们在立法形式上有着相互交叉或合并的一面。许多国家的反垄断法中交织着反不正当竞争的条款，而我国的《反不正当竞争法》中则交织着一些反垄断的条款。有些国家或地区甚至合并立法，如匈牙利、我国台湾地区等。最后，反不正当竞争法和反垄断法具有相同的实施机构。许多国家都以统一的机构来实施两法。如美国的联邦贸易委员会、日本的公正交易会、英国的公平贸易委员会等都是集反垄断与反不正当竞争职能于一身。以上是反不正当竞争法与反垄断法的联系和共同点。然而,两法毕竟存在明显的差别,主要表现为:反不正当竞争法主要禁止的是不正当竞争行为,即违反诚实信用原则和公认的商业道德,损害或者可能损害其他经营者的合法权益的行为;反垄断法主要禁止的是垄断行为,即各种限制商品自由流通、交换的行为。有的国家的学者甚至把反不正当竞争法看作私法,划入民法的范畴;把反垄断法当作公法,纳入经济法的范畴,例如,法国,在制裁手段上,反不正当竞争法以赔偿损失为基本手段;反垄断法则多以罚款、限制解散、整顿为基本手段。不过,随着反不正当竞争法的发展以及法律执行机构的统一,对不正当竞争以及垄断的制裁形式趋向一致,既有私法领域惯用的损害赔偿责任,又适用公法的刑事监禁和罚金。

2. 反不正当竞争法与消费者权益保护法

反不正当竞争法与消费者权益保护法都是市场经济的重要立法。二者具有相同的维护社会经济秩序、保护消费者合法权益的目的。不正当竞争行为侵害的客体往往是复杂客体,通常具有双重性或多重性。它在侵犯合法经营者的权益的同时,总是实质上侵害或最终可能侵害消费者的合法权益,并且破坏了正常的社会经济秩序。反不正当竞争法与消费者权益保护法的紧密联系具体表现在:首先,两法都维护消费者利益,反不正当竞争法的立法宗旨之一就是保护消费者利益,尤其是近年来,在西方反不正当竞争法越来越强调倾向于保护消费者的利益。其次,两法在实体规范上有一定交叉。如对欺诈性交易和强制性交易,既受到反不正当竞争法的禁止,同时又作为侵害消费者的行为受到消费者权益保护法的禁止。最后,两法在立法形式上也有交叉。许多国家的反不正当竞争法中有维护消费者利益的内容,而一些国家没有制定专门的反不正当竞争法,却在消费者权益保护法中包含了制止不正当竞争的条款。实际上,反不正当竞争法是经济行为法,消费者权益保护法是经济保护法,经济行为法应当反映经济保护法的要求,同样,经济保护法也应当反映经济行为法的要求,二者联系密切,相辅相成。

3. 反不正当竞争法与产品质量法

两法都属于市场管理法的主要内容,都旨在保护消费者的合法权益,维护社会经济秩序,并且在许多规范内容上有所竞合。不正当竞争行为表现在产品质量上的假冒伪劣是重要手段之一,同样的道理,我国的《产品质量法》也有大量条款对涉及产品质量的一些不正当竞争行为作了规定。在执法与司法实践中如发生法条竞合时,本着特别法优先适用的原则,优先适用产品质量法,产品质量法没有规定的,适用反不正当竞争法。

4. 反不正当竞争法与知识产权法

对知识产权的侵权行为有许多属于不正当竞争行为,知识产权法为知识产权提供了法律保护途径,但由于假冒商标、专利不仅侵害了商标及专利权人的利益,也损害了消费者利益和社会公共利益,其不正当竞争行为违反善良风俗、商业道德的不正当性质十分明显,又属典型的不正当竞争行为,所以反不正当竞争法将一些假冒知识产权的行为也从规范竞争的角度作了规范。两法的关系可以简单地概括为各自之间相互独立又相互补充。

5. 反不正当竞争法与民法

反不正当竞争法与民法的关系可以用特殊法和普通法的关系来概括。

二、不正当竞争行为的种类

我国《反不正当竞争法》规定了 11 类不正当竞争行为,其中包括了狭义的不正当竞争行为和限制竞争行为。

(一)假冒或仿冒行为

假冒或仿冒行为,是指盗用他人的商业信誉或者商品声誉,使其商品与他人商品发生混淆,从中牟取非法利益的行为。根据《反不正当竞争法》第 5 条的规定,属于这类不正当竞争行为的形式有如下几种。

(1)假冒他人注册商标。假冒他人注册商标,不仅是一种不正当竞争行为,而且是商标法规定的侵犯注册商标专用权的行为,即它是一种侵权行为。

(2)擅自使用知名商品特有的名称、包装、装潢,或者使用与知名商品近似的名称、包装、装潢,造成与他人的知名商品相混淆,使购买者误认为是该知名商品。商品的名称、包装、装潢是该商品特有的外表特征,是区别其他商品的重要标志,同时又在一定程度上反映商品经营者的商业信誉和商品声誉,对知名商品而言更是如此。在确认这一不正当竞争行为时应注意如下几点:一是知名商品的确认。所谓知名商品是指在社会公众的相关群体中享有一定知名度的商品。判断商品是否为知名商品不是以全社会所有人是否知晓该商品为依据,而是以该商品在相关的市场领域及相关公众群体中有较高的知名度为依据。二是该商品的名称、包装、装潢必须为知名商品所特有。所谓特有的名称、包装、装潢,是经营者为自己的商品独创的具有实质性特点的名称、包装、装潢,是该知名商品特有的标志。三是该不正当竞争行为的具体表现既可以是作相同使用,即使用与他人知名商品相同的名称、包装、装潢;也可以作类似使用,即使用与该知名商品类似的名称、包装、装潢。

(3)擅自使用他人的企业名称或者姓名,引人误认为是他人的商品。企业名称或姓名属于经营者的无形财产,企业对其名称依法享有专用权,任何单位和个人未经许可不得擅自使用,否则就构成侵权。企业名称或姓名直接体现其商业信誉,盗用他人的商业信誉是典型的不正当竞争行为。

(4)在商品上伪造或冒用认证标志、名优标志等质量标志,伪造产地,对商品质量做引人误解的虚假表示。认证标志是质量认证机构准许其认证产品质量合格的企业在产品或包装上使用的质量标志。名优标志是经国际或国内有关机构或社会组织评定为名优产品而发给经营者的一种质量荣誉标志。商品的产地是指商品的制造、加工或者商品生产者的所在地。这一不正当竞争行为是凭借伪造或冒用认证标志、名优标志、伪造产地等手段，以假乱真，乘机推销其商品，损害其他经营者和购买者的合法权益，扰乱正常的社会秩序。

（二）商业贿赂行为

商业贿赂是指经营者在市场交易活动中，通过暗中给付财物或采取其他手段收买交易对象或有关人员，以获得交易机会或占据市场优势的行为。商业贿赂具有下列特征：（1）商业贿赂的目的是排挤竞争对手，最终获得交易机会或占取竞争优势。（2）商业贿赂的主体是从事市场交易的经营者，它可能是卖方，也可能是买方。（3）商业贿赂的经营者在主观上出于故意或自愿。（4）商业贿赂的形式具有多样性。在现实生活中，商业贿赂的形式主要是金钱回扣，此外，还有提供免费度假、旅游、高档宴席、房屋装修、解决子女入学、就业等多种形式。（5）商业贿赂行为同时违反多方面的法律规定。商业贿赂直接违反国家有关财务、会计、廉政方面的法律、法规的规定。

商业贿赂行为不仅损害了竞争对手的利益，更主要的是破坏了市场基于价格、质量、服务等的正常竞争。所以，《反不正当竞争法》明确禁止商业贿赂行为："经营者不得采取财物或者其他手段进行贿赂以销售或者购买商品。在帐外暗中给予对方单位或个人回扣的，以行贿论处；对方单位或者个人在帐外暗中收受回扣的，以受贿论处。经营者销售或者购买商品，可以以明示方式给对方折扣，可以给中间人佣金。经营者给对方折扣、给中间人佣金的，必须如实入帐。接受折扣、佣金的经营者必须如实入帐。"

《反不正当竞争法》首次对回扣、折扣及佣金作出明文规定。为了进一步明确商业贿赂行为的含义和特征，有必要简要说明回扣、折扣及佣金。所谓回扣，是指在市场交易过程中，经营一方从交易所得的价款中提取一定比例的现金或额外以定额的酬金支付给对方单位或个人的金钱或有价证券。折扣即价格折扣，亦称让利。它是指在商品购销活动中经营者在所成交的价款上给对方以一定比例的减让而返还给对方的一种交易上的优惠。一般情况下，折扣是卖方对买方的一种让利。折扣只发生在交易双方当事人之间，不能支付给当事人一方的经办人或代理人。在国外，折扣属于商业惯例中的手段之一，并有相应的法律规范进行调整。如德国《折扣法》（1830 年）中就允许在正常交易中给予顾客不超过交易总额 3% 的折扣，超过该比例的则属违法。在我国有关行政规章中也有关于折扣的规定，如 1992 年财政部颁布的《企业财务通则》第 29 条第 2 款规定："企业发生的销售退回、销售折让、销售折扣，冲减当期营业收入。"《企业会计准则》第 46 条规定："销售退让、销售折让和销售折扣作为营业收入的抵减项目记帐。"折扣和非法回扣的显著不同在于，折扣要以明示的方式给付对方，折扣的给付方和收受方都要如实入账，否则就要承担相应的法律责任。佣金是指在市场交易活动中，具有独立地位的中间人因为为他人提供服务、介绍、撮合交易或代买、代卖商品而得到的报酬。佣金既可以由买方给付，也可以由卖方给付，还可以由买卖双方给付。

（三）虚假宣传行为

虚假宣传行为，是指经营者利用广告或其他方法，对商品的质量、制作成分、性能、用途、生产者、有效期限、产地进行引人误解的虚假宣传的行为。虚假宣传行为与虚假商品标示行为在内容和后果上基本相同,不同的是,经营者的虚假表示存在于广告或者其他除商品包装、标签以外的宣传方式中。

(四)侵犯商业秘密的行为

侵犯商业秘密的行为,是指不正当地获取、披露、使用或者允许他人使用其他人的商业秘密的行为。所谓"商业秘密",是指不为公众所知悉、能为权利人带来经济利益、具有实用性并经权利人采取保密措施的技术信息和经营信息。其特征有三:一是秘密性,即不为公众所知悉;二是实用性,即能给权利人带来实际的或潜在的经济利益或竞争优势;三是保密性,即权利人采取了保密措施。根据《反不正当竞争法》第10条的规定,侵犯商业秘密的行为主要有:(1)以盗窃、利诱、胁迫或者其他不正当手段获取权利人的商业秘密。(2)披露、使用或允许他人使用上述手段获取权利人的商业秘密。(3)违反约定或者违反权利人有关保守商业秘密的要求,披露、使用或者允许他人使用其所掌握的商业秘密。

(五)不正当有奖销售行为

它是指经营者利用金钱、物质或其他利益引诱购买者与之发生交易行为,以排挤竞争对手的行为。有奖销售主要有附赠式有奖销售和抽奖式有奖销售。有奖销售行为有正当和不正当之分。根据《反不正当竞争法》的规定,下列有奖销售行为是不正当竞争行为:(1)采取谎称有奖或者故意让内部人员中奖的欺骗方式进行的有奖销售行为;(2)推销质次价高商品的有奖销售行为;(3)抽奖式的有奖销售,最高奖的金额超过5000元人民币。由此可以看出,前两种有奖销售被《反不正当竞争法》绝对禁止,但对抽奖式的有奖销售则是有条件的禁止,其标准就是最高金额是否超过5000元,超过者即被禁止。我国《反不正当竞争法》之所以对抽奖式有奖销售的最高奖的金额作出限制,是因为巨奖销售会引发消费者的暴利心理、传递错误的市场信息、妨碍市场机能的正常发挥、破坏正常的市场竞争秩序。对有奖销售世界各国规定不一,有的国家允许,有的国家禁止。从我国《反不正当竞争法》的规定来看,对有奖销售既没有全盘肯定,也没有简单地否定。

(六)商业诋毁行为

商业诋毁行为,是指经营者捏造、散布虚伪事实,损害竞争对手的商业信誉或商品声誉的行为。经营者实施商业诋毁行为的目的,是削弱竞争对手的竞争能力,破坏竞争对手的正常经营活动。

(七)行政垄断行为

它是指政府及其所属部门滥用行政权力,限定他人购买其指定的经营者的商品,或限制商品的交易区域的行为。这是一种典型的限制竞争行为。根据我国《反不正当竞争法》第7条的规定,政府及其所属部门滥用行政权力限制竞争的行为有:(1)限定他人购买其指定的经营者的商品;(2)限制其他经营者正当的经营活动;(3)限制外地商品进入本地市场;(4)限制本地商品流向外地市场。其中,前两类限制竞争行为属于超经济强制交易行为;后两类限制竞争行为通常被称为地区封锁。总之,这些行为都严重地破坏了公平竞争,是被法律严厉制止的滥用行政权力的行为。

(八)经济垄断行为

它是指公用企业或其他具有独占地位的经营者,限定他人购买其指定的经营者的商品,排挤其他经营者公平行竞的行为。所谓公用企业,通常主要指电力、自来水、煤气、通讯、公共交通运输等领域的企业。所谓"依法具有独占地位的经营者",是指在特定领域及特定市场上,经营者处于无竞争状态或取得了压倒性的排除竞争的能力。例如,国务院通过制定规范性文件来规定某一特定领域的特定商品只能由某一经营者生产经营,该经营者即具有了独占的地位。

(九)不正当低于成本销售行为

它是指经营者以排挤竞争对手为目的,以低于成本的价格销售商品的行为。该行为具有明显的直观目的性,即为了将竞争对手挤出一定的市场,或者是为了阻止其他新的竞争对手进入市场。其行为的表现,就是以低于成本的价格销售商品。但是,并非所有的以低于成本的价格销售商品的行为都构成不正当竞争行为,根据《反不正当竞争法》的规定,下列情形不属于不正当竞争行为:(1)销售鲜活商品;(2)处理有效期即将到期的商品或其他积压的商品;(3)季节性降价;(4)因清偿债务、转产、歇业降价销售商品。

(十)搭售和附加不合理条件的交易行为

它是指经营者销售商品时,违背购买者的意愿搭售或附加不合理条件的行为。所谓搭售商品或者附加不合理条件,通常是指经营者利用其经济优势或便利条件违背购买者的意愿,在销售某种商品或提供某种服务时,要求购买者购买另一种商品或接受另一种服务,或者就商品或服务的价格、销售条件、销售地区等进行不合理的限制。该行为违背了市场交易主体应当遵循的自愿、平等原则,是《反不正当竞争法》所禁止的限制竞争行为。

(十一)串通投标招标行为

它是指招标投标过程中,投标人私下恶意串通,抬高标价或压低标价,或者投标人与招标人之间相互勾结,排挤竞争对手的不公平竞争行为。该行为的特征是处于竞争中的经营者联合实施。

三、不正当竞争行为的法律责任

不正当竞争行为具有民事侵权性和社会危害性,故法律对不正当竞争行为规定了行政责任、民事责任和刑事责任。

(一)不正当竞争行为的行政责任

(1)经营者假冒他人注册商标,擅自使用他人的企业名称或者姓名的,伪造或冒用认证标志、名优标志等质量标志,伪造产地,对产品质量作引人误解的虚假表示的,依照《商标法》、《产品质量法》的规定处罚。

经营者擅自使用知名商品特有的名称、包装、装潢，或者使用与知名商品近似的名称、包装、装潢，造成和他人的知名商品相混淆，使购买者误认为是该知名商品的，监督检查部门应当责令停止违法行为，没收违法所得，可以根据情节处以违法所得一倍以上三倍以下的罚款；情节严重的，可以吊销营业执照。

(2)经营者采用财物或者其他手段进行贿赂以销售或者购买商品的，监督检查部门可以根据情节处以1万元以上20万元以下的罚款。有违法所得的，予以没收。

(3)公用企业或者其他依法具有独占地位的经营者限定他人购买其指定的经营者的商品，以排挤其他经营者的公平竞争的，省级或者设区的市的监督检查部门应当责令其停止违法行为，可以根据情节处以5万元以上50万元以下的罚款，被指定的经营者借此销售质次价高的商品或者滥收费用的，监督检查部门应当没收违法所得，可以根据情节处以违法所得一倍以上三倍以下的罚款。

(4)经营者利用广告或者其他方法，对商品做虚假宣传，监督检查部门应当责令其停止违法行为，消除影响，可以根据情节处以1万元以上20万元以下的罚款。

广告经营者，在明知或应当知的情况下，代理、设计、制作、发布虚假广告的，监督检查部门应当责令其停止违法行为，没收违法所得，并依法处以罚款。

(5)侵犯他人商业秘密的，监督检查部门应责令其停止违法行为，可以根据情节处1万元以上20万元以下的罚款。

(6)投标者串通投标，抬高标价或者压低标价；投标者和招标者相互勾结，以排挤竞争对手公平竞争的，其中标无效。监督检查部门可以根据情节处以1万元以上20万元以下的罚款。

(7)政府及其所属部门滥用行政权力限定他人购买其指定的经营者的商品、限制其他经营者正当的经营活动，或者限定商品在地区之间正常流通的，由上级机关责令其改正；情节严重的，由同级或者上级机关对直接责任人员给予行政处分。被指定的经营者借此销售质次价高商品或者滥收费用的，监督检查部门应当没收违法所得，可以根据情节处以违法所得一倍以上三倍以下的罚款。

(二)不正当竞争的民事责任

1. 不正当竞争行为民事责任的构成

"损害其他经营者合法权益"是不正当竞争的基本特征之一。每一种不正当竞争行为都会直接或间接损害某一特定经营者或其他同行业者的合法权益。对此，实施不正当竞争行为的经营者应当承担民事责任，即侵权的民事责任。具体来讲，经营者承担不正当竞争行为民事责任的条件是：(1)经营者实施了不正当竞争行为。(2)其他经营者权利受到损害。损害包括因财产权利被侵犯而受到的损害，因身体权利被侵犯而受到的损害以及因知识产权被侵犯而受到的损害。损害可以是直接的，也可以是间接的。(3)经营者实施的不正当竞争行为与其他经营者权利受到的损害之间存在因果关系。(4)经营者实施不正当竞争行为主观上有过错。

2. 承担不正当竞争行为民事责任的方式

经营者实施不正当竞争行为损害其他经营者的合法权益而承担民事责任的方式,包括停止侵害、排除妨碍、消除影响、赔偿损失等。其中最基本的也是最主要的方式是赔偿损失,即赔偿不正当竞争行为侵犯其他经营者的财产权利、人身非财产权利、知识产权而给其他经营者造成的直接和间接损失。

3. 不正当竞争行为损害赔偿的范围和标准

(1)范围。对直接的和间接的财产损失全部赔偿;对人身非财产权利的损害给予适当经济补偿;对被侵害的经营者因调查该经营者侵害其合法权益的不正当竞争行为所支付的合理费用全部赔偿。(2)标准。被侵害的经营者在侵权期间因被侵权所受到的损失;被侵权的经营者的损失难以计算的,赔偿额为侵权人在侵权期间因侵权所获的利润。

4. 不正当竞争行为的民事诉讼

被侵害的经营者的合法权益受到不正当竞争行为损害的,可以向人民法院提起诉讼。

(三)不正当竞争行为的刑事责任

销售伪劣商品,以及采用财物或者其他手段进行贿赂以销售或者购买商品,构成犯罪的,依法追究刑事责任。根据《反不正当竞争法》和《刑法》的规定,对下列不正当竞争行为追究刑事责任:

(1)贿赂。为谋取不正当利益,向公司、企业的工作人员行贿数额较大的,处3年以下有期徒刑或拘役;数额巨大的,处3年以上10年以下有期徒刑,并处罚金。公司、企业工作人员利用职务之便,收受他人回扣或财物的,依收受金额大小可处5年以下或5年以上有期徒刑,可以并处没收财产。

(2)假冒商标。侵犯商标权或销售明知是假冒商标的商品,情节严重的,处3年以下有期徒刑或者拘役,并处或单处罚金;情节特别严重的,处3年以上7年以下有期徒刑,并处罚金。

(3)假冒专利。假冒他人专利,情节严重的,处3年以下有期徒刑,并处或者单处罚金。

(4)侵犯著作权。以营利为目的侵犯他人著作权或者销售侵权复制品,如果违法数额较大或有其他严重情节的,处3年以下有期徒刑或者拘役,并处或单处罚金;违法所得数额巨大或有其他特别严重情节的,处3年以上7年以下有期徒刑,并处罚金。

(5)侵犯商业秘密。因侵犯商业秘密给权利人造成重大损失的,处3年以下有期徒刑或者拘役,并处或者单处罚金;造成特别严重后果的,处3年以上7年以下有期徒刑,并处罚金。

(6)虚假广告。广告主、广告经营者、广告发布者利用广告做虚假宣传,情节严重的,处3年以下有期徒刑或者拘役,并处或者单处罚金。

四、对不正当竞争行为的监督检查

(一)监督检查的含义

对不正当竞争行为的监督检查,是指根据《反不正当竞争法》规定的有关主体,依据各自的职权,运用行政的、经济的、法律的,以及社会舆论等手段,为制止不正当竞争行为而采取的各种措施。通过监督检查,可以预防和制止不正当竞争行为的发生,消除不正当竞争行为带来的不良影响及其消极作用,从而保护其他经营者的合法权益,维护公平竞争秩序,促进社会主义市场经济的健康发展。

(二)监督检查的种类

对不正当竞争行为的监督检查,通常有如下几种形式。

1. 立法机关的监督检查

立法机关对不正当竞争行为的监督检查主要表现在两个方面:一方面,通过直接立法,规定什么是不正当竞争,不正当竞争的具体表现及类别,进行不正当竞争应承担的法律责任等,以此引导和规范市场行为。另一方面,立法机关通过听取和审议工作报告、询问和质询、视察和检查、调查、撤销和备案、罢免和撤职等方式对《反不正当竞争法》的执行和遵守情况进行监督检查。

2. 行政机关的监督检查

我国《反不正当竞争法》第3条第2款规定:"县级以上人民政府工商行政管理部门对不正当竞争行为进行监督检查;法律、行政法规规定由其他部门监督检查的,依照其规定。"据此,在我国,对不正当竞争行为进行监督检查的行政机关主要是县级以上的工商行政管理局。工商行政管理局在对不正当竞争行为进行监督检查时依法行使下列职权:第一,询问权。即按照规定的程序询问被检查的经营者、利害关系人、证明人,并要求提供证明材料或者与不正当竞争行为有关的其他材料。第二,查询、复制权。即查询、复制与不正当竞争行为有关的协议、账册、单据、文件、记录、业务函电和其他有关资料。第三,财物检查权。检查与不正当竞争行为有关的财物,必要时可以责令被检查的经营者说明该商品的来源和数量,暂停销售、听候检查,不得转移、隐匿、销毁该财物。

3. 司法机关的监督检查

它主要是指人民检察机关和人民法院通过检查职能、审判职能的独立行使,从而实现对不正当竞争违法犯罪行为的监督,同时它还应包括对工商行政执法人员的渎职犯罪的监督。

4. 社会监督

它是指人民群众、社会团体及新闻媒体对不正当竞争行为的监督,以及对行政执法机关及其工作人员履行职责情况的监督。

◎ 重点总结

壹　反垄断法

一、垄断协议

第13条[横向垄断],禁止具有竞争关系的经营者达成下列垄断协议:

(一)固定或者变更商品价格;

(二)限制商品的生产数量或者销售数量;

(三)分割销售市场或者原材料采购市场;

(四)限制购买新技术、新设备或者限制开发新技术、新产品;

(五)联合抵制交易;

(六)国务院反垄断执法机构认定的其他垄断协议。

本法所称垄断协议,是指排除、限制竞争的协议、决定或者其他协同行为。

第14条[纵向垄断],禁止经营者与交易相对人达成下列垄断协议:

(一)固定向第三人转售商品的价格;

(二)限定向第三人转售商品的最低价格;

(三)国务院反垄断执法机构认定的其他垄断协议。

第15条[豁免条款],经营者能够证明所达成的协议属于下列情形之一的,不适用本法第十三条、第十四条的规定:

(一)为改进技术、研究开发新产品的;

(二)为提高产品质量、降低成本、增进效率,统一产品规格、标准或者实行专业化分工的;

(三)为提高中小经营者经营效率,增强中小经营者竞争力的;

(四)为实现节约能源、保护环境、救灾救助等社会公共利益的;

(五)因经济不景气,为缓解销售量严重下降或者生产明显过剩的;

(六)为保障对外贸易和对外经济合作中的正当利益的;

(七)法律和国务院规定的其他情形。

属于前款第一项至第五项情形,不适用本法第十三条、第十四条规定的,经营者还应当证明所达成的协议不会严重限制相关市场的竞争,并且能够使消费者分享由此产生的利益。

二、滥用市场支配地位

(1)概念。市场支配地位,“是指经营者在相关市场内具有能够控制商品价格、数量或者其他交易条件,或者能够阻碍、影响其他经营者进入相关市场能力的市场地位”。

(2)市场支配地位本身,并不受道德谴责,也不必然被反垄断法禁止或制裁。

(3)市场支配地位的认定因素经营者是否具备市场支配地位,从世界范围看,在反垄断的立法与司法实践中形成了“以市场份额为主、兼顾反映企业综合经济实力的其他因素”的认定标准。我国的具体规定见《反垄断法》第 18 条。

第 18 条,认定经营者具有市场支配地位,应当依据下列因素:

(一)该经营者在相关市场的市场份额,以及相关市场的竞争状况;

(二)该经营者控制销售市场或者原材料采购市场的能力;

(三)该经营者的财力和技术条件;

(四)其他经营者对该经营者在交易上的依赖程度;

(五)其他经营者进入相关市场的难易程度;

(六)与认定该经营者市场支配地位有关的其他因素。

(4)市场支配地位的推定制度。为了方便执法和司法实践中的操作,第 19 条设计了市场支配地位的推定制度。

第 19 条[一般规定],有下列情形之一的,可以推定经营者具有市场支配地位:

(一)一个经营者在相关市场的市场份额达到二分之一的;

(二)两个经营者在相关市场的市场份额合计达到三分之二的;

(三)三个经营者在相关市场的市场份额合计达到四分之三的。

[例外规定]有前款第二项、第三项规定的情形,其中有的经营者市场份额不足十分之一的,不应当推定该经营者具有市场支配地位。

[反证规定]被推定具有市场支配地位的经营者,有证据证明不具有市场支配地位的,不应当认定其具有市场支配地位。

(5)滥用市场支配地位行为的判断。(第 17 条第 1 款)

三、经营者集中

1. 经营者集中

(1)经营者合并;(2)经营者通过取得股权或者资产的方式取得对其他经营者的控制权;(3)经营者通过合同等方式取得对其他经营者的控制权或者能够对其他经营者施加决定性影响。

2. 经营者集中的申报制度

(1)事先申报制度。

(2)申报标准。

(3)申报的例外。对经营者集中申报的除外规定主要涉及两种情况:一是已经形成控制与被控制关系的经营者之间的集中;二是受同一经营者控制的经营者集中。(第 22 条)

四、滥用行政权力排除、限制竞争行为

1. 主体

第 32 条,行政机关和法律、法规授权的具有管理公共事务职能的组织不得滥用行政权力,限定或者变相限定单位或者个人经营、购买、使用其指定的经营者提供的商品。

2. 行为方式（第 32 ~ 35 条）

- 排除限制竞争行为
  - 地区封锁
    - 限制商品在地区间的自由流通
    - 排、限招标投标
    - 排、限投资或设立分支机构
  - 强制交易
  - 强制联合
  - 制定违法的行政法规

（1）强制交易（指定或限定经营）。（第 32 条）

（2）地区封锁。该行为又包括三种方式。（第 33 ~ 35 条）

（3）强制经营者实施危害竞争的垄断行为。（第 36 条）

（4）制定含有限制竞争内容的行政法规、行政命令等。（第 37 条）

五、国务院反垄断执法机构

国务院规定，由国家工商行政管理总局、国家发展和改革委员会、商务部负责《反垄断法》的具体执法工作，即这三个部门同属于国务院反垄断执法机构。

第 10 条，国务院规定的承担反垄断执法职责的机构（以下统称国务院反垄断执法机构）依照本法规定，负责反垄断执法工作。

国务院反垄断执法机构根据工作需要，可以授权省、自治区、直辖市人民政府相应的机构，依照本法规定负责有关反垄断执法工作。

根据国务院的规定，执法机构有 3 类。均是国家和省两级具有行政执法权的机构。

机构 1. 国家工商行政管理总局，内设反垄断与反不正当竞争执法局，执行除价格卡特尔（即价格垄断协议）之外的大部分垄断协议的禁止和查处工作，除价格垄断行为之外的大部分滥用市场支配地位行为的禁止和查处工作，滥用行政权力排除限制竞争行为的有关执法工作。（强调：价格垄断行为除外）

机构 2. 国家发展和改革委员会，内设价格监督检查司，查处价格违法行为和价格垄断行为。

机构 3. 商务部，内设反垄断局，依法对经营者集中行为进行反垄断审查，指导企业在国外的反垄断应诉工作，开展多、双边竞争政策交流与合作。

贰 反不正当竞争法

一、限制竞争行为

(本法第 6 条、第 7 条、第 12 条、第 15 条)

二、不正当竞争行为

本法规定了 7 种不正当竞争行为。

(一)混淆行为(欺骗性交易)

第 5 条,经营者不得采用下列不正当手段从事市场交易,损害竞争对手:

(一)假冒他人的注册商标;

(二)擅自使用知名商品特有的名称、包装、装潢,或者使用与知名商品近似的名称、包装、装潢,造成和他人的知名商品相混淆,使购买者误认为是该知名商品;

(三)擅自使用他人的企业名称或者姓名,引人误认为是他人的商品;

(四)在商品上伪造或者冒用认证标志、名优标志等质量标志,伪造产地,对商品质量作引人误解的虚假表示。

(二)侵犯商业秘密的行为

第 10 条,经营者不得采用下列手段侵犯商业秘密:

(一)以盗窃、利诱、胁迫或者其他不正当手段获取权利人的商业秘密;

(二)披露、使用或者允许他人使用以前项手段获取的权利人的商业秘密;

(三)违反约定或者违反权利人有关保守商业秘密的要求,披露、使用或者允许他人使用其所掌握的商业秘密。

第三人明知或者应知前款所列违法行为,获取、使用或者披露他人的商业秘密,视为侵犯商业秘密。

本条所称的商业秘密,是指不为公众所知悉、能为权利人带来经济利益、具有实用性并经权利人采取保密措施的技术信息和经营信息。

该考点近年屡次出现,其要点有以下几条。

(1)商业秘密的认定。即"秘密性、经济性、实用性、保密性"。

(2)侵犯商业秘密的主体。包括①经营者。根据法律和合同,有义务保守商业秘密的人(包括与权利人有业务关系的单位、个人,在权利人单位就职的职工);②第三人。第三人明知或应知他人违反商业秘密,仍获取、使用或者披露他人的商业秘密,视为侵犯商业秘密。在实践中,第三人的行为与侵权人构成共同侵权。

(3)客观上有侵权或者违约行为。①侵权行为:以不正当方式,如盗窃、利诱、胁迫等手段"获取"商业秘密,对通过不正当手段获得的商业秘密,有披露、使用的行为。侵权人自己使用或者允许他人使用,侵权人都构成侵权。②违约行为:对通过正当手段获取的商业秘密,违反约定披露、使用或者允许第三人使用。

(三)诋毁商业信誉行为

第 14 条,经营者不得捏造、散布虚伪事实,损害竞争对手的商业信誉、商品声誉。

其要点有以下几条。

(1)行为主体。①有竞争关系的经营者。②其他经营者如果受指使从事诋毁商誉的,可以构成共同侵权。③经营者利用新闻媒体诋毁其他经营者的商誉时,新闻单位被利用和被唆使的,仅构成一般的侵害他人名誉权行为,而非不正当竞争行为。

(2)行为方式上,有捏造、散布虚伪事实的行为。如果发布的消息是真实的,不构成诋毁商誉。

(3)主观心态为故意。法条的用语"捏造、散布",即说明行为人主观是故意,过失不构成"诋毁"。

(4)诋毁行为是针对一个或多个特定竞争对手的。如果捏造、散布的虚假事实不能与特定的经营者相联系,商誉主体的权利便不会受到侵害。

(5)需注意"对比性广告"这一宣传方式。对比性广告是以市场上所有的同一类竞争者为诋毁对象。此时应认定为商业诋毁行为,因为其仍然属于诋毁对象特定。

(四)商业贿赂行为

第8条,经营者不得采用财物或者其他手段进行贿赂以销售或者购买商品。在帐外暗中给予对方单位或者个人回扣的,以行贿论处;对方单位或者个人在帐外暗中收受回扣的,以受贿论处。

经营者销售或者购买商品,可以以明示方式给对方折扣,可以给中间人佣金。经营者给对方折扣、给中间人佣金的,必须如实入帐。接受折扣、佣金的经营者必须如实入帐。

(五)虚假宣传行为

第9条,经营者不得利用广告或者其他方法,对商品的质量、制作成分、性能、用途、生产者、有效期限、产地等作引人误解的虚假宣传。

广告的经营者不得在明知或者应知的情况下,代理、设计、制作、发布虚假广告。

(六)低价倾销行为

第11条,经营者不得以排挤竞争对手为目的,以低于成本的价格销售商品。

有下列情形之一的,不属于不正当竞争行为:

(一)销售鲜活商品;

(二)处理有效期限即将到期的商品或者其他积压的商品;

(三)季节性降价;

(四)因清偿债务、转产、歇业降价销售商品。

(七)不正当的有奖销售

第13条,经营者不得从事下列有奖销售:

(一)采用谎称有奖或者故意让内定人员中奖的欺骗方式进行有奖销售;

(二)利用有奖销售的手段推销质次价高的商品;

(三)抽奖式的有奖销售,最高奖的金额超过五千元。

◉ 近年真题

一、单选题

1. 某品牌白酒市场份额较大且知名度较高，因销量急剧下滑，生产商召集经销商开会，令其不得低于限价进行销售，对违反者将扣除保证金、减少销售配额直至取消销售资格。关于该行为的性质，下列哪一判断是正确的？（2013 年卷一 27 题）

A. 维护品牌形象的正当行为

B. 滥用市场支配地位的行为

C. 价格同盟行为

D. 纵向垄断协议行为

2. 某县“大队长酒楼”自创品牌后声名渐隆，妇孺皆知。同县的“牛记酒楼”经暗访发现，“大队长酒楼”经营特色是，服务员统一着上世纪 60 年代服装，播放该年代歌曲，店堂装修、菜名等也具有时代印记。“牛记酒楼”遂改名为“老社长酒楼”，服装、歌曲、装修、菜名等一应照搬。根据《反不正当竞争法》的规定，“牛记酒楼”的行为属于下列哪一种行为？（2012 年卷一 27 题）

A. 正当的竞争行为

B. 侵犯商业秘密行为

C. 混淆行为

D. 虚假宣传行为

3. 下列哪一选项属于《反不正当竞争法》和《反垄断法》均明文禁止的行为？（2011 年卷一 27 题）

A. 甲省政府规定，凡外省生产的汽车，必须经过本省交管部门的技术安全认证，领取省内销售许可证以后，方可在本省市场销售

B. 乙省政府决定，在进出本省的交通要道设置关卡，阻止本省生产的猪肉运往外省

C. 丙省政府规定，省内各机关和事业单位在公务接待等活动时需要消费香烟的，只能选用本省生产的“金丝雀”牌香烟，否则财政不予报销

D. 丁省政府规定，外省生产的化肥和农药在本省销售的，一律按销售额加收 15% 的环保附加费

4. 对于国务院反垄断委员会的机构定位和工作职责，下列哪一选项是正确的？（2009 年卷一 24 题）

A. 是承担反垄断执法职责的法定机构

B. 应当履行协调反垄断行政执法工作的职责

C. 可以授权国务院相关部门负责反垄断执法工作

D. 可以授权省、自治区、直辖市人民政府的相应机构负责反垄断执法工作

二、多选题

1. 某县政府规定：施工现场不得搅拌混凝土，只能使用预拌的商品混凝土。2012

年，县建材协会组织协调县内6家生产企业达成协议，各自按划分的区域销售商品混凝土。因货少价高，一些施工单位要求县工商局处理这些企业的垄断行为。根据《反垄断法》，下列哪些选项是错误的？（2013年卷一64题）

A. 县政府的规定属于行政垄断行为

B. 县建材协会的行为违反了《反垄断法》

C. 县工商局有权对6家企业涉嫌垄断的行为进行调查和处理

D. 被调查企业承诺在反垄断执法机构认可的期限内采取具体措施消除该行为后果的，该机构可决定终止调查

2. 下列哪些选项属于不正当竞争行为？（2012年卷一64题）

A. 甲灯具厂捏造乙灯具厂偷工减料的事实，私下告诉乙厂的几家重要客户

B. 甲公司发布高薪招聘广告，乙公司数名高管集体辞职前往应聘，甲公司予以聘用

C. 甲电器厂产品具有严重瑕疵，媒体误报道为乙电器厂产品，甲厂未主动澄清

D. 甲厂使用与乙厂知名商品近似的名称、包装和装潢，消费者经仔细辨别方可区别二者差异

3. 关于市场支配地位，下列哪些说法是正确的？（2011年卷一64题）

A. 有市场支配地位而无滥用该地位的行为者，不为《反垄断法》所禁止

B. 市场支配地位的认定，只考虑经营者在相关市场的市场份额

C. 其他经营者进入相关市场的难易程度，不影响市场支配地位的认定

D. 一个经营者在相关市场的市场份额达到二分之一的，推定为有市场支配地位

4. 根据《反垄断法》规定，关于经营者集中的说法，下列哪些选项是正确的？（2010年卷一66题）

A. 经营者集中就是指企业合并

B. 经营者集中实行事前申报制，但允许在实施集中后补充申报

C. 经营者集中被审查时，参与集中者的市场份额及其市场控制力是一个重要的考虑因素

D. 经营者集中如被确定为可能具有限制竞争的效果，将会被禁止

5. 根据《反不正当竞争法》规定，下列哪些行为属于不正当竞争行为？（2010年卷一67题）

A. 甲企业将所产袋装牛奶标注的生产日期延后了两天

B. 乙企业举办抽奖式有奖销售，最高奖为5000元购物券，并规定用购物券购物满1000元的可再获一次抽奖机会

C. 丙企业规定，销售一台电脑给中间人5%佣金，可不入账

D. 丁企业为清偿债务，按低于成本的价格销售商品

6. 根据《反垄断法》规定，下列哪些选项不构成垄断协议？（2009年卷一66题）

A. 某行业协会组织本行业的企业就防止进口原料时的恶性竞争达成保护性协议

B. 三家大型房地产公司的代表聚会，就商品房价格达成共识，随后一致采取涨价行动

C. 某品牌的奶粉含有毒物质的事实被公布后，数家大型零售公司联合声明拒绝销售该产品

D. 数家大型煤炭企业就采用一种新型矿山安全生产技术达成一致意见

答案解析

一、单选题

1.【答案】 D

【解析】 本题考查垄断协议。

《反垄断法》第14条规定，禁止经营者与交易相对人达成下列垄断协议：(一)固定向第三人转售商品的价格；(二)限定向第三人转售商品的最低价格；(三)国务院反垄断执法机构认定的其他垄断协议。生产商对经销商限定对第三人的最低价格属于纵向垄断协议。

2.【答案】 C

【解析】 本题考查反不正当竞争行为。

《反不正当竞争法》第5条规定，经营者不得采用下列不正当手段从事市场交易，损害竞争对手：(一)假冒他人的注册商标；(二)擅自使用知名商品特有的名称、包装、装潢，或者使用与知名商品近似的名称、包装、装潢，造成和他人的知名商品相混淆，使购买者误认为是该知名商品；(三)擅自使用他人的企业名称或者姓名，引人误认为是他人的商品；(四)在商品上伪造或者冒用认证标志、名优标志等质量标志，伪造产地，对商品质量作引人误解的虚假表示。据此可知，"老社长酒楼"的"服装、歌曲、装修、菜名等"一应照搬"大队长酒楼"的行为应定为混淆行为，属于采用不正当手段从事市场竞争。

3.【答案】 B

【解析】 本题考查《反不正当竞争法》和《反垄断法》中均禁止的行为。

《反不正当竞争法》第7条规定，政府及其所属部门不得滥用行政权力，限定他人购买其指定的经营者的商品，限制其他经营者正当的经营活动。政府及其所属部门不得滥用行政权力，限制外地商品进入本地市场，或者本地商品流向外地市场。

《反垄断法》第32条规定，行政机关和法律、法规授权的具有管理公共事务职能的组织不得滥用行政权力，限定或者变相限定单位或者个人经营、购买、使用其指定的经营者提供的商品。

《反垄断法》第33条规定，行政机关和法律、法规授权的具有管理公共事务职能的组织不得滥用行政权力，实施下列行为，妨碍商品在地区之间的自由流通：(一)对外地商品设定歧视性收费项目、实行歧视性收费标准，或者规定歧视性价格；(二)对外地商品规定与本地同类商品不同的技术要求、检验标准，或者对外地商品采取重复检验、重

复认证等歧视性技术措施,限制外地商品进入本地市场;(三)采取专门针对外地商品的行政许可,限制外地商品进入本地市场;(四)设置关卡或者采取其他手段,阻碍外地商品进入或者本地商品运出;(五)妨碍商品在地区之间自由流通的其他行为。

选项 A 错误。甲省政府的规定在《反不正当竞争法》中没有被明文禁止。

选项 B 正确。乙省政府的决定属于地区封锁行为,在《反不正当竞争法》第 7 条第 2 款和《反垄断法》第 33 条第 4 项中均被明文禁止。

选项 C 有争议,丙省政府的规定在《反不正当竞争法》第 7 条第 1 款中被明文禁止,在《反垄断法》第 32 条中被明文禁止。

选项 D 错误。丁省政府的规定在《反垄断法》第 33 条第 1 项中被明文禁止,但在《反不正当竞争法》中没有被明文禁止。

4.**【答案】** B

【解析】 本题考查国务院反垄断委员会的机构定位和工作职责。

选项 A 错误,选项 B 正确。《反垄断法》第 9 条规定,国务院设立反垄断委员会,负责组织、协调、指导反垄断工作,履行下列职责:(一)研究拟订有关竞争政策;(二)组织调查、评估市场总体竞争状况,发布评估报告;(三)制定、发布反垄断指南;(四)协调反垄断行政执法工作;(五)国务院规定的其他职责。国务院反垄断委员会的组成和工作规则由国务院规定。从这些职责分析可知,反垄断委员会的定位应该属于调研智囊型宏观协调机构而非直接执法机构。

选项 C、D 错误。国务院反垄断委员会本身不是承担反垄断执法职责的法定机构,也不可能授权其他机构执法。《反垄断法》第 10 条第 2 款规定,国务院反垄断执法机构根据工作需要,可以授权省、自治区、直辖市人民政府相应的机构,依照本法规定负责有关反垄断执法工作。

二、多选题

1.**【答案】** ACD

【解析】 本题考查垄断行为、反垄断调查机构及其职权。

选项 A 说法错误。县政府的行为属于正常的行政管理,并没有从事地区封锁、限制竞争的行为。

选项 B 说法正确。《反垄断法》第 16 条规定,行业协会不得组织本行业的经营者从事本章禁止的垄断行为。本案中,建材协会的行为属于行业协会的垄断协议,分割销售市场。

选项 C 说法错误。《反垄断法》第 10 条第 2 款规定,国务院反垄断执法机构根据工作需要,可以授权省、自治区、直辖市人民政府相应的机构,依照本法规定负责有关反垄断执法工作。据此可知,县工商局没有反垄断执法权。

选项 D 说法错误。《反垄断法》第 45 条第 1 款规定,对反垄断执法机构调查的涉嫌垄断行为,被调查的经营者承诺在反垄断执法机构认可的期限内采取具体措施消除该行为后果的，反垄断执法机构可以决定中止调查。中止调查的决定应当载明被调查的经营者承诺的具体内容。据此可知，应该是“中止”调查，而非“终止”调查。

2.【答案】 AD

【解析】 本题考查不正当竞争行为。

选项A属于违法。《反不正当竞争法》第14条规定，经营者不得捏造、散布虚伪事实，损害竞争对手的商业信誉、商品声誉。

选项B不属于错误。招聘已经与竞争对手解除劳动关系的劳动者，并不属于不正当竞争行为。

选项C不属于违法，选项D属于违法。《反不正当竞争法》第5条规定，经营者不得采用下列不正当手段从事市场交易，损害竞争对手：（一）假冒他人的注册商标；（二）擅自使用知名商品特有的名称、包装、装潢，或者使用与知名商品近似的名称、包装、装潢，造成和他人的知名商品相混淆，使购买者误认为是该知名商品；（三）擅自使用他人的企业名称或者姓名，引人误认为是他人的商品；（四）在商品上伪造或者冒用认证标志、名优标志等质量标志，伪造产地，对商品质量作引人误解的虚假表示。

3.【答案】 AD

【解析】 本题考查市场支配地位。

我国《反垄断法》所称的市场支配地位是指经营者在相关市场内具有能够控制商品价格、数量或者其他交易条件，或者能够阻碍、影响其他经营者进入相关市场能力的市场地位。

选项A正确。《反垄断法》第6条规定，具有市场支配地位的经营者，不得滥用市场支配地位，排除、限制竞争。据此可知，《反垄断法》并不禁止经营者具有市场支配地位，但是禁止具有市场支配地位的经营者滥用其市场支配地位。若有市场支配地位的经营者并无滥用其支配地位的行为的，是不为《反垄断法》所禁止的。

选项B、C错误。市场支配地位的认定，除了考虑经营者在相关市场的市场份额外，相关因素也很多，包括其他经营者进入相关市场的难易程度。《反垄断法》第18条规定，认定经营者具有市场支配地位，应当依据下列因素：（一）该经营者在相关市场的市场份额，以及相关市场的竞争状况；（二）该经营者控制销售市场或者原材料采购市场的能力；（三）该经营者的财力和技术条件；（四）其他经营者对该经营者在交易上的依赖程度；（五）其他经营者进入相关市场的难易程度；（六）与认定该经营者市场支配地位有关的其他因素。

选项D正确。《反垄断法》第19条第1款第1项规定，一个经营者在相关市场的市场份额达到二分之一的，可以推定经营者具有市场支配地位。

4.【答案】 CD

【解析】 本题考查经营者集中。

选项A错误。《反垄断法》第20条规定，经营者集中是指下列情形：（一）经营者合并;(二)经营者通过取得股权或者资产的方式取得对其他经营者的控制权;(三)经营者通过合同等方式取得对其他经营者的控制权或者能够对其他经营者施加决定性影响。

选项B错误。《反垄断法》第21条规定,经营者集中达到国务院规定的申报标准的,经营者应当事先向国务院反垄断执法机构申报,未申报的不得实施集中。所以不能在实施集中后补充申报。

选项C正确。《反垄断法》第27条规定,审查经营者集中,应当考虑下列因素:(一)参与集中的经营者在相关市场的市场份额及其对市场的控制力;(二)相关市场的市场集中度;(三)经营者集中对市场进入、技术进步的影响;(四)经营者集中对消费者和其他有关经营者的影响;(五)经营者集中对国民经济发展的影响;(六)国务院反垄断执法机构认为应当考虑的影响市场竞争的其他因素。

选项D正确。《反垄断法》第28条规定,经营者集中具有或者可能具有排除、限制竞争效果的,国务院反垄断执法机构应当作出禁止经营者集中的决定。但是,经营者能够证明该集中对竞争产生的有利影响明显大于不利影响,或者符合社会公共利益的,国务院反垄断执法机构可以作出对经营者集中不予禁止的决定。

5.**【答案】**　AC

【解析】　本题考查不正当竞争行为。

选项A、C可以明显选出。选项A涉及虚假宣传,《反不正当竞争法》第9条第1款规定,经营者不得利用广告或者其他方法,对商品的质量、制作成分、性能、用途、生产者、有效期限、产地等作引人误解的虚假宣传。选项C指明不入账,第8条第2款规定,经营者销售或者购买商品,可以以明示方式给对方折扣,可以给中间人佣金。经营者给对方折扣、给中间人佣金的,必须如实入账。接受折扣、佣金的经营者必须如实入账。

再来分析选项B,《反不正当竞争法》第13条第3项规定,经营者不得从事抽奖式的有奖销售,最高奖的金额超过5000元。抽奖式有奖销售"最高奖的金额超过5000元"是以一次销售活动进行计算的。本题中,第二次抽奖的资格是以第二次销售活动(即购物满1000元)为前提的,不属于不正当竞争行为。

选项D不属于不正当竞争行为。《反不正当竞争法》第11条规定,经营者不得以排挤竞争对手为目的,以低于成本的价格销售商品。有下列情形之一的,不属于不正当竞争行为:(一)销售鲜活商品;(二)处理有效期限即将到期的商品或者其他积压的商品;(三)季节性降价;(四)因清偿债务、转产、歇业降价销售商品。

6.**【答案】**　ACD

【解析】　本题考查垄断协议。

《反垄断法》第13条规定,禁止具有竞争关系的经营者达成下列垄断协议:(一)固定或者变更商品价格;(二)限制商品的生产数量或者销售数量;(三)分割销售市场或者原材料采购市场;(四)限制购买新技术、新设备或者限制开发新技术、新产品;(五)联合抵制交易;(六)国务院反垄断执法机构认定的其他垄断协议。本法所称垄断协议,是指排除、限制竞争的协议、决定或者其他协同行为。

第14条规定,禁止经营者与交易相对人达成下列垄断协议:(一)固定向第三人转售商品的价格;(二)限定向第三人转售商品的最低价格;(三)国务院反垄断执法机构认定的其他垄断协议。

第15条规定,经营者能够证明所达成的协议属于下列情形之一的,不适用本法第十三条、第十四条的规定:(一)为改进技术、研究开发新产品的;(二)为提高产品质量、降低成本、增进效率,统一产品规格、标准或者实行专业化分工的;(三)为提高中小经营者经营效率,增强中小经营者竞争力的;(四)为实现节约能源、保护环境、救灾救助等社会公共利益的;(五)因经济不景气,为缓解销售量严重下降或者生产明显过剩的;(六)为保障对外贸易和对外经济合作中的正当利益的;(七)法律和国务院规定的其他情形。属于前款第一项至第五项情形,不适用本法第十三条、第十四条规定的,经营者还应当证明所达成的协议不会严重限制相关市场的竞争,并且能够使消费者分享由此产生的利益。

选项A属于第15条第6项规定的"为保障对外贸易和对外经济合作中的正当利益"的情形,不构成垄断协议。

选项B属于具有竞争关系的经营者达成的横向垄断协议。

选项C不构成垄断协议。对于并非以限制竞争为目的或者为某种公共利益而达成的合意或者一致行动,反垄断法是允许的。

选项D属于第15条第1项规定的"为改进技术、研究开发新产品"的情形,不构成垄断协议。

◎ 案例实训

【案由】 12月末,某市某家具城推出了"元旦贺礼购家具中现金大奖"活动,奖金设定为"每购物1000元,获赠奖券一张,随机抽出一等奖一名,奖现金6000元,二等奖一名,奖现金4000元……"该销售方案经该市公证处进行了公证。之后,当事人将此次有奖销售活动开奖方法、时间及奖品设置情况通过电视台作了广告宣传。此次有奖销售活动持续了15天,共发出奖券500张,销售金额同比有了大幅提高。

【问题】

此家具城这一做法,是否违反《反不正当竞争法》中的有关规定?请结合经济法的有关理论进行简单分析。

【评析】

本案是一起典型的有奖销售案件,这种有奖销售,实际上正是经营者滥用经济实力进行不正当竞争行为。

不正当有奖销售行为，是指经营者利用金钱、物质或其他利益引诱购买者与之发生交易行为，以排挤竞争对手的行为。根据《反不正当竞争法》的规定，下列有奖销售行为是不正当竞争行为：(1)采取谎称有奖或者故意让内部人员中奖的欺骗方式进行的有奖销售行为。(2)推销质次价高商品的有奖销售行为。(3)抽奖式的有奖销售，最高奖的金额超过5000元人民币。由此可以看出，《反不正当竞争法》对抽奖式的有奖销售是有条件的禁止，其标准就是最高金额是否超过5000元，超过者即被禁止。

该商家违反诚实信用和公平竞争的原则，利用金钱等物质利益诱使消费者与之交易。这种行为有时不表现为对消费者合法权益的侵害，而主要是对其他经营者的公平竞争权利的侵害。该家具城在15日内，销售额大幅度提高，加之已经通过电视台做广告宣传，造成了不良的社会影响，对其他从事家具经营的经营者的公平竞争权构成了侵害。

综上所述，该家具城推出的"元旦贺礼购家具中现金大奖"活动，其最高奖金超过了5000元，违反了《反不正当竞争法》第13条第3项关于抽奖式的有奖销售最高金额不得超过5000元的规定，构成了不正当竞争行为。依据《反不正当竞争法》第26条，应责令该家具城停止违法行为，并处以相应罚款。

第二讲　消费者权益保护法

◇ 重点体系

- 消费者权益保护法
  - 消费者权益保护法的适用对象——消费者为生活消费需要购买、使用商品或者接受服务，农民购买、使用直接用于农业生产的生产资料
  - 消费者的权利和经营者的义务
    - 消费者的权利
      - 安全保障权
      - 知悉真情权
      - 自主选择权
      - 公平交易权
      - 获取赔偿权
      - 依法结社权
      - 获得相关知识权
      - 受尊重权
      - 监督批评权
      - 个人信息权(隐私权)
    - 经营者的义务
      - 安全保障义务
      - 提供真实信息的义务
      - 标明真实名称和标记的义务
      - 出具凭证或单据的义务
      - 保证质量的义务
      - “三包”义务
      - 正确使用格式条款的义务
      - 尊重消费者信息自由的义务
  - 消费者组织
    - 性质
    - 职责
    - 公益诉讼
  - 争议的解决
    - 一般规则
    - 特定规则——扩大追偿对象
  - 违反本法的法律责任
    - 法定退货责任
    - 惩罚性赔偿责任
    - 故意侵权的加重责任

◈ 考点精讲

• **全面论述**

消费作为社会再生产的一个重要环节，是生产、交换、分配的目的与归宿。它包括生产消费和生活消费两个方面。其中，生活消费与基本人权直接相关。在盛倡“消费者主权”和基本人权的今天，生活消费作为人类的基本需要，自然成为法律必须加以规制的重要领域。消费者权益保护法的立法宗旨就是明确规定消费者享有的权利和生产经营者应承担的义务及产品质量责任，确保消费者的合法权益不受侵犯，维护社会经济秩序。

壹　消费者权益保护法

一、消费者及消费者权益保护法的概念

（一）消费者的概念及特征

消费者是指到市场上购买商品或者接受服务的公民。由此可知，消费者是个体社会成员，是从事生活消费的主体，消费者是经营者的对称，而经营者就是向消费者提供服务或出售商品的市场主体。消费者具有以下法律特征：第一，消费者从事的消费活动属于生活消费；第二，消费者消费的客体既包括商品也包括服务；第三，消费者的消费活动表现为购买、使用商品和接受服务；第四，消费者主要包括个人消费者。

（二）消费者权益保护法的概念

广义的消费者权益保护法，是调整在保护消费者权益的过程中发生的经济关系的法律规范的总称。消费者权益保护法有其独特的调整对象，即在保护消费者权益过程中所发生的经济关系，具体包括：第一，国家与经营者之间的关系。国家与经营者之间的关系，实质内容就是为了保护消费者而在国家与经营者之间产生的监督管理与被监督管理的关系。第二，国家与消费者之间的关系。国家与消费者之间的关系，在消费者权益保护法中表现为保护与被保护、指导与被指导的关系。第三，消费者与生产经营者之间的关系。消费者与生产经营者之间的关系，是一种自愿、平等、公平、诚实信用基础之上的等价有偿的商品交换关系。

狭义的消费者权益保护法，是指1993年第八届全国人大常委会第四次会议通过的《中华人民共和国消费者权益保护法》，该法于1994年1月1日开始实施。

（三）《消费者权益保护法》的立法宗旨和适用范围

（1）我国《消费者权益保护法》的立法宗旨，是通过制定保护消费者权益的专门法律，保护消费者的合法权益，维护社会经济秩序，促进社会主义市场经济的健康发展。

（2）我国《消费者权益保护法》的适用范围，是消费者为生活消费需要而购买、使用商品或接受服务，其权益受消费者权益保护法的保护；经营者为消费者提供其生产、销售的商品或提供服务，其行为受消费者权益保护法的规范。另外，鉴于我国的具体情况，农民购买、使用直接用于农业生产的各种生产资料的生产性消费活动，亦受消费者

权益保护法的保护。

（四）消费者权益保护法的特征

1. 群益性

每个公民都是消费者，其正当权益都应当平等地受到法律的保护，在我国境内消费的外国人和无国籍人也要得到同样保护。

2. 综合性

消费者权益涉及多个领域，受到多种法律部门及其分支的保护，消费者权益保护法必然要综合反映相关法律规范的要求，如产品质量、计量、广告、价格管理、进出口商检、食品卫生、药品管理、标准、商标法等；消费者权益保护的基本法与这些部门、分支法律法规共同调整消费者权益保护关系。

3. 倾向性

消费者是消费者权益保护法的保护对象，总体上讲，消费者与经营者的法律地位平等，每一当事人的权利义务一致，但实际上，消费者无法与经营者相提并论，也无法凭自身的力量与经营者（尤其是大公司、大企业）相抗衡，比起经营者，消费者处于明显的客观不利地位，是弱者，正因为如此，消费者权益保护法中对消费者侧重伸张其权利，而对经营者则侧重强调其义务。

（五）消费者权益保护法的原则

一般而言，消费者权益保护法应包括以下原则：一是尊重和保障人权原则；二是保障社会经济秩序原则；三是依法进行交易的原则。

根据我国《消费者权益保护法》的规定，其原则有以下几条。

1. 自愿、平等、公平、诚实信用原则

经营者与消费者进行交易，应在自觉自愿的基础上进行，不可强买强卖、欺行霸市、硬性搭配，而应坚持当事人地位一律平等；不可以以大欺小、恃强凌弱，而应公平交易，按照价值规律、等价交换、优质优价、劣质低价的原则，相互兼顾对方的权益；任何人不得无偿占有他人财产，也不得哄抬物价或压级压价；要相互尊重和理解；平等协商，讲诚实、守信用，遵守法律法规、职业道德和社会公德，文明经商，文明消费，以善意方式履行各自义务，不得侵犯对方利益，也不得逃避法律和合同。

2. 对消费者给予特别保护原则

在消费关系中，消费者客观上处于弱者地位。首先，消费者是分散的无组织的个人，而经营者大多是有组织的法人，有些经营者还拥有专营权，有的消费合同是由经营者确定合同条件的标准合同，对此消费者别无选择；其次，具体的消费者受到专业知识、消费经验和时间、精力、财力、场合等限制，较难主张和实现自己的消费权利，较易受到经营者不法行为的侵害。因此，国家给予消费者特别保护。当消费者的权利保护与其他权利（如经营者的民事权利）保护发生冲突时，应当优先保护消费者的权利。同一纠纷有多种法律可适用时，应当优先适用消费者权益保护法，当然也不排斥其他法

(如合同法)对消费者的共同保护。

3. 国家援助消费者的原则

这是国家对市场运行进行干预的体现,也是消费者权利实现的切实保障。国家采取措施,保障消费者依法行使权利,其目的在于维护消费者的合法权益。因此,国家要根据经济、文化发展的水平,不断完善消费者的权利并促使其实现;帮助、指导和教育消费者提高自我保护意识;加强对经营者的监督管理,督促一切从事商品生产、销售或提供服务的单位和个人依法文明经营,自觉保护消费者利益;在消费者受侵害时,提供必要法律帮助,包括疏通渠道、简化手续、方便消费者投诉等,在消费纠纷处理中依法保障消费者的利益。同时国家制定有关消费者权益的法律、法规和政策时,应听取消费者的意见和要求。

4. 补偿性与惩罚性相结合的原则

为加强经营者的自觉性、严格其责任,在经营者以不法行为侵害消费者权益时,国家以补偿性与惩罚性结合的方式予以制裁。首先,责成经营者合理赔偿消费者的实际损失,包括直接和间接损失,以及适当的精神损害补偿;其次,对其不法行为给予相应的惩罚,根据情节轻重,分别追求经济、行政或刑事责任。这样不仅使侵权的经营者在经济上无利可得,而且对其今后的经营活动也能产生足够的警戒作用。

5. 行政监督与社会监督相结合的原则

强有力的行政监督是保护消费者利益的重要环节。因此,国家行政管理机关要加强对经营者的监督,要求其向消费者提供符合法律、法规、规章要求或合同约定的商品与服务。要定期检查,及时制止和处理违法经营者;组织开展评比、竞赛活动,奖励成绩优秀者。要协调和沟通经营者与消费者的关系,并为经营者提供服务,帮助其加强管理,完善自我约束,形成保护消费者利益的内容监督机制,有关国家行政机关应依照法律法规的规定,惩处经营者在提供商品和服务中侵害消费者合法权益的违法犯罪行为。

保护消费者合法权益是全社会的共同责任,仅有行政监督是不够的,国家鼓励、支持一切组织和个人对损害消费者合法权益的行为进行监督。各政党、社会团体、武装力量、企业事业单位、新闻舆论工具及城乡基层群众性消费自治组织,都应依法积极履行监督职能,广大人民群众也应积极开展监督,相互配合,形成保护消费者利益的网络体系。

二、消费者权益的国际保护

随着市场经济的发展,各国的消费者问题也日益突出,保护消费者的权益已日显重要。为此,各国所保护的消费者权利的范围愈发扩大,这同样也反映到国际立法的层面。例如,国际消费者联盟提出了消费者应享有的八项权利,这使得消费者权益的国际保护与各国的具体保护在很大程度上保持一致,从而也使得国际层面的立法更具有可操作性。

消费者权益保护法律制度的历史演进,同法律保护人权的历史进程是同步的。早期的消费者权益保护方面的法律规范主要体现在饮食与服装方面,例如,在13世纪,法国巴黎的面包师在出售面包时,有专人检查其所售面包的重量是否足额,这被认为是现代消费者权益保护立法的先驱。但在19世纪以前,消费者权益保护法律制度的发展是极为缓慢的。到了19世纪,由于生产、技术及销售方面发生了重大变化,从而导致商品损坏机会和维修费用增多同有限的产品担保之间发生矛盾,并且,生产的社会化、专业化及消费者的广泛存在,使得消费者很难有效地向生产者主张自己的权利,导致消费者权利受到侵害的情况日益严重,迫使消费者寻求立法上的支持。尤其是在20世纪五六十年代,西方国家爆发的"消费者权利运动",对消费者权益保护法律制度的发展起了巨大的推动作用,从而使各国在消费者权益保护方面的专门立法得以应运而生。

迄今为止,在消费者权益的国际保护方面已经有一批关于消费者保护的规范。其中,较为重要的是:(1)《保护消费者准则》。它由国际消费者组织联盟倡导制定,并经联合国大会决议通过,是国际消费者保护方面影响最大的综合性立法。其主要目标是协助各国加强消费者保护,鼓励企业遵守道德规范,协助各国限制不利于消费者的商业陋习;鼓励消费者组织的发展,推进消费者保护的国际合作等。(2)《消费者保护宪章》。它由欧洲理事会制定,影响也比较大。其权利保护范围较为广泛,对消费者的援助保护权、损害赔偿权、知悉真情权、接受教育权、依法结社权、获得咨询权等都有相关规定。

三、在保护消费者权益方面进行专门立法的原因

在近代市场经济阶段,经济上以自由竞争为主,国家对经济生活不加干预,因而消费者与生产者之间是普通的合同关系,其权利义务依合同来确定。由于此时市场经济尚不发达,企业的社会化、专业化程度不高,消费者与消费品供给者之间的地位相对比较平等,合同自由原则依旧适用,消费者是否签约,与谁签约,签约内容等方面还有一定的自由,因而仅依合同和民事责任方面的法律就能使消费者所受损害得到救济。在这一时期,消费者问题并不突出,依靠传统民商法加以规制仍是适宜的。

然而,随着近代市场经济发展为现代市场经济,在竞争的过程中不仅产生了垄断和不正当竞争,而且消费者问题也日益突出。这主要表现在以下几个方面。

第一,在科技进步、促销手段不断变化的情况下,人们不可能对科技时代生产出的商品结构、性能、品质等诸多方面有明确和深刻的了解,因而消费者对商品的信息知之甚少或者存在认识错误;并且,作为促销手段的各种宣传媒介,也往往向消费者传递不真实的信息。

第二,生产与经营的社会化、专业化,常常使消费者难以靠自己的力量去寻找和追究侵害消费者权利的具体责任者。同时,若依一般民事诉讼程序进行诉讼,则费时耗力,费用高昂,因而诉讼救济常常使消费者望而却步。这说明在解决日益严重的消费者问题方面,传统的民商法规范在实体法和程序法领域都是有缺陷的。

第三,垄断的发展和商品的消费者的普遍化,使得定式合同、标准合同条款大量存在,从而使传统的合同自由原则受到破坏或突破。由于消费者处于弱者地位,因而不得不屈从于实力雄厚的各种组织体所制定的不利于自己的合同条件。

第四,不正当竞争的加剧,使得置诚实信用等商业道德原则于不顾的经营者竞相采取不公平的商业行为或限制性商业行为。它们在质量、价格、计量、商标等各个方面竭尽各种欺诈手段,损害消费者利益。

上述侵害消费者权利的问题是单靠传统的民商法无法解决的,因为消费者问题是市场经济高度发展的结果,它只有通过国家进行宏观调控和市场规制才可能全面得以解决。正因为如此,在保护消费者权益方面,经济法应在一定程度上弥补民商法保护之不足。

对消费者权益保护进行专门立法,是在西方国家进入垄断阶段以后,特别是在第二次世界大战以后开始的,这些专门立法构成了经济法的新部门法。消费者权益保护法与反垄断法、反不正当竞争法、产品质量法等有着天然的内在联系和许多共通之处,只是在立法的角度和侧重点方面不同而已。消费者权益保护法更强调从消费者的角度来直接保护消费者这一特定的市场主体的权益,而反垄断法、反不正当竞争法、产品质量法则更强调从规范企业的市场行为的角度来间接地保护消费者的权益。

贰 消费者的权利和经营者的义务

一、消费者的权利

消费者权利作为一种基本人权,是生存权的重要组成部分。由于消费者权利是人类在生活消费中应享有的权利,因此,法律必须予以保障,以使消费者的基本人权从应然的权利转化为法定的权利。

我国《消费者权益保护法》第二章专门规定了消费者的权利,依据该法的规定,消费者的权利主要包括以下几项。

(一)安全权

安全权,是指消费者在购买、使用商品或接受服务时,享有人身和财产安全不受损害的权利,包括人身安全和财产安全。由于消费者取得商品和服务是用于生活消费,因此,商品和服务必须绝对安全可靠,必须绝对保证商品和服务的质量不会损害消费者的生命与健康。

(二)知情权

知情权,又称了解权、知悉真情权,指消费者享有知悉其购买、使用的商品或者接受的服务的真实情况的权利。依据《消费者权益保护法》的规定,消费者有权根据商品或者服务的不同情况,要求经营者提供商品的价格、产地、生产者、用途、性能、规格、等级、主要成分、生产日期、有效期限、检验合格证明、使用方法说明、售后服务,或者服务的内容、规格、费用等有关情况。唯有如此,才能保障消费者与经营者签约时做到知己知彼,并表达其真实的意思。

(三)自主选择权

自主选择权是指消费者享有的自主选择商品或者服务的权利,该权利包括以下几方面:

(1)自主选择提供商品或者服务的经营者的权利;

(2)自主选择商品品种或者服务方式的权利;

(3)自主决定购买或者不购买任何一种商品、接受或者不接受任何一项服务的权利;

(4)在自主选择商品或服务时所享有的进行比较、鉴别和挑选的权利。

(四)公平交易权

消费者享有公平交易权,该权利是指消费者在购买商品或者接受服务时所享有的获得质量保障和价格合理、计量正确等公平交易条件的权利。为了保障消费者的公平交易权的实现,必须依反垄断法和反不正当竞争法等对劣质销售、价格不公、计量失度等不公平交易行为加以禁止。此外,消费者还有权拒绝经营者的强制交易行为,这与消费者权益保护法基本原则的要求也是一致的。

(五)依法求偿权

依法求偿权是指消费者在因购买、使用商品或者接受服务受到人身、财产损害时,依法享有的要求并获得赔偿的权利。依法求偿权是弥补消费者所受损害的必不可少的救济性权利。

(六)依法结社权

依法结社权是指消费者的依法成立维护自身合法权益的社会团体的权利。政府对合法的消费者团体不应加以限制,并且,在制定有关消费者方面的政策和法律时,还应向消费者团体征求意见,以求更好地保护消费者权利。消费者的依法结社权是十分重要的,它使得消费者能够从分散、弱小走向集中和强大,并通过集体的力量来改变自己的弱者地位,以与实力雄厚的经营者相抗衡。因此,对消费者的依法结社权必须予以保障。

(七)求教获知权

求教获知权,或称受教育权、获取知识权,它是从知情权中引申出来的一种消费者权利,是消费者所享有的获得有关消费和消费者权益保护方面的知识的权利。保障这一权利的目的是使消费者更好地掌握所需商品或者服务的知识和使用技能,以使其正确使用商品、提高自我保护意识。应当说,接受教育,获取相关知识,提高自我保护能力,既是消费者的权利,也是消费者的义务。

(八)维护尊严权

维护尊严权是指消费者在购买、使用商品和接受服务时所享有的其人格尊严、民族风俗习惯得到尊重的权利。尊重消费者的人格尊严和民族习俗,是社会文明进步的表现,也是尊重和保障人权的重要内容。

(九)监督批评权

根据我国《消费者权益保护法》的规定,消费者享有对商品和服务以及保护消费者权益工作进行监督的权利。此外,消费者有权检举、控告侵害消费者权益的行为和国家机关及其工作人员在保护消费者权益工作中的违法失职行为,有权对保护消费者权益工作提出批评、建议。

二、经营者的义务

相对应于消费者的权利的,是经营者的义务。经营者的义务,是指经营者在与消费者的商品交换关系中应承担的义务。由于经营者是为消费者提供其生产、销售的商品或者提供服务的市场主体,只有经营者依法切实履行其义务,消费者的权利才能得以实现,亦即消费者权利的实现,有赖于经营者义务的履行。

根据我国《消费者权益保护法》第三章的规定,在保护消费者权益方面,经营者负有下列义务。

(一)依法定或者约定履行义务

依法定或约定履行义务,是关于经营者的原则性、根据性规定。指经营者应当按照法律的规定或者合同的约定履行义务。这一义务包括以下三个方面。

(1)经营者向消费者提供商品或者服务,应当按照《产品质量法》和其他有关法律、法规的规定履行义务。

(2)经营者与消费者有约定的,应当按照约定履行义务,但双方的约定不得违背法律、法规的规定。

(3)经营者提供商品或服务,按照国家或者与消费者的约定,承担包修、包换、包退或者其他责任的,应当按照国家规定或者约定履行,不得故意拖延或者无理拒绝。

(二)听取意见和接受监督

听取意见和接受监督,这一义务,相对应于消费者的监督权。对此,《消费者权益保护法》规定:“经营者应当听取消费者对其提供的商品或者服务的意见,接受消费者的监督。”

(三)保证商品和服务安全

经营者保证商品和服务安全这一义务,相对应于消费者的安全权。为此法律要求经营者做到以下几点。

(1)经营者应当保证其提供的商品或者服务符合保障人身、财产安全的要求。对可能危及人身、财产安全的商品和服务,应当向消费者作出真实的说明和明确的警示,并说明和标明正确使用商品或者接受服务的方法以及防止危害发生的方法。

(2)经营者发现其提供的商品或者服务存在严重缺陷,即使正确使用商品或者接受服务仍然可能对人身、财产安全造成危害的,应当立即向有关行政部门报告和告知消费者,并采取防止危害发生的措施。

（四）提供真实信息

经营者提供真实信息的义务，相对应于消费者的知情权。对于经营者应该提供真实信息的义务，《消费者权益保护法》有如下规定。

（1）经营者应当向消费者提供有关商品或者服务的真实信息，不得作引人误解的虚假宣传。

（2）经营者对消费者就其提供的商品或者服务的质量和使用方法等问题提出的询问，应当作出真实、明确的答复。

（3）商店提供商品应当明确标价。

（4）经营者应当标明真实名称和标记。

（5）租赁他人柜台或者场地的经营者，应当标明其真实名称和标记。

（五）出具凭证和单据

出具凭证和单据，是指经营者在提供商品或者服务时，应当出具相应的购货凭证或服务单据。此项义务，相对应于消费者的求偿权。对此，《消费者权益保护法》规定："经营者提供商品或者服务，应当按照国家有关规定或者商业惯例向消费者出具发票等购货凭证或者服务单据；消费者索要发票等购货凭证或者服务单据的，经营者必须出具。"

（六）保证质量

经营者应当保证其提供的商品和服务的质量符合要求，此项义务相对应于消费者的公平交易权。对此，《消费者权益保护法》规定："经营者应当保证在正常使用商品或者接受服务的情况下其提供的商品或者服务应当具有的质量、性能、用途和有效期限；但消费者在购买该商品或者接受该服务前已经知道其存在瑕疵，且存在该瑕疵不违反法律强制性规定的除外。经营者以广告、产品说明、实物样品或者其他方式表明商品或者服务的质量状况的，应当保证其提供的商品或者服务实际质量与表明的质量状况相符。"

（七）不得从事不公平、不合理的交易

经营者不得从事不公平、不合理的交易这一义务，是保证消费者公平交易权实现的又一方面。根据《消费者权益保护法》的规定，经营者不得从事不公平、不合理的交易，其具体内容有以下几点。

（1）经营者不得以格式合同、通知、声明、店堂告示等方式作出对消费者不公平、不合理的规定。

（2）经营者不得以格式合同、通知、声明、店堂告示等方式减轻、免除其损害消费者合法权益时应当承担的民事责任。

如果经营者的格式合同、通知、声明、店堂告示等含有上述禁止的内容，其内容无效。

（八）不得侵犯消费者的人身权

为保证消费者受尊重权的实现，《消费者权益保护法》规定了经营者不得侵犯消费者的人身权的义务。具体规定为:“经营者不得对消费者进行侮辱、诽谤,不得搜查消费者的身体及其携带的物品,不得侵犯消费者的人身自由。”

叁　消费者合法权益的保护

一、国家对消费者合法权益的保护

国家保护是消费者权益保护法中的一项基本原则。在消费者权益保护方面,不仅经营者负有直接的义务,而且国家也负有相应义务。在消费者政策和消费者立法方面,国家应当保护消费者的合法权益不受侵害,并应采取具体措施,保障消费者依法行使权利,维护其合法利益。根据我国《消费者权益保护法》第四章的规定,国家对消费者合法权益的保护主要体现在以下几个方面。

(一)在立法方面的保护

国家在制定有关消费者权益的法律、法规时,应当听取消费者的意见和要求,此外,立法机关在把消费者政策上升为法律时,也应听取消费者的意见和要求。

(二)在行政方面的保护

政府的行政管理工作与消费者权益的保护水平直接相关。各级人民政府应当加强领导,组织、协调、督促有关行政部门做好保护消费者合法权益的工作。各级人民政府应当加强监督,预防危害消费者人身、财产安全行为的发生,及时制止危害消费者人身、财产安全的行为。各有关行政部门的消费者权益保护方面应依法履行其义务。

1. 工商行政管理机关及其职责

根据《消费者权益保护法》的规定,各级人民政府工商行政管理部门是对消费者权益提供保护的主要部门。工商行政管理部门保护消费者权益体现在履行其各项基本职能方面。第一,通过企业登记管理维护消费者的合法权益。第二,通过市场监督管理维护消费者的合法权益。第三,通过商标管理维护消费者的合法权益。第四,通过广告管理维护消费者的合法权益。第五,通过个体私营经济管理维护消费者的合法权益。第六,通过经济监督维护消费者的合法权益。

2. 技术监督行政机关及其职责

根据《消费者权益保护法》及有关法律、法规的规定,技术监督管理机关是仅次于工商行政管理机关的保护消费者权益的机构,其在保护消费者合法权益方面负有重要职责,主要表现为:第一,制定有关保护消费者人身、财产安全的标准,为维护消费者的人身、财产安全权提供良好的条件。第二,对各种违反技术监督法律、法规的行为进行监督检查,并对确认违法行为进行行政处罚,从而维护消费者的合法权益。

3. 卫生监督管理机关保护消费者权益的职责

第一,对食品进行监督管理,保证食品卫生,从而维护消费者的合法权益。第二,对药品进行监督管理,保证药品的疗效、安全,从而维护消费者的合法权益。第三,对化妆品进行监督管理,保证化妆品的卫生,从而维护消费者的合法权益。

4.进出口商品检验机关保护消费者权益的职责

进出口商品检验机关保护消费者权益的职责，主要表现为根据国家授权，依法对进出口商品实施检验，防止伪劣商品流入市场，保证进出口商品的质量，从而维护消费者的合法权益。

5.行业主管部门保护消费者权益的职责

根据《消费者权益保护法》及有关法律的规定，行业主管部门保护消费者权益，主要体现在其所负有的，对经营者加强管理，防止发生损害消费者合法权益的行为，对出现的问题积极进行查处，以及加强有关消费者权益的服务等职能上。

(三)在惩处违法犯罪行为方面的保护

对违法犯罪行为有惩处权力的有关国家机关，应当依据法律、法规的规定，惩处经营者在提供商品和服务中侵害消费者合法权益的违法犯罪行为，以切实保护消费者的合法权益。

为了及时、有效地惩处侵害消费者合法权益的违法犯罪行为，人民法院应当采取措施，方便消费者提起诉讼。对于符合我国《民事诉讼法》起诉条件的消费者权益争议，人民法院必须受理，并应及时审理，以使消费者权益争议尽快得到解决。

二、社会对消费者权益的保护

保护消费者的合法权益是全社会的共同责任，国家鼓励、支持一切组织和个人对损害消费者合法权益的行为进行社会监督。为了更好地保护消费者权益，大众传媒尤其应当做好维护消费者合法权益的宣传，对损害消费者合法权益的行为进行有效的舆论监督。

在保护消费者合法权益方面，各种消费者组织起着至关重要的作用。目前，消费者组织主要是消费者协会及其他消费者组织，通常称消费者自我保护组织，亦称消费者组织，是指依法成立的对商品和服务进行社会监督的保护消费者合法权益的社会团体。消费者组织具有如下特征：第一，消费者组织是社会团体；第二，消费者组织是消费者结社权实现的结果；第三，消费者组织必须依法设立；第四，消费者组织的宗旨是保护消费者的合法权益；第五，消费者组织的任务是对商品和服务进行社会监督。在消费者组织中，消费者协会是最普遍、最重要的。

消费者协会必须依法履行职能，根据《消费者权益保护法》的规定，消费者协会履行下列职能：第一，向消费者提供消费信息和咨询服务。第二，参与有关行政部门对商品和服务的监督、检查。第三，就有关消费者合法权益问题，向有关行政部门反映、查询、提出建议。第四，受理消费者的投诉，并对投诉事项进行调查、调解。第五，投诉事项涉及商品和服务质量问题的，可以提请鉴定部门鉴定，鉴定应当告知鉴定结论。第六，就损害消费者合法权益的行为，支持受损害的消费者提起诉讼。第七，对损害消费者合法权益的行为，通过大众传播媒介予以揭露、批评。

三、消费者权益争议及其解决

(一)消费者权益争议的概念及种类

消费者权益争议,可简称为消费争议,是指在消费领域中消费者与经营者之间因其间的权利义务关系而产生的争议。

从争议的内容看,消费争议主要有以下几类:第一,经营者不履行法定或约定义务损害消费者权益而产生的争议。第二,经营者和消费者对经营者提供的商品或服务存在不同看法而产生的争议。第三,其他争议。

(二)解决消费争议的途径

消费争议在本质上属于民事争议。因而,《消费者权益保护法》明确了可用以解决消费争议的几种途径:第一,与经营者协商和解;第二,请求消费者协会调解;第三,向有关行政部门申诉;第四,根据与经营者达成的仲裁协议提请仲裁机构仲裁;第五,向人民法院提起诉讼。

(三)损害赔偿责任

消费者合法权益受到损害,有权要求经营者承担赔偿责任。具体包括以下内容。

(1)消费者在购买、使用商品时,其合法权益受到损害的,可以向销售者要求赔偿。销售者赔偿后,属于生产者的责任或者属于向销售者提供商品的其他销售者的责任的,销售者有权向生产者或者其他销售者追偿。

(2)消费者或者其他受害人因商品缺陷造成人身、财产损害的,可以向销售者要求赔偿,也可以向生产者要求赔偿。属于生产者责任的,销售者赔偿后,有权向生产者追偿。属于销售者责任的,生产者赔偿后,有权向销售者追偿。

(3)消费者在接受服务时,若其合法权益受到损害,消费者可以向服务者要求赔偿。

(4)消费者在购买、使用商品或者接受服务时,其合法权益受到损害,因原企业分立、合并的,消费者可以向变更后承受其权利义务的企业要求赔偿。

(5)使用他人营业执照的违法经营者,若其提供的商品或服务损害了消费者的合法权益,则消费者可以直接向其要求赔偿,也可以向营业执照的持有人要求赔偿。

(6)消费者在展销会、租赁柜台购买商品或者接受服务,其合法权益受到损害的,可以向销售者或服务者要求赔偿。展销会结束或者租赁柜台期满后,也可向展销会的举办者、柜台的出租者要求赔偿,展销会的举办者、柜台的出租者赔偿后,有权向销售者或者服务者追偿。

(7)消费者因经营者利用虚假广告提供商品或者服务,其合法权益受到损害的,可以向经营者要求赔偿。广告的经营者、发布者发布虚假广告的,消费者可以请求行政主管部门予以惩罚。广告的经营者、发布者不能提供经营者的真实名称、地址和有效联系方式的,应当承担赔偿责任。

四、侵犯消费者权益的法律责任

(一)经营者侵犯消费者权益行为的民事责任

《消费者权益保护法》区别不同情况具体规定了经营者侵犯消费者权益的民事责任。

1. 按照《产品质量法》等规定承担民事责任

经营者提供商品或者服务有下列情形之一的，除《消费者权益保护法》另有规定外，应当按照《产品质量法》和其他有关法律、法规的规定，承担民事责任：第一，商品存在缺陷的。第二，不具备商品应当具备的使用性能而出售时未作说明的。第三，不符合在商品或者其包装上注明采用的商品标准的。第四，不符合商品说明、实物样品等方式表明的质量状况的。第五，生产国家明令淘汰的商品或者销售失效、变质的商品的。第六，销售的商品数量不足的。第七，服务的内容和费用违反约定的。第八，对消费者提出的修理、重作、更换、退货、补足商品数量、退还货款和服务费用或者赔偿损失的要求，故意拖延或者无理拒绝的。第九，法律、法规规定的其他损害消费者权益的情形。

2. 致人伤害的民事责任

经营者提供商品或者服务，造成消费者或者其他人人身伤害的，应当支付医疗费用；造成残疾的，还应当支付残疾者生活自助用具费、生活补助费、残疾赔偿金以及由死者生前扶养的人所必需的生活费等费用。

3. 致人死亡的民事责任

经营者提供商品或者服务，造成消费者或者其他受害人死亡的，应当支付丧葬费、死亡赔偿金以及由死者生前抚养的人所必需的生活费等费用。

4. 侵犯其他人人身权的民事责任

经营者对消费者进行侮辱、诽谤、搜查消费者的身体及其携带的物品，从而侵犯消费者的人格尊严或者人身自由的，应当停止侵害、恢复名誉、消除影响、赔礼道歉，并赔偿损失。

5. 造成财产损害的民事责任

经营者提供商品或者服务，造成消费者财产损害的，应当按照消费者的要求，以修理、重作、更换、退货、补足商品数量、退还货款和服务费用或者赔偿损失等方式承担民事责任。消费者与经营者另有约定的，按照约定履行。

6. 违反约定的民事责任

经营者违反约定主要有下列三种情形：第一，对国家规定或者经营者与消费者约定包修、包换、包退的商品，经营者应当负责修理、更换或者退货。在保修期内两次修理仍不能正常使用的，经营者应当负责更换或者退货。对包修、包换、包退的大件商品，消费者要求经营者修理、更换、退货的，经营者应当承担运输等合理费用。第二，在邮购商品中经营者未按照约定提供商品的，应当按照消费者的要求履行约定或者退回货款；并应当承担消费者必须支付的合理费用。第三，经营者预收货款但未按照约定提供商品或者服务的，应当按照消费者的要求履行约定或者退回预付款；并应当承担预付款的利息、消费者必须支付的合理费用。

7. 欺诈行为的民事责任

经营者提供商品或者服务有欺诈行为的，应当按照消费者的要求增加赔偿其受到的损失,增加赔偿的金额为消费者购买商品的价款或者接受服务的费用的一倍。

（二）经营者侵犯消费者权益的行政责任

经营者有下列行为之一的,《产品质量法》和其他有关法律、法规对处罚机关或者处罚方式有规定的,依照法律、法规的规定执行;法律、法规未作规定的,由工商行政管理部门责令改正,可以根据情节单处或者并处警告、没收违法所得。处以违法所得一倍以上五倍以下的罚款,没有违法所得,处以一万元以下的罚款;情节严重的,责令停止整顿、吊销营业执照。第一,生产、销售的商品不符合保障人身、财产安全要求的。第二,在商品中掺杂、掺假,以假充真,以次充好,或者以不合格商品充合格商品的。第三,生产国家明令淘汰的商品或者销售失效、变质的商品的。第四,伪造商品的产地,伪造或者冒用他人的厂名、厂址,伪造或者冒用认证标志、名优标志等质量标志的。第五,销售的商品应当检验、检疫而未检验、检疫或者伪造检验、检疫结果的。第六,对商品或者服务作引人误解的虚假宣传的。第七,对消费者提出的修理、重作、更换、退货、补足商品数量、退还货款和服务费用或者赔偿损失的要求,故意拖延或者无理拒绝的。第八,侵害消费者人格尊严或者侵犯消费者人身自由的。第九,法律、法规规定的对损害消费者权益应当予以处罚的其他情形。

（三）经营者侵犯消费者权益的刑事责任

依据我国《消费者权益保护法》的有关规定,追究刑事责任的情况主要包括以下几种。

(1)经营者提供商品或者服务,造成消费者或者其他受害人人身伤害,构成犯罪的,依法追究刑事责任。经营者提供商品或者服务,造成消费者或者其他受害人死亡的,构成犯罪的,依法追究刑事责任。

(2)以暴力、威胁等方法阻碍有关行政部门工作人员依法执行职务,依法追究刑事责任;拒绝、阻碍有关行政部门工作人员依法执行职务,未使用暴力、威胁方法的,由公安机关依照《治安管理处罚条例》的规定处罚。

(3)国家机关工作人员有玩忽职守或者包庇经营者侵害消费者合法权益的行为的,由其所在单位或者上级机关予以行政处分;情节严重,构成犯罪的,依法追究刑事责任。

◎ 重点总结

壹 消费者的权利

1. 安全保障权
2. 知情权
3. 自主选择权
4. 公平交易权

第10条,消费者享有公平交易的权利。

消费者在购买商品或者接受服务时,有权获得质量保障、价格合理、计量正确等公平交易条件,有权拒绝经营者的强制交易行为。

贰　经营者的义务

1. 保证商品和服务的安全的义务

第18条第2款,宾馆、商场、餐馆、银行、机场、车站、港口、影剧院等经营场所的经营者,应当对消费者尽到安全保障义务。(新增)

2. 经营者的召回义务

第19条,经营者发现其提供的商品或者服务存在缺陷,有危及人身、财产安全危险的,应当立即向有关行政部门报告和告知消费者,并采取停止销售、警示、召回、无害化处理、销毁、停止生产或者服务等措施。采取召回措施的,经营者应当承担消费者因商品被召回支出的必要费用。(新增)

第33条第2款,有关行政部门发现并认定经营者提供的商品或者服务存在缺陷,有危及人身、财产安全危险的,应当立即责令经营者采取停止销售、警示、召回、无害化处理、销毁、停止生产或者服务等措施。(相关法条)

注意:召回的主体的是:(1)"经营者",销售者并无召回缺陷商品的义务。(2)行政部门可以责令召回。(3)该规定和《食品安全法》一致。

3. 保证质量的义务

第23条第3款,经营者提供的机动车、计算机、电视机、电冰箱、空调器、洗衣机等耐用商品或者装饰装修等服务,消费者自接受商品或者服务之日起六个月内发现瑕疵,发生争议的,由经营者承担有关瑕疵的举证责任。(新增)

注意:(1)首先,明确争议对象是"耐用商品或者装饰装修等服务"。(2)其次,时间是"6个月内"发生争议的。(3)强调,瑕疵的举证责任由经营者承担。

4. 一般退货义务

第24条,经营者提供的商品或者服务不符合质量要求的,消费者可以依照国家规定、当事人约定退货,或者要求经营者履行更换、修理等义务。没有国家规定和当事人约定的,消费者可以自收到商品之日起七日内退货;七日后符合法定解除合同条件的,消费者可以及时退货,不符合法定解除合同条件的,可以要求经营者履行更换、修理等义务。

依照前款规定进行退货、更换、修理的,经营者应当承担运输等必要费用。(新增)

5. 无理由退货义务

第25条,经营者采用网络、电视、电话、邮购等方式销售商品,消费者有权自收到商品之日起七日内退货,且无需说明理由,但下列商品除外:

(一)消费者定作的;

(二)鲜活易腐的;

(三)在线下载或者消费者拆封的音像制品、计算机软件等数字化商品;

(四)交付的报纸、期刊。

除前款所列商品外,其他根据商品性质并经消费者在购买时确认不宜退货的商品,不适用无理由退货。

消费者退货的商品应当完好。经营者应当自收到退回商品之日起七日内返还消费者支付的商品价款。退回商品的运费由消费者承担;经营者和消费者另有约定的,按照约定。(新增)

注意:上述第25条被称为"消费者的反悔权",强调:网购等方式中,消费者可以无理由退货。

6. 禁止泄露消费者信息

第29条,经营者收集、使用消费者个人信息,应当遵循合法、正当、必要的原则,明示收集、使用信息的目的、方式和范围,并经消费者同意。经营者收集、使用消费者个人信息,应当公开其收集、使用规则,不得违反法律、法规的规定和双方的约定收集、使用信息。

经营者及其工作人员对收集的消费者个人信息必须严格保密,不得泄露、出售或者非法向他人提供。经营者应当采取技术措施和其他必要措施,确保信息安全,防止消费者个人信息泄露、丢失。在发生或者可能发生信息泄露、丢失的情况时,应当立即采取补救措施。

经营者未经消费者同意或者请求,或者消费者明确表示拒绝的,不得向其发送商业性信息。(新增)

注意:上述第29条,是对于收集和使用消费者个人信息的规定。要求收集使用消费者的个人信息"正当;有必要;明示;经本人同意;严格保密;禁发垃圾信息;必须承担法律后果"。

7. 其他义务(了解)

租赁他人柜台或者场地的经营者,应当标明其真实名称和标记。消费者索要发票等购货凭证或者服务单据的,经营者必须出具。不得单方作出对消费者不利规定的义务。

叁 争议的解决

1. 一般规定

消费者或者其他受害人因商品缺陷造成人身、财产损害的,可以向销售者要求赔偿,也可以向生产者要求赔偿。属于生产者责任的,销售者赔偿后,有权向生产者追偿。属于销售者责任的,生产者赔偿后,有权向销售者追偿。

2. 展销会、租赁柜台消费纠纷

第43条,消费者在展销会、租赁柜台购买商品或者接受服务,其合法权益受到损害的,可以向销售者或者服务者要求赔偿。展销会结束或者柜台租赁期满后,也可以向展销会的举办者、柜台的出租者要求赔偿。展销会的举办者、柜台的出租者赔偿后,有权向销售者或者服务者追偿。

注意:上述第 43 条是展销会、柜台出租时消费纠纷解决的特殊规则。区分在“展销会、租赁柜台期间”以及“展销会结束后或者柜台租赁期满”不同的解决方式。

3. 网站消费纠纷(新增)

第 44 条,消费者通过网络交易平台购买商品或者接受服务,其合法权益受到损害的,可以向销售者或者服务者要求赔偿。网络交易平台提供者不能提供销售者或者服务者的真实名称、地址和有效联系方式的,消费者也可以向网络交易平台提供者要求赔偿;网络交易平台提供者作出更有利于消费者的承诺的,应当履行承诺。网络交易平台提供者赔偿后,有权向销售者或者服务者追偿。

网络交易平台提供者明知或者应知销售者或者服务者利用其平台侵害消费者合法权益,未采取必要措施的,依法与该销售者或者服务者承担连带责任。

注意:上述第 44 条是 2013 年新增条款,目的是解决现实中大量出现的网上购物消费纠纷。解决途径包括:(1)向销售者或者服务者要求赔偿。(2)当网站不能提供销售者或者服务者的,也就是找不到真实的销售者或者服务者时,消费者也可以向网络交易平台提供者要求赔偿。(3)网络交易平台提供者作出更有利于消费者的承诺的,应当履行承诺。

第 2 款规定,当“明知或者应知”并“未采取必要措施”时,网络交易平台提供者与该销售者或者服务者承担连带责任。

4. 虚假广告消费纠纷(有修改)

第 45 条,消费者因经营者利用虚假广告或者其他虚假宣传方式提供商品或者服务,其合法权益受到损害的,可以向经营者要求赔偿。广告经营者、发布者发布虚假广告的,消费者可以请求行政主管部门予以惩处。广告经营者、发布者不能提供经营者的真实名称、地址和有效联系方式的,应当承担赔偿责任。

广告经营者、发布者设计、制作、发布关系消费者生命健康商品或者服务的虚假广告,造成消费者损害的,应当与提供该商品或者服务的经营者承担连带责任。

社会团体或者其他组织、个人在关系消费者生命健康商品或者服务的虚假广告或者其他虚假宣传中向消费者推荐商品或者服务,造成消费者损害的,应当与提供该商品或者服务的经营者承担连带责任。

注意:上述第 45 条第 2 款、第 3 款为 2013 年新增,针对关系消费者生命健康的商品或者服务的虚假广告。此种情形下,注意两个连带责任。(1)广告经营者与提供商品经营者之间为连带责任。(2)虚假广告(宣传)中的推荐人(如某电影明显代言)与提供商品经营者之间为连带责任。

肆 法律责任

第 51 条,经营者有侮辱诽谤、搜查身体、侵犯人身自由等侵害消费者或者其他受害人人身权益的行为,造成严重精神损害的,受害人可以要求精神损害赔偿。

第 55 条,经营者提供商品或者服务有欺诈行为的,应当按照消费者的要求增加赔偿其受到的损失，增加赔偿的金额为消费者购买商品的价款或者接受服务的费用的三倍；增加赔偿的金额不足五百元的，为五百元。法律另有规定的，依照其规定。

经营者明知商品或者服务存在缺陷，仍然向消费者提供，造成消费者或者其他受害人死亡或者健康严重损害的，受害人有权要求经营者依照本法第四十九条、第五十一条等法律规定赔偿损失，并有权要求所受损失二倍以下的惩罚性赔偿。

注意：上述条款加大了对经营者的责任。第51条增加了"受害人可以要求精神损害赔偿"。

第55条第1款中首先要明确什么是欺诈消费者。这里所说的"欺诈"行为，是指经营者故意在提供的商品或服务中，以虚假陈述或者其他不正当手段欺骗、误导消费者，致使消费者权益受到损害的行为。通说认为，只要证明下列事实存在，即可认定经营者构成欺诈：(1)经营者对其商品或服务的说明行为是虚假的，足以使一般消费者受到欺骗或误导；(2)经营者的虚假说明与消费者的消费行为之间存在因果关系。其次，第55条修订了"惩罚性赔偿"的数额，旧法增加赔偿的金额为1倍，2013年新法修改为"增加赔偿的金额为消费者购买商品的价款或者接受服务的费用的3倍"。

由于第55条第2款是"经营者明知商品或者服务存在缺陷"，经营者的主观恶意更大，所以，除了上述赔偿外，"受害人并有权要求所受损失2倍以下的惩罚性赔偿"。

【例】从目前司法实践来看，对缺陷产品造成消费者死亡的赔偿金的确定要根据上年度城镇居民人均可支配收入的20倍计算。2012年中国的这一平均数是2.45万余元，乘以20大约是50万元，以此为计算基数，如再加2倍惩罚性赔偿就是近150万元。

◉ 近年真题

一、单选题

1. 赵某从某商场购买了某厂生产的高压锅，烹饪时邻居钱某到其厨房聊天，高压锅爆炸致2人受伤。下列哪一选项是错误的？(2012年卷　28题)

A. 钱某不得依据《消费者权益保护法》请求赔偿

B. 如高压锅被认定为缺陷产品，赵某可向该厂也可向该商场请求赔偿

C. 如高压锅未被认定为缺陷产品则该厂不承担赔偿责任

D. 如该商场证明目前科技水平尚不能发现缺陷存在则不承担赔偿责任

2. 郭某与10岁的儿子到饭馆用餐，入厕时将手提包留在座位上嘱儿子看管，回来后发现手提包丢失。郭某要求饭馆赔偿被拒绝，遂提起民事诉讼。根据消费者安全保障权，下列哪一说法是正确的？(2009年卷一25题)

A. 饭馆应保障顾客在接受服务时的财产安全，并承担顾客随身物品遗失的风险

B. 饭馆应保证其提供的饮食服务符合保障人身、财产安全的要求，但并不承担对顾客随身物品的保管义务，也不承担顾客随身物品遗失的风险

C. 饭馆应对顾客妥善保管随身物品作出明显提示，否则应当对顾客的物品丢失承担

赔偿责任

D. 饭馆应确保其服务环境绝对安全,应当对顾客在饭馆内遭受的一切损失承担赔偿责任

二、多选题

1. 孙某从某超市买回的跑步机在使用中出现故障并致其受伤。经查询得知,该型号跑步机数年前已被认定为不合格产品,超市从总经销商煌煌商贸公司依正规渠道进货。下列哪些选项是正确的?(2013 年卷一 66 题)

A. 孙某有权向该跑步机生产商索赔

B. 孙某有权向煌煌商贸公司、超市索赔

C. 超市向孙某赔偿后,有权向该跑步机生产商索赔

D. 超市向孙某赔偿后,有权向煌煌商贸公司索赔

2. F 公司是一家专营进口高档家具的企业。媒体曝光该公司有部分家具是在国内生产后,以"先出口,再进口"的方式取得进口报关凭证,在销售时标注为外国原产,以高于出厂价数倍的价格销售。此时,已经在 F 公司购买家具的顾客,可以行使下列哪些权利?(2011 年卷一 65 题)

A. 顾客有权要求 F 公司提供所售商品的产地、制造商、采购价格、材料等真实信息并提供充分证明

B. 如 F 公司不能提供所售商品的真实信息和充分证明,顾客有权要求退货

C. 如能够确认 F 公司对所售商品的产地、材质等有虚假陈述,顾客有权要求双倍返还价款

D. 即使 F 公司提供了所售商品的真实信息和充分证明,顾客仍有权以"对公司失去信任"为由要求退货

3. 甲公司租赁乙公司大楼举办展销会,向众商户出租展台,消费者李某在其中丙公司的展台购买了一台丁公司生产的家用电暖器,使用中出现质量问题并造成伤害,李某索赔时遇上述公司互相推诿。上述公司的下列哪些主张是错误的?(2010 年卷一 68 题)

A. 丙公司认为属于产品质量问题,应找丁公司解决

B. 乙公司称自己与产品质量问题无关,不应承担责任

C. 丁公司认为产品已交丙公司包销,自己不再负责

D. 甲公司称展销会结束后,丙公司已撤离,自己无法负责

答案解析

一、单选题

1. **【答案】** D

【解析】 本题考查侵权责任的承担。

选项 A 说法正确。因产品存在缺陷造成损害的侵权责任,应当按照《侵权责任法》和

《产品质量法》要求经营者承担责任。

选项B、C说法正确。《侵权责任法》第43条第1款规定,因产品存在缺陷造成损害的,被侵权人可以向产品的生产者请求赔偿,也可以向产品的销售者请求赔偿。《产品质量法》第43条亦作同样规定,因产品存在缺陷造成人身、他人财产损害的,受害人可以向产品的生产者要求赔偿,也可以向产品的销售者要求赔偿。属于产品的生产者的责任,产品的销售者赔偿的,产品的销售者有权向产品的生产者追偿。属于产品的销售者的责任,产品的生产者赔偿的,产品的生产者有权向产品的销售者追偿。

选项D说法错误。《产品质量法》第41条第2款规定,生产者能够证明有下列情形之一的,不承担赔偿责任:(一)未将产品投入流通的;(二)产品投入流通时,引起损害的缺陷尚不存在的;(三)将产品投入流通时的科学技术水平尚不能发现缺陷的存在的。据此可知,这里应为"投入流通时"而非"损害发生时"。

2.**【答案】** B

【解析】 本题考查消费者的安全保障权和经营者保证商品和服务安全的义务。

《消费者权益保护法》第18条第1款规定,经营者应当保证其提供的商品或者服务符合保障人身、财产安全的要求。据此可知,经营者仅对自己为消费者提供的商品或服务负有安保义务。本案中,饭馆为郭某提供的是饮食服务,而非保管财物的服务,因此,饭馆仅就对自己为郭某提供的食品负有保障其人身安全的义务。

《最高人民法院关于审理人身损害赔偿案件适用法律若干问题的解释》第6条规定,从事住宿、餐饮、娱乐等经营活动或者其他社会活动的自然人、法人、其他组织,未尽合理限度范围内的安全保障义务致使他人遭受人身损害,赔偿权利人请求其承担相应赔偿责任的,人民法院应予支持。因第三人侵权导致损害结果发生的,由实施侵权行为的第三人承担赔偿责任。安全保障义务人有过错的,应当在其能够防止或者制止损害的范围内承担相应的补充赔偿责任。安全保障义务人承担责任后,可以向第三人追偿。赔偿权利人起诉安全保障义务人的,应当将第三人作为共同被告,但第三人不能确定的除外。据此可知,饭馆应对消费者在自己经营范围内遭受的人身伤害负担安保义务。本题中,消费者郭某是因第三人的行为造成的财产损失,而非人身伤害。对此饭馆不承担安保义务。

另外,根据上述规定可知,饭馆没有为消费者负担保管财物的法定责任,除非双方事先有保管协议。本题中,郭某进餐之前并没有将其财物交给饭馆保管,两者之间没有达成保管协议,因此,饭馆不对郭某丢失的财物承担赔偿责任。

二、多选题

1.**【答案】** ABCD

【解析】 本题考查产品缺陷责任。

《产品质量法》第43条规定,因产品存在缺陷造成人身、他人财产损害的,受害人可以向产品的生产者要求赔偿，也可以向产品的销售者要求赔偿。属于产品的生产者的责任，产品的销售者赔偿的，产品的销售者有权向产品的生产者追偿。属于产品的销售者的责任，产品的生产者赔偿的，产品的生产者有权向产品的销售者追偿。本案中，孙某可以基于侵权向产品的生产商、销售商（包括经销商商贸公司和直接销售商超市）主张权利，超市承担责任后，可以依法追偿。

2.【答案】 ABC

【解析】 本题考查消费者权利。

选项 A 正确。《消费者权益保护法》第 8 条规定，消费者享有知悉其购买、使用的商品或者接受的服务的真实情况的权利。消费者有权根据商品或者服务的不同情况，要求经营者提供商品的价格、产地、生产者、用途、性能、规格、等级、主要成分、生产日期、有效期限、检验合格证明、使用方法说明书、售后服务，或者服务的内容、规格、费用等有关情况。

选项 B 正确，选项 D 错误。《产品质量法》第 40 条第 1 款第 2 项规定，售出的产品有不符合在产品或者其包装上注明采用的产品标准的，销售者应当负责修理、更换、退货；给购买产品的消费者造成损失的，销售者应当赔偿损失。本题中，F 公司在销售家具时标注的是“外国原产”，实际上是“国内生产”，且 F 公司不能提供所售商品的真实信息和充分证明，属于所售产品不符合产品或其包装上注明采用的产品标准的情况，顾客有权要求其退货。若 F 公司提供了真实信息和充分证据可以证明其所售家具为“外国原产”高档家具，则其不存在违法行为，顾客不能以“对公司失去信任”为由要求退货。

选项 C 正确。《消费者权益保护法》第 49 条规定，经营者提供商品或者服务有欺诈行为的，应当按照消费者的要求增加赔偿其受到的损失，增加赔偿的金额为消费者购买商品的价款或者接受服务的费用的一倍。

3.【答案】 ACD

【解析】 本题考查违反《消费者权益保护法》的法律责任。

看到“展销会”，首先会想到的法条是《消费者权益保护法》第 38 条，该条规定，消费者在展销会、租赁柜台购买商品或者接受服务，其合法权益受到损害的，可以向销售者或者服务者要求赔偿。展销会结束或者柜台租赁期满后，也可以向展销会的举办者、柜台的出租者要求赔偿。展销会的举办者、柜台的出租者赔偿后，有权向销售者或者服务者追偿。

选项 A、C 说法错误。丙公司是销售者，丁公司是生产者，李某可以向这两个公司要求赔偿。

选项 B 说法正确。乙公司并不是家用电暖器的生产者和销售者，也不是展销会的举办者，不属于责任主体。

选项 D 说法错误。展销会结束后，李某可以向展销会的举办者甲公司要求赔偿。

◎ 案例实训

【案由】 张某因播放电影《英雄》时插播广告，把浙江翔云电影大世界有限公司告上了法庭。张某诉称，在翔云电影大世界处欣赏影片《英雄》，电影播出前播出广告约10分钟，损害了消费者权益，要求翔云电影大世界向原告退还电影票价40元，赔偿损失40元，并停止在影片《英雄》播出前播放广告的不法行为。[1]

【问题】

根据《消费者权益保护法》中的相关规定，案件侵犯了张某什么权利？对此案应如何定性？请运用经济法理论作一简单分析。

【评析】

本案中，被告构成对作为消费者的原告张某的知情权的侵害。

所谓消费者的知情权，《消费者权益保护法》第8条第1款规定："消费者享有知悉其购买、使用的商品或者接受的服务的真实情况的权利。"根据《消费者权益保护法》的规定，消费者有权根据商品或者服务的不同情况，要求经营者提供商品的价格、产地、生产者、用途、性能、规格、等级、主要成分、生产日期、有效期限、检验合格证明、使用方法说明、售后服务，或者服务的内容、规格、费用等有关情况。唯有如此，才能保障消费者与经营者签约时做到知己知彼，并表达其真实的意思。经营者（卖方）如果蓄意隐瞒消费对象的全部或者部分内容，则构成对于消费者知情权的侵害。

此案中，张某在翔云电影大世界处购买电影票观看故事影片《英雄》，其与翔云电影大世界之间已形成了消费者与经营者之间的法律关系。翔云电影大世界作为经营者，在事先未告知原告的情况下，在播放影片《英雄》之前播出商业广告，侵犯了消费者的知情权。对此，翔云电影大世界应承担相应的民事责任。

---

〔1〕 上海市律协宣传部："影院播放《英雄》插播广告，法院认定影院侵权"，载东方律师行业资讯，http://www.lawyers.org.cn/info/1302bb3c9f8448388befb946dbf42blf，最后访问时间：2015年7月30日。

第三讲　产品质量法

◇ 重点体系

- 产品质量法
  - 产品责任——专指侵权责任
    - 生产者责任
    - 销售者责任
    - 受害人的追偿原则
    - 诉讼时效与除斥期间
  - 产品的瑕疵担保责任——专指合同责任
    - 销售者责任
    - 追偿原则
    - 诉讼时效
  - 违反本法的法律责任
    - 产品质量认证机构的连带责任
    - 社会团体、社会中介机构的连带责任

◈ 考点精讲

● 全面论述

产品质量是产品的生命,是产品生存和发展的前提。市场经济的本质特征就是竞争,而竞争的主要内容是产品质量的竞争。当今世界各国,特别是一些工业发达国家,都把产品质量当作经济工作中的一个永恒的主题,当作一项长期的发展战略,日本人自称自己实行的是“质量型”经济战略。美国一位质量管理专家认为,当今世界正在进行一场以产品质量为武器的商业大战。产品质量竞争之激烈,由此可见一斑。而作为市场主体的生产者和经营者,要想在激烈的产品质量竞争中立于不败之地,必须依法从事生产经营,只有这样才能最终实现其经营目的。我国历来重视产品质量立法,自改革开放以来,国家大力加强素质法制建设,制定了一系列产品质量法律法规。

壹　产品质量法

一、产品质量法的概念及特征

产品质量法是调整在产品生产、流通、交换、消费以及监督管理过程中,因产品质量而发生的各种经济关系的法律规范的总称。

1993 年 2 月 22 日第七届全国人民代表大会常务委员会第三十次会议通过《中华人民共和国产品质量法》。该法根据 2000 年 7 月 8 日第九届全国人民代表大会常务委员会第十六次会议《关于修改〈中华人民共和国产品质量法〉的决定》进行过一次修正。《中华人民共和国产品质量法》是我国调整产品质量关系的一项基本法律。

产品质量法具有以下几个主要特征。

(1)产品质量法的法律规范具有多样性。因产品质量法既调整产品质量监督管理关系,也调整产品质量关系,所以,产品质量法中既有行政法律规范,也有经济民事法律规范,还有刑事法律规范。

(2)技术性法律规范在产品质量法规中占有重要地位。产品质量问题集经济性、社会性和技术性于一身,其中,技术性是产品质量问题也即产品质量关系的基础。技术性法律规范在产品质量法中的重要地位,首先体现在产品质量法中有许多技术性法律规范;其次体现在产品质量法中的社会性法律规范的贯彻实施,要以技术性法律规范为基础。

(3)行政规章在产品质量法的贯彻实施中具有重要意义。大量的产品质量法律规范要由行政规章进一步加以明确,要靠行政规章协助实施。这主要体现在有关产品质量监督管理的法律规范上。

二、《产品质量法》的适用范围

从空间上说,在中华人民共和国境内从事产品生产、销售活动,包括销售进口商品,必须遵守《产品质量法》。

从客体上说,该法只适用生产、流通的产品,即各种动产,而不包括不动产。

从主体上说,该法适用于生产者、销售者、用户和消费者以及监督管理机构。需要补充的一点是,运输者、仓储者也有可能成为责任主体,不过它们对产品制造者、销售者或者是收货方、寄存方承担责任,属于合同法的范围。

三、《产品质量法》的原则

(一)国家宏观调控与生产经营者承担质量责任相结合原则

产品质量问题从根本上讲,是生产经营者生产经营管理的基本问题。生产经营者的基本职责,就是要生产和销售高质量的合格产品,如果生产和经营不合格产品,并给用户和消费者利益造成了损害,就必须承担由此产生的赔偿责任和相应的其他法律责任。但是,由于我国实行社会主义市场经济,国家在提高产品质量,加强监督管理方面,也有着重要作用,为此国家需要通过建立和健全全国的产品质量监督管理体制,确立先进、科学的质量标准,促进生产经营者树立强烈的质量意识,提高产品质量。只有这样,才能提高我国企业和产品的竞争能力,不断提高经济效益。《产品质量法》全面贯彻了这一精神,既确立了国家宏观质量管理体制,又明确了生产者和经营者的质量责任。

(二)统一立法和区别管理、监督相结合原则

统一立法,是指在产品质量管理上,必须由国家制定统一的产品质量法,地方可以在遵循国家立法的基础上制定一些标准更严格的地方性法规、规章。区别管理和监督

是指根据产品的自身特点和要求，确定不同的管理政策和目标。这一原则，体现了产品质量管理的基本规律，符合我国国情和国际上的通行做法。为了贯彻这一原则，国家一方面制定了在全国具有效力的《产品质量法》，建立了全国统一的产品质量管理体制；另一方面，不仅对产品质量实行了区别管理和监督的政策，同时又对可能危及人体健康和生命、财产安全的产品实行强制管理。在提高产品质量这个问题上，主要通过市场竞争和企业自我约束的机制去解决，但同时又要实行产品质量的国家管理，发挥社会监督的作用，充分调动社会舆论和群众的积极性。

（三）贯彻奖优罚劣相结合原则

奖优包括两个方面含义：一是对优质产品和生产优质产品的企业以及管理先进的企业及其他生产经营者实行奖励；二是采取优惠措施鼓励、引导企业改进、提高产品质量和管理水平。这里所讲的优惠措施，主要是指经济优惠和行政优惠措施，如税收、信贷、进出口审批等。罚劣是指对劣质产品、伪冒产品等实行价格制裁；对生产、经营这些产品的生产经营者要给予相应的经济、行政乃至刑事处罚。奖优罚劣是国家促进企业提高产品质量和管理水平，提高企业和社会经济效益，增强企业国际国内竞争能力的好办法。

四、《产品质量法》的作用

竞争是市场经济的本质特征，而竞争的主要内容是产品质量的竞争。因此，有关产品质量的法律在我国社会主义市场经济中具有重要作用。具体体现在以下几个方面。

（一）维护社会主义市场经济秩序

维护社会主义市场经济秩序，是我国许多法律都具有的作用。《产品质量法》在维护社会主义市场经济秩序中的作用，主要体现在它确立了市场经济主体在产品质量活动中的行为规则，规定了哪些质量行为合法，哪些质量行为违法，以及哪些质量行为国家给予鼓励等。特别是产品质量法中有关伪劣产品的禁止性规范。

（二）保护用户和消费者合法权益

用户和消费者是两类不同的消费主体。它们权益的重要内容是质量权益。由于生产经营者的非法质量行为，用户和消费者的质量权益不时受到损害。《产品质量法》通过禁止非法质量行为，追究非法质量行为者的法律责任，使用户和消费者的合法权益得以保护。这特别体现在有关生产经营者的产品质量瑕疵担保责任和产品质量缺陷侵权损害赔偿责任的规定上。

（三）促进生产经营者保证和提高产品质量

《产品质量法》通过强制性的监督手段，积极的、激励的引导措施和严厉的法律责任制度，给产品生产经营者以内在动力和外在压力，督促和引导生产经营者保证和提高产品质量，使生产经营者在质量竞争中求得经济效益。

（四）引导产品质量工作走上法制化的轨道

产品不能只讲数量，首先要讲质量。要扩大国内市场，打开出口销路，关键是提高产品质量。质量不高,就没有竞争力。在社会主义市场经济条件下,要求实现质量、品种和效益的统一。没有符合市场需要的品种不行,没有好的产品质量更不行,两者缺一不可,否则就要受到市场的冷落,受到客观规律的惩罚,因而也就无经济效益可言。产品质量的优劣,直接影响市场的发育、兴衰和秩序。当今世界,特别是一些工业发达国家,都把质量当作经济工作中的一个永恒的主题,当作一项长期的发展战略。日本人称自己实行的是"质量型"的经济战略。美国一位质量管理专家认为,现在世界正在进行着第三次世界大战,这不是一场用枪炮的流血战争,而是商战,它的主要武器是质量。现在,许多工业发达国家,非常重视运用法律手段来规范产品的生产和销售,制定了一系列有关质量的法律、法规。自 20 世纪 90 年代以来,我国不断总结自己的经验,并借鉴国际上的有效做法,制定出了专门的法律,即《产品质量法》,还制定了相关的一系列法律。通过产品质量法的制定和实施,一方面加强国家(政府)对产品质量的监督管理,另一方面明确生产者、销售者承担保证产品质量的义务和责任,从而引导产品质量工作走上法制化的轨道,同时使政府的行政行为和生产经营者的市场行为得以规范。

(五)充分运用《产品质量法》解决经济领域的现实问题

促进企业提高产品质量,坚决打击质量违法、犯罪行为,是现实经济生活中相当突出的两个问题。我们应借助《产品质量法》开展工作,使之发挥更大的作用。

对于生产经营者而言,生产的目的是交换,因此,产品质量是企业信誉的体现,是竞争力的保证,是企业生命之所在。对于用户和消费者而言,他们希望得到合格的产品(或商品)。产品存在瑕疵、缺陷,不仅达不到消费要求,还有可能对人身、财产安全造成损害。当前,对假冒伪劣产品的打击力度较以前加大了许多,取得了一定成绩,然而伪劣产品仍层出不穷,产品质量违法、犯罪行为依然十分严重。使广大消费者、用户深受其害。正常的社会经济秩序亦受到严重干扰。我们应通过修订、完善现行质量技术监督法律、法规,加大监督、抽查、曝光、责令整改的力度,落实"打假"工作责任制,认真解决企业的、地区的产品质量违法、犯罪问题。

贰 产品质量的监督

一、产品质量监督体制

产品质量监督管理体制,是有关产品质量监督管理的主体、职责、权限、方式、方法等问题的规则的总和。关于产品质量监督管理体制,《产品质量法》第 8 条作了原则规定:"国务院产品质量监督部门主管全国产品质量监督工作。国务院有关部门在各自的职责范围内负责产品质量监督工作。县级以上地方产品质量监督部门主管本行政区域内的产品质量监督工作。县级以上地方人民政府有关部门在各自的职责范围内负责产品质量监督工作。法律对产品质量的监督部门另有规定的,依照有关法律的规定执行。"

(一)国务院产品质量监督部门及其职责

国务院产品质量监督部门(现为国家质量监督检验检疫局)是依法代表国家对产品质量进行监督的职能部门,负责全国的产品质量监督工作,其主要职责是:(1)组织宣传、贯彻、实施国家的产品质量法律、法规;(2)参与国家产品质量法律、法规的制定;(3)提出有关的方针、政策;(4)制订规划、计划,组织推行先进的、科学的产品质量管理方法;(5)组织全国范围内的产品质量监督检查;(6)推行产品质量认证,企业质量体系认证;(7)协调产品质量方面的工作等。

(二)国务院有关部门及其职责

国务院有关部门,是指国务院的行业主管部门等。这些部门在其权限范围内行使其组织、宣传、贯彻执行国家有关产品质量的法律、法规、方针、政策、规划、计划等方面的职责。

(三)县级以上地方人民政府负责产品质量监督工作的部门及其职责

县级以上地方人民政府负责产品质量监督工作的部门,是指省级和市、县级人民政府设立的标准局、计量局、技术监督局等。地方技术监督部门的职责,主要是在其所在的行政区域内组织宣传、贯彻、执行国家的产品质量法律、法规、方针、政策、规划、计划等;组织本行政区域内的产品质量监督检查工作,在各自的职责范围内负责产品质量的监督管理工作。

二、产品质量监督管理制度

根据《产品质量法》及其他有关法律的规定,目前,关于产品质量的监督管理有三项制度,即产品质量出厂检验制度、质量认证制度和产品质量监督检查制度。

(一)产品质量出厂检验制度

产品质量出厂检验制度,是指任何产品在出厂前都必须经过检验,只有经过检验并且质量合格的产品才能出厂销售的制度。出厂检验,既可由企业自行设立的检验机构进行,也可由企业委托的其他检验机构进行。检验的依据可以是国家法律、法规规定的标准,也可以是企业自己的标准以及企业与他人订立的合同中规定的要求。但是,可能危及人体健康和人身、财产安全的工业产品,必须符合保障人体健康和人身、财产安全的国家标准、行业标准;未制定国家标准、行业标准的,必须符合保障人体健康和人身、财产安全的要求。

国家禁止企业以不合格产品冒充合格产品。

(二)质量认证制度

质量认证制度分为企业质量体系认证制度和产品质量认证制度。

1. 企业质量体系认证制度

所谓企业质量体系认证,是指依据一定的标准和要求,由认证机构对企业质量体系进行审核、评定,确认符合标准和要求时由认证机构向企业颁发认证证书,以证明企业质量体系符合相应要求的活动过程。其认证的对象是企业,即企业的质量管理、质量保证能力的整体水平。企业质量体系认证,是目前国际上通行的一种产品质量监督管理制度。为了促使企业建立、健全质量体系,以便企业具备生产稳定质量产品的条件,从而提高企业的市场竞争能力,《产品质量法》第14条规定:"国家根据国际通用的质量管理标准,推行企业质量体系认证制度。企业根据自愿原则可以向国务院产品质量监督部门认可的或者国务院产品质量监督部门授权的部门认可的认证机构申请企业质量体系认证。经认证合格的,由认证机构颁发企业质量体系认证证书。"

企业质量体系认证的作用,是证明某一企业的质量保证能力达到一定的水平。而企业质量体系认证的依据,是采用国际标准化组织ISO9000的中国国家产品质量管理和质量保证系列标准(国际标准化组织于1987年3月正式发布ISO9000系列国际标准。该标准吸收了各国质量管理、质量保证的精华,统一了质量术语的概念,反映并发展了世界工业发达国家质量管理的实践经验。目前,世界上已有60多个国家和地区等同或等效采用该系列标准,被批准实行这种制度的企业已达40多万家,美国、加拿大、澳大利亚等国家的买主,正日益把生产者具备ISO9000质量标准作为购买产品的前提条件。采用该系列标准已被世界公认为是通向国际市场的"通行证")。当然,任何事物都不是一成不变的,当现行标准不能满足认证需要时,法律规定认证机构可以组织制定补充要求,经国务院产品质量监督管理部门确认后实施。

如前所述,企业质量体系认证的对象是企业,因而企业质量体系认证的效力仅及于企业,而非企业的产品。也就是说,获得质量体系认证证书的企业,无权在其产品上使用产品质量认证标志。企业要想在其产品上使用产品质量认证标志,需要申请产品质量认证并获得批准。

2. 产品质量认证制度

产品质量认证,是由公正的第三方依据产品标准和相应的技术要求,对产品质量进行检验、测试,确认并通过颁发认证证书和准许使用认证标志的方式来证明某产品符合要求的活动。产品质量认证制度是国际通行的一项质量监督制度。通过产品质量认证,可以促进企业改善经营管理,提高产品质量和经济效益。按不同标准,可以将其分成若干种类。按认证者所处的地位,分成自我认证和第三方认证;按认证的法律性质,可分成自愿认证和强制认证;按认证依据和范围,分为国家、地区和国际认证三种;按认证结果,可分为合格认证和安全认证。狭义的产品质量认证是指合格认证,广义的还包括安全认证。产品质量认证的历史源远流长。现代意义的产品质量认证起源于20世纪初的英国,在第二次世界大战之后,西方发达国家普遍地推行了这一制度。到了1970年,产品质量认证制度国际化加强,国际标准化组织成立了认证委员会。该组织的任务,一方面是协调统一各国的认证制度;另一方面是制定国际产品质量认证制度。

我国自20世纪80年代初开始试行产品质量认证制度《标准化法》,对此加以法律化、制度化。1991年,国务院专门发布了《中华人民共和国产品质量认证管理条例》,对产品质量认证作了全面、系统的规定。《产品质量法》也对产品质量认证制度作了明确规定。我国的产品质量认证制度从性质上讲,是自愿认证制。其基本内容是:(1)认证机构。产品质量认证机构是国务院产品质量监督部门认可的或者国务院产品质量监督部门授权的部门认可的认证机构。由上述机构担任认证任务,符合我国现阶段生产力水平和管理状况,有利于发挥国家的宏观调控作用。(2)认证标准。《产品质量法》规定,国家参照国际先进的产品标准和技术要求,推行产品质量认证制度。这就说明,我国的产品质量认证,是依据国家认可的标准进行的。(3)实行自愿认证制。自愿认证制度是市场经济国家普遍实行的认证形式。按照这种形式,认证机构对认证产品的企业的违规处罚只能是取消认证许可标志。实行这种认证形式,有利于促进企业提高认证的自觉性,发挥市场机制的调节作用。《产品质量法》规定,企业根据自愿原则可以向国务院产品质量监督部门认可的或者国务院产品质量监督部门授权的部门认可的认证机构申请产品质量认证。(4)认证形式。根据规定,我国对产品质量推行安全认证和合格认证。安全认证是指为保障人身和财产安全,对属于国家强制性标准的产品由认证机构实行的认证。安全认证产品的范围较窄,主要是涉及人体健康、生命财产安全的产品,如危险品、易燃易爆物品等。安全认证的标准是国家强制性标准。合格认证是指认证机构根据企业申请对产品质量是否合格进行的认证。其目的是借助于合格认证或认证标志,来证明某一产品或劳动项目符合特定标准或规定。安全认证和合格认证有相同点也有不同点。相同点是它们的认证机构是同一的;认证的效力也是基本相同的,即认证合格的,由认证机构颁发产品质量认证证书,准许企业在产品或其包装上使用产品质量认证标志。认证证书和认证标志是产品质量合格的证明依据和手段。企业产品一旦取得了它们,产品就在一定时期内获得免检的权利,用户在接受产品时可以不必进行检查,但法律、法规规定必须检验的除外。同时,还可以享受国家奖励及优惠制度的各项待遇。它们的不同点主要是表现在认证范围、标准性质、认证内容以及认证标志等各方面。(5)认证程序。产品质量认证一般要经过企业申请、认证机构初审、由认证机构与企业签订认证协议和颁发认证证书四个阶段。对认证合格的产品,认证机构还有权进行事后的定期和不定期的监督,以保障产品质量符合要求,企业对此不得加以回避或拒绝。

产品质量认证与企业质量体系认证不同,它认证的对象是企业生产经营的职权、职责、生产过程、目标和企业的组织系统。另外,产品质量认证标志可以在产品及其包装上使用,企业质量体系认证标志则只能在企业使用。

(三)产品质量监督检查制度

产品质量监督检查制度,是指国务院以及地方各级管理产品质量监督部门依法对生产领域、流通领域的产品质量所进行的强制性监督检查活动。对产品质量进行监督检查,是国家产品质量监督部门履行其产品质量监督管理职能的方式之一。实践证明,它是一项行之有效的监督管理措施。因此,《产品质量法》明确规定:"国家对产品质量实行以抽查为主要方式的监督检查制度。”

1. 产品质量监督检查的范围

国家实施产品质量监督检查的，并非所有产品。根据《产品质量法》的规定，受监督检查的产品为：(1)可能危及人体健康和人身、财产安全的产品，如食品、药品、医疗器械、压力容器、易燃易爆产品等。(2)影响国计民生的重要工业产品，如农药、化肥、建筑钢筋、水泥、计量器具等。(3)用户、消费者、有关组织反映有质量问题的产品，如掺杂使假产品、以假充真产品等。

2. 产品质量监督检查的依据

产品质量监督管理部门在对产品质量进行监督检查时应有一定的依据。根据现行法律的规定，实施产品质量监督检查的依据主要是：(1)产品标准。产品质量监督检查，应当以产品所执行的标准为依据；未制定标准的，以国家有关规定或要求为依据。产品标准，按照《标准化法》的规定，包括国家标准、行业标准、地方标准和企业标准。(2)产品应当具有的使用功能。按照法律的要求，产品必须具备应当具备的使用功能。因此，在监督检查中，产品应当具备的使用功能亦作为一项依据。(3)产品说明书、质量保证书、实物样品、产品标识。产品说明书、质量保证书、实物样品、产品标识是产品生产经营者所提供的明示担保。按照法律的规定，产品质量应当符合产品说明、实物样品等方式表明的质量状况。因此，在既无标准，又无有关规定或要求时，以产品说明书、质量保证书、实物样品、产品标识表明的质量指标和质量状况为依据。

3. 产品质量监督检查的形式

实施产品质量监督检查，可以有不同的形式：(1)统一监督检查。这种形式的监督检查，由国务院产品质量监督部门针对质量问题较多的某一类产品，在全国范围内组织统一进行。根据检查结果，提出整改要求。(2)定期监督检查。这种监督检查，由地方各级政府管理产品质量监督部门在各自的行政区域内，根据定期监督检查的产品目录进行。(3)监督抽查，即产品质量国家监督抽查。它是由国务院产品质量监督部门统一管理按季度进行的一种产品质量监督检查。根据监督检查的结果，定期发布国家监督抽查产品质量公报，并对监督抽样中发现问题的企业给予一定的处理。

4. 产品质量监督检查中的权利义务

生产者、销售者不得拒绝有权部门对其依法进行的产品质量监督检查。依法进行监督抽查的产品质量不合格的，由实施监督抽查的产品质量监督部门责令其生产者、销售者限期改正。逾期不改正的，由省级以上人民政府产品质量监督部门予以公告；公告后经复查仍不合格的，责令停业，限期整顿；整顿期满后经复查产品质量仍不合格的，吊销营业执照。监督抽查的产品有严重质量问题的，依照《产品质量法》第五章的有关规定处罚。产品质量认证机构应当依照国家规定对准许使用认证标志的产品进行认证后的跟踪检查；对不符合认证标准而使用认证标志的，要求其改正；情节严重的，取消其使用认证标志的资格。国务院和省、自治区、直辖市人民政府的产品质量监督部门应当定期发布其监督抽查的产品的质量状况公告。产品质量监督部门或者其他国家机关以及产品质量检验机构不得向社会推荐生产者的产品;不得以对产品进行监制、监销等方式参与产品经营活动。

叁 产品质量责任和义务

产品质量责任和义务,是产品质量法律关系的主体在产品质量方面应为一定行为或不应为一定行为的必要性(责任)。承担产品质量责任和义务的,主要是参与产品生产、流通、交换等过程的生产经营者。生产经营者的产品质量义务,概括地讲,就是保证产品质量符合要求。

一、生产者的产品质量责任和义务

各国立法在确定产品质量责任主体时,通常把重点放在生产者。这是因为,产品的设计、制造是导致产品责任产生的最重要的环节之一。司法实践证明,许多产品质量责任的发生都是源于产品的设计、制造缺陷或产品质量表示欠妥。因此,我国立法加重了生产者的产品质量责任,以防患于未然。根据《产品质量法》的规定,生产者必须履行下列义务。

(一)生产者应保证产品的内在质量

生产者应保证产品的内在质量,即产品应当符合内在质量的要求,具体内容为以下几点。

(1)产品质量不存在危及人身、财产安全的不合理的危险,有保障人体健康和人身、财产安全的国家标准、行业标准的,应当符合该标准的要求。因为按照《产品质量法》第46条的规定:"本法所称缺陷,是指产品存在危及人身、他人财产安全的不合理的危险;产品有保障人体健康和人身、财产安全的国家标准、行业标准的,是指不符合该标准。"产品存在缺陷,不仅妨碍、影响产品的正常使用,而且极易造成人身、财产损害。因此,生产者的首要质量义务,是保证产品不存在缺陷。

(2)保证产品具备应当具备的使用性能。也就是说,生产者提供的产品应当适合于该产品的一切用途,或者说具有适销性。产品具有适销性,如电视机应当具有声像功能。只有产品具备应当具备的使用性能,用户和消费者的经济利益才能有所保证。但是,对产品存在使用性能的瑕疵作出说明的除外。

(3)产品质量应当符合在产品或者其包装上注明采用的产品标准,符合以产品说明、实物样品等方式表明的质量状况。生产者在产品上注明其生产该产品所执行的产品标准,对产品质量作出具体说明,用实物样品展示其产品,在法律上构成了对该产品质量的担保。生产者有义务保证其所提供的产品的质量与其以上述方式对产品质量所作的说明相一致。通常,如产品质量符合以上三项要求,该产品即为合格产品。

(二)生产者应当提供必要的、真实的、明确的产品标识

所谓产品标识,是指载附于产品或者产品包装上用于揭示产品及其基本特征、特

性的各种文字说明、符号等。产品标识如产品质量检验合格证、说明性标签、生产许可证标志、商标、产品质量认证标志、警示标志等，是产品外在质量的重要组成部分。产品标识的功能，是向有关各方说明产品的名称、规格、型号、生产厂家的厂名和厂址、产品生产执行的标准、产品成分的名称、含量、生产日期、失效日期、使用条件和方法、注意事项等。在产品标识方面，生产者的主要义务有以下几点。

1. 生产者应当提供必要的产品标识

产品标识是向有关各方传递商品信息的重要手段之一，有关主体决定其市场行为，政府部门进行监督管理的一个重要依据就是产品标识。并且在现代社会中，由于科学技术的进步，产品在消费领域的正确、安全使用，也都难以离开产品标识的帮助。所以，国家法律要求生产者应当提供必要的产品标识。所谓必要的产品标识，主要是指那些用于分辨产品的生产者以及说明产品特征、特性的产品标识。对此，《产品质量法》第27条规定："产品或其包装上的标识应当符合下列要求：(一)有产品质量检验合格证明；(二)有中文标明的产品名称，生产厂厂名和厂址；(三)根据产品的特点和使用要求，需要标明产品规格、等级、所含主要成分的名称和含量的，用中文相应予以标明；需要事先让消费者知晓的，应当在外包装上标明，或者预先向消费者提供有关资料；(四)限期使用的产品，应当在显著位置清晰地标明生产日期和安全使用日期或者失效日期；(五)使用不当，容易造成产品本身损坏或者可能危及人身、财产安全的产品，应当有警示标志或者中文警示说明。裸装的食品和其他根据产品特点难以附加标识的裸装产品，可以不附加产品标识。"

2. 生产者提供的产品标识应当真实、明确

如上所述，产品标识的基本功能是向市场上有关主体传递产品的有关信息，而保证信息传递无误的重要条件，因此产品标识应当真实、明确，不真实的、欺骗性的以及使人误解的产品标识，会对市场的透明度造成损害。实践证明，那些在产品标识方面存在问题的产品，如假冒他人注册商标、专利的商品，"三无"产品等，极大地破坏了我国市场经济秩序。因此，生产者在提供必要的产品标识的同时，必须保证产品标识真实、明确。对此，《产品质量法》第30条规定："生产者不得伪造产地，不得伪造或冒用他人的厂名、厂址。"第31条规定："生产者不得伪造或者冒用认证标志等质量标志。"除《产品质量法》的规定外，我国其他法律如《商标法》、《专利法》、《广告法》、《消费者权益保护法》、《反不正当竞争法》等，均有不同程度的规定。

(三)特殊产品生产者的产品包装义务

生产者的包装义务，主要由生产者与其他当事人在其间的合同中加以规定，法律不做过多干涉。但是，国家法律规定了特殊产品生产者在包装方面的义务。《产品质量法》第28条对这种义务作了原则性规定："易碎、易燃、易爆、有毒、有腐蚀性、有放射性等危险物品以及储运中不能倒置和其他有特殊要求的产品，其包装质量必须符合相应要求，依照国家有关规定作出警示标志或者中文警示说明，标明储运注意事项。"

除上述义务外,《产品质量法》还规定:“生产者不得生产国家明令淘汰的产品。生产者生产产品,不得掺杂、掺假,不得以假充真、以次充好,不得以不合格产品冒充合格产品。”

二、销售者的产品质量责任和义务

销售者是产品流转过程中的重要主体,在保证产品质量方面具有重要地位,因此,它也是重要的产品质量义务主体。根据《产品质量法》第三章第二节的规定,销售者所承担的产品质量义务主要有以下几个方面。

(一)进货时的质量验收义务

销售者在进货时应当对产品质量进行检查验收。进货时的质量验收,是产品流转过程中的一项重要工作。通过进货时的质量验收,可以确定当产品由一生产经营者之手转至另一生产经营者之手时的质量状况,便于及时发现问题,查明问题,分清责任,解决问题。所以,我国的许多法律对进货验收均有规定。《产品质量法》第 33 条明确规定:“销售者应当建立并执行进货检查验收制度,验明产品合格证明和其他标识。”

(二)进货后的质量保持义务

销售者在进货后向顾客出售产品之前的一段时间内,应当负责保持产品的质量水平。至于保持产品质量的措施、方法,则由销售者自己根据产品的特点及经营状况决定。

(三)销售时的质量保证义务

销售者最重要的义务,是保证所销售的产品质量符合要求。实际上,上述进货时的质量验收义务和进货后的质量保持义务,都是服务于这一义务的。具体来讲,销售者对于所销售的产品所承担的质量义务有:(1)保证销售给用户、消费者的产品不失效、不变质。(2)保证销售给用户、消费者的产品具备必要的产品标识。(3)产品中不掺杂、不掺假、不得以假充真、以次充好、不得以不合格产品冒充合格产品的情况。因此,销售者还应该不伪造产地,不伪造或冒用他人的厂名、厂址,以及不伪造或者冒用认证标志、名优标志等质量标志。

生产者、销售者的上述产品质量义务,是法律规定的,当事人不得以协议加以变更。生产者、销售者履行上述产品质量义务的相对人,是国家、社会、用户和消费者。因此,生产者、销售者违反上述产品质量义务时,应当承担相应的法律责任,既包括行政责任,也包括经济民事责任。构成犯罪时,还要承担刑事责任。

肆 产品责任

一、产品责任的概念

产品责任是指由于产品质量不合格而造成他人人身、财产损害的,产品的生产者和销售者应当承担的赔偿责任。它属于财产责任。

产品责任产生于 19 世纪中叶,在 20 世纪得到广泛发展。对于它的法律性质,在产品责任产生的早期,多数人都认为产品责任是一种合同责任,当事人之间的合同关系的成立是承担产品责任的前提。到了 20 世纪,人们对产品责任的认识由原先的合同责任转变成了损害赔偿,改由侵权行为法去调整产品责任关系。英美两国法院首先在 20 世纪二三十年代适用侵权行为法理论处理产品责任案件。20 世纪 60 年代后,欧洲经济共同体国家通过了产品责任的立法和司法实践,形成了共识,即产品责任是一种侵权责任,产品责任关系应当由专门的产品责任法来调整。人们对产品责任的新的认识,有着深刻的历史和社会经济背景。在 19 世纪,产品责任的保护重心,倾向生产者和销售者的利益,以便促进生产者和销售者去大力发展商品生产和商品交换。到了 20 世纪,随着生产的高度发展和保护消费者利益的运动日益高涨,促使立法者和法官们逐渐转变看法,把保护消费者的利益放在很重要的地位,因此,产品责任的法律理论的适用就有了根本性的改观。此外,产品责任的合同责任性质在司法实践中有着不可克服的法律技术问题。在工业高度发达的今天,一件产品从设计、生产、组装、包装、运输、批发、销售到消费,中间要经过一系列复杂的环节,一旦发生产品责任事故,在被害人和责任人之间很难找到合同关系。

产品责任与产品质量责任是不相同的。前者是一种消极责任,是产品生产者和销售者生产或销售了不合格产品依法必须承担的赔偿损失的责任。后者是一种积极责任,是由法律或合同规定的应由生产者和销售者必须履行的义务;它们只有履行了这一义务,才可能避免承担产品责任。

二、产品责任的归责原则

产品责任的归责原则是指确立产品的生产者和销售者承担损害赔偿责任的基本准则,是消费者诉请司法机关追究产品生产者或销售者产品责任的基本法律依据和指导思想。它贯穿于产品责任法的始终。早期的各国产品责任法,确认的是过错责任原则。即被害人在质量责任事故发生后,有证明生产者、销售者在制造销售产品过程中存在故意或过失的行为的义务;如果被害人无法证明这一点,那么就得不到赔偿。这一责任原则在事实上有利于生产者和销售者。因为在许多产品责任案件中,受害人根本无从知道被告人制造销售产品的活动情况,尤其是那些技术性较强的产品,受害人要确切地知道产品缺陷和损害发生原则是非常困难的。这种做法限制了消费者获得法律保护的机会。现代各国立法完全否定了这一传统原则。它们根据社会经济发展的要求和保护消费者利益的宗旨,确立了新的归责原则,即过错推定原则、违反担保原则和严格责任原则。我国《产品质量法》贯彻了这三项原则。

(一)过错推定原则

过错推定原则又称疏忽原则。按照这一原则,由于生产者或者销售者的疏忽大意,造成产品缺陷,致使消费者人身伤害或者财产损害的;或者生产者或销售者应当知道产品缺陷而没有知道,并把该产品投入市场造成消费者损害的,生产者和销售者在主观上就有过错,应当承担法律责任。这一原则首先是由 1916 年纽约州上诉法院法官卡多佐在“麦克弗森诉别克汽车公司案”的判决中确认的。随后陆续被其他工业化国家所采用。

过错推定原则包括了两层相互联系的内容:第一,生产者或销售者的过错是它们承担责任的前提。有过错就承担责任,没有过错就不承担责任。例如,德国法律规定,制造有缺陷的产品的人,必须有过错,即疏忽地导致产品有缺陷。这里所讲的过错,主要是指过失,不包括故意(因为故意造成缺陷以损害他人,违法行为的性质就完全转变了)。过错推定原则的这一层含义是与过错原则相同的。第二,过错是否存在的举证责任应当主要由被告人即生产者或销售者承担。联邦德国最高法院在一著名判决中指出,在工业品按正常用途予以使用的情况下,若因产品制造上的缺陷而致人或物遭受损失,由制造商必须证明他对产品缺陷没有过错。如果该制造商不能提出证明,由他必须根据有关侵权行为的规则承担责任。荷兰法律规定:“凡制造产品并将其或使用投入流通的人,如果产品由于他所不知道的缺陷而对人身或财物构成危险,一旦危险成为事实,即认为他知道该缺陷,则他应当承担责任。”由被告承担举证责任是合情合理的,是与现代科技和工业发展水平相适应的,有利于保护消费者的合法利益。联邦德国最高法院在一判例中指出:“不应当苛求与生产企业无关的局外人来提供什么证据(有关生产中的疏忽),他也不可能提出证据。”这一层含义是过错推定原则与过错原则的根本区别。

我国《产品质量法》规定,如生产者生产的产品不具备产品应当具备的使用性能而事先未作说明的;不符合在产品或其包装上注明采用的产品标准的;不符合以产品说明、实物样品等方式表明的质量状况的,即生产者生产的产品存在生产缺陷、设计缺陷或说明缺陷的,生产者必须承担赔偿责任。销售者由于过错使产品存在缺陷,造成人身、财产损害的,销售者应当承担赔偿责任。销售者不能指明缺陷产品的生产者也不能指明缺陷产品的供货者的,销售者应当承担赔偿责任。

(二)违反担保原则

担保原则是指生产者或者销售者通过明示或者默示的方式对产品质量作出保证,在产品因缺陷致人损害时,即认定生产者或销售者违反担保,必须承担责任。担保原则又称保证原则或违反担保原则。这里所讲的担保,有两种方式,即明示担保和默示担保。明示担保是指生产者或销售者通过合同条款、广告、产品说明书等方式对产品的用途、性能及其他质量特点所作的明确表示。明示担保可以是口头形式,如通过产品推销员宣传;也可以是书面形式,如产品说明书。明示担保是一种最一般最基本的担保方式。各国法律都要求生产者或者销售者对产品作出明示担保。我国《产品质量法》对产品的明示担保作了明确规定。

默示担保是指生产者或销售者虽无明确表示,但依照商品交换的惯例,他们应当知道产品的使用意图及要求并且对此承担责任。默示担保是比较复杂的。《美国统一商法典》把它分为两种形式:(1)保证产品适宜于销售;(2)保证产品适合于某一种通常用途。我国《产品质量法》对产品的默示担保亦有体现。例如，在关于生产者的产品质量责任和义务中规定，产品质量要求和表示必须适合于销售；产品必须保证适合于某一通常用途。

在学理上，担保原则与无过错责任原则有相似之处。表现在诉讼中，原告无须证明被告有无过失；被告亦不能以无过失为理由请求免责。与无过错原则不同的是，担保原则因被告人事先明示或协议条款而可以免除一定范围的责任。例如，通过在合同中确定被告的责任范围来限制被告人的赔偿方式；生产者通过声明或者产品说明书去限制、解释产品的局限性或缺陷以减轻或免除责任。我国现行《产品质量法》体现了这一精神。比如，在该法第27条第4款中规定："限期使用的产品，应当在显著位置清晰地标明生产日期和安全使用期或者失效日期；"第5款规定："使用不当，容易造成产品本身损坏或者可能危及人身、财产安全的产品，应当有警示标志或者中文警示说明。"第40条规定："……生产者之间，销售者之间，生产者与销售者之间订立的买卖合同、承揽合同有不同约定的，合同当事人按照合同约定执行。"

担保原则与《合同法》确认的担保在法律后果上有某些相似之处，作出担保的人在发生违法事件之后都必须承担法律责任。但是，这两者之间存在本质区别：(1)担保原则的责任主体是生产者或销售者本人；而《合同法》上的担保责任主体往往涉及第三人。(2)担保原则的适用不以原告人和被告人是否存在合同关系为前提，它适用的是产品责任法。《合同法》确认的担保关系是一种主从法律关系，以主合同的存在为前提。(3)担保原则表现为明示和默示担保两种方式；其法律后果是担保人承担赔偿责任。《合同法》上的担保通常包括定金、保证、抵押、留置及违约金，法律后果呈多样性。

(三)严格责任原则

严格责任原则是指生产者的产品有缺陷，对用户或消费者具有不合理的危险，因而造成人身和财产损害时，必须向受害人赔偿。这一原则是过错推定和担保原则的结合。对保护消费者利益十分有利。美国学者称之为"绝对责任原则"。因为依照这一原则，原告人(用户或消费者)不用证明产品生产者有无过失，便可以请求加害人赔偿。从这个意义上讲，加害人承担赔偿责任是"绝对"的。但是，原告人还必须承担证明产品存在缺陷的义务；并要证明该缺陷是造成产品责任事故的原因。

我国《产品质量法》规定，因产品存在缺陷造成人身、缺陷产品以外的其他财产损害的，生产者应当承担赔偿责任。我国法律的这一规定与各国立法的精神是基本一致的。但是应当看到，我国法律的这一规定是比较粗糙的，比如，它对原告人的证明责任没有作出明确规定。

三、产品责任的条件

产品责任的条件是指生产者和销售者承担产品责任的法律要件。从产品责任的归责中看出，各国立法确立了两个基本条件，即产品存在缺陷和产品缺陷与损害后果之间存在因果关系。

（一）产品缺陷

产品缺陷是指被告人承担赔偿责任的前提。产品缺陷又称产品瑕疵，一般的解释是指对用户或消费者或其财产有不合理的危险。我国《产品质量法》把它定义为“产品存在危及人身、他人财产安全的不合理的危险；产品有不符合保障人体健康、人身财产安全的国家标准、行业标准的，是指不符合该标准”。

缺陷可以分类。不同类别的缺陷，其责任主体亦不相同。工业化国家立法分类标准是大致统一的。美国法律把产品缺陷分为三类：(1)制造和装配缺陷；(2)设计缺陷；(3)欠缺指示警告。德国法律对产品缺陷的分类与此大致相同，即产品缺陷包括产生缺陷、设计缺陷和说明缺陷。我国现行《产品质量法》除指出了这三类缺陷以外，还提出了“销售缺陷”说，即销售者在产品销售过程中因过错使产品存在缺陷。

在立法和实践中，缺陷的判断的确是十分复杂而困难的事情。许多国家的法律都确定了判断缺陷的标准。比如，德国法律规定，判断缺陷的标准，应视其是否符合一般大众所具有的合法期待的安全标准而定。根据我国法律，判断缺陷的标准有三个：一是由《标准化法》确定的产品质量的国家标准、行业标准和地方标准；二是由《产品质量法》确定的标准，即在没有国家标准、行业标准和地方标准时，如该产品存在不合理的危险，即为有缺陷；三是合同当事人双方约定的标准。

（二）产品缺陷与损害后果之间有因果关系

因果关系是客观事物之间普遍的必然的联系。产品缺陷与损害后果之间的因果关系是指损害后果与产品缺陷有客观的必然的联系。产品缺陷是引起用户和消费者财产和人身损害的原因，用户和消费者的损失是产品缺陷造成的结果。在一件产品责任事故中，原告人的人身或财产损害往往是由多种原因造成的，作为原告人，他必须证明产品缺陷是人身或财产损害的主要原因或者基本原因，但是，他不必证明该产品缺陷是引起损害后果的唯一原因或直接原因。在实践中，用户和消费者的损害往往是在使用或消费某种产品时才发生产品责任事故，这种使用或消费行为是发生责任事故的中介。这种中介行为如果没有在发生责任事故中起主要作用，它就不能成为生产者或销售者免责的理由。当然，如果这种中介行为是造成责任事故的主要原因，那么，生产者或销售者就可以免责。产品缺陷和第三人的使用或消费行为如共同造成了损害后果，能否减轻、免除生产者和销售者的责任呢？我国《产品质量法》没有规定。欧洲经济共同体《斯特拉斯堡公约》中规定，如果损害由产品的瑕疵和第三人的作为或不作为造成，则不减轻生产者的责任。

如果损害是由多件产品的缺陷共同造成的，在分不清主次原因的情况下，多件产品的生产者或销售者就必须共同承担责任。

四、产品责任的形式和范围

产品责任的基本形式为损害赔偿。对缺陷产品本身，生产者或者销售者应当负责修理、更换和退货。对因产品存在缺陷造成人身、缺陷产品以外的其他财产损害的，生产者或销售者应当赔偿损失。

关于赔偿的范围，各国法律规定不同。美国法律规定最宽，对人身损害，其赔偿范围包括身体、健康和精神损害；对财产损害，其范围包括直接损失和间接损失。其他一些工业化国家规定的赔偿范围相对较窄。例如，英国，其赔偿只能是人身损害和有形财产的损害。德国规定与英国基本相同，德国对人身损害赔偿金额作了上限规定。我国《产品质量法》第 44 条规定："因产品存在缺陷造成受害人人身伤害的，侵害人应当赔偿医疗费、治疗期间的护理费、因误工减少的收入等费用；造成残疾的，还应当支付残疾者生活自助具费、生活补助费、残疾赔偿金以及由其扶养的人所必需的生活费等费用；造成受害人死亡的，并应当支付丧葬费、死亡赔偿金以及由死者生前扶养的人所必需的生活费等费用。因产品存在缺陷造成受害人财产损失的，侵害人应当恢复原状或者折价赔偿。受害人因此遭受其他重大损失的，侵害人应当赔偿损失。"

五、产品责任的免责

产品责任的免责，是指产品责任事故发生后，被告人能够证明法定的免责条件的存在而可以全部或部分免除其赔偿责任。产品责任的免责是产品责任制度科学化、合理化的体现，有利于保障生产者和销售者的合法权益，促进他们去大胆进行商品生产和商品交换。

从各国立法规定看，免责条款大致有以下几种。

(1)受害人的过错。受害人的过错表现方式很多，如错误使用或非正常使用；故意造成自己的损害等。凡是因受害人过错造成的损失，被告人都可以全部免除责任。

(2)未将产品投入流通。产品责任法保护的范围仅限于购买产品的用户或消费者，即有偿取得产品的人。因为购买产品用户或消费者在支付了代价之后，就有获得安全使用产品的权利。我国《产品质量法》第 2 条第 2 款规定："本法所称产品是指经过加工、制作、用于销售的产品。"《欧洲共同体产品责任指示修正案》第 5 条规定："如果生产者证明他未将产品投入流通或者该产品在他投入流通时没有瑕疵，则他不承担责任。"

不是基于生产者或销售者的意思而将产品投入流通的，造成损害后生产者或销售者是否免责呢？我国法律没有规定。德国法律规定可以免责，因为生产者和销售者无过错。

(3)产品投入流通时，引起损害的缺陷尚不存在。

(4)将产品投入流通时的科学技术水平不能发现缺陷的存在。各国立法都肯定了这一点。实际上，这是对严格责任的限制。从立法者本意来讲，是为了促进市场经济的发展，减轻生产者的压力。

(5)其他责任条件。这是指除上述免责条件以外可以免责的因素。比如，为使产品符合国家强制性标准而发生缺陷的，产品不是基于营利目的生产的。有的国家对购销的旧货造成的损害拒绝保护。

六、产品责任主体

产品责任的主体即产品责任承担者。各国法律规定大体相同。根据我国《产品质量法》的规定,产品责任主体主要分为以下两大类。

(一)产品生产者

其包括成品、半成品、原材料及零件生产者;在产品上表明自己为生产者的也属此范畴。产品生产者为产品责任的最主要的主体。

(二)产品的销售者

其产品的销售者为产品责任的直接承担者之一。在许多情况下,用户和消费者在损失发生后,都是直接向销售者索赔的,如果销售者能够证明产品缺陷不是自己过错造成的,那么可以向有责任的生产者索赔。如果无法指明缺陷产品的生产者或其他供货者的,销售者自己承担责任。这里所指的销售者,包括批发商、零售商、批零兼营商及进出口商。

产品的保管人(仓储者)和运输者也是产品责任主体,但往往不是直接的主要的主体。因此,各国产品责任法均未列入责任主体范畴。

七、产品责任的诉讼时效及请求权消灭

诉讼时效是被害人请求法院保护自己合法权利的有效期间。产品责任的诉讼时效是一种较为特殊的诉讼时效,通常比一般诉讼时效的期间短。工业化国家的法律通常规定为三年,如英国、德国、日本。我国《产品质量法》规定为二年,自当事人知道或者应当知道其权益受到损害时起算。

请求权的消失是指被害人请求加害人赔偿权的丧失。是为了促进当事人正确行使权利,维护正常社会经济秩序。我国《产品质量法》第45条第2款规定:"因产品存在缺陷造成损害要求赔偿的请求权,在造成损害的缺陷产品交付最初消费者满十年丧失;但是,尚未超过明示的安全使用期的除外。"

八、产品质量纠纷的解决方式

产品质量纠纷是平等主体之间的纠纷。因此,其解决方式的规定首先要体现这一特点。我国《产品质量法》规定了四种,即协商、调解、仲裁、诉讼。

(1)协商是指由被害人和加害人根据法律规定自行商量解决。通常当事人要达成书面协议或口头协议。

(2)调解是指企业主管部门、产品质量监督管理部门根据双方当事人的要求居中调解,依照法律规定合理解决纠纷,保护用户和消费者的合法权益。

(3)仲裁是仲裁机构根据双方当事人达成的书面仲裁协议申请,以事实为根据、以法律为准绳进行裁决。裁决是终局的,当事人不得向法院起诉。

(4)诉讼是指通过法院依照诉讼程序解决产品质量纠纷。通过诉讼解决产品质量纠纷是各国通常的做法。诉讼解决最具权威性。

伍 违反《产品质量法》的法律责任

违反《产品质量法》的法律责任是指生产者和销售者以及其他责任者违反《产品质量法》所应承担的经济责任、行政责任和刑事责任。与产品责任不同的是，它们是国家对违法者的制裁和惩罚，无论违法者是否给用户和消费者造成损失，只要存在违法行为，国家都可以予以惩罚。而产品责任仅仅是一种补偿责任，只有在生产者和销售者给用户和消费者造成了损失时才能适用。

国家对违法者实施经济、行政和刑事制裁是我国在产品质量立法上的创举。这表明，我国对加强质量管理、增强人们的质量意识、提高我国产品的国际竞争能力是十分重视的。当然，这也是我国加强改善宏观调控的重要措施。

一、违反《产品质量法》的法律责任形式

(一)责令停止生产和停止销售

这是一种行政处罚。包括以下几种违法行为。

(1)凡是生产销售不符合保障人体健康、财产安全的国家标准、行业标准的产品，责令停止生产或停止销售。

(2)生产者、销售者在产品中掺杂、掺假、以假充真、以次充好，或者以不合格产品冒充合格产品的，责令停止生产、销售。

(3)生产国家明令淘汰的产品，责令停止生产。

(4)销售失效变质产品的，责令停止销售。

(5)有包装标识不符合《产品质量法》有关规定，情节严重的，责令停止生产、销售。

(二)没收违法产品和没收违法所得

这是一种经济制裁。通过这种制裁，使违法者无法从违法行为中捞到一点好处。包括以下几种行为。

1. 受到责令停止生产或停止销售处罚的违法行为，要并处没收违法产品和违法所得。

2. 生产者、销售者伪造产品产地的，伪造或者冒用他人的厂名、厂址的，伪造或者冒用认证标志的，责令公开更正，没收违法所得。

(三)罚款

罚款是应用普遍的经济制裁方法。通过罚款，使违法者自己的利益受到损失，以促进他们遵纪守法。《产品质量法》规定的罚款是以违法者的违法生产、销售产品货值金额为基数。罚款对象包括以下几种。

(1)生产、销售不符合保障人体健康和人身、财产安全的国家标准、行业标准的产品的，并处违法生产、销售产品(包括已售出和未售出的产品，下同)货值金额等值以上3倍以下的罚款。

(2)在产品中掺杂、掺假、以假充真、以次充好，或者以不合格产品冒充合格产品的，并处违法生产、销售产品货值金额50%以上3倍以下的罚款。

(3)生产国家明令淘汰的产品的，销售国家明令淘汰并停止销售的产品的，并处违法生产、销售产品货值金额等值以下的罚款。

(4)销售失效、变质的产品的，并处违法销售产品货值金额2倍以下的罚款。

(5)伪造产品产地的，伪造或者冒用他人厂名、厂址的，伪造或者冒用认证标志等质量标志的，并处违法生产、销售产品货值金额等值以下的罚款。

(6)有包装的产品标识不符合《产品质量法》有关规定，情节严重的，并处违法生产、销售产品货值金额30%以下的罚款。

(四)吊销营业执照

营业执照是企业法人和个体工商户经营资格的法律依据。吊销营业执照，就是使企业法人和个体工商户丧失经营资格。因此，这是相当严重的行政制裁措施。吊销营业执照可以适用于受到前述三种处罚的各种违法行为。

(五)追究刑事责任

用刑罚方法来调整产品质量管理关系，在世界上也是少有的。这反映了国家对改善我国产品质量状况的决心和重视程序，体现了广大人民群众的迫切愿望和要求，深受群众的拥护。应受刑事处罚的违法行为有以下几种。

(1)生产不符合保障人体健康、人身财产安全的国家标准、行业标准的产品，并构成犯罪的行为。

(2)销售明知是不符合保障人体健康和人身、财产安全的国家标准、行业标准的产品，构成犯罪行为的。

(3)生产者、销售者在产品中掺杂、掺假、以假充真、以次充好或者以不合格产品冒充合格产品构成犯罪的行为。

(4)销售失效、变质产品构成犯罪的行为。

(5)以行贿受贿或者其他非法手段推销、采购违法产品(不合格产品、假冒产品、劣质产品)构成犯罪的行为。

(6)伪造检验数据或者伪造检验结论，构成犯罪的，对直接责任人员依照《刑法》第167条的规定追究刑事责任。

(7)从事产品质量监督管理的国家工作人员滥用职权、玩忽职守、徇私舞弊，构成犯罪的，依法追究刑事责任；不构成犯罪的，给予行政处分。

(8)国家工作人员利用职务，对明知有违反《产品质量法》规定的构成犯罪的行为的企业事业单位或者个人故意包庇使其不受追诉的，依法追究刑事责任。

(9)以暴力、威胁方法阻碍从事产品质量监督管理的国家工作人员依法执行职务的，依照《刑法》第157条的规定追究刑事责任。

(六)其他处罚

其是指除上述以外的处罚，如责令公开更正、责令改正、治安行政处罚等。

二、违反《产品质量法》的处罚程序

违反《产品质量法》的处罚程序主要有两种，即行政处罚程序和诉讼程序。

根据规定，吊销营业执照的处罚由工商行政管理部门决定，其他行政处罚程序由管理产品质量监督工作的部门或者工商行政管理部门按照国务院规定的职权范围决定。法律、行政法规对行使行政处罚权的机关另有规定的，按其规定执行。

当事人对行政处罚决定不服的，可以在接到处罚通知之日起15日内向作出处罚决定机关的上一级机关申请复议；当事人也可以在接到处罚通知之日起15日内直接向人民法院起诉。

复议机关应当在接到复议申请之日起60日内作出复议决定。当事人对复议决定不服的，可以在接到复议决定之日起15日内向人民法院起诉。复议机关逾期不作出复议决定的，当事人可以在复议期满之日起15日内向人民法院起诉。

当事人逾期不申请复议也不向人民法院起诉，又不履行处罚决定的，作出处罚决定的机关可以申请人民法院强制执行。

◎ 重点总结

壹 产品质量瑕疵担保责任

第40条，售出的产品有下列情形之一的，销售者应当负责修理、更换、退货；给购买产品的消费者造成损失的，销售者应当赔偿损失：

（一）不具备产品应当具备的使用性能而事先未作说明的；

（二）不符合在产品或者其包装上注明采用的产品标准的；

（三）不符合以产品说明、实物样品等方式表明的质量状况的。

销售者依照前款规定负责修理、更换、退货、赔偿损失后，属于生产者的责任或者属于向销售者提供产品的其他销售者（以下简称供货者）的责任的，销售者有权向生产者、供货者追偿。

销售者未按照第一款规定给予修理、更换、退货或者赔偿损失的，由产品质量监督部门或者工商行政管理部门责令改正。

生产者之间，销售者之间，生产者与销售者之间订立的买卖合同、承揽合同有不同约定的，合同当事人按照合同约定执行。

要点为：产品质量的瑕疵担保责任，是指出卖人（销售者）缴付的标的物不符合法定或者约定的品质标准，应当承担的违约责任。（注意此为违约责任）

（1）由产品的直接销售者承担违约责任，不能直接要求生产者承担违约责任。

（2）合同对承担责任次序有变更的，合同当事人按照合同约定执行。但对于消费者来说，仍是由直接的销售者承担责任。

（3）根据民法的规定，对已告知的瑕疵，销售者可以免责。

贰 产品责任

产品质量责任与产品责任是两个相关却不相同的概念。两者都是经营者违反《产品质量法》应承担的法律责任,但产品责任专指因产品缺陷引起的赔偿责任。

第41条,因产品存在缺陷造成人身、缺陷产品以外的其他财产(以下简称他人财产)损害的,生产者应当承担赔偿责任。

生产者能够证明有下列情形之一的,不承担赔偿责任:

(一)未将产品投入流通的;

(二)产品投入流通时,引起损害的缺陷尚不存在的;

(三)将产品投入流通时的科学技术水平尚不能发现缺陷的存在的。

第42条,由于销售者的过错使产品存在缺陷,造成人身、他人财产损害的,销售者应当承担赔偿责任。

销售者不能指明缺陷产品的生产者也不能指明缺陷产品的供货者的,销售者应当承担赔偿责任。

第43条,因产品存在缺陷造成人身、他人财产损害的,受害人可以向产品的生产者要求赔偿,也可以向产品的销售者要求赔偿。属于产品的生产者的责任,产品的销售者赔偿的,产品的销售者有权向产品的生产者追偿。属于产品的销售者的责任,产品的生产者赔偿的,产品的生产者有权向产品的销售者追偿。

第45条,因产品存在缺陷造成损害要求赔偿的诉讼时效期间为二年,自当事人知道或者应当知道其权益受到损害时起计算。

因产品存在缺陷造成损害要求赔偿的请求权,在造成损害的缺陷产品交付最初消费者满十年丧失;但是,尚未超过明示的安全使用期的除外。

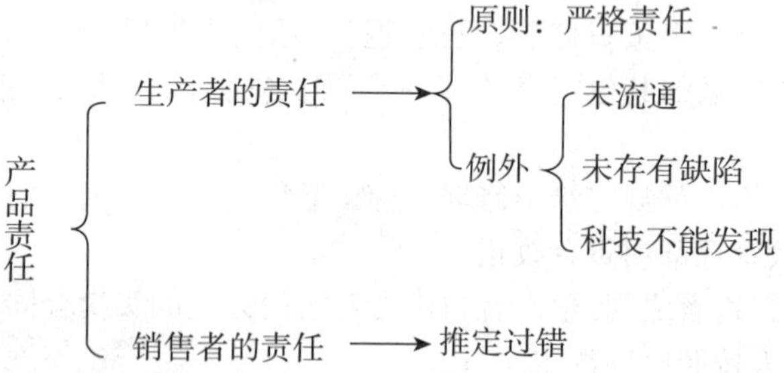

要点为:产品责任,是指因产品存在缺陷造成人身、缺陷产品以外的其他财产(简称"他人财产")损害的,生产者应当承担赔偿责任。因此,"产品责任"特指生产者应当承担的侵权责任。产品责任问题,是《产品质量法》最重要的考点。

(一)归责原则

归责原则是指确定行为人承担法律责任的理由和根据。

(1)生产者的产品责任是无过错责任(严格责任),即产品存在缺陷造成人身、他人财产损害的,不论经营者是否有过错,生产者应当承担赔偿责任。(第41条)

(2)免责事由。生产者的严格责任不等于"绝对责任",严格责任仍然是一种有条件的责任。《产品质量法》第41条规定了3种免责情况。

(3)销售者的过错责任。(第42条)

(二)损害赔偿

(1)产品责任的求偿权主体。产品责任的求偿权的主体不限于合同的相对方,而是扩大到受害人,也即受害人可以向产品的生产者要求赔偿,也可以向产品的销售者要求赔偿。(第43条)

(2)赔偿范围。(第44条)

(3)诉讼时效期间为2年,自当事人知道或者应当知道其权益受到损害时起计算;此处要和"损害赔偿请求权"相区分,后者是实体权利。即"因产品存在缺陷造成损害要求赔偿的请求权,在造成损害的缺陷产品交付最初消费者满10年丧失;但是,尚未超过明示的安全使用期的除外"。(第45条)

叁　其他机构的法律责任

社会团体、社会中介机构对产品质量作出承诺、保证,而该产品又不符合其承诺、保证的质量要求,给消费者造成损失的,与产品的生产者、销售者承担连带责任。(第58条)

◉ 近年真题

一、单选题

1. 赵某从某商场购买了某厂生产的高压锅,烹饪时邻居钱某到其厨房聊天,高压锅爆炸致2人受伤。下列哪一选项是错误的?(2012年卷一28题)

A. 钱某不得依据《消费者权益保护法》请求赔偿

B. 如高压锅被认定为缺陷产品,赵某可向该厂也可向该商场请求赔偿

C. 如高压锅未被认定为缺陷产品则该厂不承担赔偿责任

D. 如该商场证明目前科技水平尚不能发现缺陷存在则不承担赔偿责任

2. 根据《产品质量法》规定,下列哪一说法是正确的?(2010年卷一24题)

A.《产品质量法》对生产者、销售者的产品缺陷责任均实行严格责任

B.《产品质量法》对生产者产品缺陷实行严格责任,对销售者实行过错责任

C. 产品缺陷造成损害要求赔偿的诉讼时效期间为二年,从产品售出之日起计算

D. 产品缺陷造成损害要求赔偿的请求权在缺陷产品生产日期满十年后丧失

二、多选题

1. 孙某从某超市买回的跑步机在使用中出现故障并致其受伤。经查询得知,该型号跑步机数年前已被认定为不合格产品,超市从总经销商煌煌商贸公司依正规渠道进

货。下列哪些选项是正确的?(2013 年卷—66 题)

A. 孙某有权向该跑步机生产商索赔

B. 孙某有权向煌煌商贸公司、超市索赔

C. 超市向孙某赔偿后,有权向该跑步机生产商索赔

D. 超市向孙某赔偿后,有权向煌煌商贸公司索赔

2. F公司是一家专营进口高档家具的企业。媒体曝光该公司有部分家具是在国内生产后,以"先出口,再进口"的方式取得进口报关凭证,在销售时标注为外国原产,以高于出厂价数倍的价格销售。此时,已经在F公司购买家具的顾客,可以行使下列哪些权利?(2011 年卷—65 题)

A. 顾客有权要求F公司提供所售商品的产地、制造商、采购价格、材料等真实信息并提供充分证明

B. 如F公司不能提供所售商品的真实信息和充分证明,顾客有权要求退货

C. 如能够确认F公司对所售商品的产地、材质等有虚假陈述,顾客有权要求双倍返还价款

D. 即使F公司提供了所售商品的真实信息和充分证明,顾客仍有权以"对公司失去信任"为由要求退货

答案解析

一、单选题

1.【答案】 D

【解析】 本题考查侵权责任的承担。

选项A说法正确。因产品存在缺陷造成损害的侵权责任,应当按照《侵权责任法》和《产品质量法》要求经营者承担责任。

选项B、C说法正确。《侵权责任法》第43条第1款规定,因产品存在缺陷造成损害的,被侵权人可以向产品的生产者请求赔偿,也可以向产品的销售者请求赔偿。《产品质量法》第43条亦作同样规定,因产品存在缺陷造成人身、他人财产损害的,受害人可以向产品的生产者要求赔偿,也可以向产品的销售者要求赔偿。属于产品的生产者的责任,产品的销售者赔偿的,产品的销售者有权向产品的生产者追偿。属于产品的销售者的责任,产品的生产者赔偿的,产品的生产者有权向产品的销售者追偿。

选项D说法错误。《产品质量法》第41条第2款规定,生产者能够证明有下列情形之一的,不承担赔偿责任:(一)未将产品投入流通的;(二)产品投入流通时,引起损害的缺陷尚不存在的;(三)将产品投入流通时的科学技术水平尚不能发现缺陷的存在的。据此可知,这里应为"投入流通时"而非"损害发生时"。

2.【答案】 B

【解析】 本题考查产品责任的规则原则、诉讼时效与请求权。

选项A错误,选项B正确。我国《产品质量法》对生产者、销售者的产品缺陷责任分别作了不同的规定,对生产者实行严格责任,对销售者实行过错责任。

选项C、D错误。《产品质量法》第45条规定,因产品存在缺陷造成损害要求赔偿的诉讼时效期间为二年,自当事人知道或者应当知道其权益受到损害时起计算。因产品存在缺陷造成损害要求赔偿的请求权,在造成损害的缺陷产品交付最初消费者满十年丧失;但是,尚未超过明示的安全使用期的除外。

二、多选题

1.**【答案】**　ABCD

【解析】　本题考查产品缺陷责任。

《产品质量法》第43条规定,因产品存在缺陷造成人身、他人财产损害的,受害人可以向产品的生产者要求赔偿,也可以向产品的销售者要求赔偿。属于产品的生产者的责任,产品的销售者赔偿的,产品的销售者有权向产品的生产者追偿。属于产品的销售者的责任,产品的生产者赔偿的,产品的生产者有权向产品的销售者追偿。本案中,孙某可以基于侵权向产品的生产商、销售商(包括经销商商贸公司和直接销售商超市)主张权利,超市承担责任后,可以依法追偿。

2.**【答案】**　ABC

【解析】　本题考查消费者权利。

选项A正确。《消费者权益保护法》第8条规定,消费者享有知悉其购买、使用的商品或者接受的服务的真实情况的权利。消费者有权根据商品或者服务的不同情况,要求经营者提供商品的价格、产地、生产者、用途、性能、规格、等级、主要成分、生产日期、有效期限、检验合格证明、使用方法说明书、售后服务,或者服务的内容、规格、费用等有关情况。

选项B正确,选项D错误。《产品质量法》第40条第1款第2项规定,售出的产品有不符合在产品或者其包装上注明采用的产品标准的,销售者应当负责修理、更换、退货;给购买产品的消费者造成损失的,销售者应当赔偿损失。本题中,F公司在销售家具时标注的是"外国原产",实际上是"国内生产",且F公司不能提供所售商品的真实信息和充分证明,属于所售产品不符合产品或其包装上注明采用的产品标准的情况,顾客有权要求其退货。若F公司提供了真实信息和充分证据可以证明其所售家具为"外国原产"高档家具,则其不存在违法行为,顾客不能以"对公司失去信任"为由要求退货。

选项C正确。《消费者权益保护法》第49条规定,经营者提供商品或者服务有欺诈行为的,应当按照消费者的要求增加赔偿其受到的损失,增加赔偿的金额为消费者购买商品的价款或者接受服务的费用的一倍。

◎ 案例实训

【案由】　张某驾驶其购买半年的汽车正常行驶时,突出"嘣"的一声巨响,其右前轮胎炸裂,整个车辆重心偏离,导致方向失控,撞上在路边正常骑自行车的陆某,致陆某当场死亡。经交警现场勘察,初步认定该起交通事故非驾驶人员的违章行为或外力所致,而是因其右前轮胎存在质量缺陷,在行驶中车辆轮胎突然炸裂,导致方向失控而造成。后经法院调解,达成由张某一次性赔偿的调解协议。赔偿后,张某认为发生这起交通事故的原因是爆破轮胎,于是将汽车制造厂(下称汽车厂)告上了法院。法院委托质量技术监督检测研究院鉴定:该右前轮外胎因制造质量缺陷,导致车辆在行驶中爆破。法院根据鉴定报告,依照原告方申请,追加轮胎生产厂(下称轮胎厂)为本案的共同被告。第一被告汽车厂在法庭上辩称,本案中存在质量缺陷的产品是汽车轮胎,根据《产品质量法》的规定,应由轮胎的制造商即第二被告承担赔偿责任。第二被告轮胎厂辩称,爆破的轮胎是存在质量缺陷,但原告在使用轮胎过程中肯定存有过错,外力的作用也是轮胎爆破的原因之一,另外,不排除其他企业冒充我公司的轮胎的因素,故我公司不应承担全部的过错责任。[1]

【问题】

此案应如何定性?轮胎厂是否可以提出免除责任?

【评析】

1. 从法院角度进行分析,对此案件应如何定性?对两个被告的辩驳应作何种处理?

经质量鉴定,引起本案的爆破轮胎确实存在制造质量缺陷,而非销售者的过错使用导致的缺陷,故第一被告主张由产品生产者即第二被告承担赔偿责任的辩称符合法律规定,应该予以采纳。第二被告主张外力作用系本案轮胎爆破的原因之一及不排除其他企业生产的轮胎冒充第二被告的轮胎,但未提交任何证据予以佐证,不予采信。本案中轮胎厂生产的轮胎具有缺陷,因此而造成人身伤害和财产损失,符合产品责任的三个构成要件,按照法律规定轮胎厂应当承担产品责任,并且轮胎厂应赔偿原告的财产损失。

2. 从轮胎厂角度,是否可以提出免除责任?

《产品质量法》第41条第2款规定了生产者的免责情形:

(1)未将产品投入流通的。如果本案中涉及的轮胎尚未投入流通,仍然处于检验阶段,则即便存在某些缺陷,也不会发生产品责任。

(2)产品投入流通时,引起损害的缺陷尚不存在的。导致产品缺陷的原因是多样的,可能出现在运输阶段、仓储过程,也可能是因超过保质期所致,如果生产者可以证明造成损害的缺陷在其控制该产品时尚不存在,而是发生在进入流通领域之后,则可以免责。

---

[1] 李立铎、钱俊皓:"轮胎制造有缺陷,导致车祸衢县法院判制造者赔偿",载人民网,http://www.people.com.cn/GB/paper1668/6439/633700.html,最后访问时间:2015年8月1日。

(3)将产品投入流通时的科学技术水平尚不能发现缺陷的存在的。

本案中轮胎厂生产的轮胎经检验确实具有质量缺陷,造成人身伤害和财产损失,生产者并不具备《产品质量法》第41条第2款所规定的任一抗辩理由,因此,按照法律规定轮胎厂应当承担产品责任。

第四讲　税收法律制度

◇ 重点体系

- 企业所得税法
  - 纳税义务人
  - 应纳税所得额
    - 收入总额——企业以货币形式和非货币形式从各种来源取得的收入
    - 不征税收入
  - 税收优惠——减免规定
    - 免税收入
    - 可以免征、减征
    - 可以在计算应纳税所得额时加计扣除
  - 税率
    - 一般企业——税率为25%
    - 符合条件的小型微利企业——减按20%的税率征收企业所得税
    - 国家需要重点扶持的高新技术企业——减按15%的税率征收企业所得税

- 个人所得税法
  - 征税对象与免税对象
    - 应纳税
    - 应免税
  - 个人所得税的纳税申报

- 税收征收管理法
  - 纳税人的权利
    - 知情权
    - 保密权
    - 优惠权
    - 救济权
    - 监督权
  - 税务登记
    - 开业税务登记
    - 变更、注销税务登记
  - 税款征收
    - 核定税额
    - 税收保全与强制执行措施
      - 税收保全措施
      - 税收强制执行
      - 人道主义原则
    - 离境清税
    - 税收代位权和撤销权
    - 税务争议
      - 纳税争议
      - 处分争议

◈ 考点精讲

● 全面论述

壹　税　　法

一、税收的概念、特征及作用

（一）税收的概念

税收是国家为了实现其职能，凭借政治权力，根据税法预先规定的标准，强制、无偿征收货币或实物的活动。税收活动是国家参与社会产品分配和再分配的重要手段，是国家取得财政收入的一种分配关系。在这种分配关系中，其权利主体是国家，客体是人民创造的国民收入和积累的社会财富，分配的目的是实现国家职能的需要。税收收入是我国财政收入主要的、固定的来源，占国家财政收入的90%以上。

（二）税收的特征

税收作为财政收入的主要形式，具有以下基本特征。

（1）强制性。其是指国家依据法律强制地征收税赋。任何单位和个人，只要依照税法规定属纳税义务主体，都必须无条件地按时足额缴纳税款，履行纳税义务，否则就要受到法律制裁。

（2）无偿性。国家凭借其政治权力依据税法征税，无须向纳税人付任何代价或报酬。纳税人依法纳税后，财产所有权发生了转移，税款就成为国家的财政收入归国家所有，而不再返还给各纳税人。正如列宁所言："所谓赋税，就是国家不付任何报酬而向居民取得东西。"[1]

（3）固定性。国家通过税法，在先规定了明确的征税对象、纳税人、税目、税率、纳税期限等。纳税人在取得应纳税收入或发生了应税行为就要按税法规定的标准缴纳税款。税法规定的标准具有相对稳定性，通常不受外界客观因素的影响。

（三）税收的作用

税收作为国家取得财政收入的一种分配工具，具有组织财政收入、调节经济和监督管理三个方面的基本职能。与税收的基本职能相适应，税收的作用有以下几点。

（1）税收是国家组织财政收入的主要形式和工具。税收组织财政收入的作用主要表现在两个方面：一是由于税收具有强制性、无偿性及固定性，因而能保证其收入的稳定性；二是税收的源泉十分广泛，能从多方面筹集财政收入。

（2）税收是国家调控经济的重要杠杆之一。国家通过税种的设置，以及在税目、税率、减免税方面的规定，对产业结构、生产消费、公平分配、吸收外资等方面进行调节，以促进我国经济健康发展。

（3）税收是对客观经济情况进行监督管理的重要手段。国家在征收税款过程中，

---

〔1〕《列宁全集》（第32卷），人民出版社1963年版，第275页。

一方面要查明情况,正确计算并收取税款;另一方面又能发现纳税人在生产经营过程中或是在缴纳税款过程中存在的问题。国家税务部门利用税收监督各项经济活动,同经济领域中的各种违法行为进行斗争。

二、现行税种

我国现行税种主要有以下几种。

(一)流转税

流转税是以商品流转额和非商品流转额为征税对象的一种税。商品流转额是指在商品交换过程中,因销售或购进商品而发出的数额。商品流转额又分为实物流转额和货币流转额。实物流转额是指商品实物的销售或购进的数量。货币流转额是指商品的销售收入金额或购进所支付的金额。由于商品流转中有销售和购进之分,商品流转额也有销售和购进之分。当税法规定卖方为纳税人时,商品流转额为商品销售数量和销售收入金额。当税法规定买方为纳税人时,商品流转额为商品购进数量和购进支付金额。非商品流转额是指不从事商品生产交换,只从事经营活动的企业、事业单位和个人向社会提供劳务或服务业务所取得的收入金额。流转税主要有以下三个特征。

(1)流转税与商品生产和商品流通联系紧密。流转税是商品生产和商品流通的产物。有了商品生产和商品流通,才有了流转税。商品生产和商品流通的内容、规模、方式、环节的大小多少,决定了流转税的征税对象、范围、征税方法和纳税环节。同时,流转税的形式并通过各种税收手段的运用,又对商品生产和商品流通起到调节作用。

(2)流转税与商品价格联系密切。流转税中除一部分是按实物流转额计征的外,大部分是按货币流转额计征的。按货币流转计征税款,除税率大小外,主要是看价格的大小,价格大的,税款就多,反之,税款就少。而征税款的多少又关系到商品的销售,在流转税作为商品或劳务价格的组成部分的情况下,征税额的多少还直接关系到企业的利润水平。

(3)流转税的缴纳者和税收的实际负担者往往是分离的。纳税人纳税后可将税负转嫁出去,由他人负担。流转税包括:增值税、消费税、营业税、关税。

(二)所得税

所得税是以纳税人的纯收益为征税对象的一种税。其特点有以下几条。

(1)征税对象是纳税人的所得额或收益额,税额的多少取决于纳税人的实际负担能力。纳税人有所得才有纳税义务,无所得则不纳税,所得少的,少纳税,反之则多纳税。

(2)所得税是直接税,纳税人与实际负担人是一致的,税负不能转嫁。所得税一般按全年所得额或收益额征收,采取分期预缴,年终汇算清缴,多退少补。

(3)所得税一般采用累进税率。所得税包括:企业所得税、外商投资企业和外国企业所得税、个人所得税、农业税。

(三)财产税

财产税是以法定财产的价值额或租价额为征税对象,根据财产占有或者财产转移的事实所征收的一种税。其特征有以下几条。

(1)以纳税人所占有或转移的财产为征税对象,客体范围严格依法限定。

(2)税额与财产的数量或价值密切相关。因财产税的征税对象是房屋等财产的价值额或租价额,税额只同财产的数量或价值相联系。

(3)财产税属于直接税。财产税面向财产所有人或使用人征收,无税负转移作用。财产税包括房产税和契税。

(四)特定行为税

特定行为税是以特定行为的发生,依据法定计税单位和标准,对行为人征收的一种税。其特点是具有鲜明的政策目的性和因地制宜的灵活性,特别是在抑制各类消费行为方面起着特殊作用。特定行为税包括:固定资产投资方向调节税、筵席税、屠宰税、车船使用税、印花税、城市维护建设税。

(五)资源税

资源税是对在我国境内从事国有资源开发,就资源和开发条件的差异而形成的级差收入征收的一种税。其特点有以下几条。

(1)只对税法规定的资源征税,而非面向所有资源征税。

(2)只限于对因资源的贫富及开发条件不同而形成的级差收入征税。

(3)采用差别税额,按纳税人的资源开发量,划分级差,分别确定税额。

总之,开征资源税是为了解决由于矿产、盐和土地的资源结构、开采条件及地理位置不同产生级差收入,造成利润水平相差悬殊的问题,它能够起到合理利用国家资源,加强经济核算,正确处理国家与开发企业之间的分配关系的作用。资源税包括:资源税、城镇土地使用税、耕地占用税。

三、我国税收分类

我国税收种类繁多,名称各异。可以按照不同的标准,从不同的角度将税收划分为以下几类。

(1)按征税对象不同,可将税收划分为流转税、所得税(也称收益税)、财产税、行为税及资源税。

(2)按照税收形态不同,可划分为劳役税、实物税、货币税。

(3)按税收管理权限不同,可划分为中央税、地方税、中央与地方共享税。

四、税法的概念及构成要素

(一)税法的概念

税法是调整国家与纳税人之间产生的税收征纳关系的法律规范的总称。税法是规定国家与纳税人之间征收与缴纳税款的权利、义务的法律规范,也是国家税务机关征税的法律依据和纳税人履行纳税义务的准绳。

税法是一个总的概念,是对税收法律规范的统称,它的表现形式包括税收法律、条例、实施细则、征收办法、重要规定等,这些内容共同构成我国税法体系不可分割的整体。

税法是财政法的重要组成部分,与财政法相比较,具有下列鲜明而独特的特点:第一,高度的集中性。税法的立法权高度集中,即集中于全国人民代表大会和国务院,税法都是由它们制定和颁布的,地方不得制定与中央颁布的税法相抵触的地方性法规,不得擅自变更税种、增减税目,改变税率,更不得减税免税,各级地方政府都必须严格执行中央的规定。第二,结构的规范化。税法同其他法律规范一样,有其外部表现和内部结构上的特征,而且税法的这一特征比其他任何法律规范都表现得更为明显和突出。虽然税法调整的征纳关系比较单纯,但是由于税种繁多,体系复杂,各个税种的征税对象、税率高低、计税依据和计税公式等都不尽相同,在税法的形式结构上却形成了一个基本的规格,每个税法都要规定该税种的征税对象、纳税人、税目、税率、减税免税、违法处理等,因此,其结构形式呈现出规范化特征。第三,兼具严肃性和灵活性。税法同其他任何法律一样,具有强制性,各个征税主体和纳税主体都必须依照税法征税和纳税,否则,就要受到法律制裁。由此,税法的严肃性不言而喻。然而,客观情况千差万别,为适应纳税人的具体情况,税法又规定了在一定条件下可以减税免税,对某些征税对象和纳税人给予一定的照顾和优惠,因此,税法又具有一定的灵活性。第四,具有多样性和多变性。如前所述,税收是国家财政收入的主要来源,是调节分配、调控经济的重要手段。国家要促进经济发展,增加财政收入,就必须根据需要与可能设置税种并以法律形式予以公布。国家每开征一个新税种,必须事先颁布一个税法。因此,税法就具有了多样性的特点。同时,国家还需要根据各个时期经济发展的状况,变换税种,调整税率,与之相适应,税法要随之修改、废止或颁布新税法,因此,税法又具有多变性。

(二)税法的构成要素

税法的构成要素主要有以下几点。

(1)纳税主体。其又称纳税人或纳税义务人,是指税法规定的直接负有纳税义务的人,包括法人、自然人和其他社会组织。税法对每一种税都规定了特定的纳税人,没有纳税人就无法实现税收的目的,国家财政收入就没有保证。纳税人是履行纳税义务的法律承担者,是税法的首要要素。

(2)征税对象。其又称征税客体或计税依据,是指征纳税主体权利和义务所指向的对象,也是征税的直接依据,是一种税区别另一种税的主要标志,是税法中的基本要素。税种不同,其征税对象也不相同。

(3)税率。其是指纳税额与征税对象之间的比例。它是计算税额的尺度,是税法中的核心要素。因为税率的高低,直接关系到国家财政收入的多少和纳税人负担的轻重,反映着税收法律关系主体之间权利与义务的大小,同时也是发挥税收这一经济杠杆作用的主要手段。我国现行税法适用的税率有比例税率、累进税率和定额税率。

其一,比例税率,是指对同一征税对象,只规定一个百分比,不论数量或金额多少,均按照同一比例计算纳税额的税率。它既适用于对流转额的征税,也适用于对所得额的征税。

其二,累进税率,是指随着征税对象的数额由低到高逐级累进,所适用的税率也随之逐级提高的税率。具体而言,即按征税对象数额的大小划分若干等级,每级由低到高规定相应的税率,征税对象数额越大,适用的税率越高,税率随征税对象数额由小到大递增,并与之成正比例关系。

其三,定额税率,又称固定税额,即按征税对象的一定计量单位直接规定固定的税额。定额税率的突出特点是不采取百分比的形式。

(4)税种、税目。税种是指税收的种类,指征的什么税。税目是指各税种中具体规定的应纳税的项目,是征税对象的具体化,反映征税的范围和广度。

(5)纳税环节。其是指应当纳税的产品在其整个流转过程中,税法规定应缴税款的环节。产品从出厂到消费者手中往往需要经过许多环节,在税收上只选择其中一定环节,规定为缴纳税款的环节。

(6)纳税期限,又称纳税时间,是指税法规定纳税人缴纳税款的具体期限。纳税期限通常分为按期纳税和按次纳税两种。

(7)减税免税。其是指税法对同一税种特定的纳税人或征税对象给予减轻或者免除其税负的一种优惠规定。减税免税有三项内容:第一,起征点,指税法规定的开始征税的界限,征税对象的数额达不到起征点就不征税。第二,免征额,指按一定标准从全部征税对象中预先免予征税的部分,只对其余部分征税。第三,减免规定,减税是对应纳税额少征一部分税款,免税是全部免征。减税和免税具体分两种情况,一种是税法直接规定的长期减税免税项目;另一种是依法给予一定期限内的减免税措施,期满之后仍依规定纳税。

(8)违法处理。其是指对违法税法规定的行为人采取的处罚措施。一般包括违法行为和因违法而应承担的法律责任两部分。所谓违法行为是指违反税法规定的行为,其法律责任包括行政责任和刑事责任。纳税人和税务人员违反税法规定,都将依法承担法律责任。

五、税收法律关系

(一)税收法律关系的概念

税收法律关系,是指税务机关与纳税人在税收活动中根据税法规定形成的权利和义务关系。明确税收法律关系,实际上就是要明确谁纳税,谁收税,税收征纳双方各自有什么权利和义务,纳税义务人不履行纳税义务或违反税法应负什么法律责任等问题。税收法律关系与其他经济法律关系相比较具有以下特征。

(1)税收是以国家为主体的特定分配关系,所以税收法律关系中征税一方主体始终是国家,税务机关代表国家行使征税权。

(2)在税收法律关系中,征税一方享有单方面的征收权利,纳税人负有单方面的纳税义务，征税一方在征税后不负担相应的补偿义务，缴纳的税款不再返还。

(3)税法一旦规定了纳税人的纳税义务，纳税人就必须履行。同样，税务机关应当行使其征税职责，任何一方不履行或不适当履行其义务，都应承担相应的法律责任。

(二)税收法律关系的构成要素

税收法律关系由税收法律关系的主体、内容和客体三要素构成。

(1)税收法律关系的主体，是指在税收法律关系中享有权利承担义务的当事人。税收法律关系的主体包括征税主体和纳税主体。征税主体是国家，在具体的税收法律关系中，分别由行政管理机关和税务机关代表。纳税主体指纳税义务人，包括社会组织和个人。

(2)税收法律关系的内容，是指税收法律关系的主体依法享有的权利和承担的义务。

(3)税收法律关系的客体，是指税收法律关系主体所享有的权利和承担的义务共同指向的对象，通常包括货币、实物、行为。

(三)税收法律关系的产生、变更和终止

税收法律关系因一定的法律事实而产生、变更和终止。引起税收法律关系产生的法律事实有:(1)纳税义务人发生了税法规定的应税行为和事件;(2)新的纳税义务人出现等。引起税收法律关系变更的法律事实有:(1)税法的修订;(2)纳税方式的变动;(3)纳税人的收入或财产状况发生变化;(4)由于不可抗力事件致使纳税人难以履行原定的纳税义务等。引起税收法律关系终止的法律事实有:(1)纳税义务人履行了纳税义务;(2)纳税人符合免税的条件;(3)税种的废除;(4)纳税人的消失等。

贰 流转税法

流转税因其是以商品流转额和非商品流转额为征税对象的一种税，故其税源大、范围广，在我国各种税收收入中占据第一位。不论单位或个人、城市或农村都适用，不论成本高低、盈利或亏损，只要有商品销售经营收入或劳务服务收入就要依法纳税。所以流转税在保证国家财政收入、配合价格政策、调节生产经营、促进经济核算方面有显著的作用。

一、增值税法

增值税是以商品生产流通和劳务服务在各个流转环节的增值额为征税对象的一种税。所谓增值额就是一个生产环节的销售收入额，扣除同期消耗了的外购原料、燃料、动力和计入成本的包装物金额后的数额。

增值税的特征主要有二:一是能避免重复征税。增值税只是对商品流转额中的增值额征税，对流转额中已经征过税的部分不再征税，这使得同一种产品不论其生产流通环节多少，都只承担一道税负，各道环节中因增值而增加税负，不增值则不增加税负，这就克服了以流转额总额征税而产生的重复征税的弊端。二是增值税具有中性税的属性。增值税按增值额征税,避免了因企业组织形态的不同和社会专业化分工的不同而导致税负的不平。同时,由于增值税的税率档次少,不同货物或劳务的税率基本一致,税负平均分配于商品价格,这就给商品生产者以平等的待遇,造成平等竞争的环境。

(一)征税范围

凡在我国境内销售货物或者提供加工、修理修配劳务以及进口货物的,均属增值税的征收范围。由此可知,增值税的征收范围包括三个方面,即销售货物、提供应税劳务和进口货物。

第一,销售货物包括以下几种。

(1)一般销售,即销售有形动产,包括电力、热力和气体。

(2)视同销售。按照我国税法的有关规定,单位和个体经营者的下列行为,视同销售货物:①将货物交付他人代销;②销售代销货物;③设有两个以上机构并实行统一核算的纳税人将货物从一个机构移送其他机构用于销售[相关机构设在同一县(市)的除外];④将自产、委托加工或购买的货物作为投资,提供给其他单位或个体经营者;⑤将自产或委托加工的货物用于非应税项目;⑥将自产、委托加工的货物分配给股东或投资者;⑦将自产、委托加工的货物用于集体福利或个人消费;⑧将自产、委托加工或购买的货物无偿赠送他人。

(3)混合销售,即一项销售行为既涉及货物又涉及非应税劳务的行为。对混合销售行为要区别情况,凡从事货物的生产、批发或零售的企业、企业性单位及个体经营者的混合销售行为,视为销售货物,属于增值税的征收范围;其他单位和个人的混合销售行为,视为非应税劳务,不在征收之列。

第二,提供应税劳务,是指提供应当征收增值税的劳务,包括提供加工、修理修配劳务。所谓加工,是指受托加工货物,即委托方提供原料及主要材料,受托方按照委托方的要求制造货物并收取加工费的业务。修理修配,是指受托对损伤和丧失功能的货物进行修复,使其恢复原状和功能的业务。提供加工、修理修配劳务,是指有偿提供加工、修理修配劳务,如果纳税人兼营非应税劳务(通常指应征收营业税的劳务),则应当对不同项目的销售额分别进行核算,分别征税,否则,将一并征收增值税。

第三,进口货物,实际上是货物销售的一个特殊环节,在货物报关进口时,同样要征收进口环节增值税。

(二)纳税义务人

在中华人民共和国境内销售货物或者提供加工、修理修配劳务以及进口货物的单位和个人,为增值税的纳税义务人。此处单位是指企业单位和非企业单位,企业单位包括国有企业、集体企业、公有企业、股份制企业、外商投资企业和外国企业,以及其他企业。非企业单位包括行政单位、事业单位、军事单位、社会团体及其他单位。

此外,出于征税管理的需要和税款计算的简便,我国还借鉴了国际通行的做法,将纳税人分为小规模纳税人和一般纳税人。按照《增值税暂行条例实施细则》的规定，小规模纳税人的标准为：(1)从事货物生产或者提供应税劳务的纳税人，以及以从事货物生产或者提供应税劳务为主，并兼营货物批发或者零售的纳税人，年应征增值税销售额(以下简称应税销售额)在50万元以下(含本数，下同)的。(2)除第(1)项规定以外的纳税人，年应税销售额在80万元以下的。(3)年应税销售额超过小规模纳税人标准的其他个人按小规模纳税人纳税；非企业性单位、不经常发生应税行为的企业可选择按小规模纳税人纳税。年应纳税销售额超过上述标准的纳税人为一般纳税人。

(三)税率

我国增值税的税率依照中性和简便原则设计，具体分三档，即基本税率、低税率和零税率。基本税率为17%。纳税人销售或者进口货物，提供加工、修理修配劳务的，适用17%的基本税率。低税率为13%，适用于下列货物的销售和进口：(1)粮食、食用植物油；(2)自来水、暖气、冷气、热水、煤气、石油液化气、天然气、沼气、居民用煤炭制品；(3)图书、报纸、杂志；(4)饲料、化肥、农药、农机、农膜；(5)国务院规定的其他货物。零税率的税率为零，仅适用于法律不限制或不禁止的报关出口的货物，以及输往海关管理的保税区等特殊区域的货物。零税率与增值税制度中的出口退税制度直接相关。零税率是一种税收优惠政策。

此外，我国增值税法中还规定了征收率。在《增值税暂行条例》中规定，小规模纳税人增值税征收率为3%。由于小规模纳税人的经营规模小，而且多数会计核算不健全，不能提供准确的税务资料，在这种情况下，对其仍采用增值税专用发票抵扣进项税款来计征增值税就很难做到。对此，只好采用简易办法，即对小规模纳税人不采用增值税专用发票抵扣进项税款的办法，亦即直接按其销售额与税率计征。因其不抵扣进项税款，因此其税率必须降低，定为3%，并改名为征收率，征收率实际上就是税率。

(四)计税方法

增值税以不含增值税税金的价格为计税依据。一般纳税人销售货物或者提供应税劳务，应纳税额为当期销项税额抵扣当其进项税额后的余额。其计算公式为：应纳税额=当期销项税额-当期进项税额。其中，当期销项税额=销售额×税率。小规模纳税人缴纳增值税实行简易方法，即按照销售额乘以3%的征收率。其计算公式为：应纳税额=销售额×征收率。纳税人进口货物，按照组成计税价格和规定的税率计算应纳税额，不得抵扣任何税款。

二、消费税法

消费税是对特定消费品的流转额征收的一种税。消费税的主要特征有三：一是消费税具有明显的选择性。消费税并非就所有消费品征税，而是就众多消费品的一部分征税，具有很强的选择性。这种选择性能更好地体现国家的产业政策、消费政策，对于产业结构的调整，对于引导消费能起到积极作用。二是征收环节的单一性。消费税除金银首饰外，其他应税消费品都是在生产销售环节和进口环节征收。征收环节单一，有利于加强税源控制,及时组织税款入库。三是征收方法灵活性。在征收方法上,既采用从价定率,又采用从量定额,使用征收方法既灵活多样,又使征收方法简化,便于征收管理。

(一)征收范围

凡在我国境内生产、委托加工和进口有关消费品,均属消费税的征收范围。所谓有关消费品,是指《消费税暂行条例》列出的应征税的消费品,具体为烟、酒及酒精、化妆品、贵重首饰及珠宝玉石、鞭炮和焰火、汽油、柴油、汽车轮胎、摩托车、小汽车、高尔夫球及球具、高档手表、游艇、木制一次性筷子、实木地板。

(二)纳税义务人

凡在我国境内生产、委托加工和进口《消费税暂行条例》列举的消费品的单位和个人,为消费税的纳税义务人。其中的"单位和个人"的具体范围与增值税的相关规定相同。

(三)税率

消费税实行的税率有定率和定额两种,亦即比例税率和定额税率。14 类应税消费品的税率有高有低。应税消费中税率最高的是烟类中的甲类卷烟,税率为 45% 加 0.003 元/支。税率最低的是小排气量的小汽车,为 1% 。

(四)计税依据和计科税方法

消费税实行从价定率、从量定额,或者从价定率和从量定额复合计税(以下简称复合计税)的办法计算应纳税额。应纳税额计算公式:实行从价定率办法计算的应纳税额 = 销售额 × 比例税率;实行从量定额办法计算的应纳税额 = 销售数量 × 定额税率;实行复合计税办法计算的应纳税额 = 销售额 × 比例税率 + 销售数量 × 定额税率。销售额为纳税人销售应税消费品向购买方收取的全部价款和价外费用。所谓价外费用,是指价外向购买方收取的手续费、补贴、基金、集资费、返还利润、奖励费、违约金、滞纳金、延期付款利息、赔偿金、代收款项、代垫款项、包装费、包装物租金、储备费、优质费、运输装卸费以及其他各种性质的价外收费。但下列项目不包括在内:(1)同时符合以下条件的代垫运输费用:①承运部门的运输费用发票开具给购买方的;②纳税人将该项发票转交给购买方的。(2)同时符合以下条件代为收取的政府性基金或者行政事业性收费:①由国务院或者财政部批准设立的政府性基金,由国务院或者省级人民政府及其财政、价格主管部门批准设立的行政事业性收费;②收取时开具省级以上财政部门印制的财政票据;③所收款项全额上缴财政。

三、营业税法

营业税是对在我国境内提供有关劳务、转让无形资产或销售不动产的营业收入征收的一种税。营业税的特征有三:一是征收范围较广,涉及的行业较多。涉及交通运输、建筑安装、金融保险、邮电通信、文化体育、娱乐业、服务业、转让无形资产和销售不动产。营业税因其涉及行业多,税源普遍,税负较轻,征收成本不大,因而是财政收入的重要来源。二是税目税率主要按行业设置。我国《营业税暂行条例》设置了9个税目，其中将营业税应税劳务按7个行业设置税目，并相应规定了3%、5%和5%～20%三档税率。这种设置方法比较简单，便于征纳双方执行。三是税负低而均衡。营业税的税率除了对娱乐业实行5%～20%的幅度比例税率外，只设置了3%和5%两档税率，许多行业的税负一样，比较均衡。

（一）征税范围

凡在我国境内提供应税劳务，转让无形资产或者销售不动产的，均属于营业税的征收范围。此处应税劳务，是指《营业税暂行条例》中规定的劳务，包括交通运输业、建筑安装业、金融保险业、邮电通信业、文化体育业、娱乐业、服务业。无形资产，是指不具有实物形态，但能带来经济利益的资产，如土地使用权、专利权、商标权等。不动产指不能移动，移动后会引起性质、形态变化的财产。

（二）纳税义务人

凡在我国境内提供应税劳务、转让无形资产或者销售不动产的单位和个人，均为营业税的纳税义务人。这里要强调两点：第一，中央铁路运营业务的纳税人为中国铁路总公司，合资铁路运营业务的纳税人为合资铁路公司，地方铁路运营业务的纳税人为地方铁路管理机构。从事水路运输、航空运输、管道运输或其他陆路运输业务并负有营业税纳税义务的单位，为从事运输业务并计算盈亏的单位。第二，立法机关、司法机关、行政机关的收费，同时具备以下两个条件的，不征收营业税：一是国务院、省级人民政府或其所属财政、物价部门以正式文件允许收费，而且收费标准符合文件规定的；二是所收费用由立法机关、司法机关、行政机关自己直接收取的。

作为营业税纳税义务人的个人，是指个体工商户以及其他有经营行为的个人。单位以承包、承租、挂靠方式经营的，承包人、承租人、挂靠人（以下统称承包人）发生应税行为，承包人以发包人、出租人、被挂靠人（以下统称发包人）名义对外经营并由发包人承担相关法律责任的，以发包人为纳税人；否则以承包人为纳税人。

（三）税目税率

营业税的税目、税率基本上是按行业设置。税目为9个，税率分3%和5%的比例税率以及5%～20%的幅度比例税率。具体适用情况为：交通运输业、建筑安装业、邮电通信业、文化体育业适用的税率为3%；服务业、转让无形资产、销售不动产及金融保险业适用的税率为5%；娱乐业适用5%～20%的幅度比例税率。

（四）计税依据和计税方法

营业税的计税依据为纳税人的营业额，而营业额为纳税人提供应税劳务、转让无形资产或销售不动产向对方收取的全部价款和价外费用。其中，价外费用，包括收取的手续费、补贴、基金、集资费、返还利润、奖励费、违约金、滞纳金、延期付款利息、赔偿金、代收款项、代垫款项、罚息及其他各种性质的价外收费，但不包括同时符合以下条件代为收取的政府性基金或者行政事业性收费：（1）由国务院或者财政部批准设立的政府性基金,由国务院或者省级人民政府及其财政、价格主管部门批准设立的行政事业性收费;(2)收取时开具省级以上财政部门印制的财政票据;(3)所收款项全额上缴财政。营业税按照营业额和规定的税率计算,其计算公式为:应纳税额 = 营业额 × 税率。

四、关税法

关税是由海关依照税法对进出其关境的货物、物品征收的税。关税作为一个古老的税种,起源于封建主对其领土上的过往客商所征收的捐税。近代关税是主权国家对进出自己选定的关境的货物、物品的统一征收的税。关税可分为进口税、出口税和过境税,其中,因进口税对于国际经济和一国的民族经济的发展影响较大,故各国一般主要是征收进口税,且以对进口货物征税为主。关税的主要特征:一是只对进出关境的货物、物品征一次税,之后该货物和物品即可在整个关境内流通,不再征收关税。二是征税对象较为特殊。关税是对进出关境的货物、物品征税,其中的物品是属于旅客携带的,或是个人邮递等个人自己使用的,不存在销售和所有权的转移。三是从关税的设置目的和作用看,更多的是为了执行国家的经济政策,维护本国经济和生产,而组织财政收入的任务则处于次要地位。

(一)征收范围

凡是我国允许进口或出口的货物、物品,在进出关境时,除国家另有规定外,都应依照海关法的规定征收进口税或出口税。其中,货物是指贸易性的进出口商品;物品是指入境旅客随身携带的行李和物品、个人邮递物品、各种运输工具上的服务人员携带进口的自用物、馈赠物以及其他方式进入我国关境的个人物品。从境外采购进口的原产于中国境内的货物,也要征收进口关税。

(二)纳税义务人

进出口关税的纳税义务人有两种:(1)进出口货物的收货人、发货人或他们的代理人。包括外贸进出口公司、工贸结合、农贸结合的进出口公司,以及其他经批准有进出口商品经营权的企业。(2)入境的旅客、各种运输工具上的服务人员、馈赠物品及其他方式入境个人物品的所有人、进口个人邮件的收件人。

(三)税率

我国关税实行差别比例税率,并且,同一税目的货物适用的税率可分为进口税率和出口税率两类。进口税率又分设普遍税率和优惠税率,其中,对原产于与我国订有关税互惠协议的国家或地区的进口货物,适用优惠税率征税;否则,按普遍税率征税,但经过关税税则委员会特别批准也可以按照优惠税率征税。

(四)计税依据和方法

关税的计税依据为完税价格。其中,进口货物以海关审定的到岸价格为完税价格,到岸价格不能确定的,由海关估定。出口货物应当以海关审定的货物销售与境外的离岸价格,扣除出口关税后,作为完税价格。离岸价格不能确定时,其完税价格由海关估定。关税的计税方法为:进出口货物完税价格乘以适用税率。其计算公式为:应纳税额 = 进出口货物完税价格 × 适用税率。

叁 所得税法

所得税又称收益税,是指以纳税人的收益额为征税对象的一种税。收益额有总收益额和纯收益额之分。总收益额是指纳税人的全部收入额;纯收益额是指在总收入额中减去成本费用之后的余额。所得税既可以是对纳税人的总收益额征税,也可以是对其纯收益额征税。所得税与流转税相比较,其主要特征为:第一,只对纳税人的所得额征税,且这种所得额是依国家税法规定计算的;第二,充分考虑纳税人的税收负担能力。所得税的征税对象是纳税人的所得,故纳税人有所得才征税,反之就不征税,多得多征,少得少征;第三,所得税属于直接税,纳税人与实际负担者是一致的,税负不得转嫁;第四,所得税通常按期征收,其期间可以是 1 个月,也可以是 1 年。

一、企业所得税法

1993 年年底,我国对企业所得税制度进行了重大改革,统一了企业所得税,结束了长期以来对不同所有制企业规定不同所得税的局面,但在企业所得税领域仍然实行内外有别的两套税制,即内资企业所得税和外资企业所得税。在我国,一直以来,无论在立法上,还是在习惯上,所称的企业所得税专指的是内资企业所得税。2007 年 3 月召开的第十届全国人民代表大会第五次会议上,时任财政部长金人庆就《企业所得税法(草案)》进行的说明中指出:"当前,我国经济社会情况发生了很大变化,社会主义市场经济体制初步建立。加入世贸组织后,国内市场对外资进一步开放,内资企业也逐渐融入世界经济体系之中,面临越来越大的竞争压力,继续采取内资、外资企业不同的税收政策,必将使内资企业处于不平等竞争地位,影响统一、规范、公平竞争的市场环境的建立。"为有效解决企业所得税制存在的问题,有必要尽快统一内资、外资企业所得税。企业所得税"两法合并"改革,有利于促进我国经济结构优化和产业升级,有利于为各类企业创造一个公平竞争的税收法制环境,是适应我国社会主义市场经济发展新阶段的一项制度创新,是促进经济社会可持续发展战略的配套措施,是我国经济制度走向成熟、规范的标志性工作之一。2007 年 3 月 16 日,第十届全国人民代表大会第五次会议最终表决通过了《企业所得税法》,该法自 2008 年 1 月 1 日起施行。

(一)纳税义务人

《企业所得税法》中所称的"企业",不仅包括法定应税企业,还包括其他取得收入的组织,但不包括个人独资企业和合伙企业。此外,法律将应税企业分为居民企业和非居民企业。所谓居民企业,是指依法在中国境内成立,或者依照外国(地区)法律成立但实际管理机构在中国境内的企业;非居民企业,是指依照外国(地区)法律成立且实际管理机构不在中国境内,但在中国境内设立机构、场所的,或者在中国境内未设立机构、场所,但有来源于中国境内所得的企业。

（二）征税范围

按照《企业所得税法》的规定，不同的企业的不同收入在征税范围上存在差别。居民企业应当就其来源于中国境内、境外的所得缴纳企业所得税。非居民企业在中国境内设立机构、场所的，应当就其所设机构、场所取得的来源于中国境内的所得，以及发生在中国境外但与其所设机构、场所有实际联系的所得，缴纳企业所得税。非居民企业在中国境内未设立机构、场所的，或者虽设立机构、场所但取得的所得与其所设机构、场所没有实际联系的，应当就其来源于中国境内的所得缴纳企业所得税。

（三）税率

企业所得税的法定税率为25%，非居民企业在中国境内未设立机构、场所的，或者虽设立机构、场所但取得的所得与其所设机构、场所没有实际联系的，就其来源于中国境内的所得缴纳企业所得税，适用税率为20%。另外，《企业所得税法》还规定了优惠税率，符合条件的小型微利企业，减按20%的税率征收企业所得税；国家需要重点扶持的高新技术企业，减按15%的税率征收企业所得税。

（四）应纳税所得额

《企业所得税法》第5条中规定，企业每一纳税年度的收入总额，减除不征税收入、免税收入、各项扣除以及允许弥补的以前年度亏损后的余额，为应纳税所得额。

1. 收入总额

企业以货币形式和非货币形式从各种来源取得的收入，为收入总额。其包括：销售货物收入；提供劳务收入；转让财产收入；股息、红利等权益性投资收益；利息收入；租金收入；特许权使用费收入；接受捐赠收入；其他收入。收入总额中的财政拨款，依法收取并纳入财政管理的行政事业性收费、政府性基金，国务院规定的其他不征税收入，为不征税收入。

2. 准予在计算应纳税所得额中扣除的项目

准予在计算应纳税所得额中扣除的项目，是指企业实际发生的与取得收入有关的、合理的支出，包括成本、费用、税金、损失和其他支出。此外，企业发生的公益性捐赠支出，在年度利润总额12%以内的部分，准予在计算应纳税所得额时扣除。企业按照规定计算的固定资产折旧，企业按照规定计算的无形资产摊销费用，在计算应纳税所得额时准予扣除。企业发生的下列支出，作为长期待摊费用，按照规定摊销的，在计算应纳税所得额时也准予扣除：已足额提取折旧的固定资产的改建支出；租入固定资产的改建支出；固定资产的大修理支出；其他应当作为长期待摊费用的支出。企业使用或者销售存货，按照规定计算的存货成本，准予在计算应纳税所得额时扣除。企业转让资产，该项资产的净值，准予在计算应纳税所得额时扣除。

3. 不得扣除的项目

在计算应纳税所得额时，下列支出不得扣除：向投资者支付的股息、红利等权益性投资收益款项；企业所得税税款；税收滞纳金；罚金、罚款和被没收财物的损失；《企业所得税法》第9条规定以外的捐赠支出;赞助支出;未经核定的准备金支出;与取得收入无关的其他各项支出。下列固定资产不得计算折旧扣除:房屋、建筑物以外未投入使用的固定资产;以经营租赁方式租入的固定资产;以融资租赁方式租出的固定资产;已足额提取折旧仍继续使用的固定资产;与经营活动无关的固定资产;单独估价作为固定资产入账的土地;其他不得计算折旧扣除的固定资产。下列无形资产不得计算摊销费用扣除:自行开发的支出已在计算应纳税所得额时扣除的无形资产;自创商誉;与经营活动无关的无形资产;其他不得计算摊销费用扣除的无形资产。企业对外投资期间,投资资产的成本在计算应纳税所得额时不得扣除。

(五)应纳税额的计算

《企业所得税法》第22条中规定,企业的应纳税所得额乘以适用税率,减除依照本法关于税收优惠的规定减免和抵免的税额后的余额,为应纳税额。应纳税额 = 应纳税所得额 × 税率 - 减免和抵免的税额。

《企业所得税法》第19条中规定,非居民企业取得本法第3条第3款规定的所得,按照下方法计算其应纳税所得额:(1)股息、红利等权益性投资收益和利息、租金、特许权使用费所得,以收入全额为应纳税所得额;(2)转让财产所得,以收入全额减除财产净值后的余额为应纳税所得额;(3)其他所得,参照前两项规定的方法计算应纳税所得额。

(六)税收优惠

根据《企业所得税法》的规定,国家对重点扶持和鼓励发展的产业和项目,给予企业所得税优惠。税收优惠的主要内容包括:促进技术创新和科技进步、鼓励基础设施建设、鼓励农业发展及环境保护与节能、支持安全生产、促进公益事业和照顾弱势群体,以及自然灾害专项减免税优惠政策等。

税收优惠的方式主要包括以下几个方面:

一是对符合条件的小型微利企业实行20%的优惠税率,对国家需要重点扶持的高新技术企业实行15%的优惠税率。对从事国家需要重点扶持和鼓励的创业投资企业,以及企业投资于环境保护、节能节水、安全生产等方面实施税收优惠。

二是对农林牧渔业、基础设施投资的税收优惠政策。《企业所得税法》第27条中规定,企业的下列所得,可以免征、减征企业所得税:(1)从事农、林、牧、渔业项目的所得;(2)从事国家重点扶持的公共基础设施项目投资经营的所得;(3)从事符合条件的环境保护、节能节水项目的所得;(4)符合条件的技术转让所得;(5)本法第3条第3款规定的所得。

三是对创新企业、福利企业、资源综合利用企业实行税收优惠。《企业所得税法》第30条中规定,企业的下列支出,可以在计算应纳税所得额时加计扣除:(1)开发新技术、新产品、新工艺发生的研究开发费用;(2)安置残疾人员及国家鼓励安置的其他就业人员所支付的工资。第33条规定,企业综合利用资源,生产符合国家产业政策规定的产品所取得的收入,可以在计算应纳税所得额时减计收入。

四是法律设置的发展对外经济合作和技术交流的特定地区内,以及国务院已规定执行上述地区特殊政策的地区内新设立的国家需要重点扶持的高新技术企业,可以享受过渡性优惠;国家已确定的其他鼓励类企业,可以按照国务院规定享受减免税优惠。

五是明确规定了企业的免税收入。《企业所得税法》第26条中规定,企业的下列收入为免税收入:(1)国债利息收入;(2)符合条件的居民企业之间的股息、红利等权益性投资收益;(3)在中国境内设立机构、场所的非居民企业从居民企业取得与该机构、场所有实际联系的股息、红利等权益性投资收益;(4)符合条件的非营利公益组织的收入。

二、个人所得税

个人所得税是以个人(自然人)的所得为征税对象,并由获取所得的个人缴纳的一种税。其主要特征为:第一,将个人所得税划分为11种,分别征收。第二,征收手段多样化。个人所得税将多种税收手段并用,运用了比例税率、超额累进税率、起征点、减免税、减征、加成征收等手段,充分发挥了税收调节社会收入的功能。第三,税率较多。仅超额累进税率就设计了2个税率表,一个分7级,另一个分5级。

(一)征税范围

个人所得税的征税范围有:工资、薪金所得;个体工商户的生产经营所得;对企事业单位的承包经营、承租经营所得;劳务报酬所得;稿酬所得;特许权使用费所得;利息、股息、红利所得;财产租赁所得;财产转让所得;偶然所得;财政部确定征税的其他所得。

(二)纳税义务人

凡在中国境内有住所,或者无住所而在中国境内居住满1年的个人,从中国境内和境外取得所得的,为个人所得税的纳税义务人。在中国境内无住所又不居住或者无住所而在境内居住不满1年的个人,从中国境内取得所得的,也为个人所得税的纳税义务人。

(三)税率

个人所得税的税率分项目确定:工资、薪金所得适用7级超额累进税率,最低级为3%,最高级为45%;个体工商户的生产、经营所得和对企事业单位的承包、承租经营所得适用5级超额累进税率,最低级为5%,最高级为35%;稿酬所得,适用比例税率,税率为20%,并按应纳税额减征30%;劳务报酬所得,适用比例税率,税率为20%,对劳务报酬所得一次收入畸高的,可以实行加成征收;特许权使用费所得,利息、股息、红利所得,财产租赁所得,财产转让所得,偶然所得和其他所得,适用20%的比例税率。

(四)计税依据及计算

个人所得税的计税依据为个人取得的各项应纳税所得减去按规定标准扣除费用后的余额。个人取得的应纳税所得,包括现金、实物和有价证券。因个人所得的项目不同,其扣除标准也不相同。按照税法的规定确定了个人所得的应税所得额后,即可计算其应纳税额,计算公式为:应纳税额=应纳税所得额×税率。

肆　财产税法、特定行为税法和资源税法

一、财产税法

财产税,是指对拥有应税财产的人征收的一种地方税。它包括房产税、城市房地产税、契税。房产税,是指以城市、县城、建制镇和工矿基地的房产为征收对象的一种税。1986年10月1日开征。纳税人为房产的所有人,其中,产权属于全民的,纳税人为其经营管理人;产权出典的,为其承典人;产权所有人、承典人不在当地或产权未确定以及租典纠纷没有解决的,为其代管人或使用人。税率采用比例税率,以房产价格计征的,年税率为1.2%;以租金收入计征的,年税率为12%。减免税的情况主要有:新建房屋自落成月份起免税3年,翻修房屋超过新建房屋造价1/2的免税2年,归侨或侨眷、港澳同胞兴建的房屋,免税5年。自2009年1月1日起,外商投资企业、外国企业和组织以及外籍个人,依照《房产税暂行条例》缴纳房产税。[1] 契税,是指国家对房屋所有权转移进行立契时,向承受人征收的一种税。契税采用比例税率,买卖契税,按买价征6%;典税,按典价征3%;赠与税按现值价格征6%;交换房屋,如果价值相等则免征契税,如果价值不相等,则对其超过部分依买卖契税征税。

二、特定行为税法

特定行为税,又称特定目的税,是指对某些法定行为实施征收的一种税,包括固定资产投资方向调节税、筵席税、屠宰税、车船使用税、船舶吨位税、印花税、城市维护建设税。税率分别为比例税率或定额税率。

三、资源税

资源税有广义和狭义之分,广义上的资源税,是指对资源级差收入征税,即对开发、使用我国资源的单位和个人,就各地的资源结构和开发、销售条件差别所形成的级差收入征收的一种税。现行税率为地区(气田、油田)差别定额税率,从量核定,就地(场、田)征税,税不重征。狭义上的资源税,是指对在我国境内开采原油、天然气、煤炭、其他非金属矿原矿、黑色金属矿原矿、有色金属矿原矿、盐的单位和个人取得的收入征收的一种税。该税根据国务院2011年9月30日发布的《资源税暂行条例》征收。

伍　税收征收管理法

税收征收管理法是调整税收征收管理活动的法,是国家税法体系的重要组成部分。1992年9月第七届全国人民代表大会常务委员会第二十七次会议通过了《中华人

[1] 2008年12月31日,国务院总理温家宝签署第546号国务院令,宣布1951年8月8日由原政务院公布的《城市房地产税暂行条例》自2009年1月1日起废止。因此,自2009年1月1日起,外商投资企业、外国企业和组织以及外籍个人,依照《房产税暂行条例》缴纳房产税。

民共和国税收征收管理法》(曾于1995年2月28日修改),2001年4月28日第九届全国人民代表大会常务委员会第二十一次会议重新修订通过,2015年4月24日第十二届全国人民代表大会常务委员会第十四次会议第三次修正,该法对于规范税收收入,保证征纳双方的权利义务,加强税收法制建设,具有重要意义。

一、税收征收的管理机关

(一)税务主管部门

根据国务院的规定,财政部是国务院综合管理国家财政收支、主管财政税收政策、实施财政监督、参与对国民经济进行宏观调控的职能部门。在税收管理方面的职责是制定和执行国家财政、税收的方针、政策,指导全国财政工作,制定全国财政、税收等法规,组织制定税法和税收条例、决定、规定及有关实施细则,制定税种的增减和税目税率的调整等法规性文件,制定减免税规定,审定对国家预算影响较大的临时和特案减免税,管理和监督全国各项财政收入,包括税收收入。

国家税务总局是国务院主管国家税务工作的职能机构。有权参与制定有关的税收法律、法规及其实施细则,制定贯彻中央统一税收政策的某些具体政策和税收业务的规章制度,制定税收征收管理制度等。

(二)税收征收管理机关

我国税收征收管理机关主要有四种:国家税务总局、地方税务局、地方财政局和海关。国家税务总局系统主要负责增值税、消费税等14种税的征收和管理;地方税务局主要负责营业税、个人所得税、房产税、资源税、印花税等15种税的征收和管理;地方财政局主要负责农业税、农林特产税、牧业税、耕地占用税和契税的征收和管理;海关主要负责关税的征收和管理。

二、税务管理

(一)税务登记管理

税务登记是纳税人在开业、变更或终止时应依法向税务机关办理登记的法定手续。企业、企业在外地设立的分支机构和从事生产、经营的场所,个体工商户和从事生产、经营的事业单位(俗称从事生产、经营的纳税人),应当自领取营业执照之日起30日内,持有关证件,向税务机关申报办理税务登记。从事生产、经营的纳税人,税务登记内容发生变化的,自工商行政管理机关办理变更登记之日起30日内或者在向工商行政管理机关申请办理注销登记之前,持有关证件向税务机关申报办理变更或者注销税务登记。不从事生产经营活动,但依照法律、行政法规的规定负有纳税义务的单位和个人,也应当依照有关规定办理税务登记。

(二)账簿、凭证管理

1. 设置账簿的范围

根据我国《税收征收管理法》及其实施细则的规定,从事生产、经营的纳税人应当自领取营业执照或者发生纳税义务之日起15日内,按照国家有关规定设置账簿。根据合法、有效凭证记账,进行核算。生产、经营规模小又确无建账能力的纳税人,可以聘请经批准从事会计代理记账业务的专业机构或者经税务机关认可的财会人员代为建账和办理账务;聘请上述机构或者人员有实际困难的,经县以上税务机关批准,可以按照税务机关的规定,建立收支凭证粘贴簿、进货销货登记簿或者使用税控装置。扣缴人应当在税收法律、行政法规规定的扣缴义务发生之日起10日内,按所代扣代收的税种,分别设置代扣代缴、代收代缴税款账簿。

2. 对财务会计制度及其处理办法的管理

纳税人的财务会计制度及其处理办法,是其进行会计核算的依据,直接影响到税基的确定和应纳税额的计算,关系到计税依据是否真实合理。因此,必须加强对纳税人的财务会计制度及其处理办法的管理。根据规定,从事生产、经营的纳税人应当自领取税务登记证件之日起15日内,将其财务、会计制度或者财会处理办法报送税务机关备案,纳税人使用计算机记账的,应当在使用前将会计电算化系统的会计核算软件、使用说明书及有关资料报送主管税务机关备案。纳税人建立的会计电算化系统应当符合国家有关规定,并能正确、完整核算其收入或者所得。此外,税务机关还应依法加强对纳税义务人的账簿、记账凭证、报表、完税凭证、发票、出口凭证以及其他有关涉税资料的合法性、真实性、完整性的监管。

3. 会计档案管理

从事生产、经营的纳税人、扣缴义务人,必须按照国务院财政、税务主管部门的规定保管会计档案,账簿、会计凭证、报表、完税凭证、发票、出口凭证以及其他有关纳税资料应当保存10年(法律、行政法规另有规定的除外),不得伪造、变造或者擅自损毁。

(三)纳税申报

纳税申报是我国《税收征收管理法》规定的纳税人必须履行的一道法定手续。纳税人必须依照法律、行政法规规定或者税务机关依照法律、行政法规的规定确定的申报期限、申报内容如实办理纳税申报,报送纳税申报表、财务会计报表以及税务机关根据实际需要要求纳税人报送的其他纳税资料。扣缴义务人必须依照法律、行政法规规定或者税务机关依照法律、行政法规的规定确定的申报期限、申报内容如实报送代扣代缴、代收代缴税款报告表以及税务机关根据实际需要要求扣缴义务人报送的其他有关资料。纳税人在纳税期内没有应纳税款的,也应当按照规定办理纳税申报。即使享受减税、免税待遇的,在减税、免税期间,也应当按规定办理纳税申报。纳税人、扣缴义务人按照规定的期限办理纳税申报或者报送代扣代缴、代收代缴税款报告表确有困难,需要延期的,应在规定期限内向税务机关提出书面延期申请,经税务机关核准,在核准的期限内办理。纳税人、扣缴义务人因不可抗力,不能按期办理纳税申报或者报送代扣代缴、代收代缴税款报告表的,可以延期办理,无须事先申请。但应当在不可抗力情形消除后,立即向税务机关报告。税务机关应当查明事实,予以核准。

纳税人、扣缴义务人的纳税申报或者代扣代缴、代收代缴税款报告表的主要内容包括:税种、税目,应纳税项目或者应代扣代缴、代收代缴税款项目,计税依据,扣除项目及标准,适用税率或者单位税额,应退税项目及税额、应减免税项目及税额,应纳税额或者应代扣代缴、代收代缴税额,税款所属期限、延期缴纳税款、欠税、滞纳金等。

三、税款征收

税款征收,是指税务机关依法将纳税人的应纳税款征收入库的活动,它是整个税收征管活动的核心和归宿。

1. 税款征收方式

根据《税收征收管理法》及《税收征收管理法实施细则》的规定,税款征收方式有五种:查账征收、查定征收、查验征收、定期定额征收、其他方式征收(如代扣代缴、代收代缴、委托代征、邮寄申报纳税等)。

2. 纳税人、扣缴义务人的缴款义务与权利

纳税人、扣缴义务人按照法律、行政法规规定或者税务机关依照法律、行政法规的规定确定的期限,缴纳或者解缴税款,并取得完税凭证。纳税人因有特殊困难,不能按期缴纳税款的,经省、自治区、直辖市国家税务局、地方税务局批准,可以延期缴纳税款,但是最长不得超过三个月。纳税人可以依照法律和行政法规的规定,向税务机关书面申请减税、免税。减税、免税的申请须经法律、行政法规规定的减税、免税审查批准机关审批。地方各级人民政府、各级人民政府主管部门、单位和个人违反法律、行政法规规定,擅自作出的减税、免税决定无效,税务机关不得执行,并向上级税务机关报告。

纳税人超过应纳税额缴纳的税款,税务机关发现后应当立即退还;纳税人自结算缴纳税款之日起三年内发现的,有权向税务机关要求退还多缴的税款并加算银行同期存款利息。此外,因税务机关的责任,致使纳税人、扣缴义务人未缴或者少缴税款的,税务机关在三年内可以要求纳税人、扣缴义务人补缴,但不得加收滞纳金。若因纳税人、扣缴义务人计算错误等失误,未缴或少缴税款的,税务机关在三年内可以追征税款、滞纳金;有特殊情况的,追征期可以延长到五年;对偷税、抗税、骗税的,税务机关追征其未缴或者少缴的税款、滞纳金或者所骗取的税款,不受上述规定期限的限制。

3. 责令缴纳

对未按照规定办理税务登记的从事生产、经营的纳税人以及临时从事经营的纳税人,由税务机关核定其应纳税额,责令缴纳;不缴纳的,税务机关可以扣押其价值相当于应纳税款的商品、货物。扣押后缴纳应纳税款的,税务机关必须立即解除扣押,并归还所扣押的商品、货物;扣押后仍不缴纳应纳税款的,经县以上税务局(分局)局长批准,依法拍卖或者变卖所扣押的商品、货物,以拍卖或者变卖所得抵缴税款。税务机关有根据认为从事生产、经营的纳税人有逃避纳税义务行为的,可以在规定的纳税期之前,责令限期缴纳应纳税款。

4. 税收保全措施

税收保全措施是在税务机关有根据认为纳税义务人有逃避纳税义务的行为,而纳

税期又未到的情况下采取的一种措施。税务机关实施税收保全措施必须符合下列条件:第一,在限期内实施;第二,纳税人有明显的转移、隐匿其应纳税的商品、货物以及其他财产或者应纳税收入的迹象,且经税务机关责成提供纳税担保后不能提供纳税担保;第三,经县以上税务局(分局)局长批准。税收保全措施的形式有二:一是书面通知纳税人开户银行或其他金融机构冻结纳税人的金额相当于应纳税款的存款;二是扣押、查封纳税人的价值相当于应纳税款的商品、货物或其他财产。

5. 强制执行

强制执行是在从事生产、经营的纳税人、扣缴义务人未按照规定的期限缴纳或者解缴税款,纳税担保人未按照规定的期限缴纳所担保的税款,由税务机关责令限期缴纳,逾期仍未缴纳的情况下,经县以上税务局(分局)局长批准采用的一种措施。强制执行措施有两种:一是书面通知其开户银行或者其他金融机构从其存款中扣缴税款;二是扣押、查封、依法拍卖或者变卖其价值相当于应纳税款的商品、货物或其他财产,以拍卖或者变卖所得抵缴税款。税务机关采取强制执行措施时,对上述所列纳税人、扣缴义务人、纳税担保人未缴纳的滞纳金同时强制执行。

6. 阻止出境

阻止出境是对未缴清税款、不提供担保的欠税人适用的。欠缴税款的纳税人或者他的法定代表人需要出境的,应当在出境前向税务机关结清应纳税款、滞纳金或者提供担保。未结清税款、滞纳金,又不提供担保的,税务机关可以通知出境管理机关阻止其出境。

四、税务检查

税务检查通常是指税务机关依法对纳税义务人履行纳税义务的情况所进行的检查。其内容包括以下几点。

(1)检查纳税人的账簿、记账凭证、报表和有关资料,检查扣缴义务人代扣代缴、代收代缴税款账簿、记账凭证和有关资料,简称资料检查权。

(2)到纳税人的生产、经营场所和货物存放地检查其应纳税的商品、货物或其他财产,检查扣缴义务人与代扣代缴、代收代缴税款有关的经营情况。

(3)责成纳税人、扣缴义务人提供与纳税或者代扣代缴、代收代缴税款有关的文件、证明材料和有关资料。

(4)询问纳税人、扣缴义务人与纳税或者代扣代缴、代收代缴税款有关的问题和情况。

(5)到车站、码头、机场、邮政企业及其分支机构检查纳税人托运、邮寄应纳税商品、货物或者其他财产的有关单证、凭证等有关资料。

(6)经县级以上税务局(分局)局长批准,凭全国统一格式的检查存款账户许可证明,查核从事生产、经营的纳税人、扣缴义务人在银行或其他金融机构的存款账户。税务机关在调查税收违法案件时,经设区的市、自治州以上税务局(分局)局长批准,可以查询案件涉嫌人员的储蓄存款。税务机关查询所获得的资料,不得用于税收以外的用途。

陆　违反税法的法律责任

违反税法的法律责任,是指税法法律关系主体违反税法规定应承担的法律后果。税法主体在享受其权利的同时,必须严格履行义务,否则就要受到法律制裁。

一、纳税人、扣缴义务人的法律责任

纳税人违反税法的法律责任表现在以下两个方面。

(一)违反税务管理规定的法律责任

纳税人未按规定的期限申报办理税务登记、变更登记或者注销登记的,未按规定设置、保管账簿或者保管记账凭证和有关资料的,未按规定将财务、会计制度或财会处理办法和会计核算软件报送税务机关备查的,未按照规定将其全部银行账号向税务机关报告的,未按照规定安装、使用税控装置,或者损毁或者擅自改动税控装置的,由税务机关责令限期改正,可以处2000元以下的罚款;情节严重的,处2000元以上10000元以下的罚款。

纳税人不办理税务登记的,由税务机关责令限期改正;逾期不改正的,经税务机关提请,由工商行政管理机关吊销其营业执照。纳税人未按照规定使用税务登记证件,或者转借、涂改、损毁、买卖、伪造税务登记证件的,处2000元以上10000元以下的罚款;情节严重的,处10000元以上50000元以下的罚款。

扣缴义务人未按照规定设置、保管代扣代缴、代收代缴税款账簿或者保管代扣代缴、代收代缴税款记账凭证及有关资料的,由税务机关责令限期改正,可以处2000元以下的罚款;情节严重的,处2000元以上5000元以下的罚款。

纳税人未按照规定的期限办理纳税申报和报送纳税资料的,或者扣缴义务人未按照规定的期限向税务机关报送代扣代缴、代收代缴税款报告表和有关资料的,由税务机关责令限期改正,可以处2000元以下的罚款;情节严重的,可以处2000元以上10000元以下的罚款。

(二)纳税人、扣缴义务人违反税款征收规定的法律责任

1.偷税的法律责任

偷税是纳税人采取伪造、变造、隐匿、擅自销毁账簿、记账凭证、在账簿上多列支出或者不列、少列收入,或者经税务机关通知申报而拒不申报或者进行虚假的纳税申报的手段,不缴或者少缴应纳税款的行为。对纳税人偷税的,由税务机关追缴其不缴或者少缴的税款、滞纳金,并处不缴或者少缴的税款50%以上5倍以下的罚款;构成犯罪的,依法追究刑事责任。扣缴义务人采取上述所列手段,不缴或者少缴已扣、已收税款,由税务机关追缴其不缴或者少缴的税款、滞纳金,并处不缴或者少缴的税款50%以上5倍以下的罚款;构成犯罪的,依法追究刑事责任。纳税人、扣缴义务人编造虚假计税依据的,由税务机关责令限期改正,并处50000元以下的罚款。纳税人不进行纳税申

报，不缴或者少缴应纳税款的，由税务机关追缴其不缴或者少缴的税款、滞纳金，并处不缴或者少缴的税款50%以上5倍以下的罚款。

2. 欠税的法律责任

欠税是指纳税人在纳税期限届满后，仍不缴或少缴应纳税款的行为。纳税人、扣缴义务人在规定期限内不缴或者少缴应纳或者应解缴的税款，经税务机关责令限期缴纳，逾期仍未缴纳的，税务机关除依照《税收征收管理法》第40条的规定采取强制执行措施追缴其不缴或者少缴的税款外，可以处不缴或者少缴的税款50%以上5倍以下的罚款。

纳税人欠缴应纳税款，采取转移或者隐匿财产的手段，妨碍税务机关追缴欠缴的税款的，由税务机关追缴欠缴的税款、滞纳金，并处欠缴税款50%以上5倍以下的罚款；构成犯罪的，依法追究刑事责任。

3. 抗税的法律责任

抗税是指纳税人以暴力、威胁方法拒不缴纳税款的行为。除由税务机关追缴其拒缴的税款、滞纳金外，依法追究刑事责任。情节轻微，未构成犯罪的，由税务机关追缴其拒缴的税款、滞纳金，并处拒缴税款1倍以上5倍以下的罚款。纳税人只要实施暴力、威胁拒缴应纳税款，即构成抗税罪。所谓抗税罪，是指公然以暴力、威胁方法拒不缴纳税款的抗税行为，是否构成犯罪，不以实际欠税数额和欠税比例为条件。2002年11月5日最高人民法院公布了《关于审理偷税抗税刑事案件具体应用法律若干问题的解释》。对抗税罪的构成和"情节严重"的抗税行为作出解释。根据该司法解释的规定，以下5种情形属于情节严重的抗税行为：(1)聚众抗税的首要分子；(2)抗税数额在10万元以上；(3)多次抗税；(4)故意伤害致人轻伤；(5)具有其他严重情节的犯罪行为。上述情节严重的抗税行为将被处以3年以上7年以下有期徒刑，并处以拒缴税款1倍以上5倍以下的罚金。司法解释同时明确规定，对于与纳税人或者扣缴义务人共同实施抗税行为的，以抗税罪的共犯依法处罚。

4. 行贿的法律责任

纳税人向税务人员行贿，不缴或者少缴应纳税款的，按照行贿罪追究刑事责任，并处不缴或少缴的税款5倍以下的罚金。

5. 骗税的法律责任

其是指以假报出口或者其他欺骗手段，骗取国家出口退税款的，由税务机关追缴其骗取的退税款，并处骗取税款1倍以上5倍以下的罚款；构成犯罪的，依法追究刑事责任。对骗取国家出口退税款的，税务机关可以在规定期间内停止为其办理出口退税。《税收征收管理法》第72条规定，从事生产、经营的纳税人、扣缴义务人有本法规定的税收违法行为，拒不接受税务机关处理的，税务机关可以收缴其发票或者停止向其发售发票。

二、扣缴义务人的法律责任

扣缴义务人是税法规定的负有代扣代缴、代收代缴税款义务的单位和个人。扣缴义务人必须履行法定义务，否则要承担相应的法律责任。依照税法规定，扣缴义务人违反税法的法律责任主要有：未按规定设置、保管代扣代缴、代收代缴税款账簿或者保管代扣代缴、代收代缴税款记账凭证及有关资料的，由税务机关责令改正；逾期不改正的，处以2000元以下的罚款；情节严重的，处以2000元以上5000元以下的罚款。扣缴义务人采取偷税手段进行偷税的，其应承担的法律责任与纳税人应承担的法律责任相同。

三、税务人员的法律责任

在税收征管活动中，税务人员违反税法的行为主要有：税务人员与纳税人、扣缴义务人勾结，唆使或协助纳税人、扣缴义务人实施偷税、骗税及妨碍追缴欠税；收受或索取贿赂；徇私舞弊或者玩忽职守，不征或少征应征税款，致使国家税收遭受重大损失的；违法擅自决定税收的开征、停征或者减免、退补；滥用职权，故意刁难纳税义务人；对控告、检举税收违法违纪行为的纳税人、扣缴义务人以及其他检举人进行打击报复；提前征收、延缓征收或者摊派税款；在征收税款或者查处税收违法案件时，未按照《税收征收管理法》规定进行回避；未按照规定为纳税人、扣缴义务人、检举人保密；私分所扣押、查封的商品、货物或其他财产。对于税务人员的上述行为，构成犯罪的，依法追究刑事责任；未构成犯罪的，依法给予行政处分。税务人员滥用职权，故意刁难纳税人、扣缴义务人的，调离税收工作岗位，并依法给予行政处分。

◎ 重点总结

壹　个人所得税法

一、个人所得税的征税对象

根据《个人所得税法》第2条的规定，下列各项个人所得，应纳个人所得税。

(1)工资、薪金所得。

要点包括：①工资、薪金所得中不包括离退休工资；②工资、薪金所得，以每月收入额减除费用3500元后的余额，为应纳税所得额。③工资、薪金所得，适用超额累进税率，税率为3%～45%。

表4-1　工资、薪金所得适用的税率表

级数	全月应纳税所得额		税率(%)	速算扣除数
	含税级距	不含税级距		
1	不超过1500元的	不超过1455元的	3	0
2	超过1500元至4500元的部分	超过1455元至4155元的部分	10	105
3	超过4500元至9000元的部分	超过4155元至7755元的部分	20	555
4	超过9000元至35000元的部分	超过7755元至27255元的部分	25	1005
5	越过35000元至55000元的部分	超过27255元至41255元的部分	30	2755
6	超过55000元至80000元的部分	超过41255元至57505元的部分	35	5505
7	超过80000元的部分	超过57505元的部分	45	13505

注：工资、薪金所得适用，均为按照税法规定减除有关费用后的所得额。

(2)个体工商户的生产、经营所得。

(3)对企事业单位的承包经营、承租经营所得。

(4)劳务报酬所得:实行加成征收,采用比例税率。

(5)稿酬所得。

(6)特许权使用费所得。

(7)利息、股息、红利所得。

(8)财产租赁所得。

(9)财产转让所得。

(10)偶然所得。

(11)经国务院财政部门确定征税的其他所得。

二、免税事项

根据《个人所得税法》第4条的规定,下列各项个人所得,免纳个人所得税。

(1)(省部军奖金)省级人民政府、国务院部委和中国人民解放军军以上单位,以及外国组织、国际组织颁发的科学、教育、技术、文化、卫生、体育、环境保护等方面的奖金。

(2)(国债)国债和国家发行的金融债券利息。

(3)(补贴)按照国家统一规定发给的补贴、津贴。

(4)(救济金)福利费、抚恤金、救济金。

(5)(赔款)保险赔款。

(6)(转业费)军人的转业费、复员费。

(7)(退)按照国家统一规定发给干部、职工的安家费、退职费、退休工资、离休工资、离休生活补助费。

(8)(外交人员)依照我国有关法律规定应予免税的各国驻华使馆、领事馆的外交代表、领事官员和其他人员的所得。

(9)(公约)中国政府参加的国际公约、签订的协议中规定免税的所得。

(10)经国务院财政部门批准免税的所得。

三、个人所得税的纳税申报

个人所得税,以所得人为纳税义务人,以支付所得的单位或者个人为扣缴义务人。纳税义务人有下列情形之一的,应当按照规定到主管税务机关办理纳税申报:(1)年所得12万元以上的(年所得12万元以上的纳税义务人,在年度终了后3个月内到主管税务机关办理纳税申报);(2)从中国境内两处或者两处以上取得工资、薪金所得的;(3)从中国境外取得所得的;(4)取得应纳税所得,没有扣缴义务人的;(5)国务院规定的其他情形。

贰　企业所得税法

一、企业所得税的纳税人

第1条第2款，个人独资企业、合伙企业不适用本法。

第3条，居民企业应当就其来源于中国境内、境外的所得缴纳企业所得税。

非居民企业在中国境内设立机构、场所的，应当就其所设机构、场所取得的来源于中国境内的所得，以及发生在中国境外但与其所设机构、场所有实际联系的所得，缴纳企业所得税。

非居民企业在中国境内未设立机构、场所的，或者虽设立机构、场所但取得的所得与其所设机构、场所没有实际联系的，应当就其来源于中国境内的所得缴纳企业所得税。

第4条，企业所得税的税率为25%。

非居民企业取得本法第三条第三款规定的所得，适用税率为20%。

纳税人（企税）
- 居民企业
  - 境内所得
  - 境外所得
- 非居民企业
  - 境内所得
  - 实际联系所得

【除外】合伙企业；个人独资企业

二、企业所得税税收优惠

第7条，收入总额中的下列收入为不征税收入：

（一）财政拨款；

（二）依法收取并纳入财政管理的行政事业性收费、政府性基金；

（三）国务院规定的其他不征税收入。

第25条，国家对重点扶持和鼓励发展的产业和项目，给予企业所得税优惠。

第26条，企业的下列收入为免税收入：

（一）国债利息收入；

（二）符合条件的居民企业之间的股息、红利等权益性投资收益；

（三）在中国境内设立机构、场所的非居民企业从居民企业取得与该机构、场所有实际联系的股息、红利等权益性投资收益；

（四）符合条件的非营利组织的收入。

第27条，企业的下列所得，可以免征、减征企业所得税：

（一）从事农、林、牧、渔业项目的所得；

（二）从事国家重点扶持的公共基础设施项目投资经营的所得；

（三）从事符合条件的环境保护、节能节水项目的所得；

（四）符合条件的技术转让所得；

（五）本法第三条第三款规定的所得。

第30条，企业的下列支出，可以在计算应纳税所得额时加计扣除：

（一）开发新技术、新产品、新工艺发生的研究开发费用；[研发费用]

（二）安置残疾人员及国家鼓励安置的其他就业人员所支付的工资。[特殊工资]

叁 车船税法

（1）下列车船免征车船税：①捕捞、养殖渔船；②军队、武装警察部队专用的车船；③警用车船；④依照法律规定应当予以免税的外国驻华使领馆、国际组织驻华代表机构及其有关人员的车船。

（2）对节约能源、使用新能源的车船可以减征或者免征车船税；对受严重自然灾害影响纳税困难以及有其他特殊原因确需减税、免税的，可以减征或者免征车船税。具体办法由国务院规定，并报全国人民代表大会常务委员会备案。

（3）省、自治区、直辖市人民政府根据当地实际情况，可以对公共交通车船，农村居民拥有并主要在农村地区使用的摩托车、三轮汽车和低速载货汽车定期减征或者免征车船税。

肆 税收征收管理法

一、纳税人的权利

2015 年修订的《税收征收管理法》规定了纳税人权利，这是其一大特点和历史进步。根据本法第 8 条的规定，纳税人享有下列权利。

（1）信息权。即纳税人、扣缴义务人有权向税务机关了解国家税收法律、行政法规的规定以及与纳税程序有关的情况。

（2）秘密权。即纳税人、扣缴义务人有权要求税务机关为纳税人、扣缴义务人的情况保密。税务机关应当依法为纳税人、扣缴义务人的情况保密。

（3）申请减、免、退税的权利。

（4）陈述权、申辩权。

（5）申请行政复议、提起行政诉讼、请求国家赔偿权。

（6）控告和检举权。

（7）请求回避权。

二、税务管理

税务管理，主要包括三项制度：税务登记、账簿凭证管理和纳税申报。

（一）税务登记

（1）开业登记制度。企业、企业在外地设立的分支机构和从事生产、经营的场所，个体工商户和从事生产、经营的事业单位（以下统称从事生产、经营的纳税人）自领取营业执照之日起 30 日内，持有关证件，向税务机关申报办理税务登记。

（2）变更、注销登记制度。从事生产、经营的纳税人，税务登记内容发生变化的，自工商行政管理机关办理变更登记之日起 30 日内或者在向工商行政管理机关申请办理注销登记之前,持有关证件向税务机关申报办理变更或者注销税务登记。

(3)外出经营税务登记的管理制度。

(二)账簿凭证管理

(1)财务会计处理办法备案制度。从事生产、经营的纳税人应当自领取税务登记证件之日起15日内,将其财务、会计制度或者财务、会计处理办法报送主管税务机关备案。纳税人使用计算机记账的,应当在使用前将会计电算化系统的会计核算软件、使用说明书及有关资料报送主管税务机关备案。纳税人建立的会计电算化系统应当符合国家有关规定,并能正确、完整核算其收入或者所得。扣缴义务人应当自税收法律、行政法规规定的扣缴义务发生之日起10日内,按照所代扣、代收的税种,分别设置代扣代缴、代收代缴税款账簿。纳税人、扣缴义务人会计制度健全,能够通过计算机正确、完整计算其收入和所得或者代扣代缴、代收代缴税款情况的,其计算机输出的完整的书面会计记录,可视同会计账簿。

纳税人、扣缴义务人的财务、会计制度或者财务、会计处理办法与国务院或者国务院财政、税务主管部门有关税收的规定抵触的,依照国务院或者国务院财政、税务主管部门有关税收的规定计算应纳税款、代扣代缴和代收代缴税款。

(2)账簿凭证的保管制度。账簿、记账凭证等有关涉税资料应当保存10年。

(三)纳税申报

(1)纳税申报一般要求。纳税人必须依照法律、行政法规规定或者税务机关依照法律、行政法规的规定确定的申报期限、申报内容如实办理纳税申报。

(2)纳税申报的方式。税务机关应当建立、健全纳税人自行申报纳税制度。经税务机关批准,纳税人、扣缴义务人可以采取邮寄、数据电文方式办理纳税申报或者报送代扣代缴、代收代缴税款报告表。

(3)延期申报。纳税人、扣缴义务人按照规定的期限办理纳税申报或者报送代扣代缴、代收代缴税款报告表确有困难,需要延期的,应当在规定的期限内向税务机关提出书面延期申请,经税务机关核准,在核准的期限内办理。

伍　税款征收

一、税款征收基本制度

二、税收减免制度

三、税款征收保障制度(税收保全)

《税收征收管理法》第38条,税务机关有根据认为从事生产、经营的纳税人有逃避纳税义务行为的,可以在规定的纳税期之前,责令限期缴纳应纳税款;在限期内发现纳税人有明显的转移、隐匿其应纳税的商品、货物以及其他财产或者应纳税的收入的迹象的,税务机关可以责成纳税人提供纳税担保。如果纳税人不能提供纳税担保,经县以上税务局(分局)局长批准,税务机关可以采取下列税收保全措施:

(一)书面通知纳税人开户银行或者其他金融机构冻结纳税人的金额相当于应纳税款的存款;

(二)扣押、查封纳税人的价值相当于应纳税款的商品、货物或者其他财产。

纳税人在前款规定的限期内缴纳税款的,税务机关必须立即解除税收保全措施;限期期满仍未缴纳税款的,经县以上税务局(分局)局长批准,税务机关可以书面通知纳税人开户银行或者其他金融机构从其冻结的存款中扣缴税款,或者依法拍卖或者变卖所扣押、查封的商品、货物或者其他财产,以拍卖或者变卖所得抵缴税款。

个人及其所扶养家属维持生活必需的住房和用品,不在税收保全措施的范围之内。

四、税收强制执行

《税收征收管理法》第40条,从事生产、经营的纳税人、扣缴义务人未按照规定的期限缴纳或者解缴税款,纳税担保人未按照规定的期限缴纳所担保的税款,由税务机关责令限期缴纳,逾期仍未缴纳的,经县以上税务局(分局)局长批准,税务机关可以采取下列强制执行措施:

(一)书面通知其开户银行或者其他金融机构从其存款中扣缴税款;

(二)扣押、查封、依法拍卖或者变卖其价值相当于应纳税款的商品、货物或者其他财产,以拍卖或者变卖所得抵缴税款。

税务机关采取强制执行措施时,对前款所列纳税人、扣缴义务人、纳税担保人未缴纳的滞纳金同时强制执行。

个人及其所扶养家属维持生活必需的住房和用品,不在强制执行措施的范围之内。

对比税收保全、税收强制执行

<table>
<tr><th colspan="2">异同</th><th>税收保全</th><th>税收强制执行</th></tr>
<tr><td rowspan="2">不同点</td><td>对象</td><td>(单一)生产、经营的纳税人</td><td>(复杂)(1)生产、经营的纳税人
(2)扣缴义务人
(3)纳税担保人</td></tr>
<tr><td>措施</td><td>冻结
扣押
查封
(没有滞纳金)</td><td>扣缴税款
扣押
查封
依法拍卖、变卖
(缴纳滞纳金)</td></tr>
<tr><td rowspan="2">相同点</td><td>批准</td><td colspan="2">二者均要经过局长(副局长)批准</td></tr>
<tr><td>必需品</td><td colspan="2">生活必需品均不得采取税收保全和税收强制执行措施</td></tr>
</table>

五、离境清税

欠缴税款的纳税人或者他的法定代表人需要出境的,应当在出境前向税务机关结清应纳税款、滞纳金或者提供担保。未结清税款、滞纳金,又不提供担保的,税务机关可以通知出境管理机关阻止其出境。(《税收征收管理法》第44条)

六、法律责任(《税收征收管理法》第82条)

- 税收争议
  - 纳税争议：先纳税 → 再复议 → 最后诉讼
  - 处罚争议：或复议 / 或诉讼

◉ 近年真题

一、单选题

1. 根据税收征收管理法规,关于税务登记,下列哪一说法是错误的?(2012年卷一30题)

A. 从事生产、经营的纳税人,应在领取营业执照后,在规定时间内办理税务登记,领取税务登记证件

B. 从事生产、经营的纳税人在银行开立账户,应出具税务登记证件,其账号应当向税务机关报告

C. 纳税人税务登记内容发生变化,不需到工商行政管理机关或其他机关办理变更登记的,可不向原税务登记机关申报办理变更税务登记

D. 从事生产、经营的纳税人外出经营,在同一地累计超过180天的,应在营业地办理税务登记手续

2. 关于扣缴义务人,下列哪一说法是错误的?(2011年卷一30题)

A. 是依法负有代扣代缴、代收代缴税款义务的单位和个人

B. 应当按时向税务机关报送代扣代缴、代收代缴税款报告表和其他有关资料

C. 可以向税务机关申请延期报送代扣代缴、代收代缴税款报告表和其他有关资料

D. 应当直接到税务机关报送代扣代缴、代收代缴税款报告表和其他有关资料

3. 关于增值税的说法,下列哪一选项是错误的?(2009年卷一26题)

A. 增值税的税基是销售货物或者提供加工、修理修配劳务以及进口货物的增值额

B. 增值税起征点的范围只限于个人

C. 农业生产者销售自产农业产品的,免征增值税

D. 进口图书、报纸、杂志的,免征增值税

4. 关于企业所得税的说法,下列哪一选项是错误的?(2009年卷一27题)

A. 在我国境内,企业和其他取得收入的组织为企业所得税的纳税人

B. 个人独资企业、合伙企业不是企业所得税的纳税人

C. 企业所得税的纳税人分为居民企业和非居民企业,二者的适用税率完全不同

D. 企业所得税的税收优惠,居民企业和非居民企业都有权享受

二、多选题

1. 甲公司欠税40万元,税务局要查封其相应价值产品。甲公司经理说:“乙公司欠我公司60万元货款,贵局不如行使代位权直接去乙公司收取现金。”该局遂通知乙公司缴纳甲公司的欠税,乙公司不配合;该局责令其限期缴纳,乙公司逾期未缴纳;该局随即采取了税收强制执行措施。关于税务局的行为,下列哪些选项是错误的?(2013年卷一70题)

A. 只要甲公司欠税,乙公司又欠甲公司货款,该局就有权行使代位权

B. 如代位权成立,即使乙公司不配合,该局也有权直接向乙公司行使

C. 本案中,该局有权责令乙公司限期缴纳

D. 本案中,该局有权向乙公司采取税收强制执行措施

2. 以下4人的月工资、薪金所得,应分别适用下列何种税率?(2012年卷一68题)

A. 张某所得5000元,适用3%的税率

B. 王某所得8000元,适用20%的税率

C. 李某所得20000元,适用25%的税率

D. 赵某所得85000元,适用45%的税率

3. 根据税收征收管理法规,关于从事生产、经营的纳税人账簿,下列哪些说法是正确的?(2012年卷一69题)

A. 纳税人生产、经营规模小又确无建账能力的,可聘请经税务机关认可的财会人员代为建账和办理账务

B. 纳税人使用计算机记账的,应在使用前将会计电算化系统的会计核算软件、使用说明书及有关资料报送主管税务机关备案

C. 纳税人会计制度健全,能够通过计算机正确、完整计算其收入和所得情况的,其计算机输出的完整的书面会计记录,可视同会计账簿

D. 纳税人的账簿、记账凭证、报表、完税凭证、发票、出口凭证以及其他有关涉税资料,除另有规定外,应当保存10年

4. 下列哪些法律渊源是地方政府开征、停征某种税收的依据?(2011年卷一66题)

A. 全国人大及其常委会制定的法律

B. 国务院依据法律授权制定的行政法规

C. 国务院有关部委制定的部门规章

D. 地方人大、地方政府发布的地方法规

5. 关于纳税人享有的权利,下列哪些选项是正确的?(2011年卷一67题)

A. 向税务机关了解税收法律规定和纳税程序

B. 申请减税、免税、退税

C. 对税务机关的决定不服时,提出申辩,申请行政复议

D. 合法权益因税务机关违法行政而受侵害时,请求国家赔偿

6. 根据《企业所得税法》规定,下列哪些表述是正确的?(2010年卷一71题)

A. 国家对鼓励发展的产业和项目给予企业所得税优惠

B. 国家对需要重点扶持的高新技术企业可以适当提高其企业所得税税率

C. 企业从事农、林、牧、渔业项目的所得可以免征、减征企业所得税

D. 企业安置残疾人员所支付的工资可以在计算应纳税所得额时加计扣除

7. 纳税义务人具有下列哪些情形的,应当按规定办理个人所得税纳税申报?(2010年卷一72题)

A. 个人所得超过国务院规定数额的

B. 在两处以上取得工资、薪金所得的

C. 从中国境外取得所得的

D. 取得应纳税所得没有扣缴义务人的

8. 2001年修订的《税收征收管理法》规定了纳税人的权利,下列哪些情形符合纳税人权利的规定?(2009年卷一68题)

A. 张某要求查询丈夫的个人所得税申报信息,税务机关以保护纳税人秘密权为由予以拒绝

B. 甲公司对税务机关征收的一笔增值税计算方法有疑问,要求予以解释

C. 乙公司不服税收机关对其采取冻结银行存款的税收保全措施,申请行政复议

D. 个体工商户陈某认为税务所长在征税过程中对自己滥用职权故意刁难,向上级税务机关提出控告

三、不定项选择题

2012年12月,某公司对县税务局确定的企业所得税的应纳税所得额、应纳税额及在12月30日前缴清税款的要求极为不满,决定撤离该县,且不缴纳税款。县税务局得知后,责令该公司在12月15日前纳税。当该公司有转移生产设备的明显迹象时,县税务局责成其提供纳税担保。(2013年卷一92~93题)

1. 该公司取得的下列收入中,属于《企业所得税法》规定的应纳税收入的是:

A. 财政拨款

B. 销售产品收入

C. 专利转让收入

D. 国债利息收入

2. 就该公司与税务局的纳税争议,下列说法正确的是:

A. 如该公司不提供纳税担保,经批准,税务局有权书面通知该公司开户银行从其存款中扣缴税款

B. 如该公司不提供纳税担保,经批准,税务局有权扣押、查封该公司价值相当于应纳税款的产品

C. 如该公司对应纳税额发生争议,应先依税务局的纳税决定缴纳税款,然后可申请行政复议,对复议决定不服的,可向法院起诉

D. 如该公司对税务局的税收保全措施不服,可申请行政复议,也可直接向法院起诉

▲ 答案解析

一、单选题

1.【答案】 C

【解析】 本题考查税务登记。

选项A说法正确。《税收征收管理法》第15条第1款规定,企业在外地设立的分支机构和从事生产、经营的场所,个体工商户和从事生产、经营的事业单位(以下统称从事生产、经营的纳税人)自领取营业执照之日起30日内,持有关证件,向税务机关申报办理税务登记。税务机关应当自收到申报之日起30日内审核并发给税务登记证件。

选项B说法正确。《税收征收管理法》第17条第1款规定,从事生产、经营的纳税人应当按照国家有关规定,持税务登记证件,在银行或者其他金融机构开立基本存款帐户和其他存款帐户,并将其全部帐号向税务机关报告。

选项C说法错误。《税收征收管理法》第16条规定,从事生产、经营的纳税人,税务登记内容发生变化的,自工商行政管理机关办理变更登记之日起30日内或者在向工商行政管理机关申请办理注销登记之前,持有关证件向税务机关申报办理变更或者注销税务登记。

选项D说法正确。《税收征收管理法实施细则》第21条第2款规定,从事生产、经营的纳税人外出经营,在同一地累计超过180天的,应当在营业地办理税务登记手续。

2.【答案】 D

【解析】 选项A说法正确。《税收征收管理法》第4条第2款规定,法律、行政法规规定负有代扣代缴、代收代缴税款义务的单位和个人为扣缴义务人。

选项B说法正确。《税收征收管理法》第25条第2款规定,扣缴义务人必须依照法律、行政法规规定或者税务机关依照法律、行政法规的规定确定的申报期限、申报内容如实报送代扣代缴、代收代缴税款报告表以及税务机关根据实际需要要求扣缴义务人报送的其他有关资料。

选项C说法正确。《税收征收管理法》第27条第1款规定,纳税人、扣缴义务人不能按期办理纳税申报或者报送代扣代缴、代收代缴税款报告表的,经税务机关核准,可以延期申报。

选项D说法错误。《税收征收管理法》第26条规定,纳税人、扣缴义务人可以直接

到税务机关办理纳税申报或者报送代扣代缴、代收代缴税款报告表，也可以按照规定采取邮寄、数据电文或者其他方式办理上述申报、报送事项。

3.【答案】 D

【解析】 选项A正确。增值税税基为销售货物或者提供加工、修理修配劳务以及进口货物的增值额。

选项B正确。《增值税暂行条例实施细则》第37条第1款规定，增值税起征点的适用范围限于个人。

选项C正确。下列项目免征增值税：(1)农业生产者销售的自产农业产品；(2)避孕药品和用具；(3)古旧图书；(4)直接用于科学研究、科学试验和教学的进口仪器、设备；(5)外国政府、国际组织无偿援助的进口物资和设备；(6)来料加工、来件装配和补偿贸易所需进口的设备；(7)由残疾人组织直接进口供残疾人专用的物品；(8)销售自己使用过的物品。

选项D错误。不属于免征增值税的范围。

4.【答案】 C

【解析】 选项A正确。《企业所得税法》第1条第1款规定，在中华人民共和国境内，企业和其他取得收入的组织（以下统称企业）为企业所得税的纳税人，依照本法的规定缴纳企业所得税。

选项B正确。《企业所得税法》第1条第2款规定，个人独资企业、合伙企业不适用本法。

选项C错误。《企业所得税法》第4条规定，企业所得税的税率为25%。非居民企业在中国境内未设立机构、场所的，或者虽设立机构、场所但取得的所得与其所设机构、场所没有实际联系的，适用税率为20%。据此可知，非居民企业中"在中国境内未设立机构、场所的，或者虽设立机构、场所但取得的所得与其所设机构、场所没有实际联系的"，才适用20%的税率，除上述情况外是适用25%税率的。因此，二者的适用税率不是完全不同。

选项D正确。《企业所得税法》第22条规定，企业的应纳税所得额乘以适用税率，减除依照本法关于税收优惠的规定减免和抵免的税额后的余额，为应纳税额。第26条规定，企业的下列收入为免税收入：（一）国债利息收入；（二）符合条件的居民企业之间的股息、红利等权益性投资收益；（三）在中国境内设立机构、场所的非居民企业从居民企业取得与该机构、场所有实际联系的股息、红利等权益性投资收益；（四）符合条件的非营利组织的收入。据此可知，企业所得税的税收优惠，居民企业和非居民企业都有权享受。

二、多选题

1.【答案】 ABCD

【解析】 本题考查代位权。

选项A说法错误。《税收征收管理法》第50条第1款规定，欠缴税款的纳税人因怠于行使到期债权，或者放弃到期债权，或者无偿转让财产，或者以明显不合理的低价转让财产而受让人知道该情形，对国家税收造成损害的，税务机关可以依照合同法第七十三条、第七十四条的规定行使代位权、撤销权。据此可知，税务局在甲公司怠于行使债权的情形下，才能行使代位权。

选项B说法错误。《合同法》第73条第1款规定，因债务人怠于行使其到期债权，对债权人造成损害的，债权人可以向人民法院请求以自己的名义代位行使债务人的债权，但该债权专属于债务人自身的除外。据此可知，代位权的主张必须通过诉讼的方式进行。

选项C、D说法错误。根据《税收征收管理法》第40条的规定，从事生产、经营的纳税人、扣缴义务人未按照规定的期限缴纳或者解缴税款，纳税担保人未按照规定的期限缴纳所担保的税款，由税务机关责令限期缴纳，逾期仍未缴纳的，经县以上税务局（分局）局长批准，税务机关可以采取强制执行措施。据此可知，责令限期缴纳和税收强制措施的对象是纳税人、扣缴义务人、纳税担保人，不包括纳税人的债务人，所以税务局对乙公司无权采取税收强制措施，无权责令其限期缴纳。

2.**【答案】**　ACD

【解析】　本题考查个人所得税法税率。

《个人所得税法》第3条中规定，工资、薪金所得，适用超额累进税率，税率为3%～45%。扣除纳税基数，不超过1500元的，3%；超过1500元至4500元的部分，10%；超过4500元至9000元的部分，20%；超过9000元至35000元的部分，25%；超过35000元至55000元的部分，30%；超过55000元至80000元的部分，35%；超过80000元的部分，45%。据此，选项A、C、D正确。

3.**【答案】**　ABCD

【解析】　本题考查账簿。

选项A正确。《税收征收管理法实施细则》第23条规定，生产、经营规模小又确无建账能力的纳税人，可以聘请经批准从事会计代理记账业务的专业机构或者经税务机关认可的财会人员代为建账和办理账务；聘请上述机构或者人员有实际困难的，经县以上税务机关批准，可以按照税务机关的规定，建立收支凭证粘贴簿、进货销货登记簿或者使用税控装置。

选项B正确。《税收征收管理法实施细则》第24条第2款规定，纳税人使用计算机记账的，应当在使用前将会计电算化系统的会计核算软件、使用说明书及有关资料报送主管税务机关备案。

选项C正确。《税收征收管理法实施细则》第26条第1款规定，纳税人、扣缴义务人会计制度健全，能够通过计算机正确、完整计算其收入和所得或者代扣代缴、代收代缴税款情况的，其计算机输出的完整的书面会计记录，可视同会计账簿。

选项D正确。《税收征收管理法实施细则》第29条第2款规定,账簿、记账凭证、报表、完税凭证、发票、出口凭证以及其他有关涉税资料应当保存10年;但是,法律、行政法规另有规定的除外。

4.【答案】 AB

【解析】 本题考查税收的设定权。

《税收征收管理法》第3条规定,税收的开征、停征以及减税、免税、退税、补税,依照法律的规定执行;法律授权国务院规定的,依照国务院制定的行政法规的规定执行。任何机关、单位和个人不得违反法律、行政法规的规定,擅自作出税收开征、停征以及减税、免税、退税、补税和其他同税收法律、行政法规相抵触的决定。因此,开征、停征某种税收的依据只能是法律和经法律授权制定的行政法规。所以选项A、B正确,选项C、D错误。

5.【答案】 ABCD

【解析】 本题考查纳税人的权利。

选项A正确。《税收征收管理法》第8条第1款规定,纳税人、扣缴义务人有权向税务机关了解国家税收法律、行政法规的规定以及与纳税程序有关的情况。

选项B正确。《税收征收管理法》第8条第3款规定,纳税人依法享有申请减税、免税、退税的权利。

选项C、D正确。《税收征收管理法》第8条第4款规定,纳税人、扣缴义务人对税务机关所作出的决定,享有陈述权、申辩权;依法享有申请行政复议、提起行政诉讼、请求国家赔偿等权利。

6.【答案】 ACD

【解析】 本题考查企业所得税税收优惠。

选项A正确。《企业所得税法》第25条规定,国家对重点扶持和鼓励发展的产业和项目,给予企业所得税优惠。

选项B错误。《企业所得税法》第28条第2款规定,国家需要重点扶持的高新技术企业,减按15%的税率征收企业所得税。

选项C正确。《企业所得税法》第27条第1项规定,企业从事农、林、牧、渔业项目的所得,可以免征、减征企业所得税。

选项D正确。《企业所得税法》第30条第2项规定,企业安置残疾人员及国家鼓励安置的其他就业人员所支付的工资,可以在计算应纳税所得额时加计扣除。

7.【答案】 ABCD

【解析】 本题考查个人所得税的纳税申报。

《个人所得税法实施条例》第36条规定,纳税义务人有下列情形之一的,应当按照规定到主管税务机关办理纳税申报:(一)年所得12万元以上的;(二)从中国境内两处或者两处以上取得工资、薪金所得的;(三)从中国境外取得所得的;(四)取得应纳税所得,没有扣缴义务人的;(五)国务院规定的其他情形。年所得12万元以上的纳税义务人,在年度终了后3个月内到主管税务机关办理纳税申报。纳税义务人办理纳税申报的地点以及其他有关事项的管理办法,由国务院税务主管部门制定。

8.**【答案】** ABCD

【解析】 本题考查纳税人的权利。

选项A正确。纳税人、扣缴义务人享有秘密权。税务机关应当依法为纳税人、扣缴义务人的情况保密。

选项B正确。纳税人享有信息权。纳税人、扣缴义务人有权向税务机关了解国家税务法律、行政法规的规定以及与纳税程序有关的情况。

选项C正确。纳税人、扣缴义务人享有申请行政复议、提起行政诉讼、请求国家赔偿权。

选项D正确。纳税人、扣缴义务人享有控告和检举权。

除以上四项权利外,还享有:申请减、免、退税的权利;陈述权、申辩权;奖励权、请求回避权。

三、不定项选择题

1.**【答案】** BC

【解析】 本题考查应纳税收入范围。

选项A不属于。《企业所得税法》第7条规定,企业收入总额中的下列收入为不征税收入:(一)财政拨款;(二)依法收取并纳入财政管理的行政事业性收费、政府性基金;(三)国务院规定的其他不征税收入。

选项B、C属于。《企业所得税法》第6条规定,企业以货币形式和非货币形式从各种来源取得的收入,为收入总额。包括:(一)销售货物收入;(二)提供劳务收入;(三)转让财产收入;(四)股息、红利等权益性投资收益;(五)利息收入;(六)租金收入;(七)特许权使用费收入;(八)接受捐赠收入;(九)其他收入。

选项D不属于。《企业所得税法》第26条规定,企业的下列收入为免税收入:(一)国债利息收入;(二)符合条件的居民企业之间的股息、红利等权益性投资收益;(三)在中国境内设立机构、场所的非居民企业从居民企业取得与该机构、场所有实际联系的股息、红利等权益性投资收益;(四)符合条件的非营利组织的收入。

2.**【答案】** BCD

【解析】 本题考查纳税争议复议前置。

选项A错误,选项B正确。《税收征收管理法》第38条第1款规定,税务机关有根据认为从事生产、经营的纳税人有逃避纳税义务行为的,可以在规定的纳税期之前,责令限期缴纳应纳税款;在限期内发现纳税人有明显的转移、隐匿其应纳税的商品、货物以及其他财产或者应纳税的收入的迹象的,税务机关可以责成纳税人提供纳税担保。如果纳税人不能提供纳税担保,经县以上税务局(分局)局长批准,税务机关可以采取下列税收保全措施:(一)书面通知纳税人开户银行或者其他金融机构冻结纳税人的金额相当于应纳税款的存款;(二)扣押、查封纳税人的价值相当于应纳税款的商品、货物或者其他财产。

选项C正确。《税收征收管理法》第88条第1款规定,纳税人、扣缴义务人、纳税担保人同税务机关在纳税上发生争议时,必须先依照税务机关的纳税决定缴纳或者解缴税款及滞纳金或者提供相应的担保,然后可以依法申请行政复议;对行政复议决定不服的,可以依法向人民法院起诉。

选项D正确。《税收征收管理法》第88条第2款规定,当事人对税务机关的处罚决定、强制执行措施或者税收保全措施不服的,可以依法申请行政复议,也可以依法向人民法院起诉。

◎ 案例实训

【案由】 某县国税局两名税务人员在依法进行税收专项检查的过程中,接到口头举报,举报反映邻近的某商店有偷税行为,此时正开具未入账的单据。两名税务人员迅速赶到现场,出示了税务检查证后,夺过了正在开具的销售单据,经清点核对,确实属于账外单据,未记入销售收入账簿,共计25840元。这时,该店的负责人出现了,在了解情况后,将税务人员手中的账外单据夺回,并拒绝在调查底稿上签字盖章,也拒绝提供有关资料。次日,县国税局送达《税务处理决定书》,要求该商店补缴税款3754.53元,滞纳金75.09元。之后,该局依法履行税务行政处罚告知有关程序并下达了《税务行政处罚决定书》,认定该商店的行为构成偷税,处以其所少缴的税款50%的罚款,同时构成拒绝税务检查的违法行为,处以2000元罚款。该商店后来按期缴纳了税款和滞纳金,但对罚款不服,依法向人民法院提起诉讼。

【问题】

1. 税务机关对该商店拒绝税务检查的行为处以罚款,是否合法?
2. 税务机关认定该商店偷税并处以罚款,是否合法?

【评析】

税务机关对该商店拒绝税务检查的行为处以罚款是不合法的。《税收征收管理法》第70条规定:“纳税人、扣缴义务人逃避、拒绝或者以其他方式阻挠税务机关检查的,由税务机关责令改正,可以处一万元以下的罚款;情节严重的,处一万元以上五万元以下的罚款。”《税收征收管理法实施细则》第96条规定:“纳税人、扣缴义务人有下列情形之一的,依照税收征管法第七十条的规定处罚:(一)提供虚假资料,不如实反映情况,或者拒绝提供有关资料的;(二)拒绝或者阻止税务机关记录、录音、录像、照相和复制与案件有关的情况和资料的;(三)在检查期间,纳税人、扣缴义务人转移、隐匿、销毁有关资料的;(四)有不依法接受税务检查的其他情形的。”根据上述法律法规的规定,税务机关进行税务检查时,纳税人不得拒绝,否则就应当承担相应的法律后果。本案中该商店负责人夺回账外单据并拒绝提供有关资料，的确存在拒绝税务检查的行为。需要注意的是，适用《税收征收管理法》第70条以及《税收征收管理法实施细则》第96条必须具备一个基本的前提，即税务机关的税务检查是依法进行的。《税收征收管理法》第59条规定："税务机关派出的人员进行税务检查时，应当出示税务检查证和税务检查通知书，并有责任为被检查人保守秘密；未出示税务检查证和税务检查通知书的，被检查人有权拒绝检查。"本案中，税务人员在对纳税人实施税务检查时，只出示了税务检查证并未出示税务检查通知书，属程序违法。纳税人对于这种程序违法的税务检查有权拒绝，因此，税务机关对该商店拒绝税务检查的行为处以罚款是不合法的。

税务机关认定该商店偷税并处以罚款，是不合法的。根据《税收征收管理法》第63条的规定："纳税人伪造、变造、隐匿、擅自销毁帐簿、记帐凭证，或者在帐簿上多列支出或者不列、少列收入，或者经税务机关通知申报而拒不申报或者进行虚假的纳税申报，不缴或者少缴应纳税款的，是偷税……"该商店利用账外单据，采取收入不入账的手段企图达到不缴或少缴税款的目的，虽然属于《税收征收管理法》所列举的偷税行为，但税务机关在未取得账外单据，取得的调查底稿数据也未经纳税人签字盖章，也未曾获得有效旁证的情况下，就认定其偷税，属证据不足。根据《行政处罚法》第3条第2款的规定，没有法定依据或者不遵守法定程序的，行政处罚无效。因此，本案中税务机关认定该商店偷税并处以罚款，是不合法的。

第五讲　金融法律制度

◇ 重点体系

- 商业银行法
  - 商业银行的管理
    - 商业银行概述
      - 性质
      - 分支机构
      - 投资监管
    - 贷款业务管理
      - 审批
      - 担保
      - 合同
      - 自主经营
      - 不良贷款
  - 商业银行的接管与破产
    - 接管
      - 条件
      - 目的和法律后果
    - 破产
- 银行业监督管理法
  - 监督管理机构——“一行三会”监管体制下的“银监会”，实行垂直领导体制
  - 监督管理对象
  - 银监会的监督管理措施
    - 强制信息披露
      - 获取财务资料
      - 现场检查
      - 询问企业高层人员
      - 向公众披露信息
    - 强制整改
    - 接管、重组与撤销
      - 事由
      - 措施
    - 冻结账户
    - 调查权
  - 中央银行(中国人民银行)的职权——《商业银行法》第76条、第77条

- 票据法
  - 票据法概述
    - 种类和概念
      - 汇票
      - 本票
      - 支票
    - 特征
      - 流通性
      - 文义性
      - 设权性与提示性
      - 无因性
  - 票据行为与票据权利
    - 票据行为——种类与概念
      - 出票
      - 背书
      - 承兑
      - 保证
    - 票据权利
      - 种类与关系
        - 付款请求权
        - 追索权
      - 票据权利的瑕疵——法律后果
        - 变造
        - 更改
      - 票据抗辩
        - 对物抗辩——票据债务人可以对抗一切票据债权人的抗辩
        - 对人抗辩——票据债务人对抗特定票据债权人的抗辩
      - 票据丧失的补救——挂失止付、公示催告、民事诉讼

- 汇票
  - 转让—背书
    - 目的——转让票据权利和授予权利给他人行使
    - 分类——根据目的的不同
      - 转让背书
        - 限制背书——记载不得转让字样
        - 附条件背书
        - 部分背书和分别背书
        - 期后背书
        - 回头背书——以自己的前手为背书人进行的背书
      - 非转让背书
        - 委托收款背书
        - 质押背书
  - 追索权
    - 追索的原因
      - 期前追索——汇票到期日前
      - 期后追索——票据到期日后
    - 最初追索——最后持票人向债务人进行的追索
    - 再追索——被追索人向其前手再进行的追索
    - （最初追索、再追索）特征：选择性、变更性、代位性

◈ 考点精讲

● 全面论述

壹 金 融 法

一、金融制度概述

（一）金融的概念

金融，即货币资金融通的简称，是以金融机构为中心的信用活动以及在信用基础上组织起来的货币流通。金融主要是指以货币为对象发生的信用交易；而在实际使用中，金融往往涵盖了货币发行、外汇交易、国际国内结算、贵金属买卖，以及证券、保险、信托等领域的各类融资活动。在市场经济条件下，资金的余缺调剂必不可少，所以金融便成为联结生产、交换、分配和消费等各个环节的要素，是社会生产和再生产活动的有机组成部分，成为提高生产力的黏合剂和催化剂。时至今日，金融已成为现代经济的核心，[1]是宏观经济调控的重要经济杠杆。

按是否有金融机构作为信用中介参与，金融可分为直接金融与间接金融。直接金融是指没有金融机构介入，而由资金供求双方直接交易的资金融通形式，如商业信用、企业发行的股票和债券，以及民间借贷。间接金融是指通过金融机构介入，以吸收存款和发行金融债券等方式筹集社会闲散资金，转而对需要资金的社会经济成分发放贷款或进行投资的资金融通形式，典型的间接金融有银行存款、贷款，以及票据、保险等。金融体制的基本格局是以间接融资为主，直接融资为辅。间接金融中商业银行的借短贷长，直接金融中发达的二级市场，可以使供方高流动性或者流动性不确定的资金转化为需方稳定的、可以长期使用的资本，从而化解了资金供需两端的流动性错位。

（二）金融体系

金融体系是围绕资金融通形成系统，属于国民经济体系的子系统。金融体系的基本构成要素是金融工具、金融机构和金融市场。

金融工具（financial instruments），是指依一定格式做成、用以证明或创设金融交易各方权利义务关系，并据以进行货币资金交易的合法凭证，也即货币资金或金融资产借以转让的工具。[2]

金融机构是依法成立、专门从事金融活动的组织。金融机构通常有银行金融机构和非银行金融机构。

金融市场，即资金融通的场所。按交易标划分，金融市场可以分为货币市场、资本市场、外汇市场和黄金市场。按金融交易的交割期限划分，金融市场可划分为现货市

---

〔1〕《邓小平文选》（第三卷），人民出版社 1993 年版，第 366 页。邓小平同志指出："金融很重要，是现代经济的核心。金融搞好了，一着棋活，全盘皆活。"

〔2〕国际会计准则委员会第 32 号准则对"金融工具"定义如下："一项金融工具是使一个企业形成金融资产，同时使另一个企业形成金融负债或权益工具（equity instrument）的任何合约。"

场与期货市场。

（三）金融创新与金融现代化

金融创新定义虽然大多源于熊彼特经济创新的概念〔1〕，但各定义的内涵迥异，大致可将其分为以下三个层面：(1)宏观层面的金融创新。它将金融创新与金融史上的重大历史变革等同起来，将整个货币信用的发展史视为金融创新史。(2)中观层面的金融创新。这是大多数关于金融创新理论的研究均采用的概念，即始于20世纪50年代末60年代初，金融机构特别是银行中介功能的变化，它可以分为技术创新、产品创新以及制度创新。从制度层面上，可将金融创新定义为，是政府或金融当局和金融机构为适应经济环境的变化和在金融过程中的内部矛盾运动，防止或转移经营风险和降低成本，为更好地实现流动性、安全性和营利性目标而逐步改变金融中介功能，创造和组合一个新的高效率的资金营运方式或营运体系的过程。(3)微观层面的金融创新仅指金融工具的创新。我国学者对金融创新的定义为：金融内部通过各种要素的重新组合和创造性变革所创造或引进的新事物。我们对照上文经济体系的三个要素，也可以将金融创新分为金融工具创新、金融机构创新和金融市场创新。

从金融创新的宏观生成机理来看，金融创新都是与经济发展阶段和金融环境密切联系在一起的。从金融与金融法发展史来看，20世纪60年代西方各国对金融实行严格管制；70年代后，随着电子计算机技术进步并在金融行业迅速推广，金融当局开始放松管制。在进入中后期以后，西方国家普遍出现“滞胀”及随之而来的高利率；同时，“石油危机”造成全球能源价格大幅上涨，形成金融“脱媒”现象，风险加剧；80年代后，各国普遍放松管制，金融自由化增强，出现了利率自由化、金融机构自由化、金融市场自由化、外汇交易自由化。与此相应，西方国家先后经历了20世纪60年代的避管性创新、70年代的转嫁风险创新和80年代防范风险创新。进入90年代以后，世界经济发展的区域化、集团化和国际金融市场的全球一体化、证券化趋势增强，国际债券市场和衍生品市场发展迅猛，新技术广泛使用，金融市场结构发生了很大变化。各种创新并举，客观上放大了风险。

回观我国，1997年11月，中共中央、国务院召开了全国金融工作会议。这次会议提出了今后金融改革和发展的目标，即大体上用三年左右的时间，建立与中国特色的社会主义市场经济相适应的现代金融组织体系、金融市场体系和金融调控监管体

〔1〕美籍奥地利著名经济学家熊彼特（Joseph Alkaloids Schumpeter，1883—1950）于1912年在其成名作《经济发展理论》（Theory of Economic Development）中提出，创新是指新的生产函数的建立，也就是企业家对企业要素实行新的组合。创新包括技术创新（产品创新与工艺创新）与组织管理上的创新两个方面，具体又包括五种情形：(1)新产品的出现；(2)新工艺的应用；(3)新资源的开发；(4)新市场的开拓；(5)新的生产组织与管理方式的确立。

系[1]。这三种"体系"概括了金融现代化的全部内容和要求。在此背景下,我国的金融创新经过20年的发展,也取得了巨大的成绩。迄今为止,我国已形成了以中央银行为领导,以国有商业银行为主体,多种金融机构并存,分工协作的金融组织体系,基本达到了我国金融改革的目标之一,并且与国际上的通行做法逐步相衔接。而从我国的创新历程可以发现,我国金融创新还存在以下特征与不足:(1)吸纳多,原创少;(2)负债类业务创新多,资产类业务创新少;(3)内部驱动不足,主要由体制转换和改革等外因推动;(4)资金滞留在一级市场多,进入实体经济少;(5)区域特征明显,特区和沿海城市创新集中。

随着我国市场经济和金融体制改革的不断深入,金融现代化、法治化和国际化进程的加快,促进了我国金融法治建设发展。

二、金融法概述

(一)金融法的概念

金融法是调整金融关系的法律规范的总称。所谓金融关系,主要包括:(1)金融交易关系,即社会经济成分之间因资金融通和相关服务而发生的关系;(2)金融监管关系,即国家以及特定国家机关对金融市场主体及其活动依法实施监督管理而产生的关系;(3)金融调控关系,即国家以及特定国家机关,以稳定金融市场、引导资金流向、控制信用规模为目的,对有关金融变量实行调控而产生的关系。

(二)金融法的基本原则

金融法的基本原则,是一个特定法域之内的金融立法体系贯穿始终的主线和纲领,也是金融领域执法和司法所应遵守的基本准则。

金融法的基本原则主要有以下几点。

1. 保证货币稳定原则

货币稳定表现为物价和汇率的稳定。货币稳定不同于币值固定,它是指货币币值弹性适度,能够适应经济变化,又不会因波动突然、振幅过大或过于频繁而影响金融市场发展。货币稳定是经济良性发展的内在要求。由于货币由金融体系供应,又由中央银行调控,因而在币值稳定的各种要素中,金融法能否为货币稳定提供有力的制度保障,无疑是关键所在。金融立法应当赋予中央银行稳定货币的法定职责,保护其制定与执行货币政策的独立性,构建严格的法律责任体系。

2. 确保金融竞争原则

金融法应当增进金融市场竞争,抑制金融领域的垄断与不正当竞争,维护公平的竞争秩序,这样才能提高金融效率。所谓金融效率,宏观上表现为金融体系能够有效与合理地分配金融资源,充分满足国民经济对金融服务的需求;微观上则表现为金融

---

[1] 1997年11月17日至19日,我国召开了第一次全国金融工作会议,时逢亚洲金融危机爆发。会议决定央行自身管理体制变革的大手术,并成立四大资产管理公司,以处理从国有四大行剥离的不良资产。

机构的收益。显然,对这两个层面上的效率的追求均为金融法的设立初衷,因而竞争与效率应为金融法的基本原则。

3. 维护金融安全原则

金融体系内信用风险、国家风险、市场风险、利率风险、操作风险、法律风险、声誉风险等极其复杂的风险因素,构成对金融安全的严重威胁,而金融业的安全运营又影响到整个社会的经济生活和国家安定。因此,如何防范与化解金融风险,找到管制与竞争、安全与效率的平衡,是金融法的一个永恒主题。健全的宏观经济政策、充分的市场约束、有效的政府监管、良好的金融机构内部控制和法人治理结构,是金融安全的重要支柱。实践表明,用于保障金融安全的许多法律制度,有抑制竞争的负面效果;而不适当地放松金融管制,又常常使一些国家身陷危机中。但是,以牺牲效率取得的安全,并无价值;没有安全保障的效率,终难持久。因此,金融法应当致力于在金融效率与金融安全之间谋求适当的平衡。在金融对外开放与自由化方面,必须积极稳妥,立足于国家主权和安全,切实做好涉外金融业务的经营和监管工作,防范国际金融风险的渗透和转移。

4. 保护投资者利益原则

国内外众多的金融立法,都将保护投资者利益明定为立法宗旨。在这里,投资者指金融交易中购入金融工具融出资金的个人和机构。投资者是一切资金融通的前提,其权益又最易受到不法侵害的群体;如果法律保护投资者不力,可能动摇市场对金融业的信心,甚至可能引发社会动荡。因此投资者除了享受一般资产所有权人或债权人的法律保护,还享受一些特殊的制度保护,如信息披露制度、银行保密制度和存款保险制度等。

(三)金融法的体系

金融法的体系,从广义的法律位阶与法律形式来看,包括国内法层面的法律、法规、规章,国际条约、国际惯例以及行业协会的自律性规则三个层面;从调控对象来看,可以由主体制度(如中央银行的法律地位、商业银行的经营自主权等)、行为制度(如存款、贷款、结算、拆借等金融业务的规则和程序)和责任制度(如金融监管中的处罚措施、制裁破坏金融管理秩序罪和金融诈骗罪的刑罚)构成;从调整的法律关系来看,可分为金融组织制度、金融交易制度、金融调控制度和金融监管制度;从对应的金融机构的分类来看,则可以分为银行法和非银行金融机构法两大部分。银行法在传统上是金融法最重要的组成部分,主要包括中央银行法、商业银行法、政策性银行法等;而非银行金融机构法主要包括证券法、保险法、信托法等,是金融法发展非常迅速的领域。

目前,我国金融立法体系主要包括三个层次:第一层次是金融法律,是指由国家立法机关即全国人大或其常委会制定的有关金融活动的规范性文件,如《中国人民银行法》(1995 年制定、2003 年修订)、《商业银行法》(1995 年制定、2003 年修订)、《票据法》(1995年制定、2004年修订)、《担保法》(1995年)、《保险法》(1995年制定、2002年第一次修订、2009年第二次修订、2014年第三次修订)、《证券法》(1998年制定、2004年第一次修订、2005年第二次修订、2013年第三次修订、2014年第四次修订)、《信托法》(2001年)、《证券投资基金法》(2003年制定、2012年修订)、《银行业监督管理法》(2003年制定、2006年修订)以及《刑法》(1997年制定、2011年《刑法修正案(八)》施行)有关金融犯罪的规定等。金融法律是我国金融立法体系的最基本组成部分。第二层次是金融行政法规,是指由国家最高行政机关即国务院依法制定的有关金融活动的规范性文件,如《外资金融机构管理条例》(2001年)、《外汇管理条例》(1996年制定、1997年第一次修订、2008年第二次修订)、《非法金融机构和非法金融业务活动取缔办法》(1998年制定、2011年修订)、《金融违法行为处罚办法》(1999年)、《外资保险公司管理条例》(2001年制定、2013年修订)等。第三层次是金融行政规章,是指由政府金融监管机构即中国人民银行、中国证券监督管理委员会、中国保险业监督管理委员会、中国银行业监督管理委员会、国家外汇管理局等,根据金融法律和金融行政法规制定的规范性文件。除金融法规外,金融性行业组织如银行业协会、证券业协会以及证券交易所等机构依法制定的自律性规则,在约束会员、规范市场行为方面,也起着重要作用。除了金融法律以外,金融领域的行政法规、部门规章更是数量众多,涉及金融业的各个领域。

贰 银 行 法

一、中央银行法

(一)中国人民银行

1. 中国人民银行的法律地位

中国人民银行于1948年12月1日成立,1983年改革之后专门行使中央银行的职能。1995年3月18日,第八届全国人民代表大会第三次会议通过了《中华人民共和国中国人民银行法》,根据2003年12月27日第十届全国人民代表大会常务委员会第六次会议《关于修改〈中华人民共和国中国人民银行法〉的决定》修正。

中央银行的法律地位是大体相同的。中央银行在一国金融体系中居于核心主导地位,它通过制定和执行货币政策,对宏观经济实施调节与控制。法律地位是中央银行赖以正常履行职能的法律基础。现代中央银行的法律地位可从以下三个方面进行概括。

(1)中央银行是国家机关法人,这是中央银行的基本性质,各国中央银行或多或少依法享有管理金融的行政性权力。我国的中央银行属于国务院组成部门。依据《中国人民银行法》第2条的规定,在制定和执行货币政策、维护金融稳定、提供金融服务的宏观调控中,中国人民银行服从国务院的领导。

(2)中央银行是特殊金融机构。中央银行与普通金融机构存在根本不同,首先,它不以营利为目的；其次，其业务对象通常仅限于政府和普通金融机构，同时两者的职能权限也存在明显差异。

(3)中央银行相对独立于政府，这一点揭示了中央银行不同于一般国家机关之所在。中央银行的独立性问题是中央银行制度的重要议题。确立中央银行独立性原则具有重要的价值，独立性是稳定货币的必要保障；也是避免政党、政治弊病，制衡政府过热的经济决策倾向的重要力量。[1] 如果中央银行日益沦为"政府的工具"，其固有的职能便难以实现。

与此同时，应当注意人民银行的独立只是相对的独立，即独立于地方政府、各政府部门、社会团体和个人。《中国人民银行法》第 7 条规定，中国人民银行在国务院领导下依法独立执行货币政策，履行职责，开展业务，不受地方政府、各政府部门、社会团体和个人的干涉。而人民银行对于中央政府仍具有一定的行政隶属性，必须承担与政府总体经济政策协调一致的义务，《中国人民银行法》第 2 条第 2 款规定，中国人民银行在国务院领导下，制定和执行货币政策，防范和化解金融风险，维护金融稳定。第 5 条规定，中国人民银行就年度货币供应量、利率、汇率和国务院规定的其他重要事项作出的决定，报国务院批准后执行。第 10 条规定，中国人民银行的行长由国务院总理提名，副行长须由国务院总理任免。第 12 条规定，中国人民银行设立货币政策委员会，其职责、组成和工作程序，由国务院规定，报全国人大常委会备案。这些规定决定了中国人民银行在履行其核心职责时无法独立于政府。

在强调独立性的同时，也应注意权利与义务相一致原则，注意权利的监督与制约。所以应赋予中央银行严格的问责机制，即保持透明度，要求中央银行依法向社会公众和特定的公共机构公布其政策与行为，并论证其合理性，这样可以对中央银行过大的权力实施制衡，以防止权力的滥用。中国人民银行作为国家重要的宏观经济调控机构，其行为既要符合国家的政治、经济目标，又要适应市场经济与金融活动的规律性要求。

2. 中国人民银行的职责

按照《中国人民银行法》的规定，中国人民银行的具体职责包括：(1)发布与履行其职责有关的命令和规章；(2)依法制定和执行货币政策；(3)发行人民币，管理人民币流通；(4)监督管理银行间同业拆借市场和银行间债券市场；(5)实施外汇管理，监督管理银行间外汇市场；(6)监督管理黄金市场；(7)持有、管理、经营国家外汇储备、黄金储备；(8)经理国库；(9)维护支付、清算系统的正常运行；(10)指导、部署金融业反洗钱工作，负责反洗钱的资金监测；(11)负责金融业的统计、调查、分析和预测；(12)作为国家的中央银行，从事有关的国际金融活动；(13)按照有关规定从事金融业务活动；(14)承办国务院交办的其他事项。在上述法律规定的职责中，有多项职能可谓同中央银行的金融调控职能密切相关，特别是制定和执行货币政策、发行和管理人民币、监管金融机

---

〔1〕 朱大旗：《金融法》，中国人民大学出版社 2000 年版，第 48 页。

构和金融市场、经管外汇储备、维持支付和清算系统、统计分析和预测、国际金融活动等。中国人民银行只有有效地履行上述职能，才能更好地实现金融调控的目标。

3. 中国人民银行的职能

中国人民银行具有两个层次的职能。第一个层次包括三大基本职能，即发行的银行、政府的银行和银行的银行。第二个层次包括调控职能与监管职能。

(1)发行的银行。所谓发行的银行，是指唯一的发行法定货币的机构，中国人民银行垄断人民币发行权，管理人民币流通。人民币是中华人民共和国的法定货币，包括钞票和铸币。人民币发行是指中国人民银行向流通领域投入人民币现金的行为。人民币具有无限法定偿还能力，即以人民币支付中华人民共和国境内的一切公共的和私人的债务，任何单位和个人不得拒收。

(2)政府的银行。所谓政府的银行，是指中国人民银行服务于政府，代表政府贯彻执行金融政策，代表政府处理有关的金融事务，并为政府提供金融支持。中国人民银行制定和执行货币政策，履行金融调控、监管等职能，依法持有、管理、经营国家外汇储备、黄金储备，受托经理国库，作为国家的中央银行从事有关的国际金融活动。中国人民银行的全部资本属于国家所有，在国务院领导下依法独立执行货币政策。中国人民银行可以代理国务院财政部门向各金融机构组织发行、兑付国债和其他政府债券，但不得对政府财政透支，不得直接认购、包销国债和其他政府债券，不得向地方政府、各级政府部门提供贷款。

(3)银行的银行。所谓银行的银行，在我国是指中国人民银行为商业银行等金融机构提供金融服务：依法集中保管存款类金融机构交存的存款准备金；以再贷款和再贴现等方式，为出现暂时流动性困难的金融机构，提供最后贷款人支持；组织和主持全国支付、清算系统，为金融机构提供清算服务。

(4)调控职能。金融调控职能是中央银行不同于普通银行的一个重要方面，也是市场经济进入垄断阶段以后中央银行被赋予的新职能。就我国而言，实施宏观调控是中国人民银行核心的法定任务，《中国人民银行法》在第1条中即开宗明义地规定："建立和完善中央银行宏观调控体系。"中国人民银行主要是通过制定和实施货币政策，运用各种货币政策工具，包括利率、汇率、存款准备金率、再贴现率等，对货币供应量进行调控，稳定币值，影响国民经济的发展规模与速度，谋求社会总供给与社会总需求之间的基本平衡；通过引导信贷资金流向，促进生产力布局和产业、产品结构的合理化，为国民经济持续、健康、稳定、协调发展创造条件。金融调控是以中央银行为主体和主导的调控；金融调控的主要制度，与中央银行的主体地位、职责履行等直接相关。宏观经济的四大目标之中经济增长和其他目标均与中国人民银行调控职能密切相关。实现第一层次的三大职能是实现宏观调控职能的基础，下列监管职能也可以促使这一职能更好地实现。

(5)监管职能。改革开放初期，中国人民银行曾作为全国统一的金融监管机构。

经历了机构改革以后，现在，中国银行的证券监管职责、保险监管职责、银行监管职责被先后分别划归中国证券监督管理委员会、中国保险业监督管理委员会和中国银行业监督管理委员会。所以，中国人民银行的金融机构日常监管职责已先后被全部剥离出去，但它仍应依法承担必要的金融监管职责。2003 年 12 月修改后的《中国人民银行法》并未删除原有的“金融监督管理”一章，反而为中国人民银行新增了“必要的金融监管职责”。

根据《中国人民银行法》和相关规定，中国人民银行主要承担以下金融监管职责：对相关金融机构以及其他单位和个人金融行为的督查权、对金融监管机构的督查建议权、对银行业金融机构的信息资料的获取权、对银行业金融机构的特别督查权。其中对银行业金融机构的特别监督权，是指当银行业金融机构出现支付困难，可能引发金融风险时，为了维护金融稳定，中国人民银行经国务院批准，有权对银行业金融机构进行检查监督。目前中国人民银行的金融监管，更多地侧重于市场监管和功能性监管，更加注重金融风险特别是系统性金融风险的防范和化解，更加注重维护金融的宏观稳定。对银行业金融机构的信息资料的获取权，是指中国人民银行根据履行职责的需要，有权要求银行业金融机构报送必要的资产负债表、利润表以及其他财务会计、统计报表和资料，以便掌握金融机构的实际情况。

(二)货币政策

1. 货币政策目标

货币政策目标是中央银行制定和执行货币政策所要实现的终极目的。《中国人民银行法》规定，中国人民银行的“货币政策目标是保持货币币值的稳定，并以此促进经济增长”。应当注意的是，此处“货币稳定”与“经济增长”两个目标并非并列关系，而是以前者作为后者实现的前提支点，因此，我国的货币政策并非双重目标而属于单一目标。

2. 货币政策工具

货币政策工具是指中央银行实现货币职能的手段，直接关系到货币政策目标的实现。《中国人民银行法》规定：“中国人民银行为执行货币政策，可以运用下列货币政策工具：(一)要求银行业金融机构按照规定的比例交存存款准备金；(二)确定中央银行基准利率；(三)为在中国人民银行开立账户的银行业金融机构办理再贴现；(四)向商业银行提供贷款；(五)在公开市场上买卖国债、其他政府债券和金融债券及外汇；(六)国务院确定的其他货币政策工具。”这些经济工具体现了中央银行从直接控制为主向间接调控为主的过渡。

二、商业银行法

(一)商业银行概述

1. 商业银行的性质与分类

商业银行(Commercial Bank)是以货币资金为特殊商品的企业法人，具有信用中介、金融服务以及货币创造的功能。依据我国《商业银行法》的规定,商业银行是指依照《中华人民共和国商业银行法》和《中华人民共和国公司法》设立的吸收公众存款、发放贷款、办理结算等业务的企业法人。商业银行以其全部法人财产独立承担民事责任,实行自主经营、自担风险、自负盈亏。商业银行的营利为目的使之有别于中央银行和政策性银行。

目前,我国的商业银行分为国有独资商业银行、股份制商业银行和涉外商业银行三类。其中,国有独资商业银行包括“四大银行”,即中国工商银行、中国农业银行、中国银行、中国建设银行。股份制商业银行,包括全国性股份制商业银行、区域性股份制商业银行、城市商业银行、农村商业银行,如交通银行、中信银行、光大银行、华夏银行、深圳发展银行、招商银行、上海浦东发展银行、兴业银行、民生银行、恒丰银行、浙商银行等。涉外商业银行,包括外资商业银行、中外合资商业银行、外国商业银行在华分行。

2. 商业银行的原则

商业银行的经营应当遵守以下原则:(1)安全性、流动性和效益性原则;(2)商业银行与客户之间平等、自愿、公平和诚实信用的原则;(3)保障存款人的合法权益不受任何单位和个人侵犯的原则;(4)开展信贷业务,严格审查借款人资信,实行担保,保障按期收回贷款的原则;(5)商业银行开展业务应当合法,不得损害国家利益和社会公共利益的原则;(6)商业银行应当公平竞争,不得从事不正当竞争的原则。上述原则贯穿在商业银行的各项经营活动中,体现国家对商业银行的审慎态度。

3. 商业银行的业务和范围

在上述经营原则下,商业银行可以经营下列部分或者全部业务:吸收公众存款,发放短期、中期和长期贷款,办理国内外结算,办理票据承兑与贴现,发行金融债券,代理发行、代理兑付、承销政府债券,买卖政府债券、金融债券,从事同业拆借,买卖、代理买卖外汇,从事银行卡业务,提供信用证服务及担保,代理收付款项及代理保险业务,提供保管箱服务,以及经国务院银行业监督管理机构批准的其他业务。商业银行经中国人民银行批准,还可以经营结汇、售汇业务。上述业务归纳起来可以分为资产类业务、负债类业务及中介类业务;其中中介类业务包括办理国内外结算、办理票据承兑与贴现、从事同业拆借、从事银行卡业务、提供保管箱服务等。存贷业务是商业银行的主要业务。

(1)存款业务。存款业务属于负债业务。按照主体属性,存款可以分为个人储蓄存款和单位储蓄存款。商业银行办理个人储蓄存款业务,应遵循存款自愿、取款自由、存款有息、为存款人保密的原则,有权拒绝任何单位或者个人查询、冻结、扣划,但法律另有规定的除外。上述规定是基于现代金融社会个人信息保护的需要,同时基于商业信用和安全的需要。我国商业银行采取“存款实名制度”。单位存款是指企业、事业、机关、部队和社会团体等单位在金融机构办理的人民币存款,包括定期存款、活期存款、通知存款、协定存款及经中国人民银行批准的其他类型存款。任何单位和个人不得将公款以个人名义转为储蓄存款,任何个人不得将私款以单位名义存入金融机构。财政拨款、预算内资金及银行贷款不得作为单位定期存款存入金融机构。

(2)贷款业务。贷款业务属于商业银行的资产类业务。在贷款业务中,商业银行与借款人形成债务关系,双方应当订立书面借款合同,规定贷款种类、借款用途、金额、利率、还款期限、还款方式、违约责任等事项,此外,商业银行还要与借款人、第三人签订担保合同。经商业银行审查、评估,确认借款人资信良好,确能偿还贷款的,可以不提供担保。商业银行不得向关系人发放信用贷款;向关系人发放担保贷款的条件不得优于其他借款人同类贷款的条件。这里的"关系人"包括商业银行的董事、监事、管理人员、信贷业务人员及其近亲属,以及前述人员投资或者担任高级管理职务的公司、企业和其他经济组织。

(3)清算业务。清算业务,又称结算业务,属于商业银行的中介业务。清算业务是现代全功能商业银行的一项基础性业务,对商业银行而言,具有资本投入少、市场风险低、收入稳定的优点。在现代信息技术的支持下,国际先进商业银行已将清算业务与贸易结算、证券交易等业务共同组成支柱业务。银行结算的种类包括银行汇票、商业汇票、银行本票、支票、汇兑、委托收款、托收承付、信用卡等。

(4)禁止业务。商业银行的禁止业务在我国现阶段,一般是指信托投资业务、证券经营业务、非自用不动产投资或者非银行金融机构和企业投资活动。

(二)我国的商业银行法

我国的商业银行法是指以1995年5月10日第八届全国人民代表大会常务委员会第十三次会议通过《中华人民共和国商业银行法》为核心的一系列法律、法规以及规章等规范性文件,2003年12月27日第十届全国人民代表大会常务委员会第六次会议通过了《关于修改〈中华人民共和国商业银行法〉的决定》。

1. 商业银行的设立

商业银行的设立需要满足法定的实质条件和形式条件。设立商业银行,应当具备下列实质条件:(1)具有符合《商业银行法》和《公司法》规定的章程。(2)有具备任职专业知识和业务工作经验的董事长(行长)、总经理和其他高级管理人员。(3)有健全的组织机构和管理制度。(4)有符合要求的营业场所、安全防范措施和与业务有关的其他设施。(5)符合注册资本最低限额要求。其中设立全国性商业银行的注册资本最低限额为10亿元人民币。设立城市商业银行的注册资本最低限额为1亿元人民币,设立农村商业银行的注册资本最低限额为5000万元人民币。注册资本应当是实缴资本。国务院银行业监督管理机构根据审慎监管的要求可以调整注册资本最低限额,但不得少于前款规定的限额。

设立商业银行,应当经中国人民银行审查批准。未经批准,擅自设立商业银行的,应予取缔,并追究有关责任人员的法律责任。

2. 违反商业银行法的行为及法律后果

商业银行法所规范的违法行为包括:(1)商业银行对存款人或者其他客户造成财产损害的行为。主要情形有:无故拖延、拒绝支付存款本金和利息的;违反票据承兑等结算业务规定,不予兑现、不予收账,压单、压票或者违反规定退票的;非法查询、冻结、扣划个人储蓄存款或者单位存款的。(2)商业银行违法从事业务活动的行为。主要情形有:未经批准发行金融债券或者到境外借款的;未经批准买卖政府债券或者买卖、代理买卖外汇的;在境内从事信托投资和股票业务或者投资于非自用不动产的;在境内向非银行金融机构和企业投资的;向关系人发放信用贷款或者发放担保贷款的条件优于其他借款人同类贷款的条件的;提供虚假的或者隐瞒重要事实的财务会计报表的;拒绝中国人民银行稽核、检查监督的;出租、出借经营许可证的。(3)商业银行违法进行操作的行为。主要情形有:未按照中国人民银行规定的比例交存存款准备金的;未遵守资本充足率、存货比例、资产流动性比例、同一借款人贷款比例和中国人民银行有关资产负债比例管理的其他规定的;未经批准设立分支机构的;未经批准分立、合并的;同业拆借超过规定的期限或者利用拆借人资金发放固定资产贷款的;违反规定提高或者降低利率以及采用其他不正当手段,吸收存款,发放贷款的。(4)商业银行的其他违法行为。(5)借款人采取欺诈手段骗取贷款的行为等。

违反商业银行法可能要承担的法律责任包括民事责任、行政责任或刑事责任。商业银行对存款人或者其他客户造成损失的,应当承担支付迟延履行的利息以及其他民事责任。商业银行工作人员违法发放贷款或者提供担保造成损失的,应当依法承担全部或者部分赔偿责任。行政责任包括:对商业银行的违法行为,由中国人民银行责令纠正;有违法所得的,没收违法所得,并处以违法所得一定比例的罚款;没有违法所得的,处以一定数额的罚款;还可依法责令停业整顿或者吊销其经营许可证;对商业银行违法行为负有直接责任的主管人员和其他直接责任人员,应当给予行政处分。凡构成犯罪的,必须依法追究刑事责任。

三、政策银行法

1. 政策性银行概述

(1)政策性银行的概念。政策性银行,是指由政府创立、参股或保证的,不以营利为目的,专门为贯彻配合政府经济政策或产业政策,在特定的业务领域内,直接或者间接地从事政策性金融活动的专门金融机构,在法律上均具有独立法人资格。

(2)政策性银行与政府在资金和人事上均存在密切联系。资金方面,政策性银行以政府财政为后盾,政府财政除拨付全部或部分资本金外,通常还拨付或者贷给一定的营运资金,并弥补其经营亏损;政策性银行对外筹资,在必要时也由财政提供担保。人事方面,政策性银行的高层管理人员和内部监督机构成员通常由政府任免。

2. 政策性银行的特征

政策性银行带有公益法人的性质,其经营目标特殊,从国家宏观经济发展角度选择项目予以支持,不求营利,保本即可。政策性银行的资金来源也有特殊性,即信贷资金以国家财政拨款或贷款为基础,同时向国内外筹集资金,但不吸收居民个人储蓄存款。政策性银行承担的任务特殊,其中,开发银行保证国家重点建设项目的资金供应;农业发展银行集中信贷支农力量;进出口银行为机电产品和成套设备等资本性货物进出口提供资金支持。最后,政策性银行根据特别法而非普通银行法经营业务。

与中央银行和商业银行的比较有利于我们进一步了解政策银行的特征。

首先,政策性银行不同于中央银行,也不具有监督管理其他金融机构的权力。在人员和业务等方面,政策银行与中央银行存在较为松散的联系,如中央银行的再贴现和再贷款,构成政策性银行重要的资金来源;中央银行可以委托政策性银行办理特定的政策性信贷业务,并提供贴息资金;在政策性银行的董事会、监事会中,通常有中央银行的代表。

其次,政策性银行亦不同于与商业银行,与之相比,政策性银行不是以营利为目的而设立的,专以落实政府经济政策为宗旨,因而与商业银行之间不存在替代与竞争关系。政策性银行与商业性金融机构的关系可以概括为:(1)地位平等。政策性银行虽然在业务上有明显的政策色彩,但它不是国家机关,对商业性金融机构不具有监督管理和发布指令的权力,因此它们在法律上地位平等。(2)协作互补。在一项具体业务中,两类银行可以相互协作——商业性金融机构经委托可以代办政策性银行的业务;政策性银行对于商业性金融机构所从事的符合政策要求的业务活动,也可以提供再贷款、利息补贴和还款担保,以资鼓励和支持。从业务范围来看,两类银行存在互补——政策性银行有选择地在商业性金融机构不涉及或较少涉及的领域开展活动,对商业性金融进行补充、辅助和引导,如通过认购往来对象发行的股票或债券进行投资。

3. 政策性银行的功能

政策性银行虽然并非国家机构,金融调控主体,却具有商业金融机构不具备的调控职能,具体反映在其补充功能和布局功能上。

(1)补充功能。政策性银行的存在弥补纯粹的商业性金融在资金配置上的缺陷,也反映了宏观调控对市场调节的补充。以营利为目的的商业性金融机构,对于许多社会效益明显而自身收益微薄的项目,特别是投资大又回收慢的基础设施建设,往往无力涉足或者不愿涉足,这就使得资金配置出现盲点,从而制约了宏观经济的持续和协调发展。如上文所述,政策性银行的业务范围与商业银行形成互补,就弥补和矫正商业性金融配置资金的缺陷与不足,使对国民经济发展至关重要的产业或项目在商业性金融资金供给不够充足时,仍可以获得融资投资。

(2)布局功能。一方面,政策性银行自身带有明显政策倾向的业务活动,有助于调控投资规模,促进产业结构的优化和生产力的均衡配置。另一方面,政策性银行可以带动商业金融机构参与符合宏观经济布局目标的金融活动。因为,政策性银行的投融资活动,反映经济的长远规划和政府的扶持政策,能够增强商业性金融机构的信心,减轻他们对金融风险的顾虑,从而带动他们参与对同一对象的投资或融资。

4. 我国的政策性银行

我国的政策性银行是指国家开发银行、中国进出口银行和中国农业发展银行三大政策性银行,它们均由国务院全资设立,是直属于国务院领导的政策性金融机构。金融体系可以分为商业金融和政策性金融两个体系。我国政策性金融体系是计划经济向市场经济过渡中产生的。1994 年,根据党的十四届三中全会精神和《国务院关于金融体制改革的决定》,国家在金融体制改革中采取了一项重大举措,即决定将原四大国有银行所负有的政策性职能分离出来,设立三大政策银行,以加速国有银行商业化并确立中央银行的独立性。三大政策性银行自成立以来,对我国金融业的发展和金融体制的改革起到了积极的作用。而在我国加入 WTO 后,政策银行体系的改革与完善也面临越来越多的挑战〔1〕。

(1)国家开发银行。国家开发银行是一家以国家重点建设项目为主要融资对象的政策性投资开发银行,主要办理国家重点建设的政策性贷款及贴息业务。

国家开发银行的任务是依照国家的法律、法规和方针、政策,筹集和引导社会资金用于国家重点建设,优化投资结构,提高投资效益,促进国民经济持续、健康、快速发展。具体言之,一是发挥政策性金融中介和金融服务功能,通过贷款、投资、担保及其他配套的政策性金融业务,支持国家基础设施、基础产业和支柱产业的大中型基本建设和技术改造等政策性项目及其配套工程的建设;二是履行特定的金融调控职责,即对由其安排的国家重点建设项目,在资金总量和资金结构上实行宏观调控。

国家开发银行的注册资本为500 亿元人民币,全由财政部核拨。其营运资金来源:一是国家财政拨款,包括国家核拨的预算内经营性建设基金、贴息资金、原“拨改贷”贷款本金的回收;二是国家开发银行在信用基础上筹集的资金。所谓信用筹资渠道包括:向国内金融机构发行金融债券,向社会发行财政担保建设债券,外国政府和国际金融组织贷款的转贷,发行国际债券,借用国际商业贷款,中央银行的再贷款和再贴现等。国家开发银行的资金运用,主要是向国家基础设施、基础产业和支柱产业的大中型基本建设和技术改造等政策性项目及其配套工程发放政策性贷款。其贷款分为两大类:一类是将资金直接贷给项目,到期收回本息;另一类是将注册资本金以长期优惠贷款的方式,贷给国家控股公司和中央企业集团,由后者对项目进行参股、控股。此外,国家开发银行还办理建设项目贷款条件评审、咨询和担保等业务,并为重点建设项目物色国内外合资伙伴,提供投资机会和投资信息。

(2)中国农业发展银行。中国农业发展银行是一家以承担国家粮棉油储备、农副产品收购、农业开发等方面的政策性贷款为主要业务,集中信贷力量支农的政策性银

〔1〕 邢会强:“我国政策性银行向开发性金融机构的转型及其立法”,载《法学杂志》2007 年第 1 期。

行。其主要任务是:按照国家的法律、法规和方针、政策,以国家信用为基础,筹集农业政策性信贷资金,承担国家规定的农业政策性金融业务,代理财政性支农资金的拨付,为农业和农村经济发展服务。

中国农业发展银行在机构设置上实行总行、分行、支行制,并在内部实行垂直领导的管理体制。其资本金为200亿元人民币,全部由财政部核拨。

(3)中国进出口银行。中国进出口银行成立于1994年,是直属于国务院领导的、政府全资拥有的国家政策性银行。其资金来源主要是财政专项资金和对金融机构发行金融债券等。目前中国进出口银行在国内设有22家营业性分支机构,在境外设有东南非代表处、巴黎代表处、圣彼得堡代表处和西北非代表处。

中国进出口银行是我国外经贸支持体系的重要力量和金融体系的重要组成部分,是我国机电产品、成套设备和高新技术产品出口和对外承包工程及各类境外投资的政策性融资主渠道、外国政府贷款的主要转贷行和中国政府援外优惠贷款的承贷行,为促进我国开放型经济的发展发挥着越来越重要的作用。

中国进出口银行的主要职责是贯彻执行国家产业政策、外经贸政策、金融政策和外交政策,为扩大我国机电产品、成套设备和高新技术产品出口,推动有比较优势的企业开展对外承包工程和境外投资,促进对外关系发展和国际经贸合作,提供政策性金融支持。

中国进出口银行经营和办理下列业务:(1)为机电产品和成套设备等资本性货物进出口提供卖方信贷、买方信贷;(2)办理与机电产品进出口信贷有关的外国政府贷款、混合贷款、出口信贷的转贷以及中国政府对外国政府贷款、混合贷款的转贷;(3)办理国际银行间贷款,组织或参加国际、国内银团贷款;(4)提供出口信用保险、出口信贷担保、进出口保险和保付代理业务;(5)在境内发行金融债券和在境外发行有价证券;(6)经营批准的外汇业务;(7)参加国际进出口银行组织及政策性金融保险组织;(8)为进出口业务进行咨询和项目评审,为对外经济技术合作和贸易提供服务;(9)办理经批准的其他业务。

叁　信　托　法

一、信托概述

(一)信托的基本概念

1. 信托的概念及性质

信托是指委托人基于对受托人的信任,将其财产及有关财产权利委托给受托人,由受托人按委托人的意愿以受托人自己的名义,为受益人的利益或者特定目的,进行管理或者处分的行为。信托本质上是一种“受人之托,代人理财”的金融制度,它与银行、保险、证券一起构成了现代金融体系。

信托具有很多独特的性质,表现为:(1)信托是以信任为基础的财产管理制度;(2)信托财产权利主体与利益主体相分离；(3)信托经营方式灵活、适应性强；(4)信托财产具有独立性；(5)信托管理具有连续性(信托财产的运作一般不受信托当事人经营情况和财务关系的影响)；(6)受托人不承担无过失的损失风险；(7)信托利益分配、损益计算遵循实绩原则，在受托人按信托合同规定尽职尽责管理信托财产的前提下，信托财产的损益计算和利益分配是根据受托人经营的实际结果，而不是根据事先确定的损益标准来计算；(8)信托具有融通资金的职能。

2. 信托关系

信托关系涉及多方当事人。其中，委托人，是信托的发起者，原财产的拥有者。受托人，是与委托人签订信托契约，而在名义上持有并根据契约描述管理财产者。受益人，为受托人期望的最后获利人。契约通常包括受托财产、受益人、收益的条件等内容，是受托人对财产进行管理或处理的依据。

3. 信托的分类

信托可根据其形式和内容等标准进行不同的分类。按信托关系建立的方式不同可分为任意信托和法定信托；按委托人或受托人的性质不同可分为法人信托和个人信托；按受益对象的目的不同可分为私益信托和公益信托；按受益对象是否是委托人可分为自益信托和他益信托；按信托事项的性质不同可分为商事信托和民事信托；按信托目的不同可分为担保信托和管理信托、处理信托、管理与处理信托；按信托涉及的地域不同可分为国内信托和国际信托；按信托财产的不同可分为资金信托、动产信托、不动产信托、其他财产信托等；按委托人数量不同可分为单一信托和集合信托。

4. 信托财产

信托财产，就是信托关系中由委托人移转所有权与受托人的财产，以及受托人因信托财产的管理运用、处分或者其他情形而取得的财产。信托财产可以是动产，也可以是不动产，甚至也可以是无形财产权，但不可以是人身专属性权利，或法律、行政法规禁止流通的财产。法律、行政法规限制流通的财产，依法经有关主管部门批准后，可以作为信托财产。

由上述可见，信托财产具有以下法律特性：(1)所有权的分离性。信托关系成立以后，信托财产的所有权名义上属于受托人，以受托人的名义管理运用，但是该所有权与民法上的所有权是不同的；而受益人享有受益权，即享受信托财产利益的权利。信托财产所有权在委托人与受益人之间发生了分离。(2)信托财产的独立性。信托关系依法设立以后，委托人必须将自己拥有的财产所有权进行移转，使用于信托的财产从其自有财产中分离出来，成为一种独立运作的信托财产。就受托人而言，虽然因信托而取得信托财产的经营管理和处分权，但必须将信托财产与其自有财产严格区分。信托财产可以根据信托文件而有形态上的变化，信托财产不仅限于委托人最初交付给受托人的财产，还包括在信托关系成立和延续的过程中取得的财产。

(二)信托的职能与作用

基于信托的上述特性，信托具有多种职能与作用。

信托的基本职能是财产管理职能。此外，信托还具有以下派生职能：(1)融通资金。信托财产多数表现为货币形态。同时为使信托财产保值增值，信托投资公司必然派生出金融功能。(2)社会投资职能。它是指受托人运用信托业务手段参与社会投资活动的职能，它通过信托投资业务和证券投资业务得到体现。(3)沟通协调职能。信托业务具有多边经济关系，受托人作为委托人与受益人的中介，是天然的横向经济联系的桥梁和纽带。信托机构的代理和咨询活动可使经营各方建立互动关系，为其提供可靠的经济信息，为委托人的财产寻找投资场所，从而加强经济联系与沟通，具体包括：见证、担保、代理、咨询、监督职能。(4)公益职能。它是指信托业可以为捐助或资助社会公益事业的委托人服务，以实现其特定目的功能。

信托的作用是信托职能发挥的结果。其一，信托拓宽了投资者的投资渠道。一方面信托可以将零散的资金巧妙的汇集起来，由专业投资机构运用于各种金融工具或实业投资，谋取资产的增值，发挥了规模效应的优势；另一方面信托财产的管理的运用均是由相关行业的专家来管理的，他们具有丰富的行业投资经验，掌握先进的理财技术，善于捕捉市场机会，为信托财产的增值提供了重要保证。其二，信托具有规避和分散风险的作用。由于信托财产具有的独立性，使得信托财产在信托期内能够对抗第三方的诉讼，保证信托财产不受侵犯，从而使信托制度具有了其他经济制度所不具备的风险规避作用。其三，促进金融体系和信用体系的构建与完善。我国金融市场一直以银行信用为主，这种状况存在制度性、结构性缺陷，无法满足社会对财产管理和灵活多样的金融服务的需要，而信托制度以独特的优势可最大限度地满足这些需求。同时，信托制度的回归，不仅促进了金融业的发展，而且对构筑整个社会信用体系具有积极的促进作用。此外，信托对发展社会公益事业、健全社会保障制度的贡献也不可小觑。设立各项公益信托，可支持我国科技、教育、文化、体育、卫生、慈善等事业的发展。

二、信托立法概况

（一）中国信托业发展历程

中国实行信托制度有近一个世纪的历史。信托业在中国，最早可追溯到20世纪初。当代信托行业最早伴随20世纪70年代后改革开放萌生，对于弥补我国传统单一的银行信用的不足，在利用社会闲置资金，引进外资，拓展投资渠道等方面，均为我国经济的发展发挥了积极作用。随着市场经济的发展和改革的深入，产权制度的多元化和全面建设小康社会进程的加快，委托他人管理和处分自己的财产势在必行，证券市场基金作为一种标准化和典型的信托产品也已经为人们日常生活所熟悉。

但是，中国信托业是在混沌中诞生、在不断清理整顿中发展起来的。在中国，金融业分业经营的环境下，信托公司是唯一能够综合利用金融市场，连通产业和金融市场的机构，从基础设施、大型工程建设投融资到企业的兼并重组、改制顾问到租赁、担保，信托公司能够提供全程式的金融服务，几乎涵盖了储蓄、证券经纪、保险以外的其他金融、投行业务。但也正因为其业务范围广，导致了信托业市场定位有问题，信托投资公司什么都做，成为“金融百货公司”。信托投资公司违规现象严重，高息揽储与银行争夺存款、非法集资等现象层出不穷。

（二）信托立法现状

信托立法是针对信托制度的安排作出法律规定和对从事信托业的人和事作出的强制规定。在我国，狭义的信托法仅指我国2001年4月通过的《中华人民共和国信托法》（以下简称《信托法》）。《信托法》于2001年10月1日起生效。《信托法》规范在我国境内所发生的信托行为以及与信托有关的活动，对所有从事信托活动的自然人、法人和组织均适用，即信托当事人从事民事、营业、公益信托活动都适用该法。《信托法》是调整我国信托关系的基本法，该法共7章74条，规定了总则、信托的设立、信托财产、信托当事人、信托的变更与终止、公益信托和附则等内容。2002年5月，中国人民银行通过了《信托投资公司管理办法》，规定了信托投资公司的设立、经营范围、经营规则以及监管等内容。2007年1月，中国人民银行公布了《信托公司管理办法》，自2007年3月1日起施行，原《信托投资公司管理办法》不再适用。信托法律规范的颁布为信托业的健康发展奠定了法制基础。

目前，我国的信托法律、法规及相关政策主要有：2001年10月《信托法》、2005年1月《信托业务会计核算办法》、2006年12月《信托公司管理办法》、2007年6月《非银行金融机构行政许可事项实施办法》、2007年12月《信托公司集合资金信托计划管理办法》、2008年6月《信托公司私人股权投资信托业务操作指引》、2009年3月《中国银监会关于支持信托公司创新发展有关问题的通知》、2010年7月《信托公司净资本管理办法》等。

三、金融信托

（一）金融信托的概念

金融信托是财产管理与融通资金以及融资与融物相结合的信托，它不同于贸易机构接受客户的委托从事商品代理买卖的贸易信托，不同于民法中的行纪。

“受人之托，代人理财”，金融信托作为一种财产制度，它以财产为内容，以信用为基础，以委托经营管理为方式。金融信托按照委托人指定的目的或要求，收受、经理或运用信托资金或财产。随着金融信托的国际化，它已成为现代金融业的四大支柱之一。金融信托在拓宽融资渠道、促进经济发展中可以发挥应有的作用。

金融信托关系中，委托人可以是个人、法人及其他组织。委托人必须准确提供信托事宜，交付信托财产，支付信托报酬。委托人仍然享有信托财产的所有权（在受益人享受信托利益之前），依照约定对信托行为可以进行监督。委托人自己也可以成为受益人。受益人的权利主要是享受信托利益。各种公益性基金的获得者、国有资产的经营者都可以成为受益人。我国金融信托关系人的受托人，目前主要指信托公司。

（二）信托机构

信托机构主要是指信托公司。信托公司，是依照《公司法》、《信托法》等相关法律规范设立的从事信托业务，充当受托人的机构。依照信托机构的组织形式，可以将信托机构分为单一信托机构和附属于其他机构的信托机构。单一信托机构指专业信托机构，具有完全独立法人资格，专门办理金融信托业务的经济组织。附属于其他机构的信托机构指本身不具有独立法人资格或本身虽具有独立的法人资格但受到另一机构控制的信托机构。信托机构的利润来源主要是信托报酬。

1913年，中国出现第一家信托机构——日资大连取引所信托株式会社。此后30年左右的时间里，以各种名义存在的信托机构多达上百家，其投资主体以华资力量为主导。近代信托机构在经营中"本末倒置"现象非常突出，不以信托业务为主业成为整个行业最大的经营特色。可以说，近代中国只是出现了一批冠以"信托"名称的机构，不存在专营信托业务的信托业。[1] 当代信托行业最早伴随20世纪70年代后改革开放萌生。据《法人》杂志2004年9月28日报道，以2002年7月18日《信托投资公司集合资金信托业务暂行管理办法》正式颁布实施为标志，从表面上看，人们心目中信托业是"坏孩子"的形象正在逐步改善。然而，这一过程中，信托公司内控机制仍有待完善。

信托机构的规范和管理，从微观角度来说可保护委托人、收益人的利益；从宏观角度来说有利于金融体系的稳定，充分发挥信托的作用。《信托公司管理办法》于2006年12月28日经中国银行业监督管理委员会第55次主席会议通过，2007年1月23日公布，自2007年3月1日起施行。该办法对于信托公司的设立、经营规则和监督管理等方面作了规定。其主要内容包括以下几点。

第一，设立信托公司，应当采取有限责任公司或者股份有限公司的形式。设立信托公司，应当经中国银行业监督管理委员会批准，并领取金融许可证。未经中国银行业监督管理委员会批准，任何单位和个人不得经营信托业务，任何经营单位不得在其名称中使用"信托公司"字样。法律法规另有规定的除外。设立信托公司，应当具备下列条件：(1)有符合《公司法》和中国银行业监督管理委员会规定的公司章程；(2)有具备中国银行业监督管理委员会规定的入股资格的股东；(3)具有《信托公司管理办法》规定的最低限额的注册资本；(4)有具备中国银行业监督管理委员会规定任职资格的董事、高级管理人员和与其业务相适应的信托从业人员；(5)具有健全的组织机构、信托业务操作规程和风险控制制度；(6)有符合要求的营业场所、安全防范措施和与业务有关的其他设施；(7)中国银行业监督管理委员会规定的其他条件。中国银行业监督管理委员会依照法律法规和审慎监管原则对信托公司的设立申请进行审查，作出批准或者不予批准的决定；不予批准的，应说明理由。信托公司注册资本最低限额为3亿元人民币或等值的可自由兑换货币，注册资本为实缴货币资本。申请经营企业年金基金、证券承销、资产证券化等业务，应当符合相关法律法规规定的最低注册资本要求。中国银行业监督管理委员会根据信托公司行业发展的需要，可以调整信托公司注册资本最

---

〔1〕 何旭艳："'副业'为主——近代中国信托机构角色错变"，载《当代金融家》2007年第8期。

低限额。未经中国银行业监督管理委员会批准,信托公司不得设立或变相设立分支机构。

第二,信托公司可以根据市场需要,按照信托目的、信托财产的种类或者对信托财产管理方式的不同设置信托业务品种。信托公司管理运用或处分信托财产时,可以依照信托文件的约定,采取投资、出售、存放同业、买入返售、租赁、贷款等方式进行。中国银行业监督管理委员会另有规定的,从其规定。信托公司不得以卖出回购方式管理运用信托财产。信托公司固有业务项下可以开展存放同业、拆放同业、贷款、租赁、投资等业务。投资业务限定为金融类公司股权投资、金融产品投资和自用固定资产投资。信托公司不得以固有财产进行实业投资,但中国银行业监督管理委员会另有规定的除外。信托公司不得开展除同业拆入业务以外的其他负债业务,且同业拆入余额不得超过其净资产的20%。中国银行业监督管理委员会另有规定的除外。信托公司可以开展对外担保业务,但对外担保余额不得超过其净资产的50%。

第三,信托公司应当建立以股东(大)会、董事会、监事会、高级管理层等为主体的组织架构,明确各自的职责划分,保证相互之间独立运行、有效制衡,形成科学高效的决策、激励与约束机制。信托公司应当按照职责分离的原则设立相应的工作岗位,保证公司对风险能够进行事前防范、事中控制、事后监督和纠正,形成健全的内部约束机制和监督机制。信托公司应当按规定制定本公司的信托业务及其他业务规则,建立、健全本公司的各项业务管理制度和内部控制制度,并报中国银行业监督管理委员会备案。信托公司应当按照国家有关规定建立、健全本公司的财务会计制度,真实记录并全面反映其业务活动和财务状况。公司年度财务会计报表应当经具有良好资质的中介机构审计。信托公司每年应当从税后利润中提取5%作为信托赔偿准备金,但当该赔偿准备金累计总额达到公司注册资本的20%时,可不再提取。中国银行业监督管理委员会对信托公司的董事、高级管理人员实行任职资格审查制度。未经中国银行业监督管理委员会任职资格审查或者审查不合格的,不得任职。

(三)信托业务

信托公司可以申请经营下列部分或者全部本外币业务:(1)资金信托;(2)动产信托;(3)不动产信托;(4)有价证券信托;(5)其他财产或财产权信托;(6)作为投资基金或者基金管理公司的发起人从事投资基金业务;(7)经营企业资产的重组、购并及项目融资、公司理财、财务顾问等业务;(8)受托经营国务院有关部门批准的证券承销业务;(9)办理居间、咨询、资信调查等业务;(10)代保管及保管箱业务;(11)法律法规规定或中国银行业监督管理委员会批准的其他业务。信托公司可以根据《信托法》等法律法规的有关规定开展公益信托活动。

信托公司管理运用或者处分信托财产,必须恪尽职守,履行诚实、信用、谨慎、有效管理的义务,维护受益人的最大利益。信托公司在处理信托事务时应当避免利益冲突,在无法避免时,应向委托人、受益人予以充分的信息披露,或拒绝从事该项业务。信托公司应当亲自处理信托事务。信托文件另有约定或有不得已事由时,可委托他人代为处理,但信托公司应尽足够的监督义务,并对他人处理信托事务的行为承担责任。信托公司对委托人、受益人以及所处理信托事务的情况和资料负有依法保密的义务,但法律法规另有规定或者信托文件另有约定的除外。信托公司应当妥善保存处理信托事务的完整记录,定期向委托人、受益人报告信托财产及其管理运用、处分及收支的情况。信托公司应当将信托财产与其固有财产分别管理、分别记账,并将不同委托人的信托财产分别管理、分别记账。信托公司开展信托业务,不得有下列行为:(1)利用受托人地位谋取不当利益;(2)将信托财产挪用于非信托目的的用途;(3)承诺信托财产不受损失或者保证最低收益;(4)以信托财产提供担保;(5)法律法规和中国银行业监督管理委员会禁止的其他行为。

四、公益信托

公益信托(charitable trust),也称慈善信托,是指委托人为了社会公共利益而设立的,以使整个社会获得利益为目的的信托。公益信托必须是由委托人出于公益目的设立的信托。根据各国信托法的一般规则,任何一项具体的信托,只要委托人设立的目的属于法律所规定的公益目的的范围,便可成立为公益信托。在我国《信托法》第六章中,对这种特殊形式的信托,作出了专门规定。我国台湾地区"信托法"第69条规定:"称公益信托者,谓以慈善、文化、学术、技艺、宗教、祭祖或其他以公共利益为目的之信托。"日本和韩国也都采取了相同的方式予以规定[1]。

(一)公益信托的种类

根据《信托法》对于公益信托的定义,公益信托包括以下几种。

1. 救济贫困

救济贫困是各国信托法公认的一项重要公益目的,通过公益信托帮助贫困的人,是维持社会稳定的一个重要手段。一般来说,下列行为都属于救济贫困:(1)对贫困者、孤寡老人和其他生活困难的人提供一般性经济资助,或者资助其生活费、医疗费等费用,或者给予物质资助。(2)直接收养、照顾孤寡老人、孤儿弃婴等。(3)为穷人建立免费施舍食物处、济贫院、护理所等。

2. 救助灾民

发生自然灾害或者其他灾害时,直接向灾民提供资金、物质帮助,或者通过其他机构提供经济或物质资助,帮助灾民解决生活、生产困难等救助灾民的行为。

3. 扶助残疾人

残疾人是社会的弱者,由于身体的障碍,生活一般比较困难。帮助残疾人是整个社会的责任,因此,通过提供财物设立信托来扶助残疾人属于公益信托。

4. 发展教育、科技、文化、艺术、体育事业

发展教育、科技、文化、艺术、体育事业的范围比较广泛,只要提供财物设立信托的

---

[1] 林岚:"我国公益信托发展面临的困境及对策",载《法治时代》2004年第3期。

目的是发展这些事业,都可以成为公益信托。比如,出资设立学校或者维持现有学校的运行,设立奖学金、帮助贫困学生,设立或资助新学科、新课程等,出资设立或者维护博物馆、美术馆、图书馆,资助公共艺术团体或组织,资助公共体育运动以及资助相关的科学研究等。

5. 发展医疗卫生事业

设立或者维护公益性的医院、诊所,救助某种疾病的患者或者一般性的救助病人,资助医学研究等。

6. 发展环境保护事业,维护生态平衡

《公益事业捐赠法》已经明确规定,发展环境保护事业、维护生态平衡属于公益目的,《信托法》再次确认,一般来说,出资或者捐物设立信托,用于防止或清除环境污染,植树造林,采取措施防止沙漠化危害,科学处理工业废料和生活垃圾等致污物,进行环境保护方面的科学研究等都属于公益目的。

7. 发展其他社会公益事业

由于公益事业的范围随着社会、经济的发展而变化,采用列举的办法确定公益事业的范围,显然难以适应这种变化。为此增加这项规定,以便今后增加相应的公益目的。在一些发达国家,戒毒、戒酒,建立和维护社会公众休闲设施等公共设施,保护动物不受伤害,增强国家的防御力量,发展宗教等,也被看成是公益事业。

(二)公益信托的生效要件

任何一项设立公益信托的信托行为都必须采取书面形式,而不能采取口头形式。因为公益信托涉及社会公共利益,所以各国对其都作了较严格的规定来进行监控。我国采取许可有效制度,规定公益信托的设立和确定其受托人,应当经过公益事业的管理机构批准,未经批准不得以公益信托的名义进行活动。公益信托的受托人与受益人,与私益信托的同类当事人相比较,的确具备一些明显的特征。除国家以外的任何有资格担任受托人的主体均可以担任公益信托的受托人。在英美法系国家中,最常见的公益信托的受托人,是各种各样的基金会。基金会是以公益为目的并以社会上人们赠与的财产为基础而成立的组织。在大陆法系国家中,公益信托通常以信托公司为受托人。

(三)公益信托的主体

公益信托与私益信托有很多区别,其中公益信托所涉及的主体与私益信托也不同。公益信托的主体包括委托人、受托人、信托管理人、受益人和经营管理委员会。自然人和法人都可以成为公益信托的委托人,但是法人只有在其章程许可时才能成为公益信托的委托人。虽然各国法律并不排除个人作为公益信托的受托人,但是公益信托的受托人多是信托机构。公益信托的受益人只能是不特定的社会大众,通常由国家、地方公共团体和公共法人作为代表。因为公益信托的受益人不特定,公益信托关系中必须设立信托管理人,来负责信托财产的管理和运用。公益信托中还必须设立经营管理委员会,作为公益法人的理事会或者评议委员会负责向受托人提出最适当的受益人的意见。

(四)信托监察人

因为公益信托的特殊性,我国《信托法》除规定公益信托人采取全体受托人共同管理的模式之外,还应设立信托监察人。我国《信托法》规定公益信托必须设立信托监察人,信托监察人既是受益人的代表,也是对受托人的信托活动实施监督的人,有权以自己的名义,为维护受益人的利益,提起诉讼或者实施其他法律行为。

肆 票 据 法

一、票据法概述

(一)票据的概念与特征

票据(negotiable instruments),是指出票人依票据法签发的,约定由自己或委托付款人在见票时或者在指定的日期向收款人或者持票人无条件支付一定的金额的一种有价证券。票据这种"商业货币"〔1〕,在社会经济生活中发挥着重要的作用,具有支付手段、信用手段、结算手段和融资手段等经济功能。

广义的票据泛指商业上的一切权利凭证,包括提单、仓单、信用证、保险单、股票等;而我国票据法采用了狭义的概念,依据《票据法》第2条之规定,我国票据法调整范围内的票据仅包括三种类型的票据,即汇票、本票和支票〔2〕。

票据属于有价证券的一种,其法律特征主要体现在如下几个方面:第一,票据是一种设权证券。所谓设权证券,是指票据权利的发生以做成证券为前提,票据权利仅于证券做成后才发生,证券做成前该票据所代表的权利不存在。第二,票据是文义证券,即票据所创设的一切权利义务完全以票据上所记载的文义为准,而不得进行任意解释或依票据以外的任何其他文件确定。第三,票据是要式证券,即票据的制作必须依据《票据法》规定的格式进行;票据上记载事项,也须严格遵守《票据法》的规定,否则会影响票据的效力甚至会造成票据无效。第四,票据是无因证券。所谓无因性,是指只要票据满足了《票据法》上的条件,其上的票据权利即可成立;票据权利的产生、变更和消灭不需要另外考虑票据权利发生的原因或基础。此外,依据票据使用方式、程序,也把票据称为提示证券、缴回证券和流通证券。

(二)票据的基本种类

票据依据票据法分为三类,即汇票、本票和支票。

1. 汇票(bill of exchange)

汇票是指出票人签发的,委托付款人在见票时或者在指定日期无条件支付确定的

---

〔1〕 于莹:《票据法》,高等教育出版社2008年版,第58页。

〔2〕 日本明治32年(1899)的商法第4编标题为"票据",其中也仅规定汇票、本票和支票三种。参见谢怀栻:《票据法概论》,法律出版社1990年版,第15页。

金额给收款人或者持票人的票据。根据出票人的不同,可以将汇票分为银行汇票和商业汇票两种:银行汇票是出票银行签发的,由其在见票时按照实际结算金额无条件支付给收款人或持票人的票据。银行汇票根据其用途又可以分成现金银行汇票和转账银行汇票。前者必须填写“现金”字样,既可以提现,又可以转账;后者则只能转账。商业汇票是由银行以外的其他主体签发的汇票。商业汇票根据承兑人不同,可以分成银行承兑汇票和商业承兑汇票。根据汇票指定的到期日的不同,可以将汇票分为即期汇票和远期汇票。前者是由出票人开出的,要求付款人在见票的当天或提示的当时,向收款人或持票人无条件支付一定金额的汇票;后者是由出票人开出的,要求付款人在一定期限内或指定日期,向收款人或持票人无条件支付一定金额的汇票。根据汇票记载权利人的方式不同,可以将汇票分成记名汇票、指示汇票和无记名汇票。记名汇票是指出票人在票面上明确记载收款人姓名或名称的汇票;指示汇票是指出票人不仅明确记载收款人的姓名或名称,而且附加“或其指定的人”的字样的汇票;无记名汇票是指出票人没有记载收款人的姓名或名称,或只记载“付来人”字样的汇票。根据我国《票据法》的规定,我国只承认记名汇票,因此目前无记名汇票和指示汇票在我国都不具有法律效力。

2. 本票(promissory note)

本票是由出票人签发的,承诺自己在见票时无条件支付确定金额给收款人或者持票人的票据。本票出票后,对于出票人而言,必须承担对本票持票人的付款责任。出票人是本票上的主债务人,本票一届到期日,出票人必须对持票人付款,对此不得附加任何条件,而且出票人的付款义务不因持票人对其权利的行使或保全手续的欠缺而免除,但一经出票人付款,全部本票关系都归于消灭。与汇票、支票相比,本票具有以下特征:第一,本票的基本当事人只有两方,即出票人和收款人,而汇票和支票则有三方当事人,即出票人、收款人和付款人。第二,本票是自付证券,即出票人本人就是付款人;而汇票和支票一般都是委托他人付款,属于委付证券。第三,本票无须承兑,因为本票是由出票人自己付款,该付款承诺对出票人本人具有法律约束力。

3. 支票(exchequer or check)

根据我国《票据法》第 81 条的规定,支票是出票人签发的,委托办理支票存款业务的银行或其他金融机构在见票时无条件支付确定的金额给收款人或持票人的票据。据此,支票具有以下两个法律特征:其一,支票付款人的资格有所限制,仅限于银行或其他金融机构,而除此之外所有的公司和个人都不能担当支票的付款人。其二,支票均为见票即付票据,而无远期和即期之分,与汇票和本票不同。就当事人而言,支票在发票时有三个当事人:发票人,即签发支票的人;受款人,即持支票向付款人请求付款的人;付款人,即银行或其他法定金融单位。就支票的分类来看,根据支票上记载权利方式的不同,可以将其分成记名支票、无记名支票和指示支票;根据支票付款方式的不同,可以将其分为普通支票、现金支票和转账支票。普通支票既可以转账,也可以支取现金。

(三)票据法的地位与特征

票据法(negotiable instruments law)是调整票据各当事人之间的权利义务关系的法律规范的总称。广义的票据法,亦称实质意义票据法,是指调整票据关系和与票据运作过程有密切关系的非票据关系的各种法律规范。广义票据法既包括专门的票据法律、法规,也包括其他法律、法规中涉及票据的规定。狭义的票据法即形式意义上的票据法,指专门的票据法规范,它是规定票据的种类、形式和内容,明确票据当事人之间的权利义务,调整因票据而发生的各种社会关系的法律规范。

较票据而言,票据法是一较为新近的概念。时至近代,随着资本主义商品经济的发展,票据法逐渐作为证券法的重要内容独立出来,而证券法属于金融法中非银行金融机构法的下位概念,由此可知票据法在金融法体系中的大致地位[1]。

从世界范围来看,票据法也有英美法系和大陆法系的区分。英美法系国家的票据法是以英国国内法《英国票据法》为蓝本。大陆法系国家的票据法则是以《日内瓦统一法》这一国际公约为主要依据。

大致了解了票据法的地位,我们再来介绍票据法的原则。票据法的基本原则包括以下几个方面。一是迅捷原则,票据的迅捷主要体现在对票据交易的客体、票据的行为模式、票据的程序加以统一。二是确定原则,即在票据交易过程中,一定要确保票据当事人之间的权利义务关系的确定性。如果权利义务关系是不确定的,票据就无法进行流转。票据法中没有效力待定制度。三是安全原则,票据立法中的一系列公权力干预旨在保证交易的安全。四是公平原则,主要体现在两个方面:一方面是在票据交易过程中,双方当事人地位平等,从各自的利益出发,进行协商;另一方面,票据法中对实质公平也有规定,如追索权、求偿权制度。

票据法的特征是基于票据的特性以及票据制度灵活安全的双重要求而产生的,是票据法原则的体现,也是票据法本身区别于民商法的依据。其中主要的特征如下:第一是强行性,也称非任意性。票据法在性质上为私法,但有公法色彩。在票据法中的规定多属于强制性规定,如票据种类一般采取法定主义,票据行为属于严格的要式行为,多数关于票据格式以及有关当事人权利义务等规定,当事人也不能随意变更。票据法中任意条款少,任意条款中自由选择余地也很有限。第二是技术性。刑事和民商事法律规范中的道德伦理色彩较浓,如杀人偿命、近亲不婚等;票据法的规定则多不具有道德意义,而更多是基于方便交易、繁荣市场的纯技术考虑,如统一规范的票据格式可以使票据上的各种事项便于认识,便于利用;而要式的票据行为也属技术规范。不过应当注意偿还请求权,发票人和背书人的保付责任等规定也反映出公平诚信的道德要求。第三是国际统一性。虽然票据法是国内法,但票据制度是为商品经济和国际贸易服务的,如果不同国家的票据法相互区别而不能统一,票据的流动性就不能充分发

[1] 鉴于证券种类繁多、内容庞杂,此处仅为大家简要介绍证券法中的票据法部分。

挥，票据制度的价值也将大打折扣，因而不同国家的立法者都试图使本国票据法与国际的票据规则接轨。《日内瓦统一法》就是适应这一要求而为多数国家接受的。不仅在参加日内瓦公约的国家之间，票据法基本上是一致的，就是未参加公约的国家也力求使自己的票据法与其他多数国家的票据法统一起来。票据法成为国际上通用程度最高的一种法律。第四是二元性。票据法既是实体法，又有程序性规定。

（四）票据法律关系

票据法上的法律关系是指因票据而发生的法律关系。这种法律关系可以分为票据关系和票据法上的非票据关系。

1. 票据关系

票据关系是指当事人之间基于各种票据行为而发生的债权债务关系，具体而言是指持有票据的债权人与在票据上签名的债务人之间的关系，比如，基于发票行为而发生的发票人与受款人之间的关系和受款人与付款人之间的关系，基于汇票承兑而发生的持票人与承兑人之间的关系，基于背书而发生的背书人与被背书人的关系和背书的前手与后手之间的关系，基于汇票承兑而发生的持票人与参加承兑人之间的关系，基于汇票和本票的保证而发生的保证人与持票人的关系等。以上各种票据关系可以概括为两类，一类以债权人的付款请求权与债务人的付款义务为内容；另一类以债权人的追索权与债务人的偿付义务为内容。对于票据关系的特点而言，首先，它是基于票据行为而产生的；其次，票据关系具有独立性、无因性；最后，其主体具有一定的不确定性。

2. 票据法上的非票据关系

票据法上的非票据关系也是依据票据法规定而产生的当事人之间的权利义务关系，但不同于票据关系，这一票据法的基本关系，其目的在于使票据关系得到保障，使票据债权人能够顺利行使票据权利。非票据关系与票据关系不同，非票据关系不是基于票据行为产生的，而是直接由法律规定而发生；而且非票据关系中权利人行使权利时持有票据并非必要条件。根据我国《票据法》的规定，非票据关系主要包括以下三种。

（1）利益返还关系。《票据法》第18条规定，持票人因超过票据权利时效或者因票据记载事项欠缺而丧失票据权利的，仍享有民事权利，可以请求出票人或承兑人返还其与未支付的票据金额相当的利益。这就体现持票人与出票人或承兑人之间的利益返还关系。

（2）票据返还关系。根据《票据法》第12条的规定，用欺诈、偷盗或者胁迫等非法手段取得票据的或明知有前列情形，出于恶意而取得票据者不得享有票据权利，丧失票据或已经履行义务的人就享有票据返还的请求权，即要求不当占有票据者返还票据。

（3）损害赔偿关系。票据关系主体没有遵守法定规则的，就要承担因此而造成的损害赔偿责任。如我国《票据法》规定，若承兑人或付款人在拒绝承兑或拒绝付款时，没有出具拒绝证明，该承兑人或付款人就要承担由此产生的损害赔偿责任。

3. 票据的基础关系

票据的基础关系不是上文所称的“票据上的法律关系”，而是与票据上的法律关系相对的一个概念。相对于作为形式关系的票据关系,基础关系又称为票据的实质关系。票据的基础关系有三种,即原因关系、资金关系和票据预约关系。这三种关系均属民法上的法律关系。发票人之所以发出票据,将之交付与受款人,受款人之所以接受票据,在经济上和法律上必有一定的原因。当事人间(发票人与受款人间)授受票据的原因,即票据的原因关系。资金关系是指汇票发票人与付款人之间、支票发票人与付款人之间的基础关系,即汇票或支票的发票人之所以委托付款人付款,付款人之所以付款或承兑的前提原因。本票中一般不存在资金问题。票据预约关系是指在发出票据之前,就票据的种类、金额、到期日、付款地等事项所达成的合意。票据预约不仅存在于出票人与收款人之间,也存在于背书人与被背书人之间。因此,当事人之间先有原因关系,后有票据预约关系,然后根据预约签发票据,才能产生票据关系。

票据关系与基础关系之间既互相分离又在一定情况下相互牵连。通常,依据票据关系的独立性,票据关系一经形成,便不受基础关系的影响,基础关系是否存在、是否有效不影响票据关系的存在或效力。这正是票据无因性的体现。相互牵连的情形主要有以下两种:一是原因关系与票据关系存在于同一当事人之间时,债务人可以用原因关系对抗票据关系;二是持票人取得票据如无对价或无相当之对价时,不能有优于其前手的权利。这种牵连关系是票据法中公平和诚信原则的体现。

二、票据行为

(一)票据行为的概念

票据行为有广义和狭义两种。广义的票据行为,是指一切能够引起票据关系产生、变更或终止的法律行为,包括出票、背书、承兑、参加承兑、划线、保付、改写、涂销、付款、保证等。狭义的票据行为,则仅指以发生票据上的债务为目的的法律行为,包括出票、背书、保证、承兑、参加承兑、保付六种行为。由于我国《票据法》没有规定参加承兑和保付行为,因而我国《票据法》规定的狭义票据行为仅为出票、背书、承兑以及保付四种行为。

(二)票据行为的特征

票据行为具有独立性、无因性、要式性和文义性四个特征,其具体内容如下所述。

1. 独立性

独立性是指在同一票据上若有数个票据行为,则每一行为各依其在票据上所载的文义分别独立发生效力,一行为无效,不影响其他行为的效力。独立性在票据涉及签字人行为能力、票据的保证等方面均有体现,以伪造票据为例,票据的伪造或票据上签名的伪造对票据上其他真正的签名的效力不发生影响。关于此点,将在以下“票据的伪造”部分详述。

2. 无因性

票据是无因证券,票据生效只问抽象形式,而不问其实质,发票行为成立后,票据亦不受实质关系的影响。换言之,票据行为与票据的基础关系是相分离的,票据行为的效力取决于自身的要件。

3. 要式性

票据行为是典型的要式行为，必须严格遵守《票据法》规定的形式和要求，否则不能产生《票据法》上的效力。主要体现在：首先，任何一种票据行为都必须由行为人签名或盖章；其次，任何一种票据行为都必须以书面形式做成，而且每一种行为在票据上记载的位置也都是特定的；最后，各种票据行为都有一定的款式，即必须以一定的方式记载一定的内容。

4. 文义性

这是指票据行为的内容完全以票据上的文字记载为准，即使票据上的某些记载与实际情况不符，仍应以文字记载为准，也不允许当事人以票据文字以外的事实或证据，来对票据上的文字记载加以变更或补充，如票据债务人不得以票据上文字记载以外的事项对抗债权人。

（三）票据行为的有效要件

作为民事法律行为的票据行为必须具备一般民事法律行为应具备的要件，即票据行为的实质要件。但是，票据行为又是一种特殊的、要式的民事法律行为，因而必须具备《票据法》规定的特别要件，即票据行为的形式要件。

1. 票据行为的实质要件

票据行为实质要件，包括行为人的票据能力、行为人的意思表示以及行为的合法性三个方面。

（1）票据能力。票据能力包括票据权利能力和票据行为能力。票据权利能力是指可以享有票据权利和承担票据义务的资格或能力。票据行为能力则是指能够独立以法律行为取得票据上的权利或承担票据义务的资格或能力。

（2）意思表示。票据行为是一种民事法律行为，因而民法中关于意思表示真实、合法的规定一般也适用票据行为。但是，票据是文义证券、无因证券，行为人的意思表示是否真实、合法有时不易查知，同时为了促进票据的流通，保护善意第三人，学者多赞成票据行为人的意思表示应采用外观主义，即以行为的外观来确定行为的效力。具体而言，票据行为只要在形式上符合票据法规定，就属于有效行为，行为人就要承担票据义务，而不管行为人的意思表示是否真实。

（3）合法性。票据行为的合法性包括形式合法和内容合法两个部分。内容违法主要涉及基于违反社会公共利益的合同而为的票据行为；违反法律、法规强制性规定的票据行为。如果因为票据行为内容违法而导致其无效，则可能会损害到善意持票人的利益，而从中受益的恰恰是违法之人。因此，国际上通行的票据法都明确规定，行为人的票据原因以及目的如何，不会影响票据行为的效力，即体现了票据行为无因性这一基本原则。

2. 票据行为的形式要件

根据我国《票据法》的规定，票据行为的形式要件可以归纳为书面、记载事项、签章以及交付四项。

(1)书面。票据行为必须以书面方式为之,否则属于无效。我国《票据法》第108条第2款规定:“票据凭证的格式和印制管理办法,由中国人民银行规定。”

(2)记载事项。票据行为的有效成立,还必须根据《票据法》的具体规定,在票据上记载有关事项。根据这些事项的记载后的效力不同,可以分成以下五种:一是必要记载事项,指根据《票据法》规定必须记载的事项。根据这类事项的效力的不同,可以将其分成绝对必要记载事项和相对必要记载事项。二是任意记载事项,指当事人可以自由选择是否记载,但一经记载,即发生《票据法》上的效力的事项,是《票据法》中为数不多的具有任择性而非强制性的内容。三是记载后不发生《票据法》上效力的事项,记载此类事项并非完全无效,而仅仅是不发生《票据法》的效力而已,不影响民法上的效力。四是记载本身无效的事项,指既不发生《票据法》上的效力,也不发生其他法上的效力,其记载本身无效,但票据行为依然有效。五是记载后使票据无效的事项,指其一经记载,不仅记载本身无效,而且使整个票据无效。依据我国《票据法》规定,汇票绝对必要记载事项包括:“汇票”字样、无条件支付的委托、确定的金额、付款人名称、收款人名称、出票日期、出票人签章等。相对必要记载事项包括付款日期、付款地和出票地三种。任意记载事项主要包括不得转让和货币种类的约定两项。

(3)签章。各种票据行为的内容虽然不一致,但签章是所有票据行为共同的强制性要求。在票据上签章的意义在于识别行为人,辨别其真伪,并确定行为人的票据责任。

(4)交付。票据的交付是指票据行为人将票据实际交给相对人持有。有效的票据行为,除了行为人以书面在票据上记载法定事项并签章外,还需要将票据交付给相对人。不同的票据行为,其相对人也不一样。

(四)具体票据行为

票据行为是以发生票据上的权利义务为目的而实施的法定行为。按照《票据法》的规定,票据行为包括:出票、背书、承兑、保证。一般而言,汇票涉及全部票据行为;本票无须承兑,涉及三种票据行为;支票无须保证和承兑,涉及两种票据行为。

(1)出票(issue),是指出票人依照法定形式做成票据并将其交付给收款人的票据行为。出票包括两项内容:一是做成票据并在票据上签章;二是将票据交付给收款人。

(2)背书(endorsement),是指持票人以转让汇票权利或者将一定汇票权利授予他人行使为目的,在汇票背面或粘单上记载有关事项并签章的票据行为。“背书连续”,是指转让汇票的背书人与受让汇票的被背书人在汇票上的签章依次前后衔接。以背书转让的汇票,后手应当对其直接前手背书的真实性负责。

(3)承兑(acceptance),是指远期汇票的付款人在票据的正面记载有关事项并签章,而后将票据交付请求承兑人,承诺在汇票到期日无条件支付汇票金额的票据行为。其程序是提示承兑、承兑或拒绝承兑。付款人承兑汇票并将汇票交给持票人后,承兑即发生法律效力。根据我国《票据法》第44条的规定,付款人承兑汇票后,应当承担到期付款的责任。汇票经过付款人承兑后,持票人的付款请求权就成为现实的权利,以承兑人的责任为保障,并且持票人对承兑人还享有追索权。

(4)保证(guarantee),是指票据债务人以外的第三人为担保特定汇票债务人履行债务,以负担同一内容的汇票债务为目的,在汇票上记载有关事项并签章,然后将票据交还给请求保证之人的一种附属票据行为。对于保证人而言,其保证责任的发生依赖于被保证人债务的存在和被保证人责任的种类和范围。而且,保证人的保证责任还独立于被保证的票据债务,即使被保证的票据债务无效,也不影响保证责任的成立;但若被保证的票据债务因形式上欠缺生效要件而无效时,保证人可以不承担保证责任。此外,保证人与被保证人之间是连带责任,且共同保证人之间也是连带责任。对于出票人而言,由于多了一层担保关系,因而其权利实现可能性得到加强。

三、票据权利

(一)票据权利概念

票据权利是指持票人向票据债务人请求支付票据金额的权利。这种金钱债权包括付款请求权和追索权。付款请求权是指持票人依法要求票据的主债务人按票据上所记载的金额付款的权利。这是票据法规定的最基本权利,又称为票据的第一次权利。追索权是指持票人行使付款请求权受到拒绝或有其他法定原因时,向其前手请求支付票据金额的权利,也称第二次请求权。票据权利中双重请求权制度的设立旨在特别保护票据权利人,使取得票据的人都能有安全感,从而促进票据的流通。

票据权利的行使,就是票据债权人要求票据债务人履行票据债务,从而实现票据权利的行为,如提示承兑、提示付款、行使追索权等。票据权利的行使一般要具备两个条件:一是权利人行使票据上的权利时必须持有票据,二是权利人应进行票据提示。票据权利的行使范围限定在票据的当事人之中,当事人包括出票人、背书人、承兑人、保证人、付款人,这些人在票据中的地位均处在持票人之前,即持票人有权向这些人中的付款人或任何一个人请求实现自己的票据权利,不受被请求人所处票据活动中的哪个阶段的限制,但是,持票人不得向处在自己后面的当事人追索,《票据法》第 69 条规定,持票人为出票人的,对其前手无追索权;持票人为背书人的,对其后手无追索权。

以欺诈、偷盗或者胁迫等手段取得票据的,或者明知有上述情形,出于恶意取得票据的,是典型的违背《票据法》原则的行为,不得享有票据权利。

(二)票据权利的取得

票据权利的取得以占有票据为必要,并取得票据上的所有权。票据权利的取得包括原始取得和继受取得方式。原始取得是指持票人不是从其前手处受让票据权利,而是最初取得票据权利。原始取得又包括出票取得和善意取得。前者是指票据的出票人在做成票据,并将票据交付给持票人时,持票人取得票据权利;后者是指票据的受让人善意或无重大过失,从无权利人手中受让票据,从而取得票据权利。继受取得,是指持票人从有权处分票据权利的前手那里,依背书交付或单纯交付的方式,受让票据权利。票据权利的继受取得可以进一步分成《票据法》上的继受取得和非《票据法》上的继受取得。前者主要以背书转让、贴现、质押、保证、付款等方式继受取得票据权利,这些是《票据法》所明确规定的;所谓非《票据法》上的继受取得主要是指以继承、赠与、公司合并或分立、清算等方式继受取得票据权利,这些只能由民法或其他相关法律加以调整,《票据法》上的特别规定并不适用。继受取得与票据权利转移这一概念紧密相连。票据上权利的转移是指票据权利人也就是持票人的变化。票据上权利的移转有背书转让和交付转让两种方式,这两种方式的转让均以交付为要件。交付记名票据,只以交付转让,不用签名;空白背书的票据,可以以交付而转让但须签名;其他背书,则以背书兼交付之转让的方法;发票人禁止背书的票据,只能以普通债权让与的方法转让,但仍须交付。

(三)票据权利的丧失

票据权利的丧失是指票据权利因一定原因或法定事由的出现而不再存在。票据权利丧失的救济有止付通知、公示催告和除权判决等方式,依丧失原因的不同而异。票据权利丧失的原因有哪些呢?根据我国《票据法》规定,票据毁灭、提存、抵销、混同、免除、法院除权判决等事由均可导致票据权利消灭,其中既包括实体方面的原因也有程序方面的原因,而最主要的消灭事由为以下四种。

1. 票据债务人履行付款义务

在正常情况下,票据的债务人经持票人在到期时的提示而向持票人付款,从而票据关系终止,票据权利绝对消灭。我国《票据法》第 60 条规定,付款人依法足额付款后,全体票据债务人的责任解除。

2. 被追索人清偿票据债务以及追索费用

我国《票据法》第 72 条规定,被追索人依法清偿债务后,其责任解除,即追索人对被追索人以及其后手的票据权利归于消灭。

3. 票据保全手续欠缺

我国《票据法》第 65 条规定,持票人不能出示拒绝证书、退票理由书或未按照规定期限提供其他合法证明的,丧失对其前手的追索权。

4. 票据时效期间届满

我国《票据法》第 17 条规定,票据权利在下列期限内不行使而消灭:(1)持票人对票据的出票人和承兑人的权利,自票据到期日起 2 年;见票即付的汇票、本票,自出票日起 2 年;(2)持票人对支票出票人的权利,自出票日起 6 个月;(3)持票人对前手的追索权,自被拒绝承兑或者被拒绝付款之日起 6 个月;(4)持票人对前手的再追索权,自清偿日或被提起诉讼之日起 3 个月。

(四)票据权利的瑕疵

在一定的情况下,票据的权利会产生瑕疵,从而影响票据权利的行使,主要的四种瑕疵是票据的伪造、变造、更改和涂销。

1. 票据的伪造

票据的伪造,是指以行使票据为目的,假冒他人或者虚构人的名义在票据上签章,或者伪造票据行为的违法行为。

票据伪造的法律责任如下:伪造票据对于被伪造者而言,由于票据行为成立的有效要件是当事人必须在票据上签章,而被伪造者自己并没有真正在票据上签章,因而被伪造者不负票据法上的责任。这一抗辩事由是绝对的,可以对抗一切持票人。伪造票据对伪造者而言,由于伪造者在票据上是以他人的名义伪造签章,并没有签自己的名称,因而不负票据上的责任。但根据我国《票据法》第 14 条的规定,在票据上伪造签章的,应承担法律责任。这里的法律责任是指刑事责任、行政责任和民事赔偿责任,而不是票据上的责任。伪造票据对于其他真正签章人而言,由于票据行为的独立性,票据伪造行为不影响真正签章人所为的票据行为的效力。伪造票据对于持票人而言,若所持票据上有真实签章人,则只能向真实签章人行使票据权利;若无,则只能依据民法向伪造人主张民事赔偿。票据伪造对于付款人而言,若其没有辨别出票据的真伪而向合法持票人付款的,该付款行为有效,付款人由此遭受的损失也只能寻求民法解决。

2. 票据的变造

票据的变造,是指无变更权的人对票据上除签章以外的有关记载事项进行变更的行为。构成票据变造必须具备以下几个条件:必须是没有变更权限的人所为的变更行为;必须是变更票据签章以外的其他事项;必须是以行使票据为目的的变更。

我国《票据法》第 14 条第 3 款规定:"票据上其他记载事项被变造的,在变造之前签章的人,对原记载事项负责;在变造之后签章的人,对变造之后的记载事项负责;不能辨别是在票据被变造之前或者之后签章的,视同在变造之前签章。"据此,票据变造的法律后果主要包括:对变造人而言,由于变造行为属于严重的违法行为,变造人须为此行为承担刑事责任和民事赔偿责任。如果变造人属于票据行为人,则变造人仍必须承担票据上的责任。对被变造人而言,由于他们在票据上的签章是在变造之前,变造后的内容并非出于他们的本意,因而他们只对变造前的记载事项承担票据责任。对于变更签章的人而言,应该对变更后的记载内容承担票据责任。对于其他签章的人而言,由于不能辨别是在变造之前还是在变造之后进行签章的,法律推定其在变造之前签章,从而依照原记载事项承担票据责任。对于持票人而言,若其向变造之前的签章人主张票据权利,则只能依照原记载事项为之;若其向变造人或变造之后的签章人主张权利,则有可能获得实现票载的全部权利。对于付款人而言,票据变造的法律后果与票据伪造的后果相同,在此不再赘述。

3. 票据的更改

票据的更改不同于票据的变造,二者的区别在于是否有变动的权限。如果是原记载人或者有权更改人,其有变动权限,他的变动就是"更改";如果不是原记载人或者无权更改者,就没有变动的权限,他的变动就是"变造"。

《票据法》规定,只有票据的原记载人才能更改票据记载事项。原记载人主要是指出票人。其他记载事项是指除了金额、日期和收款人之外的事项,包括付款人名称、付款日期、付款地、出票地等事项。付款人(或委托付款人)一般是银行。如果出票人有两个以上的银行账户,其在出票时就可能因账户情况的变化而变更银行,付款地也可能相应改变。付款日期往往和对方履行合同的时间相关,如果对方提前或推迟履行合同,出票人也可相应地变更付款日期。须注意的是,如果出票人不填写付款日期的,票据法则视为见票即付的票据。票据上未记载出票地的,出票人的营业场所、住所或者经常居住地为出票地,出票人可以根据自己业务的需要,填写合适的出票地,以利于法律保护措施的适用。

凡是属于票据金额、日期和收款人这三个事项的,在任何情况下都不得更改。如果确属填写有误的,原记载人可与收款人(或其他当事人)协商收回原票据,再开给新的票据,由此所造成的损失由出票人承担。如果原记载人或任何人更改这三个事项,则产生两个法律后果:第一是更改无效,此票据作废;第二是更改人要承担伪造或变造票据的法律责任,包括赔偿由于更改票据产生的损失及其他的行政责任,涉及金额巨大的可能要承担刑事责任。

4. 票据的涂销

票据的涂销指有关当事人将票据上的签名或其他记载事项以笔或其他方式涂抹或消除的行为。世界上许多国家的票据法都规定有关于票据涂销的内容,因为在票据实务中常有当事人签署了票据或记载事项后,又变更主意,拒绝签名或承担记载事项的义务,所以要有涂销票据的情况。

四、票据的抗辩

票据的抗辩是指票据债务人根据《票据法》的规定,提出某种合法的事由对票据债权人的请求表示拒绝,而不履行义务的行为。《票据法》第 13 条规定,票据债务人可以对不履行约定义务的与自己有直接债权债务关系的持票人,进行抗辩。在实务中,一般是票据的承兑人、付款人和其他债务人对票据债权人提出的承兑或付款请求,提出某种合法的事由而予以拒绝。这是票据债务人的一种自我保护方法,其能行使的抗辩方法越多,对债务人就越有利。

(一)票据抗辩的分类

票据法理论根据不同的抗辩原因,一般将票据抗辩分为物的抗辩和人的抗辩两大类。

1. 物的抗辩

其是指因票据本身所存在的事由而发生的抗辩。这种抗辩既是来自票据本身,所以不论持票人为谁,也不论债务人是谁,都能成立。由于抗辩事由是基于票据这个客观物体而发生的,因而称物的抗辩;又由于该抗辩事由可对一切持票人提出,因而又叫绝对抗辩。物的抗辩以抗辩人的不同,又可分为:(1)一切票据债务人可以对一切票据债权人行使的抗辩,如票据无效、票据债权已消灭或票据已失效的抗辩;(2)只有特定债务人对抗一切债权人的抗辩,如否定票据行为有效成立的抗辩、票据债权对该债务人已过时效期的抗辩和保全手续欠缺的抗辩。

2. 人的抗辩

其是指基于持票人自身或票据债务人与特定持票人之间的关系而产生的抗辩,又称为相对的抗辩或主观的抗辩。这类抗辩只能对特定的债权人行使,当债权人即持票人发生变更时,这种抗辩就会被切断,债务人不得再以原来的事由对新的持票人行使抗辩。根据行使抗辩权的债务人的不同,人的抗辩也可分为两类:(1)一切票据债务人可以对特定的票据债权人行使的抗辩;(2)特定票据债务人可以向特定票据债权人行使的抗辩,这里的特定债权人和特定债务人是指双方具有直接的当事人之间的关系。

(二)票据抗辩的限制

对于上述各种抗辩,物的抗辩是随票据本身而发生并存在的,无论票据转让到何人手中,这种抗辩都要随着票据存在,由新的票据债务人行使。所以对这种抗辩,是保护票据债务人所必要的,而不应限制。在人的抗辩中,对直接当事人间的抗辩也无法限制[1]。于是票据法加以限制的,从抗辩的性质说,只有人的抗辩;从抗辩的双方当事人说,只是债务人与前债权人之间的抗辩。

所谓票据抗辩的限制,是指债务人不得任意提出票据的抗辩,抗辩须有法律规定的事项根据。各国的票据法理论都指出,票据一经转让,债务人对其让与人(前手)的抗辩就不能随债权的转移到后手身上,称为切断。切断后,持票人享有原来的票据权利,但不接受出票人或其前手与债务人之间存有的抗辩事由,这些事由将由债务人与出票人或持票人的前手另案处理,与持票人没有关系。但是,持票人明知存在抗辩事由而取得票据的除外。

我国《票据法》第13条第1款规定:“票据债务人不得以自己与出票人或者与持票人的前手之间的抗辩事由,对抗持票人。但是,持票人明知存在抗辩事由而取得票据的除外。”这一条款明确了我国票据抗辩限制的主要内容和例外。

伍 涉外金融法律制度

一、外汇管理制度

(一)外汇制度的基本概念

1. 外汇

外汇(foreign exchange),是指以外国货币表示的,可以用作国际清偿的支付手段和资产。依据《外汇管理条例》第3条的规定,外汇具有以下几种具体的表现形式:(1)外币现钞,包括纸币、铸币;(2)外币支付凭证或者支付工具,包括票据、银行存款凭

---

〔1〕 谢怀栻:《票据法概论》,法律出版社1990年版,第71页。

证、银行卡等;(3)外币有价证券,包括债券、股票等;(4)特别提款权[1];(5)其他外汇资产。

2. 汇率

汇率又称汇价,是两国货币之间的兑换比率或比价。根据货币比价变动情况不同,汇率可分为固定汇率、浮动汇率和联合浮动汇率。汇率的变动直接关系到国际收支,也关系到国家和相关市场主体的利益,关系到金融稳定与金融安全,关系到金融调控的绩效。

在我国,从 2005 年 7 月 21 日起,人民币汇率实行以市场供求为基础,参考"一篮子"货币进行调节、有管理的浮动汇率制度。可见,我国新的人民币汇率管理方针主要包括以下几个方面:一是人民币汇率不由行政机关直接制定,而由指定银行自行确定调整;二是人民币汇率的形成不再以国家计划为基础,而是建立在市场供求关系之上;三是人民币汇率的统一。

3. 外汇市场

外汇市场,是指由外汇的需求者、供给者以及中介机构构成的外汇交易的场所。广义的外汇市场包括银行结售汇市场和银行间外汇交易市场,在狭义上则仅指后者。目前,银行间外汇交易市场包括即期外汇市场和远期外汇市场。对于各类外汇市场,不仅需要加强监管,同时,也需要进行有效的调控。

4. 外汇管理

外汇管理,广义上是指一国政府为保持本国货币汇价水平的稳定和维持国际收支平衡,授权国家的货币金融当局或其他机构,对外汇的买卖、借贷、转让、收支和国际清偿,外汇汇率,以及外汇市场等实行的控制和管制行为;狭义上是指对本国货币与外国货币的兑换实行一定的限制。本书采纳广义解释。外汇管理制度的出发点与归宿是稳定本国货币的对外汇率,防范外汇风险,保护国内市场,促进经济发展,平衡本国国际收支。

根据《外汇管理条例》的规定,我国外汇管理的机关是国务院外汇管理部门及其分支机构国家外汇管理局及其分局、支局(以下统称外汇管理机关)。外汇管理机关依法履行外汇管理职责:负责拟定外汇管理法规;调整和公布人民币汇价;参与编制外汇收支计划和国际收支计划并监督执行,管理国家对外负债和经营外汇业务的金融机构的活动,查处违反外汇管理的案件。外汇业务都是通过银行进行的,因此银行在经营外汇业务过程中,负责具体实施国家的外汇管理的法规和政策。1998 年国家外汇管理局

[1] 特别提款权,亦称"纸黄金",是国际货币基金组织创设的一种储备资产和记账单位。它是基金组织分配给会员国的一种使用资金的权利。会员国发生国际收支逆差时,可用它向基金组织指定的其他会员国换取外汇,以偿付国际收支逆差或偿还基金组织贷款,还可与黄金、自由兑换货币一样充作国际储备。但由于其只是一种记账单位,不是真正货币,使用时必须先换成其他货币,不能直接用于贸易或非贸易的支付。特别提款权定值是和"一篮子"货币挂钩,市值不是固定的。

将金融机构外汇业务市场准入审批职能以及对金融机构外币资产质量和风险监管职能移交给中国人民银行。以上职能移交后,外汇局仍保留对金融机构外汇业务的监管职责。

我国的外汇管理的对象是境内机构、个人、驻华机构、来华人员的外汇收支或者经营活动。其中,“境内机构”是指中国境内的企事业单位、国家机关、社会团体、部队等,包括外商投资企业;“个人”是指中国公民和在中国境内居住满1年的外国人;“驻华机构”是指外国驻华机构、领事机构、国际组织驻华代表机构、外国驻华商务机构和国外民间租住驻华业务机构;“来华人员”是指驻华机构的常驻人员、短期入境的外国人、应聘在中国境内机构工作的外国人及外国留学生等。

一般各国对于外汇都会采取一定的管理措施,只是程度、范围与具体方式存在一定差异。就我国情况而言,我国香港、澳门两个特别行政区不实行外汇管制;而我国内地的外汇管理相对而言比较严格,其范围包括一切外汇的收入和支出,各种外汇票证的发行和流通,以及出境的外汇、贵金属和外汇票证。我国目前的外汇管理体制仍属于部分外汇管制,具体表现为:对经常项目实行可兑换,对资本项目实行一定的管制;对金融机构的外汇业务实行监督管理;禁止外币在境内计价流通;保税区实行有区别的外汇管理。

(二)经常项目外汇管理

经常项目是指国际收支中经常发生的交易项目,也是整个国际收支中最大的项目,包括贸易收支、劳务收支、出境旅游、投资利润、借债利息、股息、红利等。依据管理对象可以分为:对境内机构的外汇管理、对境内个人的外汇管理和对驻华机构及外籍人员的外汇管理。

根据《外汇管理条例》的规定,经常项目外汇收支应当具有真实、合法的交易基础。经营结汇、售汇业务的金融机构应当按照国务院外汇管理部门的规定,对交易单证的真实性及其与外汇收支的一致性进行合理审查。外汇管理机关有权对前款规定事项进行监督检查。经常项目外汇收入,可以按照国家有关规定保留或者卖给经营结汇、售汇业务的金融机构。经常项目外汇支出,应当按照国务院外汇管理部门关于付汇与购汇的管理规定,凭有效单证以自有外汇支付或者向经营结汇、售汇业务的金融机构购汇支付。

(三)资本项目外汇管理

资本项目,是指资本的输出输入,所反映的是本国和外国之间以货币表示的债权债务的变动;换言之,就是一国为了某种经济目的在国际经济交易中发生的资本跨国界的收支项目。资本项目外汇是指国际收支中因资本输出和输入而产生的资产负债的增减项目资本,包括直接投资、各类贷款、证券投资等项目资本。

我国资本项目外汇收支管理的基本原则是在放松经常项目汇兑限制的同时,完善资本项目管理。虽对各类资本项目进行管理的具体原则存在差异,但应当基于其共同特质,遵循以下三项共同原则:(1)除国务院另有规定外,境内机构资本项目的外汇收入均应调回境内;(2)境内机构资本项目下的外汇收入均应在银行开立外汇账户;卖给外汇指定银行的,必须经外汇管理机关批准;(3)资本项目下的购汇和对外支付,均需要经过国家外汇管理局核准,持核准件和有关材料方可在银行办理。

根据《外汇管理条例》的具体规定,资本项目外汇收入保留或者卖给经营结汇、售汇业务的金融机构,应当经外汇管理机关批准,但国家规定无须批准的除外。资本项目外汇支出,应当按照国务院外汇管理部门关于付汇与购汇的管理规定,凭有效单证以自有外汇支付或者向经营结汇、售汇业务的金融机构购汇支付。国家规定应当经外汇管理机关批准的,应当在外汇支付前办理批准手续。

(四)我国外汇管理立法现状

外汇管理法,是调整在外汇管理活动中发生的社会关系的法律规范系统。它是国家监管外汇市场的法律依据。通过外汇管理法监管外汇市场可以实现规范国家外汇经营,促进与保持汇率稳定,实现货币政策目标等宏观调控目的,因而外汇管理法是我国金融调控法体系中的重要制度。2011 年 12 月末,中国外汇储备为 31811.48 亿美元,如何管理事关重大,因而更应该强调外汇管理法律机制的健全与完善。

为使我国外汇管理能够适应对外开放的要求,国务院于 1996 年 1 月 29 日发布了《中华人民共和国外汇管理条例》,该条例自同年 4 月 1 日起施行。1997 年 1 月,国务院修订了《外汇管理条例》。2008 年 8 月 1 日国务院第 20 次常务会议再次对《外汇管理条例》作出修订,新条例自 8 月 5 日起施行。

截至 2012 年 7 月 31 日,现行有效的外汇管理基本法规除了《外汇管理条例》之外,还包括《结汇、售汇及付汇管理规定》(银发[1996]210 号)、《境内机构外币现钞收付管理暂行办法》([96]汇管函字第 211 号)、《境内外汇划转管理暂行规定》([97]汇管函字第 250 号)、《个人外汇管理办法》(中国人民银行令 2006 年第 3 号)、《个人外汇管理办法实施细则》(汇发[2007]1 号)、《国家外汇管理局关于加强外汇业务管理有关问题的通知》(汇发[2010]59 号)、《国家外汇管理局关于进一步加强外汇业务管理有关问题的通知》(汇发[2011]11 号)等。此外,《中国人民银行法》、《商业银行法》、《反洗钱法》以及《证券法》、《保险法》等金融法中也含有涉及外汇管理具体问题的规定。

(五)违反外汇管理规定的法律责任

1. 对套汇行为的处罚

套汇,指境内的单位、企业或个人,违反外汇管理规定,通过第二者或第三者,采用各种方式用人民币或物资,非法换取外汇和外汇收益,攫取国家应收的外汇。根据《外汇管理条例》第 40 条的规定,有违反规定以外汇收付应当以人民币收付的款项,或者以虚假、无效的交易单证等向经营结汇、售汇业务的金融机构骗购外汇等非法套汇行为的,由外汇管理机关责令对非法套汇资金予以回兑,处非法套汇金额 30% 以下的罚款;情节严重的,处非法套汇金额 30% 以上等值以下的罚款;构成犯罪的,依法追究刑事责任。

2. 对逃汇行为的处罚

逃汇，指境内的单位、企业或个人，违反外汇管理规定，把应该上交或售给国家的外汇，私自保存、使用、存放境外，或将外汇、外汇资产私自携带、托带、邮寄出境等逃避国家外汇管理的行为。根据《外汇管理条例》第 39 条的规定，有违反规定将境内外汇转移境外，或者以欺骗手段将境内资本转移境外等逃汇行为的，由外汇管理机关责令限期调回外汇，处逃汇金额 30% 以下的罚款；情节严重的，处逃汇金额 30% 以上等值以下的罚款；构成犯罪的，依法追究刑事责任。

3. 对其他外汇违法行为的处罚

《外汇管理条例》第 41 条规定，违反规定将外汇汇入境内的，由外汇管理机关责令改正，处违法金额 30% 以下的罚款；情节严重的，处违法金额 30% 以上等值以下的罚款。非法结汇的，由外汇管理机关责令对非法结汇资金予以回兑，处违法金额 30% 以下的罚款。第 42 条规定，违反规定携带外汇出入境的，由外汇管理机关给予警告，可以处违法金额 20% 以下的罚款。法律、行政法规规定由海关予以处罚的，从其规定。第 45 条规定，私自买卖外汇、变相买卖外汇、倒买倒卖外汇或者非法介绍买卖外汇数额较大的，由外汇管理机关给予警告，没收违法所得，处违法金额 30% 以下的罚款；情节严重的，处违法金额 30% 以上等值以下的罚款；构成犯罪的，依法追究刑事责任。第 46 条规定，未经批准擅自经营结汇、售汇业务的，由外汇管理机关责令改正，有违法所得的，没收违法所得，违法所得 50 万元以上的，并处违法所得 1 倍以上 5 倍以下的罚款；没有违法所得或者违法所得不足 50 万元的，处 50 万元以上 200 万元以下的罚款；情节严重的，由有关主管部门责令停业整顿或者吊销业务许可证；构成犯罪的，依法追究刑事责任。

二、外债管理制度

（一）外债概述

1. 外债的概念

根据国际货币基金组织和世界银行的定义，外债（external debt）是任何特定的时间内，一国居民对非居民承担的具有契约性偿还责任的负债，不包括直接投资和企业资本。依据我国外汇管理局的定义，外债是指中国境内的机关、团体、企业、事业单位、金融机构或者其他机构对中国境外的国际金融组织、外国政府、金融机构、企业或者其他机构用外国货币承担的具有契约性偿还义务的全部债务，包括国际金融组织贷款、外国政府贷款、外国银行和金融机构贷款、买方信贷、外国企业贷款、发行外币债券、国际金融租赁、延期付款、补偿贸易中直接以现汇偿还的债务、其他形式的对外债务。借款单位向在中国境内注册的外资银行、中外合作银行借人的外汇资金视同外债。外国的股权投资如外商直接投资和股票投资不属于外债。

外债与外资既有联系又有区别。它作为外资的一部分，与直接投资又有本质的区别。直接投资是以利润分配形式偿还，并在合同有效期间双方共担经营风险，外债则由举债国使用并按规定的期限归还本金和支付利息。

2. 外债的分类

外债依据不同的标准可以作出多种划分：按债务人，可分为国家债务与非国家债务，也称为主权债务与非主权债务；按时间，可分为长期债务与短期债务；按贷款者，可分为政府贷款（又称双边贷款）、国际金融组织贷款（又称多边贷款）、外国商业银行贷款，以及外国证券投资者；按利率，可分为固定利率贷款与浮动利率贷款。此外，还可按借款者利益、币种等分类。多种分类有利于从不同侧面，把握外债的具体特征。

3. 外债的作用

外债的作用主要表现在以下两个方面：一方面是筹措资金，用于投资，以促进本国的经济增长，或用于弥补财政赤字。在经济开放条件下，一国的总投资应等于国内积累与利用国外资金，当国内积累不能满足其投资需要时，就有必要借用国外资金。因而，外债是由国内积累、国内储蓄与投资的差额引起的。另一方面是弥补暂时的外汇短缺。当一国出现国际收支不平衡，如出现经常项目逆差时，在不动用其储备的情况下，就可以利用外资来弥补，使其国际收支重新达到平衡。一般来说，适度的外债规模可以加速一国的经济增长，而超出国力承受极限的外债则可能对一国的经济产生很大的压力，这不仅表现为外债的还本付息可能会减少一国今后所能动用的资源，从而影响到经济的增长；而且外债增长过快也将影响到一国的进出口及国际收支的平衡。

4. 衡量标准

衡量外债是否适度的指标主要有：(1)偿债率，即年还本付息额与年商品及劳务出口所创外汇收入总额的百分比；(2)债务率，指一国外债余额占年出口外汇收入的百分比；(3)负债率，指一国外债余额占国民生产总值的比例；(4)偿息率，指年利息支付总额与出口所创外汇收入的百分比。

（二）外债管理

外债管理（external debt management）是指以外债总量管理、外债结构管理和外债营运管理为主要内容的管理体系。

外债总量管理的核心，是使外债总量适度，不超过债务国的吸收能力。外债的吸收能力取决于债务国的负债能力和偿债能力两个方面。前者决定债务国能否将借入的外债消化得了，使用得起；后者决定债务国对外债能否偿还得起。根据国际上通行的标准，20%的负债率、100%的债务率和25%的偿债率是债务国控制外债总量的警戒线。

外债结构是指外债的各构成部分在外债总体中的排列组合与相互地位。外债结构的优化具体包括外债种类结构、期限结构、利率结构、币种结构、国别结构等方面的优化。

外债营运管理是对外债整个运行过程进行管理，包括外债借入管理、外债使用管理和外债偿还管理。外债借入管理要掌握好借债窗口，控制好借债总量，调整好借债结构，控制好借债成本。外债使用管理要掌握好外债的投向，力争使外债投到微观经济效益和宏观经济效益综合最优的产业和项目上去。外债偿还管理要落实好偿债资金，合理安排偿债时间，避免出现偿债高峰。

（三）违反外债管理法规的责任

外债管理领域的违法行为主要包括以下两类：一是违反外债管理的行为，例如，擅自办理对外还款的；违反国家有关规定，擅自在境外发行外币债券的；违反国家有关规定，擅自提供对外担保的；其他违法行为，如未经外汇局核准擅自对外偿还外债本息的。二是违反外债登记规定的行为，例如，故意不办理或者拖延外债登记手续的；伪造、涂改外债登记证的。

根据《外汇管理条例》第43条的规定，有擅自对外借款、在境外发行债券或者提供对外担保等违反外债管理行为的，由外汇管理机关给予警告，处违法金额30%以下的罚款。

（四）我国外债管理状况

1. 我国外债现状

我国的外债主要分为统借统还外债、统借自还外债及自借自还外债几种类型。中国政府借款主要通过以下部门进行：对外贸易经济合作部负责政府贷款，财政部负责世界银行贷款及以中国政府的名义在国际资本市场上发行公债，中国人民银行负责国际货币基金组织贷款及亚洲开发银行贷款，农业部负责国际农发基金组织贷款。这些部门的外债称为国家统借外债。我国坚持在自力更生为主和平等互利的原则下利用外资，为社会主义现代化建设筹借资金，坚持到期偿还或提前偿还，在国际上享有良好的债信。

中国政府对外举债源于20世纪50年代初期苏联的实物援助。但较大规模的对外举债是在1979年以后。近年来，外债规模连年扩大。特别是90年代以来，我国债务余额迅速增加，已成为发展中国家中的债务大国。

从外债来源结构看，官方外债和国际商业贷款比例基本稳定。中国政府已与主要发达国家建立了双边政府贷款关系，与世界银行、亚洲开发银行等国际金融机构确立了长期稳定的大规模贷款合作。近年来，在我国外债总额中，国际商业贷款的比例稳定在50%左右，而来自外国政府及国际金融组织的贷款也基本稳定在30%左右。来源结构的稳定有利于对贷款的统筹安排。总体来说，外债期限结构较为合理。

依据国家外汇管理局2011外汇年报[1]，截至2011年年末，我国外债余额为6949.97亿美元（不包括我国香港特区、澳门特区和台湾地区的对外负债）。2011年我国外债偿债率为1.72%，债务率为33.31%，负债率为9.52%，短期外债与外汇储备的比例为15.75%，主要外债风险指标均在国际标准安全线内。

---

〔1〕 新华社："外汇局：2011年末我国外债余额为6949.97亿美元"，载中央政府门户网站，http://www.gov.cn/jrzg/2012-03/22/content_2097563.htm，最后访问时间：2015年8月1日。

2. 我国外债管理的问题

目前,我国外债管理中尚存在一些问题,比如,外汇管理局作为监管机构权威性不够且具体监管力度不够,导致监管能力比较薄弱;外债流入速度加快,而外债使用效益却不高等。

此外,外债管理中隐性外债的问题[1]也不容忽视。隐性外债是指处于国家对外债的监督管理之外且不反映于国家外债统计监测系统之中的实际对外负债,简言之,就是"隐于监管的外债"。我国隐性外债的主要表现形式有两种;一是假合资,真融资;二是境内机构未经批准对境外借款予以担保。隐性外债的存在不能说其完全不具备合理性,如其在一定程度上缓解了地方和企业资金紧张的矛盾,但是这种逃避监管,冲击金融市场秩序的违规债务,明显弊大于利,未经注册的外债在不受监控的情况下增加,将在很大程度上威胁到整个国家的金融安全与稳定。由于隐性外债未纳入国家和地方国民经济和政府社会发展中长期计划,又脱离了政府各职能部门的有效管理和监督,还绕开了外债登记,使国家公布的对境外实际负债的数字失真,可能导致国家宏观债务经营管理偏离预期的目标。同时,隐性外债的利率一般较高,许多外债所投资项目又为非创汇项目,这就大大提高了借债成本与风险。

3. 强化与完善外债管理

上述外债管理中的问题,说明我国的外债管理仍须加强。国家对全国外债总量和结构实行统一监管,以保持外债的合理规模和结构,并将主要外债指标控制在安全线以内。任何部门、地方和单位不得违反规定擅自举借外债,不得变相对外举债;要合理安排外债投向,提高外债使用效益;要切实保证偿还外债,但严格控制提前偿还,禁止用人民币购汇提前偿还。归纳起来,主要对策为以下几点。

(1)根据国内外经济形势的变化及时调整外债管理政策,加强对外债的宏观管理。外债管理并非静态概念,虽然其总体目标——弥补资金缺口、促进国家经济的发展,适用于经济发展的各个阶段,但适用于过去经济环境的具体外债管理政策未必适用于今天的经济环境。我国应注意根据国内外经济形势的变化及时调整具体的外债管理原则,加强对外债的宏观统一管理。为此,我国应建立一个对外债实行统一管理的权威性机构,根据我国经济发展的需要对外债统筹安排,运用法律、行政及经济手段从机制上保证外债使用效益和按期偿还,对外债各要素的运行过程进行定量分析,并对国际金融市场的汇率、利率进行预测分析,及时有效地调整外债规模与结构。

(2)明确借入外债的目的。借入外债的目的随着经济的发展而不同,发展中国家利用外债一般有三个目的:一是经济发展缺乏足够的国内储蓄,需要引进国外资金补充国内储蓄;二是在贸易持续逆差的情况下,通过资本净流入来弥补外汇缺口,维持国际收支平衡;三是引进国外先进技术和设备,提高产品质量,从而达到提高国际竞争力

---

[1] 高伟国:"用经济的理念看外债管理的政策选择",载《中国外汇》2008 年第 11 期。

的目的。从各国债务危机的教训和我国的实际经济状况分析,应该将第三点作为我国借入外债的主要目的。

(3)提高外债使用效益。我国有着高储蓄率,大量的存贷差说明国内资金并未被充分利用,不存在储蓄不足的问题。之所以会出现资金缺乏的现象,主要是由于投资结构不合理、资金使用效率低。要想改变这样的现状,提高使用效率,首先,在国家产业政策指导下,将外债投向经济效益比较好的部门;其次,为用好国外贷款,还要保证国内配套设施的落实;最后,应当建立外债使用效益指标。

三、涉外金融机构管理

(一)外资金融机构管理

1. 外资金融机构的基本概念

金融机构,是指专门从事货币信用活动的中介组织。我国的金融机构,按地位和功能可分为四大类:中央银行、银行、非银行金融机构(主要包括国有及股份制的保险公司、城市信用合作社、证券公司、财务公司等),以及在境内开办的外资、侨资、中外合资金融机构。以上各种金融机构相互补充,构成了我国完整的金融机构体系。

外资金融机构,是指依照中华人民共和国有关法律、法规的规定,经批准在中国境内设立和营业的下列金融机构:总行在中国境内的外国资本的银行(以下简称外资银行);外国银行在中国境内的分行(以下简称外国银行分行);外国的金融机构同中国的金融机构在中国境内合资经营的银行(以下简称合资银行);总公司在中国境内的外国资本的财务公司(以下简称外资财务公司);外国的金融机构同中国的金融机构在中国境内合资经营的财务公司(以下简称合资财务公司)。外资金融机构的共同特征为其全部或部分资本为外国资本。

外资金融机构必须遵守中华人民共和国法律、法规,不得损害中华人民共和国的社会公共利益。外资金融机构的正当经营活动和合法权益受中华人民共和国法律保护。

上述五种外资经营机构按照中国人民银行批准的业务范围从事金融业务活动。经批准,外资银行、合资银行可以从事人民币外汇业务。

2. 外资金融机构管理制度

(1)设立与登记。设立外资金融机构,必须依法办理申请、审批和登记手续。就设立的资本条件而言,独资银行、合资银行的注册资本最低限额为3亿元人民币等值的自由兑换货币;独资财务公司、合资财务公司的注册资本最低限额为2亿元人民币等值的自由兑换货币。注册资本应当是实缴资本。外国银行分行应当由其总行无偿拨给不少于1亿元人民币等值的自由兑换货币的营运资金。中国人民银行根据外资金融机构的业务范围和审慎监管的需要,可以提高其注册资本或者营运资金的最低限额,并规定其中的人民币份额。

依据《外资金融机构管理条例》[1]的规定：

设立独资银行或者独资财务公司，申请人应当具备下列条件：申请人为金融机构；申请人在中国境内已经设立代表机构 2 年以上；申请人提出设立申请前一年年末总资产不少于 100 亿美元；申请人所在国家或者地区有完善的金融监督管理制度，并且申请人受到所在国家或者地区有关主管当局的有效监管；申请人所在国家或者地区有关主管当局同意其申请；中国人民银行规定的其他审慎性条件。

设立外国银行分行，申请人应当具备下列条件：申请人在中国境内已经设立代表机构 2 年以上；申请人提出设立申请前 1 年年末总资产不少于 200 亿美元，并且资本充足率不低于 8%；申请人所在国家或者地区有完善的金融监督管理制度，并且申请人受到所在国家或者地区有关主管当局的有效监管；申请人所在国家或者地区有关主管当局同意其申请；中国人民银行规定的其他审慎性条件。

设立合资银行或者合资财务公司，申请人应当具备下列条件：外国合资者为金融机构；外国合资者在中国境内已经设立代表机构；外国合资者提出设立申请前一年年末总资产不少于 100 亿美元；外国合资者所在国家或者地区有完善的金融监督管理制度，并且外国合资者受到所在国家或者地区有关主管当局的有效监管；外国合资者所在国家或者地区有关主管当局同意其申请；中国人民银行规定的其他审慎性条件。

（2）监督管理。对外资金融机构实施必要的监督管理，是主权国家行使其主权的体现。但是，必须依法管理，而不能随意干预其正常的经营活动。中国人民银行是管理和监督外资金融机构的主管机关；外资金融机构所在地区的中国人民银行分支机构对本地区外资金融机构进行日常管理和监督。监督管理的范围涵盖外资机构从设立到运营的全过程，是持续稳定的监管。

依据《外资金融机构管理条例》的规定，对外资金融机构的监督管理主要包括：外资金融机构的存款、贷款利率及各种手续费率，由外资金融机构按照中国人民银行的有关规定确定。外资金融机构经营存款业务，应当向所在地区的中国人民银行分支机构缴存存款准备金，其比率由中国人民银行制定，并根据需要进行调整。

外国银行分行的营运资金的 30% 应当以中国人民银行指定的生息资产形式存在，包括在中国人民银行指定的银行的存款等。独资银行、合资银行、独资财务公司、合资财务公司的资本充足率不得低于 8%。独资银行、合资银行、独资财务公司、合资财务公司对 1 个企业及其关联企业的授信余额，不得超过其资本的 25%，但是经中国人民银行批准的除外。独资银行、合资银行、独资财务公司、合资财务公司的固定资产不得超过其所有者权益的 40%。独资银行、合资银行、独资财务公司、合资财务公司资本中

---

[1] 《中华人民共和国外资金融机构管理条例》已经 2001 年 12 月 12 日国务院第 50 次常务会议通过，自 2002 年 2 月 1 日起施行。1994 年 2 月 25 日国务院发布的《中华人民共和国外资金融机构管理条例》同时废止。

的人民币份额与其风险资产中的人民币份额的比例不得低于8%。外国银行分行营运资金加准备金等之和中的人民币份额与其风险资产中的人民币份额的比例不得低于8%。

外资金融机构应当确保其资产的流动性。流动性资产余额与流动性负债余额的比例不得低于25%。外资金融机构从中国境内吸收的外汇存款不得超过其境内外汇总资产的70%。外资金融机构应当按照规定计提呆账(坏账)准备金。外资金融机构发生法定变更事项的,须经中国人民银行批准,并依法向工商行政管理机关办理有关登记。

3. 违反《外资金融机构管理法》的法律责任

违反《外资金融机构管理法》的情形主要涉及:未经批准擅自设立外资金融机构或者非法从事金融业务活动的;超出中国人民银行批准的业务范围、业务地域范围或者服务对象范围从事金融业务活动的;在中国人民银行批准的业务范围内,未经批准开办新的业务品种的;违反有关规定从事经营的;违反有关规定,拒绝、阻碍依法监督检查或者报送虚假的文件、资料和书面报告的。对违法行为,根据不同情况,由中国人民银行分别予以取缔、没收非法所得、罚款、责令停业整顿直至吊销经营金融业务许可证。依法追究各种违反金融法行为的责任,也是属于对付金融风险的重要措施。

(二)境内金融机构境外业务管理

1. 境外业务概述

党的十七大报告提出,坚持对外开放的基本国策,把"引进来"和"走出去"更好地结合起来,扩大开放领域,优化开放结构,提高开放质量,完善内外联动、互利共赢、安全高效的开放型经济体系,形成经济全球化条件下参与国际经济合作和竞争新优势。金融企业的境外业务就是"走出去"的具体体现。国家对"走出去"提供了的金融政策支持,比如,2005年8月,国家外汇管理局发布了《关于调整境内银行为境外投资企业提供融资性对外担保管理方式的通知》,同年12月,财政部和商务部作出了《关于印发〈对外经济技术合作专项资金管理办法〉的通知》。中央人民银行为便于社会各界了解世界各国金融发展情况、金融市场准入信息,从2008年1月1日起,在互联网站上为我国金融企业实施"走出去"战略提供信息服务。

伴随着越来越多的中国企业走向世界,我国银行国际化道路正在稳步推进。2009年1月15日,招商银行完成了对香港永隆银行的强制性收购;同年6月5日,建设银行在伦敦和纽约设立了分行。国内银行在积极应对外资银行竞争的同时,也在积极地筹划开展境外业务。银行拓展境外业务,其动因主要有两种:一是跟随本国大型企业客户的国际化经营。二是本国市场狭小,增长空间有限,必须寻找和开拓新的增长空间。我国银行也将开展境外业务视为应对全球化银行市场竞争的重要举措[1]。

---

[1] 王方宏:"国内银行海外业务发展的战略选择",载《银行家》2005年第10期。

目前境内银行的境外业务主要包括存贷业务、议付、托收、信用证、担保和外汇投资等。这些业务主要是通过中资金融机构海外分支机构具体操作的。中资金融机构海外分支机构是指我国中资金融机构在境外依照当地法律设置的非独立法人的分支机构。

2. 工商银行境外战略

工商银行是积极推进金融国际化发展战略的典型。从1992年在新加坡设立第一家境外代表处以来，工商银行的机构网络快速扩张。2008年，中国工商银行顺利完成收购南非标准银行20%股权和诚兴银行79.9333%股权的交割工作；悉尼分行、纽约分行、中东和多哈分行等相继成立；在我国香港特区注册成立"工银国际控股有限公司"，获得香港特区证监会颁发的投行业务牌照，成为工行境外独资的投资银行平台。截至2011年10月，工商银行已在全球28个国家和地区设立了200多家海外机构，并与132个国家和地区的1453家银行建立了代理行关系，形成了跨越亚、非、欧、美、澳五大洲的全球经营网络，跨市场与全球化服务能力显著增强。

在境外机构网络快速扩张的同时，工商银行各境外营业机构及时把握行业政策，努力开展贷款等方面的合作。不仅能向企业提供常用的直接贷款、出口信贷、对外担保、组织银团贷款等融资产品，还通过境外分支机构向境外企业或项目公司提供内保外贷、上市公司收款和派发股息等创新产品和金融服务。

2004年以来，工商银行先后制定和完善了境外机构经营管理、境外信贷业务评级、授信和审查审批等一系列制度和办法，通过对境外机构风险管理委员会的设置与运作，完善了风险管理的组织架构与运作机制；通过强化内部控制，引导境外分行建立规范的公司治理结构和运作机制，形成较为健全、相互支持、相互制约的管理控制体系；通过细化各类业务管理办法，将风险控制融合落实到业务处理环节；通过改进激励机制，完善对境外机构的绩效考评办法，实现对境外机构的全面、公正考核；通过不断改进境外分行授权管理及业务指标体系，引导境外机构科学调整经营策略，实现良性发展。同时，工行致力于建立健全境内外机构内部控制体系，加大了对境外机构各种经营风险的管理和监控，逐步将境外业务纳入全行统一规范管理。

3. 银行境外业务的风险

金融危机在全球蔓延之后，中国银行业纷纷进军海外业务[1]。中国的金融机构进行全球扩展具有必然性。而且考虑到中国在世界经济格局中发挥的作用，这种扩展也具有积极的意义。然而与中国银行业"走出去"的速度一样，境外业务的风险也不容小觑。很多银行在进入新的境外市场拓展境外业务及海外并购时，一方面缺乏对自身定位的清晰认识，另一方面对自己正面临的风险也知之甚少。

就境外业务拓展而言，首先应当明确以下几点：其一，单纯的企业规模及国内市场上的成功业绩，并不等于能够在境外市场上获得成功；其二，若以开拓市场为目的，是

〔1〕 2009年8月18日，银监会主席刘明康在接受采访时谈及"中资银行拓展境外业务面临风险"。

否有必要选择海外市场,因为中国市场是世界上最大的市场,也是潜在收益最高的市场。还应当警惕,在全球一体化下,海外业务带来的很多风险很容易延伸到国内,最后形成整个银行的风险。

拓展海外业务的不同模式也暗含着不同的风险或缺陷。依靠自身力量进行扩展,虽然所有可变因素都在控制范围之内,但是难以实现规模效应,也难以吸引当地人才,运营成本较高。通过海外并购进行拓展,收购银行能够立即实现规模经营,但在别的国家收购银行时,经常会遇到文化差异所带来的各种困难,也很容易给出过高的价格,因而风险也更高。至于对于建立战略合作伙伴关系的模式,由于结盟战略合作伙伴关系这种方式人和性高,要求战略伙伴互相信任,并切实清楚战略合作如何为双方带来价值,磋商协调的过程可能耗费大量的时间,实践操作中存在较多困难。

4. 监管建议

加强管理有助于防范和化解上述各类风险。在战略方面,是否"走出去"、何时"走出去"、走向何处等方面的决策应更加审慎。在专业方面,对于已经走出去的金融机构,要充分发挥已有的客户资源,不惮于金融创新,提升其业务布局的科学性合理性,增强服务的科技含量,提高竞争力。在宏观方面,调控主体对走出去的金融机构应该加强引导,对于其业务应保持适度管制,管制过严则不利于金融机构的发展,有违发展规律;管制不到位,则安全性难以保证,也不利于我国金融国际化的长期发展。在微观方面,金融机构应当保持审慎的态度,一方面要遵守国家的政策法规,以及境外业务所涉及的外国法规和国际法的规定,降低法律风险;另一方面应当尊重商业发展规律,不可冒进,应建立完善本机构的内控机制,对于自身定位和海外市场及其变化两个方面都作出合理预期。

重点总结

壹　商业银行法

一、商业银行的组织形式

我国商业银行的组织形式为有限责任公司、股份有限责任公司。商业银行的设立采取审批制。(《公司法》第2条;《商业银行法》第11条)

《商业银行法》第19条和第22条规定了商业银行分支机构的设立和责任的承担。要点为以下几条。

(1)设立分支机构需经银监会审批。

(2)分支机构的设立采取"大区制",我国境内的分支机构,不按行政区划设立。

(3)拨付各分支机构的营运资金总和,不得超过总行资本金总额的60%。

(4)分支机构不是独立的法人,总行对其统一核算;分支机构对外先以自己经营管理的财产承担民事责任,不足部分,由总行承担。

（5）根据《最高人民法院关于适用〈中华人民共和国民事诉讼法〉若干问题的意见》，分支机构可作为诉讼主体。

二、商业银行贷款法律制度

本法第34～40条规定了对商业银行发放贷款的限制。

（1）以担保贷款为原则，信用贷款为例外。

（2）遵守本法关于资产负债比例的规定。即资本充足率不得低于8%；贷款余额与存款余额的比例不得超过75%；流动性资产余额与流动性负债余额的比例不得低于25%；对同一借款人的贷款余额与商业银行资本余额的比例不得超过10%；

（3）不得发放人情贷款。

第40条，商业银行不得向关系人发放信用贷款；向关系人发放担保贷款的条件不得优于其他借款人同类贷款的条件。

前款所称关系人是指：

（一）商业银行的董事、监事、管理人员、信贷业务人员及其近亲属；

（二）前项所列人员投资或者担任高级管理职务的公司、企业和其他经济组织。

【思考】L公司为M银行的关系人，M银行负责人利用职权，对L公司按低于同类贷款的优惠利息发放此笔贷款。请判断：（1）商业银行可以根据贷款数额以及贷款期限，自行确定贷款利率。（2）M银行向L公司发放贷款时，优于其他借款人同类贷款的条件，故该贷款合同无效。

三、商业银行的接管、破产

（一）接管

第64条，商业银行已经或者可能发生信用危机，严重影响存款人的利益时，国务院银行业监督管理机构可以对该银行实行接管。

接管的目的是对被接管的商业银行采取必要措施，以保护存款人的利益，恢复商业银行的正常经营能力。被接管的商业银行的债权债务关系不因接管而变化。

（1）接管的条件：当商业银行已经或者可能发生信用危机，严重影响存款人的利益时，银监会可决定对该商业银行实行接管。

（2）接管商业银行的目的：保护存款人的利益，恢复商业银行的正常经营能力。

（3）接管商业银行的法律后果。（见上述第64条）

（二）破产

第71条，商业银行不能支付到期债务，经国务院银行业监督管理机构同意，由人民法院依法宣告其破产。商业银行被宣告破产的，由人民法院组织国务院银行业监督管理机构等有关部门和有关人员成立清算组，进行清算。

商业银行破产清算时，在支付清算费用、所欠职工工资和劳动保险费用后，应当优先支付个人储蓄存款的本金和利息。

（1）破产原因单一：商业银行不能支付到期债务的。

(2)商业银行的破产需要经过银监会的同意,并且清算组的组成成员中应当有银监会代表。

(3)破产清算有特殊的清算顺序:清算费用—职工债权—个人储蓄存款的本金和利息—税款—破产债权。

【对比】商业银行与一般企业法人破产的区别:

(1)破产原因不同。(思考:谁的破产原因更严格?)

(2)是否要经过主管机构批准不同。

(3)清算顺序不同。

【对比法条】《企业破产法》第2条,企业法人不能清偿到期债务,并且资产不足以清偿全部债务或者明显缺乏清偿能力的,依照本法规定清理债务。

企业法人有前款规定情形,或者有明显丧失清偿能力可能的,可以依照本法规定进行重整。

《企业破产法》第113条,破产财产在优先清偿破产费用和共益债务后,依照下列顺序清偿:

(一)破产人所欠职工的工资和医疗、伤残补助、抚恤费用,所欠的应当划入职工个人账户的基本养老保险、基本医疗保险费用,以及法律、行政法规规定应当支付给职工的补偿金;

(二)破产人欠缴的除前项规定以外的社会保险费用和破产人所欠税款;

(三)普通破产债权。

破产财产不足以清偿同一顺序的清偿要求的,按照比例分配。

破产企业的董事、监事和高级管理人员的工资按照该企业职工的平均工资计算。

四.讳反《商业银行法》的法律责任

【特别提示】

商业银行与中国人民银行和银监会的关系如下所述。

1. 商业银行接受中国人民银行的业务指导

中国人民银行制定和执行货币政策,如决定存款、贷款利率上下限;决定加息、减息;接受存款准备金等业务。(央行是执行货币政策的机构)

2. 商业银行接受中国银监会的行政监督管理

商业银行的设立、变更和终止,须经银监会批准。(银监会是行政性事务监管机构)

(1)由央行责令改正的事项。

第76条,商业银行有下列情形之一,由中国人民银行责令改正……情节特别严重或者逾期不改正的,中国人民银行可以建议国务院银行业监督管理机构责令停业整顿或者吊销其经营许可证;构成犯罪的,依法追究刑事责任:

(一)未经批准办理结汇、售汇的;

(二)未经批准在银行间债券市场发行、买卖金融债券或者到境外借款的;

(三)违反规定同业拆借的。

第77条,商业银行有下列情形之一,由中国人民银行责令改正……情节特别严重或者逾期不改正的,中国人民银行可以建议国务院银行业监督管理机构责令停业整顿或者吊销其经营许可证;构成犯罪的,依法追究刑事责任:

(一)拒绝或者阻碍中国人民银行检查监督的;

(二)提供虚假的或者隐瞒重要事实的财务会计报告、报表和统计报表的;

(三)未按照中国人民银行规定的比例交存存款准备金的。

(2)二者均有权查处的事项。

提供虚假的或者隐瞒重要事实的财务会计报告、报表和统计报表的,银行业监督管理机构和中国人民银行均有权查处。

(3)由银监会责令改正的事项。

第74条,商业银行有下列情形之一,由国务院银行业监督管理机构责令改正……

(一)未经批准设立分支机构的;

(二)未经批准分立、合并或者违反规定对变更事项不报批的;

(三)违反规定提高或者降低利率以及采用其他不正当手段,吸收存款,发放贷款的;

(四)出租、出借经营许可证的;

(五)未经批准买卖、代理买卖外汇的;

(六)未经批准买卖政府债券或者发行、买卖金融债券的;

(七)违反国家规定从事信托投资和证券经营业务、向非自用不动产投资或者向非银行金融机构和企业投资的;

(八)向关系人发放信用贷款或者发放担保贷款的条件优于其他借款人同类贷款的条件的。

第75条,商业银行有下列情形之一,由国务院银行业监督管理机构责令改正……

(一)拒绝或者阻碍国务院银行业监督管理机构检查监督的;

(二)提供虚假的或者隐瞒重要事实的财务会计报告、报表和统计报表的;

(三)未遵守资本充足率、存贷比例、资产流动性比例、同一借款人贷款比例和国务院银行业监督管理机构有关资产负债比例管理的其他规定的。

第79条,有下列情形之一,由国务院银行业监督管理机构责令改正……

(一)未经批准在名称中使用"银行"字样的;

(二)未经批准购买商业银行股份总额百分之五以上的;

(三)将单位的资金以个人名义开立账户存储的。

贰 银行业监督管理法

一、银行业监督管理的对象

第2条,国务院银行业监督管理机构负责对全国银行业金融机构及其业务活动监督管理的工作。

本法所称银行业金融机构，是指在中华人民共和国境内设立的商业银行、城市信用合作社、农村信用合作社等吸收公众存款的金融机构以及政策性银行。

对在中华人民共和国境内设立的金融资产管理公司、信托投资公司、财务公司、金融租赁公司以及经国务院银行业监督管理机构批准设立的其他金融机构的监督管理，适用本法对银行业金融机构监督管理的规定。

国务院银行业监督管理机构依照本法有关规定，对经其批准在境外设立的金融机构以及前二款金融机构在境外的业务活动实施监督管理。

二、银行业监督管理职责

本法第16~22条为银监会监管职责的范围。需掌握以下几点。

(1)审查批准银行业金融机构的设立、变更、终止以及业务范围。

(2)商业银行设立分支机构、分立、合并、解散由银监会审批。

(3)商业银行接管、破产，要经过银行业监督管理机构同意。

(4)商业银行的经营范围报国务院银行业监督管理机构批准。

(5)银行业金融机构业务范围内的业务品种，应当按照规定经国务院银行业监督管理机构审查批准或者备案。

(6)对银行业金融机构的董事和高级管理人员实行任职资格管理。

(7)商业银行有下列变更事项之一的，应当经国务院银行业监督管理机构批准：①变更名称；②变更注册资本；③变更总行或者分支行所在地；④调整业务范围；⑤变更持有资本总额或者股份总额5%以上的股东；⑥修改章程。(《商业银行法》第24条)

三、监管职责的履行

(一)现场检查(第34条)

(二)强制整改(第37条)

(三)接管或者促成机构重组

银行业金融机构已经或者可能发生信用危机，严重影响存款人和其他客户合法权益的，国务院银行业监督管理机构可以依法对该银行业金融机构实行接管或者促成机构重组，接管和机构重组依照有关法律和国务院的规定执行。(第38条)

在接管、机构重组或者撤销清算期间，经国务院银行业监督管理机构负责人批准，对直接负责的董事、高级管理人员和其他直接责任人员，可以采取以下措施。

(1)直接负责的董事、高级管理人员和其他直接责任人员出境将对国家利益造成重大损失的，通知出境管理机关依法阻止其出境。

(2)申请司法机关禁止其转移、转让财产或者对其财产设定其他权利。

(四)冻结账户

经国务院银行业监督管理机构或者其省一级派出机构负责人批准，银行业监督管理机构有权查询涉嫌金融违法的银行业金融机构及其工作人员以及关联行为人的账

户；对涉嫌转移或者隐匿违法资金的，经银行业监督管理机构负责人批准，可以申请司法机关予以冻结。（第41条）

叁 票 据 法

第一节 票据法基本制度

一、票据的概念和特征

票据是指由出票人签发，约定自己或者委托他人见票或于确定的日期，无条件支付一定金额的有价证券。我国《票据法》上的票据仅指汇票、本票和支票。票据的特征包括以下几点。

（1）票据是无因证券（票据的无因性）。无因性，是指票据上的法律关系是一种单纯的金钱支付关系，权利人享有票据权利只以持有符合票据法规定的有效票据为必要。至于票据赖以发生的原因则在所不问。即使原因关系无效或有瑕疵，均不影响票据的效力。所以，票据权利人在行使票据权利时，无须证明给付原因，票据债务人也不得以原因关系对抗善意第三人。但是，票据的无因性仍有例外情况，不能将“无因性”绝对化。（结合下文“票据抗辩”）

（2）票据是要式证券。

（3）票据是文义证券，是指票据上权利义务的内容必须以票据上的文字记载为准。

（4）票据是设权证券、缴付证券。

（5）票据是流通证券。

（6）票据行为具有独立性。票据行为的独立性，是指就同一票据所为的若干票据行为互不牵连，都分别依各行为人在票据上记载的内容，独立地发生效力。该性质说明，在先票据行为无效，不影响后续票据行为的效力；某一票据行为无效，不影响其他票据行为的效力。

二、票据权利

（一）概念

票据权利，是指持票人向票据债务人请求支付票据金额的权利，包括付款请求权和追索权。其中，（1）持票人是票据权利人，即票据的持有人（持票人）享有票据权利。（2）票据债务人即在票据上签名的人，依自己在票据上的签名按照票据上记载的文义，承担相应的义务。

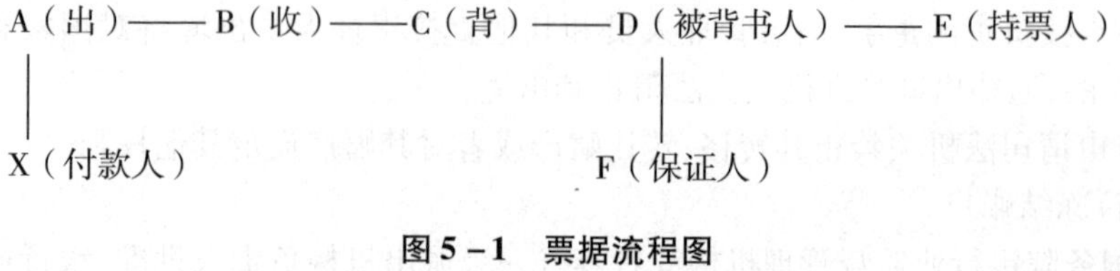

图5－1 票据流程图

(二)种类

票据权利包括付款请求权和追索权。

1. 付款请求权

付款请求权是第一次请求权。持票人必须首先向主债务人行使第一次请求权,而不能越过它直接行使追索权。

2. 追索权

追索权的行使以持票人第一次请求权未能实现为前提,相对于付款请求权来说,是副次性权利。

汇票的追索权是指在法定情况下,持票人向其前手,也就是背书人、出票人以及汇票的其他债务人请求支付票据金额的权利。概括而言,追索权的对象只能是持票人的前手。

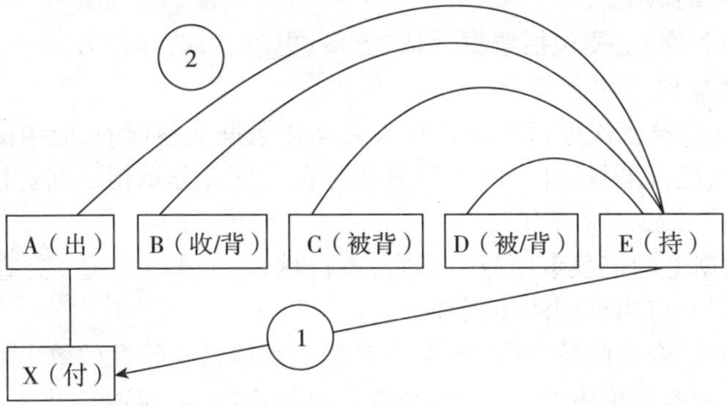

图 5-2 追索权

(1)追索权行使的原因。第 61 条,汇票到期被拒绝付款的,持票人可以对背书人、出票人以及汇票的其他债务人行使追索权。

汇票到期日前,有下列情形之一的,持票人也可以行使追索权:

(一)汇票被拒绝承兑的;

(二)承兑人或者付款人死亡、逃匿的;

(三)承兑人或者付款人被依法宣告破产的或者因违法被责令终止业务活动的。

(2)追索权的行使规则。第一,追索权具有选择性。持票人可以不按照汇票债务人的先后顺序,对其中任何一人、数人或者全体行使追索权。第二,追索权具有变更性。持票人对汇票债务人中的一人或者数人已经进行追索的,对其他汇票债务人仍可以行使追索权。第三,追索权具有代位性。被追索人清偿债务后,与持票人享有同一权利。(第 68 条)

三、票据权利的取得原则

(1)持票人取得票据必须给付对价。该原则意味着持票人不得无偿取得票据,否则不享有票据权利。

第10条第2款,票据的取得,必须给付对价,即应当给付票据双方当事人认可的相对应的代价。

(2)"对价"原则的例外:税收、继承、赠与。

第11条,因税收、继承、赠与可以依法无偿取得票据的,不受给付对价的限制。但是,所享有的票据权利不得优于其前手的权利。

前手是指在票据签章人或者持票人之前签章的其他票据债务人。

注意:该条中"不得优于其前手的权利"是和票据抗辩的延续相联系的规定,请与下文"票据抗辩"一同掌握。

(3)持票人取得票据的手段必须合法。(票据法上的合法手段为"背书")

(4)持票人取得票据时主观上应当具备善意。

四、票据权利的瑕疵

票据权利的瑕疵,主要包括票据伪造、变造、更改、涂销等行为。

(一)无权代理的法律责任

第5条第2款,没有代理权而以代理人名义在票据上签章的,应当由签章人承担票据责任;代理人超越代理权限的,应当就其超越权限的部分承担票据责任。

(二)伪造、变造的法律责任

第14条,票据上的记载事项应当真实,不得伪造、变造。伪造、变造票据上的签章和其他记载事项的,应当承担法律责任。

票据上有伪造、变造的签章的,不影响票据上其他真实签章的效力。

票据上其他记载事项被变造的,在变造之前签章的人,对原记载事项负责;在变造之后签章的人,对变造之后的记载事项负责;不能辨别是在票据被变造之前或者之后签章的,视同在变造之前签章。

(三)票据的更改和涂销

1.票据的更改

更改事项不同,后果有差异:

(1)票据金额、日期、收款人名称不得更改,更改的票据无效。(第9条)

(2)对票据上的其他记载事项(如付款人名称、付款日期、付款地、出票地等),原记载人可以更改,更改时只需签章证明即可。

2.票据涂销

其是指将票据上的签名或者其他记载事项涂抹消除的行为。(一般了解)

五、票据抗辩的概念和种类

票据抗辩,是指票据债务人根据《票据法》的规定对票据债权人拒绝履行义务的行为。可以这样来理解,票据抗辩,是票据债务人拒绝向持票人支付票据金额。

票据抗辩可以分为对物的抗辩和对人的抗辩。

(一)对物的抗辩

对物的抗辩,是指因票据本身所存在的事由而发生的抗辩。常见票面记载导致无效的事由:出票时有条件的委托或承诺、票据金额更改、票面金额大小写不一致;票据超过时效期间。

(二)对人的抗辩

对人的抗辩,是指因票据债务人和特定的票据权利人(持票人)之间存在一定关系而发生的抗辩。发生对人的抗辩情况下,票据本身完全合法,抗辩的理由来源于当事人之间的个人因素。所以"对人的抗辩"仅能对特定的持票人主张,如果票据发生流转,则票据债务人不能对其他持票人以该事由进行抗辩。"对人的抗辩"又称为"相对的抗辩、主观的抗辩"。

第 13 条第 2 款,票据债务人可以对不履行约定义务的与自己有直接债权债务关系的持票人,进行抗辩。

(三)票据抗辩的限制(抗辩切断制度)

第 13 条,票据债务人不得以自己与出票人或者与持票人的前手之间的抗辩事由,对抗持票人。但是,持票人明知存在抗辩事由而取得票据的除外。

票据债务人可以对不履行约定义务的与自己有直接债权债务关系的持票人,进行抗辩。

本法所称抗辩,是指票据债务人根据本法规定对票据债权人拒绝履行义务的行为。

第 11 条第 1 款,因税收、继承、赠与可以依法无偿取得票据的,不受给付对价的限制。但是,所享有的票据权利不得优于其前手的权利。

A 出票给 B,B 不交付货物给 A(B 违约)。抗辩的情况如图 5－3 所示。

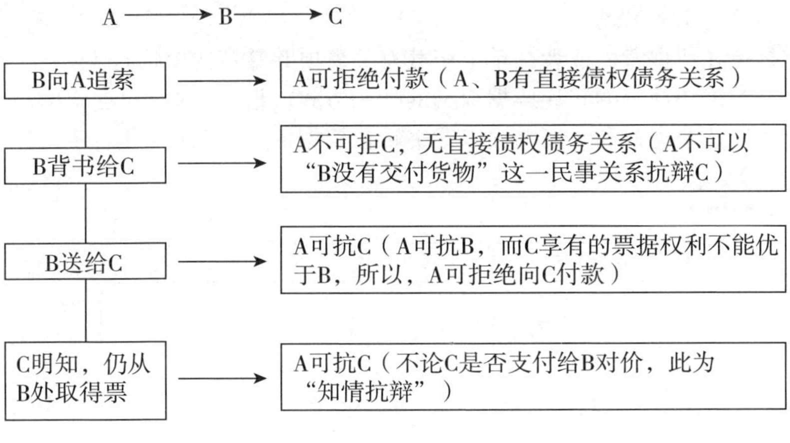

图 5－3 票据抗辩的限制(对人抗辩)

六、票据丧失与补救

票据的丧失与补救措施,包括挂失止付、公示催告和提起诉讼。

第 15 条,票据丧失,失票人可以及时通知票据的付款人挂失止付,但是,未记载付款人或者无法确定付款人及其代理付款人的票据除外。

收到挂失止付通知的付款人，应当暂停支付。

失票人应当在通知挂失止付后三日内，也可以在票据丧失后，依法向人民法院申请公示催告，或者向人民法院提起诉讼。

第二节 汇　票

汇票是出票人签发的，委托付款人在见票时或者在指定的日期无条件支付确定的金额给收款人或者持票人的票据。

一、出票

1. 出票

其是指出票人签章并交付给收款人的票据行为。一个完整的出票行为包括两个方面：一是出票人签章；二是交付票据。在所有的票据行为当中，出票被称为“主票据行为”。

2. 出票的法定记载事项

(1)票据金额以中文大写和数码同时记载，二者必须一致，二者不一致的，票据无效。(第8条)

(2)出票时的绝对必要记载事项：表明“汇票”的字样；无条件支付的委托；确定的金额；付款人名称；收款人名称；出票日期；出票人签章。汇票上未记载前款规定事项之一的，汇票无效。(第22条)

二、背书转让

(一)背书转让的概念

背书是指在票据背面或者粘单上记载有关事项并签章的票据行为。

背书是票据法规定的转让票据权利的唯一方式。汇票、本票和支票的持票人均可以通过背书转让票据权利。背书人以背书转让票据的，承担保证其后手可以得到承兑和付款的义务。

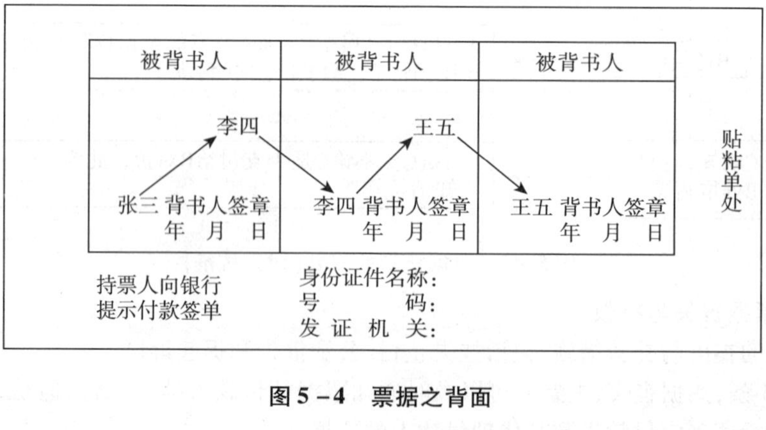

图5-4 票据之背面

(二)背书规则

1. 以背书转让的汇票,背书应当连续

背书连续,是指在票据转让中,转让汇票的背书人与受让汇票的被背书人在汇票上的签章依次前后衔接。

2. 背书转让无须经票据债务人同意

只要持票人完成背书行为,就构成有效的票据权利转让。

3. 背书转让的转让人不退出票据关系

背书转让后,转让人并不退出票据关系,而是由先前的票据权利人转变为票据义务人,并承担担保承兑和担保付款的责任。

4. 出票人的限制背书

第 27 条第 2 款,出票人在汇票上记载"不得转让"字样的,汇票不得转让。

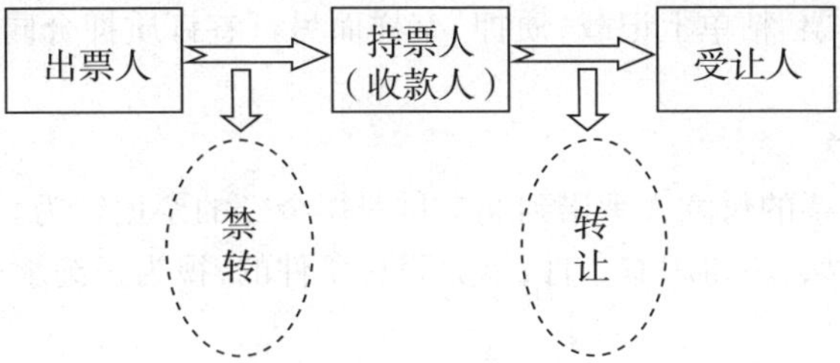

图 5-5　出票人"禁转背书"

5. 背书人的限制背书

第 34 条,背书人在汇票上记载"不得转让"字样,其后手再背书转让的,原背书人对后手的被背书人不承担保证责任。

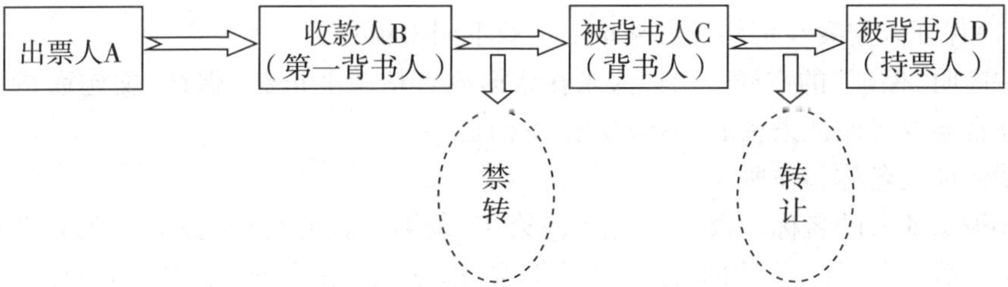

图 5-6　背书人"禁转背书"

6. 附条件背书

第 33 条,背书不得附有条件。背书时附有条件的,所附条件不具有汇票上的效力。

将汇票金额的一部分转让的背书或者将汇票金额分别转让给二人以上的背书无效。

7. 期后背书

第 36 条，汇票被拒绝承兑、被拒绝付款或者超过付款提示期限的，不得背书转让；背书转让的，背书人应当承担汇票责任。

《关于审理票据纠纷案件若干问题的规定》第 3 条，依照票据法第三十六条的规定，票据被拒绝承兑、被拒绝付款或者汇票、支票超过提示付款期限后，票据持有人背书转让的，被背书人以背书人为被告行使追索权而提起诉讼的，人民法院应当依法受理。

8. 汇票质押

汇票可以设定质押；质押时应当以背书记载"质押"字样。被背书人依法实现其质权时，可以行使汇票权利。《关于审理票据纠纷案件若干问题的规定》第 55 条加以细化，即"以汇票设定质押时，出质人在汇票上只记载了'质押'字样未在票据上签章的，或者出质人未在汇票、粘单上记载'质押'字样而另行签订质押合同、质押条款的，不构成票据质押"。

三、汇票的承兑

承兑指远期汇票的付款人承诺到期支付票据金额的票据行为。（第 38 条）

付款人承兑汇票，不得附有条件；承兑附有条件的，视为拒绝承兑。（第 43 条）

四、保证

汇票保证，是指汇票债务人以外的第三人，担保特定的票据债务人能够履行票据债务的票据行为。

第 45 条，汇票的债务可以由保证人承担保证责任。

保证人由汇票债务人以外的他人担当。

（一）汇票保证记载事项

（1）保证人需要在汇票或者粘单上记载下列事项：

①表明"保证"的字样。保证人未在票据或者粘单上记载"保证"文句而是另行签订保证合同或者保证条款的，不构成票据保证。

②保证人名称和住所。

③被保证人的名称。根据《票据法》第 47 条第 1 款的规定，保证人在汇票或者粘单上未记载前条第（三）项的，已承兑的汇票，承兑人为被保证人；未承兑的汇票，出票人为被保证人。

④保证日期。

⑤保证人签章。此为绝对必要记载事项。

（2）保证不得附条件；附有条件的，不影响对汇票的保证责任，即该条件视为无记载。（第 48 条）

（二）汇票保证的法律效力

（1）保证人的责任是独立责任。即使被保证的票据债务因实质性原因而无效，已经完成的票据保证仍然有效。

(2)保证人保证行为无效的原因,可概括为“票据无效,保证无效”。

(3)保证人的责任是连带责任,而且票据保证人的连带责任是一种法定连带责任而非补充责任,所以,对于票据保证人来说,不享有一般保证中保证人的催告抗辩权或先诉抗辩权。

【法条】

第49条,保证人对合法取得汇票的持票人所享有的汇票权利,承担保证责任。但是,被保证人的债务因汇票记载事项欠缺而无效的除外。

第50条,被保证的汇票,保证人应当与被保证人对持票人承担连带责任。汇票到期后得不到付款的,持票人有权向保证人请求付款,保证人应当足额付款。

第51条,保证人为二人以上的,保证人之间承担连带责任。

第三节　支　　票

支票是出票人签发的,委托办理支票存款业务的银行或者其他金融机构在见票时无条件支付确定的金额给收款人或者持票人的票据。(第81条)

(一)支票的特征

(1)支票付款人的资格有严格限制,仅限于银行或其他金融机构,不能是其他法人或自然人。

(2)支票是见票即付的票据,是“即期票据”。所以支票没有“承兑”行为。

(3)支票是支付证券,也就是一种结算方式。支票不具备信用。

(4)支票的无因性受到一定限制。

第87条,支票的出票人签发的支票金额不得超过其付款时在付款人处实有的存款金额。

出票人签发的支票金额超过其付款时在付款人处实有的存款金额的,为空头支票。禁止签发空头支票。

(二)支票的出票

1. 出票人资格的限制

(1)开立支票存款账户,申请人必须使用其本名,并提交证明其身份的合法证件。

(2)开立支票存款账户和领用支票,应当有可靠的资信,并存入一定的资金。

(3)预留印鉴。开立支票存款账户的申请人应该在银行留下其本名的签名样式和印鉴样式。

2. 支票的法定记载事项(注意“无条件支付的委托”,其余法定记载事项略)

3. 出票的效力

(1)出票人必须按照签发的支票金额承担向持票人付款的保证责任,包括保证自已在付款银行有足够的存款、未签发空头支票等。

(2)出票人在付款银行的存款足以支付支票金额时,付款人应当在持票人提示付款的当日足额付款,使持票人能够及时得到票款的支付。

(三)支票的付款

1. 提示付款

支票的持票人应当在出票日起10日内提示付款;异地使用的支票,付款提示期限由中国人民银行另行规定。超过付款提示期限的,付款人可以拒绝付款。

2. 逾期提示的法律后果

因超过提示付款期限付款人不予付款的,持票人仍享有票据权利,出票人仍应对持票人承担票据责任,支付票据所载金额。

◉ 近年真题

一、单选题

1. 根据现行银行贷款制度,关于商业银行贷款,下列哪一说法是正确的?(2013年卷一29题)

A. 商业银行与借款人订立贷款合同,可采取口头、书面或其他形式

B. 借款合同到期未偿还,经展期后到期仍未偿还的贷款,为呆账贷款

C. 政府部门强令商业银行向市政建设项目发放贷款的,商业银行有权拒绝

D. 商业银行对关系人提出的贷款申请,无论是信用贷款还是担保贷款,均应予拒绝

2. 根据《银行业监督管理法》,国务院银行业监督管理机构有权对银行业金融机构的信用危机依法进行处置。关于处置规则,下列哪一说法是错误的?(2012年卷一29题)

A. 该信用危机必须已经发生

B. 该信用危机必须达到严重影响存款人和其他客户合法权益的程度

C. 国务院银行业监督管理机构可以依法对该银行业金融机构实行接管

D. 国务院银行业监督管理机构也可以促成其机构重组

3. 关于《银行业监督管理法》的适用范围,下列哪一说法是正确的?(2011年卷一29题)

A. 信托投资公司适用本法

B. 金融租赁公司不适用本法

C. 金融资产管理公司不适用本法

D. 财务公司不适用本法

4. 下列哪一选项不属于国务院银行业监督管理机构职责范围?(2010年卷一26题)

A. 审查批准银行业金融机构的设立、变更、终止以及业务范围

B. 受理银行业金融机构设立申请或者资本变更申请时，审查其股东的资金来源、财务状况、诚信状况等

C. 审查批准或者备案银行业金融机构业务范围内的业务品种

D. 接收商业银行交存的存款准备金和存款保险金

5. 甲未经乙同意而以乙的名义签发一张商业汇票，汇票上记载的付款人为丙银行。丁取得该汇票后将其背书转让给戊。下列哪一说法是正确的？（2013 年卷三 31 题）

A. 乙可以无权代理为由拒绝承担该汇票上的责任

B. 丙银行可以该汇票是无权代理为由而拒绝付款

C. 丁对甲的无权代理行为不知情时，丁对戊不承担责任

D. 甲未在该汇票上签章，故甲不承担责任

6. 关于票据丧失时的法律救济方式，下列哪一说法是错误的？（2012 年卷三 32 题）

A. 通知票据付款人挂失止付

B. 申请法院公示催告

C. 向法院提起诉讼

D. 不经挂失止付不能申请公示催告或者提起诉讼

7. 甲公司开具一张金额 50 万元的汇票，收款人为乙公司，付款人为丙银行。乙公司收到后将该汇票背书转让给丁公司。下列哪一说法是正确的？（2011 年卷三 32 题）

A. 乙公司将票据背书转让给丁公司后即退出票据关系

B. 丁公司的票据债务人包括乙公司和丙银行，但不包括甲公司

C. 乙公司背书转让时不得附加任何条件

D. 如甲公司在出票时于汇票上记载有“不得转让”字样，则乙公司的背书转让行为依然有效，但持票人不得向甲行使追索权

8. 甲公司向乙公司签发了一张付款人为丙银行的承兑汇票。丁向乙公司出具了一份担保函，承诺甲公司不履行债务时其承担连带保证责任。乙公司持票向丙银行请求付款，银行以出票人甲公司严重丧失商业信誉为由拒绝付款。对此，下列哪一表述是正确的？（2010 年卷三 29 题）

A. 乙公司只能要求丁承担保证责任

B. 丙银行拒绝付款不符法律规定

C. 乙公司应先向甲公司行使追索权，不能得到清偿时方能向丁追偿

D. 丁属于票据法律关系的非基本当事人

9. 甲公司购买乙公司电脑 20 台，向乙公司签发金额为 10 万元的商业承兑汇票一张，丁公司在汇票上签章承诺：“本汇票已经本单位承兑，到期日无条件付款。”当该汇

票的持票人行使付款请求权时,下列哪一说法是正确的?(2009 年卷三 31 题)

A. 如该汇票已背书转让给丙公司,丙公司恰好欠汇票付款人某银行 10 万元到期贷款,则银行可以提出抗辩而拒绝付款

B. 如该汇票已背书转让给丙公司,则甲公司可以乙公司交付的电脑质量存在瑕疵为抗辩理由拒绝向丙公司付款

C. 因该汇票已经丁公司无条件承兑,故丁公司不可能再以任何理由对持票人提出抗辩

D. 甲公司在签发汇票时可以签注“以收到货物为付款条件”

二、多选题

1. 某商业银行决定推出一批新型理财产品,但该业务品种在已获批准的业务范围之外。该银行在报批的同时要求下属各分行开展试销。对此,下列哪些选项是正确的?(2013 年卷一 68 题)

A. 该业务品种应由中国银监会审批

B. 该业务品种应由中国人民银行审批

C. 因该业务品种在批准前即进行试销,有关部门有权对该银行进行处罚

D. 该业务品种在批准前进行的试销交易为效力待定的民事行为

2. 某商业银行违反审慎经营规则,造成资本和资产状况恶化,严重危及稳健运行,损害存款人和其他客户合法权益。对此,银行业监督管理机构对该银行依法可采取下列哪些措施?(2013 年卷一 69 题)

A. 限制分配红利和其他收入

B. 限制工资总额

C. 责令调整高级管理人员

D. 责令减员增效

3. 根据《商业银行法》,关于商业银行分支机构,下列哪些说法是错误的?(2012 年卷一 66 题)

A. 在中国境内应当按行政区划设立

B. 经地方政府批准即可设立

C. 分支机构不具有法人资格

D. 拨付各分支机构营运资金额的总和,不得超过总行资本金总额的 70%

4. 根据《商业银行法》,关于商业银行的设立和变更,下列哪些说法是正确的?(2012 年卷一 67 题)

A. 国务院银行业监督管理机构可以根据审慎监管的要求,在法定标准的基础上提高商业银行设立的注册资本最低限额

B. 商业银行的组织形式、组织机构适用《公司法》

C. 商业银行的分立、合并不适用《公司法》

D. 任何单位和个人购买商业银行股份总额5%以上的,应事先经国务院银行业监督管理机构批准

5. 商业银行出现下列哪些行为时,中国人民银行有权建议银行业监督管理机构责令停业整顿或吊销经营许可证?(2010 年卷一 69 题)

A. 未经批准分立、合并的

B. 未经批准发行、买卖金融债券的

C. 提供虚假财务报告、报表和统计报表的

D. 违反规定同业拆借的

6. 银行业监督管理机构依法对银行业金融机构进行检查时,经设区的市一级以上银行业监督管理机构负责人批准,可以对与涉嫌违法事项有关的单位和个人采取下列哪些措施?(2010 年卷一 70 题)

A. 询问有关单位或者个人,要求其对有关情况作出说明

B. 查阅、复制有关财务会计、财产权登记等文件与资料

C. 对涉嫌转移或者隐匿违法资金的账户予以冻结

D. 对可能被转移、隐匿、毁损或者伪造的文件与资料予以先行登记保存

7. 关于汇票的表述,下列哪些选项是正确的?(2013 年卷三 75 题)

A. 汇票可以质押,当持票人将汇票交付给债权人时质押生效

B. 如汇票上记载的付款人在承兑之前即已破产,出票人仍须承担付款责任

C. 汇票的出票人既可以是银行、公司,也可以是自然人

D. 如汇票上未记载出票日期,该汇票无效

8. 甲公司签发一张汇票给乙,票面记载金额为 10 万元,乙取得汇票后背书转让给丙,丙取得该汇票后又背书转让给丁,但将汇票的记载金额由 10 万元变更为 20 万元。之后,丁又将汇票最终背书转让给戊。其中,乙的背书签章已不能辨别是在记载金额变更之前,还是在变更之后。下列哪些选项是正确的?(2012 年卷三 74 题)

A. 甲应对戊承担 10 万元的票据责任

B. 乙应对戊承担 20 万元的票据责任

C. 丙应对戊承担 20 万元的票据责任

D. 丁应对戊承担 10 万元的票据责任

9. 潇湘公司为支付货款向楚天公司开具一张金额为 20 万元的银行承兑汇票,付款银行为甲银行。潇湘公司收到楚天公司货物后发现有质量问题,立即通知甲银行停止付款。另外,楚天公司尚欠甲银行贷款 30 万元未清偿。下列哪些说法是错误的?(2011 年卷三 74 题)

A. 该汇票须经甲银行承兑后才发生付款效力

B. 根据票据的无因性原理,甲银行不得以楚天公司尚欠其贷款未还为由拒绝付款

C. 如甲银行在接到潇湘公司通知后仍向楚天公司付款,由此造成的损失甲银行应

承担责任

D. 潇湘公司有权以货物质量瑕疵为由请求甲银行停止付款

10. 2005年10月5日，甲、乙签订房屋买卖合同，约定年底前办理房屋过户登记。乙签发一张面额80万元的转账支票给甲以支付房款。一星期后，甲提示银行付款。2006年1月中旬，甲到银行要求支付支票金额，但此时甲尚未将房屋登记过户给乙。对此，下列哪些说法是正确的？(2010年卷三76题)

A. 尽管甲尚未履行房屋过户登记义务，但银行无权拒绝支付票据金额

B. 如甲向乙主张票据权利，因甲尚未办理房屋的过户登记，乙可拒付票据金额

C. 如被银行拒付，甲可根据房屋买卖合同要求乙支付房款

D. 如该支票遗失，甲即丧失票据权利

11. 甲公司在与乙公司交易中获得由乙公司签发的面额50万元的汇票一张，付款人为丙银行。甲公司向丁某购买了一批货物，将汇票背书转让给丁某以支付货款，并记载"不得转让"字样。后丁某又将此汇票背书给戊某。如戊某在向丙银行提示承兑时遭拒绝，戊某可向谁行使追索权？(2009年卷三77题)

A. 丁某

B. 乙公司

C. 甲公司

D. 丙银行

三、不定项选择题

李大伟是M城市商业银行的董事，其妻张霞为S公司的总经理，其子李小武为L公司的董事长。2009年9月，L公司向M银行的下属分行申请贷款1000万元。其间，李大伟对分行负责人谢二宝施加压力，令其按低于同类贷款的优惠利息发放此笔贷款。L公司提供了由保证人陈富提供的一张面额为2000万元的个人储蓄存单作为贷款质押。贷款到期后，L公司无力偿还，双方发生纠纷。根据《商业银行法》的规定，请回答第1～3题。(2011年卷一92～94题)

1. 关于M银行向L公司发放贷款的行为，下列判断正确的是：(2011年卷一92题)

A. L公司为M银行的关系人，依照法律规定，M银行不得向L公司发放任何贷款

B. L公司为M银行的关系人，依照法律规定，M银行可以向L公司发放担保贷款，但不得提供优于其他借款人同类贷款的条件

C. 该贷款合同无效

D. 该贷款合同有效

2. 关于李大伟在此项贷款交易中的行为，下列判断正确的是：(2011年卷一93题)

A. 李大伟强令下属机构发放贷款，是《商业银行法》禁止的行为

B. 该贷款合同无效，李大伟应当承担由合同无效引起的一切损失

C. 该贷款合同有效,李大伟应当承担因不正当优惠条件给银行造成的包括利息差额在内的损失

D. 分行负责人谢二宝也应当承担相应的赔偿责任

3. 现查明,保证人陈富为S公司财务总监,其用于质押的存单是以S公司的资金办理的存储。并查明,L公司取得贷款后,曾向S公司管理层支付50万元报酬。对此,下列判断正确的是:(2011年卷—94题)

A. S公司公款私存,是我国银行法禁止的行为

B. S公司公款私存,只是一般的财务违纪行为

C. S公司管理层获取的50万元报酬应当由银监会予以收缴

D. S公司管理层获取的50万元报酬应当归S公司所有

4. 某日,该银行行长卷款潜逃。事发后,大量存款户和票据持有人前来提款。该银行现有资金不能应付这些提款请求,又不能由同行获得拆借资金。根据相关法律,下列判断正确的是:(2009年卷—95题)

A. 该银行即将发生信用危机

B. 该银行可以由中国银监会实行接管

C. 该银行可以由中国人民银行实施托管

D. 该银行可以由当地人民政府实施机构重组

5. 在作出对该银行的行政处置决定后,负责处置的机构对该银行的人员采取了以下措施,其中符合法律规定的是:(2009年卷—96题)

A. 对该行全体人员发出通知,要求各自坚守岗位,认真履行职责

B. 该行副行长邱某、薛某持有出境旅行证件却拒不交出。对此,通知出境管理机关阻止其出境

C. 该行董事范某欲抛售其持有的一批股票。对此,申请司法机关禁止其转让股票

D. 该行会计师佘某欲将自己的一处房屋转让给他人。对此,通知房产管理部门停止办理该房屋的过户登记

6. 经采取处置措施,该银行仍不能在规定期限内恢复正常经营能力,且资产情况进一步恶化,各方人士均认为可适用破产程序。如该银行申请破产,应当遵守的规定是:(2009年卷—97题)

A. 该银行应当证明自己已经不能支付到期债务,且资产不足以清偿全部债务

B. 该银行在提出破产申请前应当成立清算组

C. 该银行在向法院提交破产申请前应当得到中国银监会的同意

D. 该银行在向法院提交破产申请时应当提交债务清偿方案和职工安置方案

答案解析

一、单选题

1.【答案】 C

【解析】 本题考查商业银行贷款制度。

选项A错误。《商业银行法》第37条规定，商业银行贷款，应当与借款人订立书面合同。合同应当约定贷款种类、借款用途、金额、利率、还款期限、还款方式、违约责任和双方认为需要约定的其他事项。

选项B错误。《贷款通则》第34条第2款规定，呆帐贷款，系指按财政部有关规定列为呆帐的贷款。第4款规定，逾期贷款，系指借款合同约定到期(含展期后到期)未归还的贷款(不含呆滞贷款和呆帐贷款)。该选项应该是逾期贷款，而不是呆账贷款。

选项C正确。《商业银行法》第41条规定，任何单位和个人不得强令商业银行发放贷款或者提供担保。商业银行有权拒绝任何单位和个人强令要求其发放贷款或者提供担保。

选项D错误。《商业银行法》第40条第1款规定，商业银行不得向关系人发放信用贷款；向关系人发放担保贷款的条件不得优于其他借款人同类贷款的条件。商业银行对关系人不能发放信用贷款，但可以发放不优于其他借款人同类贷款条件的担保贷款。

2.【答案】 A

【解析】 本题考查商业银行的接管。

选项A说法错误。《银行业监督管理法》第38条规定，银行业金融机构已经或者可能发生信用危机，严重影响存款人和其他客户合法权益的，国务院银行业监督管理机构可以依法对该银行业金融机构实行接管或者促成机构重组，接管和机构重组依照有关法律和国务院的规定执行。据此可知，这里只要求“已经或者可能发生信用危机”而非“必须已发生”。

3.【答案】 A

【解析】 本题考查《银行业监督管理法》的适用范围。

《银行业监督管理法》第2条第3款规定，对在中华人民共和国境内设立的金融资产管理公司、信托投资公司、财务公司、金融租赁公司以及经国务院银行业监督管理机构批准设立的其他金融机构的监督管理，适用本法对银行业金融机构监督管理的规定。因此，信托投资公司、金融资产管理公司、财务公司和金融租赁公司均适用《银行业监督管理法》的规定。

4.【答案】 D

【解析】 本题考查国务院银行业监督管理机构职责范围。

选项A、B、C分别对应《银行业监督管理法》第16条、第17条、第18条，均属于国务院银行业监督管理机构职责范围。

《银行业监督管理法》第16条规定，国务院银行业监督管理机构依照法律、行政法规规定的条件和程序，审查批准银行业金融机构的设立、变更、终止以及业务范围。

《银行业监督管理法》第17条规定，申请设立银行业金融机构，或者银行业金融机构变更持有资本总额或者股份总额达到规定比例以上的股东的，国务院银行业监督管理机构应当对股东的资金来源、财务状况、资本补充能力和诚信状况进行审查。

《银行业监督管理法》第18条规定，银行业金融机构业务范围内的业务品种，应当按照规定经国务院银行业监督管理机构审查批准或者备案。需要审查批准或者备案的业务品种，由国务院银行业监督管理机构依照法律、行政法规作出规定并公布。

选项D不属于国务院银行业监督管理机构职责范围。根据《中国人民银行法》第22条的规定，中国人民银行为执行货币政策，可以运用下列货币政策工具：(一)要求金融机构按照规定的比例交存存款准备金……

5.**【答案】** A

【解析】 本题考查票据的无权代理、票据的文义性与无因性。

选项A正确。在甲无权代理的情况下，乙可以以非本人所为进行抗辩，拒绝承担票据责任。

选项B、C错误。票据签章具有独立性，票据流转具有无因性，丙银行、丁一旦在票据上进行了真实签章，就要对票据债权人承担票据责任。

选项D错误。甲未在票据上签章，甲不承担票据责任，但应当承担相应的民事责任、行政责任或刑事责任。

6.**【答案】** D

【解析】 本题考查票据丧失时的法律救济方式。

《票据法》第15条规定，票据丧失，失票人可以及时通知票据的付款人挂失止付，但是，未记载付款人或者无法确定付款人及其代理付款人的票据除外。收到挂失止付通知的付款人，应当暂停支付。失票人应当在通知挂失止付后三日内，也可以在票据丧失后，依法向人民法院申请公示催告，或者向人民法院提起诉讼。据此可知，挂失止付不是申请公示催告或提起诉讼的必经程序。

7.**【答案】** C

【解析】 本题考查票据上的法律关系、票据行为。

选项A错误。票据关系是指票据当事人基于票据行为而发生的债权债务关系。其中，票据的持有人(持票人)享有票据权利，对在票据上签章的人可以主张行使票据法规定的一切权利；在票据上签章的票据债务人承担票据义务，即依自己在票据上的签章按照票据上记载的文义，承担相应的义务。本题中，乙公司将汇票背书转让给了丁公司，乙公司在背书转让时要在票据上签章，之后乙公司要依自己在票据上的签章按照票据上记载的文义，承担相应的票据义务。因此，乙公司并没有退出票据关系。

选项B错误。《票据法》第4条第3款规定，其他票据债务人在票据上签章的，按照票据所记载的事项承担票据责任。据此可知，持票人以外的，在票据上签章的人都属于票据债务人，按照票据所记载的事项承担票据责任。本题中，丁公司的票据债务人不仅包括乙公司和丙银行，也包括出票人甲公司。

选项 C 正确。《票据法》第 33 条第 1 款规定，背书不得附有条件。背书时附有条件的，所附条件不具有汇票上的效力。据此可知，乙公司在背书转让时不得附有条件，即便是实际上附有了条件，所附条件也不具有汇票上的效力。

选项 D 错误。《票据法》第 27 条第 2 款规定，出票人在汇票上记载“不得转让”字样的，汇票不得转让。据此可知，若出票人甲公司出票时在汇票上记载了“不得转让”字样，则乙公司不能再背书转让，若乙公司背书转让了，该转让无效。

8.**【答案】** B

【解析】 本题考查票据行为。

选项 A 错误。《票据法》第 61 条第 1 款规定，汇票到期被拒绝付款的，持票人可以对背书人、出票人以及汇票的其他债务人行使追索权。据此可知，乙在遭到丙拒绝付款时，可以行使追索权，请求出票人、保证人等承担票据责任，而不是只能要求丁承担保证责任。

选项 B 正确。票据上的法律关系具有无因性，即是一种单纯的金钱支付关系，权利人享有票据权利只以持有符合票据法规的有效票据为必要。至于票据赖以发生的原因则在所不问。即使原因关系无效或有瑕疵，均不影响票据的效力。因此，本题中丙银行不能以出票人甲公司严重丧失商业信誉为由拒绝付款，该拒绝付款的理由不符合法律规定。

选项 C 错误。丁承担的是连带保证责任，乙公司可以直接要求丁承担责任。

选项 D 错误。《票据法》第 46 条第 1 项规定，保证人必须在汇票或者粘单上记载表明“保证”的字样。本题中，丁的行为不是在票据上签章的票据行为，不属于票据保证，根本就不是票据法律关系的（非基本）当事人，丁只承担民法上的保证责任。

9.**【答案】** A

【解析】 本题考查票据的抗辩和票据的必要记载事项。

《票据法》第 13 条第 2 款规定，票据债务人可以对不履行约定义务的与自己有直接债权债务关系的持票人，进行抗辩。如果丙与付款银行有直接的债权债务关系的话，银行可以以此提出抗辩，拒绝付款。因此，A 项正确。

《票据法》第 13 条第 1 款规定，票据债务人不得以自己与出票人或者与持票人的前手之间的抗辩事由，对抗持票人。但是，持票人明知存在抗辩事由而取得票据的除外。据此可知，甲公司不能以自己与持票人丙公司的前手乙公司的抗辩事由对抗持票人丙公司。因此，B 项错误。

《票据法》第 44 条规定，付款人承兑汇票后，应当承担到期付款的责任。本题中，丁公司已经对汇票进行了承兑，那么它就成为了第一付款人，要承担到期付款的票据责任。但是并非任何情况下都不能对抗持票人，根据《票据法》第 13 条第 2 款的规定可知，如果丁公司与持票人之间有直接的债权、债务关系时，若持票人没有履行相应的债务，那么丁公司可以以此为由对抗持票人的付款请求。因此，C 项错误。

《票据法》第 19 条第 1 款规定，汇票是出票人签发的，委托付款人在见票时或者在指定日期无条件支付确定的金额给收款人或者持票人的票据。另外，《票据法》第 22 条第 2 项规定，无条件支付的委托是汇票的必要记载事项。据此可知，汇票出票时不能记载附条件的付款，如果在付款上附有条件的话，就会导致该汇票无效。因此，D 项错误。

二、多选题

1.**【答案】**　AC

【解析】　本题考查《银行业监督管理法》。

选项 A 正确，选项 B 错误。《银行业监督管理法》第 18 条规定，银行业金融机构业务范围内的业务品种，应当按照规定经国务院银行业监督管理机构审查批准或者备案。需要审查批准或者备案的业务品种，由国务院银行业监督管理机构依照法律、行政法规作出规定并公布。据此可知，该业务品种应由中国银监会审批。

选项 C 正确。根据《银行业监督管理法》第 45 条的规定，商业银行违反规定从事未经批准或者未备案的业务活动的，由银监会进行处罚。

选项 D 错误。在批准前的试销行为有效，商业银行是公司法人，其越权行为有效，而且商业银行违反的管理性规范，而不是效力性规范，商业银行违法并不影响其对外从事的法律行为的效力，但商业银行要承担违法的行政责任。

2.**【答案】**　AC

【解析】　本题考查《银行业监督管理法》。

《银行业监督管理法》第 37 条规定，银行业金融机构违反审慎经营规则的，国务院银行业监督管理机构或者其省一级派出机构应当责令限期改正；逾期未改正的，或者其行为严重危及该银行业金融机构的稳健运行、损害存款人和其他客户合法权益的，经国务院银行业监督管理机构或者其省一级派出机构负责人批准，可以区别情形，采取下列措施：(一)责令暂停部分业务、停止批准开办新业务；(二)限制分配红利和其他收入；(三)限制资产转让；(四)责令控股股东转让股权或者限制有关股东的权利；(五)责令调整董事、高级管理人员或者限制其权利；(六)停止批准增设分支机构。银行业金融机构整改后，应当向国务院银行业监督管理机构或者其省一级派出机构提交报告。国务院银行业监督管理机构或者其省一级派出机构经验收，符合有关审慎经营规则的，应当自验收完毕之日起三日内解除对其采取的前款规定的有关措施。

3.**【答案】**　ABD

【解析】　本题考查商业银行分支机构。

选项 A、B、D 说法错误。《商业银行法》第 19 条规定，商业银行根据业务需要可以在中华人民共和国境内外设立分支机构。设立分支机构必须经国务院银行业监督管理机构审查批准。在中华人民共和国境内的分支机构,不按行政区划设立。商业银行在中华人民共和国境内设立分支机构,应当按照规定拨付与其经营规模相适应的营运资金额。拨付各分支机构营运资金额的总和,不得超过总行资本金总额的百分之六十。

选项C说法正确。《商业银行法》第22条第2款规定,商业银行分支机构不具有法人资格,在总行授权范围内依法开展业务,其民事责任由总行承担。

4.【答案】 ABD

【解析】 本题考查商业银行的设立和变更。

选项A正确。《商业银行法》第13条规定,设立全国性商业银行的注册资本最低限额为十亿元人民币。设立城市商业银行的注册资本最低限额为一亿元人民币,设立农村商业银行的注册资本最低限额为五千万元人民币。注册资本应当是实缴资本。国务院银行业监督管理机构根据审慎监管的要求可以调整注册资本最低限额,但不得少于前款规定的限额。

选项B正确,选项C错误。《商业银行法》第17条规定,商业银行的组织形式、组织机构适用《中华人民共和国公司法》的规定。本法施行前设立的商业银行,其组织形式、组织机构不完全符合《中华人民共和国公司法》规定的,可以继续沿用原有的规定,适用前款规定的日期由国务院规定。

选项D正确。《商业银行法》第28条规定,任何单位和个人购买商业银行股份总额百分之五以上的,应当事先经国务院银行业监督管理机构批准。

5.【答案】 CD

【解析】 本题考查中国人民银行有权建议银行业监督管理机构责令停业整顿或吊销经营许可证的情形。

选项C、D正确。《商业银行法》第77条规定,商业银行有下列情形之一,由中国人民银行责令改正,并处二十万元以上五十万元以下罚款;情节特别严重或者逾期不改正的,中国人民银行可以建议国务院银行业监督管理机构责令停业整顿或者吊销其经营许可证;构成犯罪的,依法追究刑事责任:(一)拒绝或者阻碍中国人民银行检查监督的;(二)提供虚假的或者隐瞒重要事实的财务会计报告、报表和统计报表的;(三)未按照中国人民银行规定的比例交存存款准备金的。第76条规定,商业银行有下列情形之一,由中国人民银行责令改正,有违法所得的,没收违法所得,违法所得五十万元以上的,并处违法所得一倍以上五倍以下罚款;没有违法所得或者违法所得不足五十万元的,处五十万元以上二百万元以下罚款;情节特别严重或者逾期不改正的,中国人民银行可以建议国务院银行业监督管理机构责令停业整顿或者吊销其经营许可证;构成犯罪的,依法追究刑事责任:(一)未经批准办理结汇、售汇的;(二)未经批准在银行间债券市场发行、买卖金融债券或者到境外借款的;(三)违反规定同业拆借的。

选项A、B不符合题意。《商业银行法》第74条规定,商业银行有下列情形之一,由国务院银行业监督管理机构责令改正,有违法所得的,没收违法所得,违法所得五十万元以上的,并处违法所得一倍以上五倍以下罚款;没有违法所得或者违法所得不足五十万元的,处五十万元以上二百万元以下罚款;情节特别严重或者逾期不改正的,可以责令停业整顿或者吊销其经营许可证;构成犯罪的,依法追究刑事责任:(一)未经批准设立分支机构的;(二)未经批准分立、合并或者违反规定对变更事项不报批的;(三)违反规定提高或者降低利率以及采用其他不正当手段,吸收存款,发放贷款的;(四)出租、出借经营许可证的;(五)未经批准买卖、代理买卖外汇的;(六)未经批准买卖政府债券或者发行、买卖金融债券的;(七)违反国家规定从事信托投资和证券经营业务、向非自用不动产投资或者向非银行金融机构和企业投资的;(八)向关系人发放信用贷款或者发放担保贷款的条件优于其他借款人同类贷款的条件的。

6.**【答案】** ABD

【解析】 本题考查银行业监督管理机构的监督管理措施。

选项A、B、D正确。《银行业监督管理法》第42条第1款规定,银行业监督管理机构依法对银行业金融机构进行检查时,经设区的市一级以上银行业监督管理机构负责人批准,可以对与涉嫌违法事项有关的单位和个人采取下列措施:(一)询问有关单位或者个人,要求其对有关情况作出说明;(二)查阅、复制有关财务会计、财产权登记等文件、资料;(三)对可能被转移、隐匿、毁损或者伪造的文件、资料,予以先行登记保存。

选项C错误。《银行业监督管理法》第41条规定,经国务院银行业监督管理机构或者其省一级派出机构负责人批准,银行业监督管理机构有权查询涉嫌金融违法的银行业金融机构及其工作人员以及关联行为人的账户;对涉嫌转移或者隐匿违法资金的,经银行业监督管理机构负责人批准,可以申请司法机关予以冻结。

7.**【答案】** BCD

【解析】 本题考查汇票的质押、汇票上的记载事项、汇票的无效。

选项A错误。《票据法》第35条第2款规定,汇票可以设定质押;质押时应当以背书记载"质押"字样。被背书人依法实现其质权时,可以行使汇票权利。据此可知,汇票可以质押,但是质权并非自汇票交付给债权人时生效。

选项B正确。根据《票据法》第61条第2款第3项的规定,承兑人或者付款人被依法宣告破产的或者因违法被责令终止业务活动的,持票人可以对背书人、出票人以及汇票的其他债务人行使追索权。

选项C正确。汇票的出票人可以是任何人,只有本票的出票人限定只能是银行。

选项D正确。《票据法》第22条规定,汇票必须记载下列事项:(一)表明"汇票"的字样;(二)无条件支付的委托;(三)确定的金额;(四)付款人名称;(五)收款人名称;(六)出票日期;(七)出票人签章。汇票上未记载前款规定事项之一的,汇票无效。

8.**【答案】** AC

【解析】 本题考查票据的变造。

《票据法》第14条第3款规定,票据上其他记载事项被变造的,在变造之前签章的人,对原记载事项负责;在变造之后签章的人,对变造之后的记载事项负责;不能辨别是在票据被变造之前或者之后签章的,视同在变造之前签章。

选项A正确。出票人甲是在票据被变造之前签章的人,对戊承担10万元的票据责任。

选项B错误。乙的背书签章已不能辨别是在记载金额变更之前,还是在变更之后,则视同为在变造之前签章,其应对戊承担10万元的票据责任,而非20万元的票据责任。

选项C正确。丙将汇票上的10万元金额变造为20万元,并在变造后背书给丁,属于在变造后签章的人,对戊承担20万元的票据责任。

选项D错误。背书人丁是在票据被变造之后签章的人,对戊承担20万元的票据责任。

9.**【答案】** BCD

【解析】 本题考查票据的无因性、票据行为。

选项A说法正确。《票据法》第38条规定,承兑是指汇票付款人承诺在汇票到期日支付汇票金额的票据行为。第44条规定,付款人承兑汇票后,应当承担到期付款的责任。本题中,潇湘公司签发的是银行承兑汇票,该汇票只有经甲银行承兑后才发生付款的效力。

选项B说法错误。《票据法》第13条第2款规定,票据债务人可以对不履行约定义务的与自己有直接债权债务关系的持票人,进行抗辩。本题中,甲银行与楚天公司有直接债权债务关系,楚天公司尚欠甲银行贷款30万元未清偿,甲银行可以以此为由进行抗辩。

选项C说法错误。根据票据的无因性,即使票据原因关系无效或有瑕疵,均不影响票据的效力。另外,付款人在进行付款时,只需对所提示的票据进行形式审查,并无实质审查义务。付款人在履行法定审查义务后进行的付款是有效付款,即使发生错付,亦可善意免责。

选项D说法错误。票据是无因证券,票据上的法律关系是一种单纯的金钱支付关系,权利人享有票据权利仅以持有符合票据法规定的有效票据为必要。至于票据赖以发生的原因则在所不问。即使原因关系无效或有瑕疵,均不影响票据的效力。因此,在本题中,即便楚天公司交付的货物存在质量问题,潇湘公司也无权以此为由请求甲银行停止付款。

10.**【答案】** BC

【解析】 本题考查支票的付款日期、票据抗辩、票据丧失及其救济。

选项A错误。《票据法》第90条规定,支票限于见票即付,不得另行记载付款日期。另行记载付款日期的,该记载无效。第91条规定,支票的持票人应当自出票日起十日内提示付款;异地使用的支票,其提示付款的期限由中国人民银行另行规定。超过提示付款期限的,付款人可以不予付款;付款人不予付款的,出票人仍应当对持票人承担票据责任。本题中,甲在乙签发支票一星期后,提示银行付款,但在2006年1月中旬,甲才到银行要求支付支票金额,违反了见票即付的规定,故银行有权拒绝支付票据金额。

选项B正确。《票据法》第13条第2款规定,票据债务人可以对不履行约定义务的与自己有直接债权债务关系的持票人,进行抗辩。本题中,甲乙之间有直接的权利义务关系,甲是与乙有直接债权债务关系的持票人,因甲没有履行办理房屋的过户登记义务,乙可以拒绝支付票据金额。

选项C正确。《票据法》第18条规定,持票人因超过票据权利时效或者因票据记载事项欠缺而丧失票据权利的,仍享有民事权利,可以请求出票人或者承兑人返还其与未支付的票据金额相当的利益。本题中,甲因过期要求银行付款而遭到拒绝的,仍享有民事权利,可以根据房屋买卖合同要求乙支付房款。

选项D错误。根据《票据法》第15条的规定可知,支票遗失后,甲可通过办理挂失止付等方式依法维护自己的权利,并不丧失票据权利。

11.**【答案】**　AB

【解析】　本题考查背书时记载了“不得转让”字样票据追索权的行使。

《票据法》第61条第1款规定,汇票到期被拒绝付款的,持票人可以对背书人、出票人以及汇票的其他债务人行使追索权。本案中,乙公司是出票人,丁是背书人,戊在被拒绝付款后,可以向乙公司与丁某行使追索权。因此,A、B项正确。

《票据法》第34条规定,背书人在汇票上记载“不得转让”字样,其后手再背书转让的,原背书人对后手的被背书人不承担保证责任。本题中,甲公司是在背书时记载了“不得转让”字样的背书人,根据法律的规定,甲对其后手丁的被背书人戊不承担保证责任。因此,戊不能向甲公司行使追索权。因此,C项错误。

另外,丙银行是付款人,在戊提示付款时丙银行已经拒绝了戊的付款请求,不是票据债务人,不属于被追索人员的范围。因此,D项错误。

三、不定项选择题

1.**【答案】**　BD

【解析】　本题考查商业银行的贷款业务。

选项A错误,选项B正确。《商业银行法》第40条第1款规定,商业银行不得向关系人发放信用贷款;向关系人发放担保贷款的条件不得优于其他借款人同类贷款的条件。据此可知,商业银行可以向关系人发放担保贷款,但放贷条件不得优于其他同类借款人。

选项C错误,选项D正确。根据《商业银行法》的规定可知,M银行可以向L公司发放担保贷款,故该贷款合同有效。

2.【答案】　ACD

【解析】　本题考查违法放贷中商业银行工作人员的责任。

选项A正确。《商业银行法》第52条第3项规定，商业银行的工作人员不得违反规定徇私向亲属、朋友发放贷款或者提供担保。本案中，李大伟强令下属机构发放贷款，违反了《商业银行法》的禁止性规定。

选项B错误。选项C正确。《商业银行法》第40条第1款规定，商业银行不得向关系人发放信用贷款；向关系人发放担保贷款的条件不得优于其他借款人同类贷款的条件。据此可知，M银行可以向L公司发放贷款，该贷款合同有效，但不得提供优于同类贷款人的便利条件。因此，李大伟应当承担因提供不正当优惠条件给银行带来的损失。

选项D正确。《商业银行法》第88条第2款规定，商业银行的工作人员对单位或者个人强令其发放贷款或者提供担保未予拒绝的，应当给予纪律处分；造成损失的，应当承担相应的赔偿责任。本案中，谢二宝明知此项贷款违法却未拒绝，且贷款到期后，L公司无力偿还，因此，其应当承担相应责任。

3.【答案】　AC

【解析】　本题考查公款私存的法律责任。

选项A正确，选项B错误。《商业银行法》第48条第2款规定，任何单位和个人不得将单位的资金以个人名义开立账户存储。据此可知，公款私存行为是《商业银行法》禁止的违法行为，应承担法律责任，并非一般财务违纪行为。

选项C正确，选项D错误。《商业银行法》第79条第3项规定，将单位的资金以个人名义开立账户存储的，由国务院银行业监督管理机构责令改正，有违法所得的，没收违法所得，违法所得五万元以上的，并处违法所得一倍以上五倍以下罚款；没有违法所得或者违法所得不足五万元的，处五万元以上五十万元以下罚款。本题中，保证人陈富提供的是名为个人储蓄实为公司资金的质押，属于将单位资金以个人名义开立账户储蓄的情形，违法所得50万元应当由银监会予以收缴。

4.【答案】　B

【解析】　本题考查商业银行的接管。

选项B正确，选项C、D错误。商业银行已经或者可能发生信用危机，严重影响存款人的利益时，中国银监会可以对该商业银行实行接管。信用危机的主要表现为，商业银行不能应付存款人的提款，不能清偿到期的债务，以及同业拒绝拆借资金，原客户和市场都普遍拒绝其服务。商业银行有以上这些情况之一的，即可被视为发生信用危机。

选项A错误。该银行已经发生信用危机。

5.【答案】　ABC

【解析】　本题考查银行业金融机构被接管后对银行相关人员可以采取的措施。

《银行业监督管理法》第40条规定，银行业金融机构被接管、重组或者被撤销的，国务院银行业监督管理机构有权要求该银行业金融机构的董事、高级管理人员和其他工作人员,按照国务院银行业监督管理机构的要求履行职责。(选项A正确)

在接管、机构重组或者撤销清算期间,经国务院银行业监督管理机构负责人批准,对直接负责的董事、高级管理人员和其他直接责任人员,可以采取下列措施:

(一)直接负责的董事、高级管理人员和其他直接责任人员出境将对国家利益造成重大损失的,通知出境管理机关依法阻止其出境;(选项B正确)

(二)申请司法机关禁止其转移、转让财产或者对其财产设定其他权利。(选项C正确,选项D错误)

6.**【答案】** C

【解析】 本题考查商业银行的破产。

《商业银行法》第71条规定,商业银行不能支付到期债务,经国务院银行业监督管理机构同意,由人民法院依法宣告其破产。商业银行被宣告破产的,由人民法院组织国务院银行业监督管理机构等有关部门和有关人员成立清算组,进行清算。

◎ 案例实训

【案由】 A公司采购员钱某需要携带2万元金额的支票到某市工业区采购样品。支票由钱某负责填写,由A公司财务主管加盖了财务章及财务人员印鉴,收款人一栏授权钱某填写。这一切有支票存根上记录为证。钱某持票到某市工业区某私营企业购买了2万元各类工业样品。该私营企业负责人李某为钱某的朋友,见支票上字迹为钱某所为,于是以资金周转困难为由,要求钱某帮忙将支票上金额改成22万元用于暂时周转。钱某应允,在改动过程中使用了李某提供的"涂改剂",故外观不露痕迹。之后,李某为支付工程款将支票背书给了B建筑工程公司。此事败露后,A公司起诉B建筑工程公司及李某,要求返还多占用的票款。

【问题】

本案中,钱某的行为在票据法上属于什么性质的行为?本案应如何处理?

【评析】

票据的变造,是指无变更权的人对票据上除签章以外的有关记载事项进行变更的行为。构成票据变造必须具备以下几个条件:(1)必须是没有变更权限的人所为的变更行为。(2)必须是变更票据签章以外的其他事项。(3)必须是以行使票据权利为目的的变更。本案中,钱某超越特别授权范围,与李某串通篡改票据金额,属无权更改之人篡改签章以外事项,是典型的票据变造行为。

我国《票据法》第14条第3款规定:"票据上其他记载事项被变造的,在变造之前签章的人,对原记载事项负责;在变造之后签章的人,对变造之后的记载事项负责……"据此,票据变造的法律后果主要包括:对变造人而言,如果变造人属于票据行为人,则变造人仍必须承担票据上的责任。对被变造人而言,由于他们在票据上的签章是在变造之前,变造后的内容并非出于他们的本意,因而他们只对变造前的记载事项承担票据责任。对于持票人而言,若其向变造之前的签章人主张票据权利,则只能依照原记载事项为之;若其向变造人或变造之后的签章人主张权利,则有可能获得实现票载的全部权利。对于付款人而言,若其没有辨别出票据的真伪而向合法持票人付款的,该付款行为有效,付款人由此遭受的损失也只能寻求民法途径的解决。此外,票据变造人的变造行为情节轻微,不构成犯罪的,依照国家有关规定给予行政处罚,构成犯罪的,应依法追究变造人的刑事责任。因此,本案应作如下处理:首先,A 公司对 B 建筑工程公司只应承担支付 2 万元的票据责任。B 建筑工程公司应返还其余票款给 A 公司。其次,李某应对 B 建筑工程公司承担被追索 20 万元的义务。最后,金融主管机关应依法追究钱某和李某的行政责任,如果其行为已构成犯罪,应依法律程序追究其刑事责任。

第六讲 劳 动 法

重点体系

- 劳动法
  - 本法适用范围
  - 劳动合同
    - 鼓励签订劳动合同
      - 劳动关系的确立时间
      - 合同的书面化
      - 不签书面合同的后果
    - 鼓励劳动合同长期化
      - 签订无固定期限劳动合同的法定情形
      - 不签无固定期限劳动合同的法律责任
    - 劳动合同内容
      - 必备条款
      - 可备条款
        - 试用期条款——期限、次数、工资
        - 违约金条款——服务期条款、竞业限制条款
    - 劳动合同的解除
      - 劳动合同的解除方式
        - 劳动者预告解除
        - 劳动者随时解除
        - 劳动者立即解除
        - 用人单位随时解除
        - 用人单位预告解除
        - 用人单位经济性裁员
        - 限制用人单位解除劳动合同
      - 用人单位违法解除劳动合同的后果
  - 非典型劳动合同
    - 集体合同
      - 主体特定
      - 要式合同
      - 效力更高
    - 劳务派遣
      - 三性要求
      - 行政许可
      - 长期雇佣
      - 禁止克扣
      - 禁止转租
      - 一视同仁
      - 双方连坐
    - 非全日制用工
      - 含义
      - 特征
  - 工作时间和休息休假
    - 法定节假日
    - 一般加班加点
    - 加班加点的工资标准
    - 年休假
  - 劳动争议
    - 适用《劳动争议调解仲裁法》的劳动争议
      - 主体特定
      - 事项范围
    - 劳动争议的解决
      - 协商
      - 调解
      - 仲裁
        - 仲裁的当事人
        - 仲裁的申请时效
        - 仲裁的裁决
        - 单方面的一裁终局
      - 诉讼
  - 社会保险

考点精讲

全面论述

劳 动 法

工资交换劳动力　加入用人单位成为其组成人员

↓　　　　　　　↓

劳动法律关系：
- 双重属性：财产关系属性与人身关系属性→排除劳务法律关系
- 主体特定：用人单位与劳动者→排除以下四类特定主体

务农的农民、家庭保姆、现役军人、在华享有外交特权和豁免权的外国人

用人单位：
- 企业法人✓
- 机关法人（公务员）
- 事业单位法人：
  - “民办事业单位”（民办非企业单位）✓
  - 实行聘用合同制的事业单位
  - 参照公务员实行管理的事业单位
  - （以上）工勤人员✓
- 社团法人（同上）
- 非法人✓：个体工商户、个人独资企业、合伙企业

劳动者（F15）：年满16周岁；文艺、体育、特种工艺单位例外

壹　劳动合同法

一、劳动合同

（一）鼓励签订劳动合同

1. 劳动关系的确立时间

用人单位自用工之日起即与劳动者建立劳动关系。

2. 合同的书面化

建立劳动关系，应当订立书面劳动合同。已建立劳动关系，未同时订立书面劳动合同的，应当自用工之日起一个月内订立书面劳动合同。用人单位与劳动者在用工前订立劳动合同的，劳动关系自用工之日起建立。

3. 不签书面合同的后果

（1）用人单位自用工之日起超过一个月不满一年未与劳动者订立书面劳动合同的，应当向劳动者每月支付二倍的工资。用人单位自用工之日起满一年不与劳动者订立书面劳动合同的，视为用人单位与劳动者已订立无固定期限劳动合同。

（2）劳动者不与用人单位订立书面劳动合同的，用人单位应当书面通知劳动者终止劳动关系，并依照《劳动合同法》第47条的规定支付经济补偿。

（二）鼓励劳动合同长期化

1. 签订无固定期限劳动合同的法定情形

有下列情形之一，劳动者提出或者同意续订、订立劳动合同的，除劳动者提出订立

固定期限劳动合同外，应当订立无固定期限劳动合同：

(1)劳动者在该用人单位连续工作满十年的；

(2)用人单位初次实行劳动合同制度或者国有企业改制重新订立劳动合同时，劳动者在该用人单位连续工作满十年且距法定退休年龄不足十年的；

(3)连续订立两次固定期限劳动合同，且劳动者没有《劳动合同法》第39条和第40条第1项、第2项规定的情形，续订劳动合同的。

2.不签订无固定期限劳动合同的法律责任

用人单位违反《劳动合同法》规定不与劳动者订立无固定期限劳动合同的，自应当订立无固定期限劳动合同之日起向劳动者每月支付二倍的工资。

(三)劳动合同的内容

1.必备条款

2.可备条款

(1)试用期条款。双方为了解、选择约定的考察期。不是见习期和实习期。

①期限，劳动合同期限三个月以上不满一年的，试用期不得超过一个月；劳动合同期限一年以上不满三年的，试用期不得超过二个月；三年以上固定期限和无固定期限的劳动合同，试用期不得超过六个月。

②次数，同一用人单位与同一劳动者只能约定一次试用期。以完成一定工作任务为期限的劳动合同或者劳动合同期限不满三个月的，不得约定试用期。试用期包含在劳动合同期限内。劳动合同仅约定试用期的，试用期不成立，该期限为劳动合同期限。

③工资，劳动者在试用期的工资不得低于本单位相同岗位最低档工资的80%或者不得低于劳动合同约定工资的80%，并不得低于用人单位所在地的最低工资标准。

(2)违约金条款。除下列两种情形外，用人单位不得与劳动者约定由劳动者承担违约金。

①服务期条款。用人单位为劳动者提供专项培训费用，对其进行专业技术培训的，可以与该劳动者订立协议，约定服务期。劳动者违反服务期约定的，应当按照约定向用人单位支付违约金。违约金的数额不得超过用人单位提供的培训费用。用人单位要求劳动者支付的违约金不得超过服务期尚未履行部分所应分摊的培训费用。

②竞业限制条款。对负有保密义务的劳动者，用人单位可以在劳动合同或者保密协议中与劳动者约定竞业限制条款，并约定在解除或者终止劳动合同后，在竞业限制期限内(不得超过二年)按月给予劳动者经济补偿。劳动者违反竞业限制约定的，应当按照约定向用人单位支付违约金。

(四)劳动合同的解除

1.劳动合同的解除方式

(1)劳动者预告解除。劳动者提前30日以书面形式通知用人单位，可以解除劳动合同。劳动者在试用期内提前3日通知用人单位，可以解除劳动合同。

(2)劳动者随时解除。用人单位有下列情形之一的,劳动者可以解除劳动合同:

①未按照劳动合同约定提供劳动保护或者劳动条件的;

②未及时足额支付劳动报酬的;

③未依法为劳动者缴纳社会保险费的;

④用人单位的规章制度违反法律、法规的规定,损害劳动者权益的;

⑤劳动合同无效的。

(3)劳动者立即解除。用人单位以暴力、威胁或者非法限制人身自由的手段强迫劳动者劳动的或者用人单位违章指挥、强令冒险作业危及劳动者人身安全的,劳动者可以立即解除劳动合同,无须事先告知用人单位。

(4)用人单位随时解除。劳动者有下列情形之一的,用人单位可以解除劳动合同:

①在试用期间被证明不符合录用条件的;

②严重违反用人单位的规章制度的;

③严重失职,营私舞弊,给用人单位造成重大损害的;

④劳动者同时与其他用人单位建立劳动关系,对完成本单位的工作任务造成严重影响,或者经用人单位提出,拒不改正的;

⑤因以欺诈、胁迫的手段或者乘人之危,使对方在违背真实意思的情况下订立或者变更劳动合同致使劳动合同无效的;

⑥被依法追究刑事责任的。

(5)用人单位预告解除。有下列情形之一的,用人单位提前30日以书面形式通知劳动者本人或者额外支付劳动者一个月工资后,可以解除劳动合同:

①劳动者患病或者非因工负伤,在规定的医疗期满后不能从事原工作,也不能从事由用人单位另行安排的工作的;

②劳动者不能胜任工作,经过培训或者调整工作岗位,仍不能胜任工作的;

③劳动合同订立时所依据的客观情况发生重大变化,致使劳动合同无法履行,经用人单位与劳动者协商,未能就变更劳动合同内容达成协议的。

(6)用人单位经济性裁员。有下列情形之一,需要裁减人员20人以上或者裁减不足20人但占企业职工总数10%以上的,用人单位提前30日向工会或者全体职工说明情况,听取工会或者职工的意见后,裁减人员方案经向劳动行政部门报告,可以裁减人员:

①依照企业破产法规定进行重整的;

②生产经营发生严重困难的;

③企业转产、重大技术革新或者经营方式调整,经变更劳动合同后,仍需裁减人员的;

④其他因劳动合同订立时所依据的客观经济情况发生重大变化,致使劳动合同无法履行的。

★企业进行经济性裁员时,应当优先留用下列人员:

①与本单位订立较长期限的固定期限劳动合同的;

②与本单位订立无固定期限劳动合同的;

③家庭无其他就业人员,有需要扶养的老人或者未成年人的。

(7)限制用人单位解除劳动合同。劳动者有下列情形之一的,用人单位不得依照预告解除和经济性裁员的规定解除劳动合同:

①从事接触职业病危害作业的劳动者未进行离岗前职业健康检查,或者疑似职业病病人在诊断或者医学观察期间的;

②在本单位患职业病或者因工负伤并被确认丧失或者部分丧失劳动能力的;

③患病或者非因工负伤,在规定的医疗期内的;

④女职工在孕期、产期、哺乳期的;

⑤在本单位连续工作满15年,且距法定退休年龄不足5年的;

⑥法律、行政法规规定的其他情形。

2. 用人单位违法解除劳动合同的后果

用人单位违反《劳动合同法》规定解除或者终止劳动合同,劳动者要求继续履行劳动合同的,用人单位应当继续履行;劳动者不要求继续履行劳动合同或者劳动合同已经不能继续履行的,用人单位应当依法支付赔偿金。

二、非典型劳动合同

(一)集体合同

集体合同,是用人单位与本单位职工就有关事项通过集体协商签订的书面协议。特征如下所述。

1. 主体特定

集体合同由工会代表企业职工一方与用人单位订立;尚未建立工会的用人单位,由上级工会指导劳动者推举的代表与用人单位订立。

2. 要式合同

集体合同订立后,应当报送劳动行政部门;劳动行政部门自收到集体合同文本之日起15日内未提出异议的,集体合同即行生效。

3. 效力更高

用人单位与劳动者订立的劳动合同中劳动报酬和劳动条件等标准不得低于集体合同规定的标准。

(二)劳务派遣

1. "三性"要求

劳务派遣用工是补充形式,只能在临时性、辅助性或者替代性的工作岗位上实施。

(1)临时性工作岗位是指存续时间不超过六个月的岗位。

(2)辅助性工作岗位是指为主营业务岗位提供服务的非主营业务岗位。

(3)替代性工作岗位是指用工单位的劳动者因脱产学习、休假等原因无法工作的一定期间内,可以由其他劳动者替代工作的岗位。

2. 行政许可

经营劳务派遣业务,应当向劳动行政部门依法申请行政许可;经许可的,依法办理相应的公司登记。未经许可,任何单位和个人不得经营劳务派遣业务。

3. 长期雇佣

劳务派遣单位应当与被派遣劳动者订立二年以上的固定期限劳动合同,按月支付劳动报酬;被派遣劳动者在无工作期间,劳务派遣单位应当按照所在地人民政府规定的最低工资标准,向其按月支付报酬。用工单位应当根据工作岗位的实际需要与劳务派遣单位确定派遣期限,不得将连续用工期限分割订立数个短期劳务派遣协议。

4. 禁止"克扣"

劳务派遣单位不得克扣用工单位按照劳务派遣协议支付给被派遣劳动者的劳动报酬。劳务派遣单位和用工单位不得向被派遣劳动者收取费用。

5. 禁止"转租"

用工单位不得将被派遣劳动者再派遣到其他用人单位。

6. 一视同仁

被派遣劳动者享有与用工单位的劳动者同工同酬的权利。被派遣劳动者有权在劳务派遣单位或者用工单位依法参加或者组织工会,维护自身的合法权益。

7. 双方"连坐"

用工单位给被派遣劳动者造成损害的,劳务派遣单位与用工单位承担连带赔偿责任。

(三)非全日制用工

1. 含义

非全日制用工,是指以小时计酬为主,劳动者在同一用人单位一般平均每日工作时间不超过4小时,每周工作时间累计不超过24小时的用工形式。

2. 特征

(1)非全日制用工双方当事人可以订立口头协议。从事非全日制用工的劳动者可以与一个或者一个以上用人单位订立劳动合同;但是,后订立的劳动合同不得影响先订立的劳动合同的履行。

(2)非全日制用工双方当事人不得约定试用期。非全日制用工双方当事人任何一方都可以随时通知对方终止用工。终止用工,用人单位不向劳动者支付经济补偿。

三、工作时间和休息放假

(1)法定节假日,7个节11天假。

(2)一般加班加点,经工会和劳动者协商,劳动者自愿。

(3)加班加点的工资标准。

①安排劳动者延长时间的,支付不低于工资150%的工资报酬;
②休息日安排劳动者工作又不能安排补休的,支付不低于工资200%的工资报酬;
③法定休假日安排劳动者工作的,支付不低于工资的300%的工资报酬。
(4)年休假。劳动者连续工作1年以上的,享受带薪年休假。

贰 劳动争议调解仲裁法

劳动争议又称劳动纠纷,是指劳动关系双方当事人因执行劳动法律、法规或履行劳动合同、集体合同发生的纠纷。

一、适用《劳动争议调解仲裁法》的劳动争议

(一)主体特定

劳动争议发生在劳动者与用人单位之间。

(二)事项范围

(1)因确认劳动关系发生的争议。
(2)因订立、履行、变更、解除和终止劳动合同发生的争议。
(3)因除名、辞退和辞职、离职发生的争议。
(4)因工作时间、休息休假、社会保险、福利、培训以及劳动保护发生的争议。
(5)因劳动报酬、工伤医疗费、经济补偿或者赔偿金等发生的争议。
(6)法律、法规规定的其他劳动争议。

二、劳动争议的解决

我国处理劳动争议有四种方式:协商、调解、仲裁和诉讼。

(一)协商

(二)调解

(三)仲裁

1. 仲裁的当事人

(1)一般:发生劳动争议的劳动者和用人单位为劳动争议仲裁案件的双方当事人。
(2)例外:劳务派遣单位或者用工单位与劳动者发生劳动争议的,劳务派遣单位和用工单位为共同当事人。

2. 仲裁的申请时效

(1)一般:提出仲裁要求的一方应在自劳动争议发生之日(当事人知道或应知权利被侵害之日)起1年内向劳动争议仲裁委员会提出书面申请。
(2)例外:劳动关系存续期间因拖欠劳动报酬发生争议的,劳动者申请仲裁不受1年仲裁时效期间的限制;但是,劳动关系终止的,应当自劳动关系终止之日起1年内提出。

3. 仲裁的裁决

(1)仲裁庭在作出裁决前,应当先行调解。调解达成协议的,仲裁庭应当制作调解

书。调解书经双方当事人签收后,发生法律效力。调解不成或者调解书送达前,一方当事人反悔的,仲裁庭应当及时作出裁决。

(2)仲裁庭裁决劳动争议案件,逾期未作出仲裁裁决的,当事人可以就该劳动争议事项向法院提起诉讼。当事人对仲裁裁决不服的,可以自收到仲裁裁决书之日起15日内向法院提起诉讼;期满不起诉的,裁决书发生法律效力。

4.单方面的“一裁终局”

下列劳动争议,仲裁裁决为终局裁决,裁决书自作出之日起发生法律效力:

(1)追索劳动报酬、工伤医疗费、经济补偿或者赔偿金,不超过当地月最低工资标准12个月金额的争议;

(2)因执行国家的劳动标准在工作时间、休息休假、社会保险等方面发生的争议。

劳动者对上述劳动争议的仲裁裁决不服的,可以自收到仲裁裁决书之日起15日内向法院提起诉讼。

用人单位有证据证明上述劳动争议的仲裁裁决有枉法裁决情形的,可以自收到仲裁裁决书之日起30日内向劳动争议仲裁委员会所在地的中级法院申请撤销裁决。

(四)诉讼

当事人对仲裁裁决不服的,可自收到仲裁裁决之日起15日内向法院起诉。对一审判决、裁定不服的可以上诉。

叁　社会保险法

国家建立基本养老保险、基本医疗保险、工伤保险、失业保险、生育保险等社会保险制度,保障公民在年老、疾病、工伤、失业、生育等情况下依法从国家和社会获得物质帮助的权利。

◎ 重点总结

壹 劳 动 法

一、基本概念

(1)狭义的劳动法律关系主体包括劳动者和用人单位。

(2)文艺、体育和特种工艺单位招用未满16周岁的未成年人,必须依照国家有关规定,履行审批手续,并保障其接受义务教育的权利。(第15条)

(3)劳动者包括:帮工、学徒、乡镇企业职工(含农民工)、进城务工的农民等。

二、加班加点的法律规定

加班加点又统称为延长工作时间。为保证劳动者休息权的实现,本法第43条明确:用人单位不得违反本法规定延长劳动者的工作时间(相同规定见《劳动合同法》第31条:用人单位应当严格执行劳动定额标准,不得强迫或者变相强迫劳动者加班。用人单位安排加班的，应当按照国家有关规定向劳动者支付加班费）。

1. 一般情况下加班加点的规定

第 41 条，用人单位由于生产经营需要，经与工会和劳动者协商后可以延长工作时间，一般每日不得超过一小时；因特殊原因需要延长工作时间的，在保障劳动者身体健康的条件下延长工作时间每日不得超过三小时，但是每月不得超过三十六小时。

2. 特殊情况下，延长工作时间不受《劳动法》第 41 条的限制

第 42 条，有下列情形之一的，延长工作时间不受本法第四十一条规定的限制：

（一）发生自然灾害、事故或者因其他原因，威胁劳动者生命健康和财产安全，需要紧急处理的；

（二）生产设备、交通运输线路、公共设施发生故障，影响生产和公众利益，必须及时抢修的；

（三）法律、行政法规规定的其他情形。

3. 加班加点的工资标准

第 44 条，有下列情形之一的，用人单位应当按照下列标准支付高于劳动者正常工作时间工资的工资报酬：

（一）安排劳动者延长工作时间的，支付不低于工资的百分之一百五十的工资报酬；

（二）休息日安排劳动者工作又不能安排补休的，支付不低于工资的百分之二百的工资报酬；

（三）法定休假日安排劳动者工作的，支付不低于工资的百分之三百的工资报酬。

加班
- 一般情况的加班
  - 1 小时/日
  - 3 小时/日；36 小时/月
- 不受限制的加班
  - 需要紧急处理的
  - 需要及时抢修的
- 加班报酬
  - 加点：1.5 倍
  - 公休日：2 倍
  - 法定休假日：3 倍

三、工资法律制度

四、职业安全卫生法律制度

我国职业安全卫生主要是针对女职工以及未成年工的特殊保护。

1. 对女职工的特殊保护

2. 对未成年工的特殊保护

（1）未成年工是指年满 16 周岁未满 18 周岁的劳动者。

（2）对未成年工进行上岗前培训。

(3)不得安排未成年工从事矿山井下、有毒有害、国家规定的第四级体力劳动强度的劳动和其他禁忌从事的劳动。

(4)用人单位应当对未成年工定期进行健康检查。

贰　劳动争议调解仲裁法

一、劳动争议的认定

劳动争议,是指劳动关系的双方当事人因执行劳动法律、法规或者履行劳动合同、集体合同发生的纠纷。

1. 劳动争议的主体特定

其是特指劳动者和用人单位之间的争议。

2. 劳动争议的范围特定

第2条,中华人民共和国境内的用人单位与劳动者发生的下列劳动争议,适用本法:

(一)因确认劳动关系发生的争议;

(二)因订立、履行、变更、解除和终止劳动合同发生的争议;

(三)因除名、辞退和辞职、离职发生的争议;

(四)因工作时间、休息休假、社会保险、福利、培训以及劳动保护发生的争议;

(五)因劳动报酬、工伤医疗费、经济补偿或者赔偿金等发生的争议;

(六)法律、法规规定的其他劳动争议。

3. 不属于劳动争议的纠纷

(1)劳动者请求社会保险经办机构发放社会保险金的纠纷。

(2)劳动者与用人单位因住房制度改革产生的公有住房转让纠纷。

(3)劳动者对劳动能力鉴定委员会的伤残等级鉴定结论或者对职业病诊断鉴定委员会的职业病诊断鉴定结论的异议纠纷。

(4)家庭或者个人与家政服务人员之间的纠纷。

(5)个体工匠与帮工、学徒之间的纠纷。

(6)农村承包经营户与受雇人之间的纠纷。

二、劳动争议的解决方式与处理程序

劳动争议的处理方式为:劳动行政部门处理、协商解决、调解、仲裁、诉讼。

(一)协商

(二)调解

(三)仲裁

1. 仲裁是劳动争议案件处理必经的法律程序

2. 仲裁案件的当事人

发生劳动争议的劳动者和用人单位为劳动争议仲裁案件的双方当事人。劳务派

遣单位或者用工单位与劳动者发生劳动争议的,劳务派遣单位和用工单位为共同当事人。

3. 仲裁案件的管辖

劳动争议由劳动合同履行地或者用人单位所在地的劳动争议仲裁委员会管辖。双方当事人分别向劳动合同履行地和用人单位所在地的劳动争议仲裁委员会申请仲裁的,由劳动合同履行地的劳动争议仲裁委员会管辖。

4. 时效期间

提出仲裁要求的一方应当自劳动争议发生之日起 1 年内向劳动争议仲裁委员会提出书面申请。劳动关系存续期间因拖欠劳动报酬发生争议的,劳动者申请仲裁不受 1 年仲裁时效期间的限制;但是,劳动关系终止的,应当自劳动关系终止之日起 1 年内提出。

5. 一裁终局的事项

第 47 条,下列劳动争议,除本法另有规定的外,仲裁裁决为终局裁决,裁决书自作出之日起发生法律效力:

(一)追索劳动报酬、工伤医疗费、经济补偿或者赔偿金,不超过当地月最低工资标准十二个月金额的争议;

(二)因执行国家的劳动标准在工作时间、休息休假、社会保险等方面发生的争议。

(四)诉讼

第 48 条,劳动者对本法第四十七条规定的仲裁裁决不服的,可以自收到仲裁裁决书之日起十五日内向人民法院提起诉讼。

第 49 条,用人单位有证据证明本法第四十七条规定的仲裁裁决有下列情形之一,可以自收到仲裁裁决书之日起三十日内向劳动争议仲裁委员会所在地的中级人民法院申请撤销裁决:

(一)适用法律、法规确有错误的;

(二)劳动争议仲裁委员会无管辖权的;

(三)违反法定程序的;

(四)裁决所根据的证据是伪造的;

(五)对方当事人隐瞒了足以影响公正裁决的证据的;

(六)仲裁员在仲裁该案时有索贿受贿、徇私舞弊、枉法裁决行为的。

人民法院经组成合议庭审查核实裁决有前款规定情形之一的,应当裁定撤销。

仲裁裁决被人民法院裁定撤销的,当事人可以自收到裁定书之日起十五日内就该劳动争议事项向人民法院提起诉讼。

第 50 条,当事人对本法第四十七条规定以外的其他劳动争议案件的仲裁裁决不服的,可以自收到仲裁裁决书之日起十五日内向人民法院提起诉讼;期满不起诉的,裁决书发生法律效力。

叁　劳动合同法

一、劳动合同的订立

《劳动合同法》第10条第1款规定:“建立劳动关系,应当订立书面劳动合同。”除非全日制用工双方当事人可以口头订立劳动合同外,用人单位与劳动者建立劳动关系,均应订立书面劳动合同。

(1)已建立劳动关系,未同时订立书面劳动合同的,应当自用工之日起1个月内订立书面劳动合同。

(2)用人单位与劳动者在用工前订立劳动合同的,劳动关系自用工之日起建立。

(3)签订书面劳动合同是劳动合同法规定的用人单位应履行的强制性义务。

《劳动合同法》规定,用人单位自用工之日起超过1个月不满1年未与劳动者订立书面劳动合同的,应当向劳动者每月支付2倍的工资,并与劳动者补订书面劳动合同,每月支付2倍工资的起算时间为用工之日起满1个月的次日,截止时间为补订书面劳动合同的前1日;用人单位自用工之日起满1年未与劳动者订立书面劳动合同的,自用工之日起满1个月的次日至满1年的前1日应当依法向劳动者每月支付2倍的工资,并视为自用工之日起满1年的当日已经与劳动者订立无固定期限劳动合同,应当立即与劳动者补订书面劳动合同。

二、无固定期限劳动合同

根据《劳动合同法》第12条的规定,劳动合同的类型分为固定期限、无固定期限和以完成一定工作任务为期限三种。考试重点是无固定期限劳动合同。

第14条,无固定期限劳动合同,是指用人单位与劳动者约定无确定终止时间的劳动合同。

用人单位与劳动者协商一致,可以订立无固定期限劳动合同。有下列情形之一,劳动者提出或者同意续订、订立劳动合同的,除劳动者提出订立固定期限劳动合同外,应当订立无固定期限劳动合同:

(一)劳动者在该用人单位连续工作满十年的;

(二)用人单位初次实行劳动合同制度或者国有企业改制重新订立劳动合同时,劳动者在该用人单位连续工作满十年且距法定退休年龄不足十年的;

(三)连续订立二次固定期限劳动合同,且劳动者没有本法第三十九条和第四十条第一项、第二项规定的情形,续订劳动合同的。

用人单位自用工之日起满一年不与劳动者订立书面劳动合同的,视为用人单位与劳动者已订立无固定期限劳动合同。

第97条第1款,本法施行前已依法订立且在本法施行之日存续的劳动合同,继续履行;本法第十四条第二款第三项规定连续订立固定期限劳动合同的次数,自本法施行后续订固定期限劳动合同时开始计算。

三、劳动合同的条款

(一)试用期条款

(1)不能任意约定试用期的长短。

①劳动合同期限3个月以上不满1年的,试用期不得超过1个月。

②劳动合同期限1年以上3年以下的,试用期不得超过2个月。

③3年以上固定期限和无固定期限的劳动合同,试用期不得超过6个月。

(2)限制试用期的约定次数。同一用人单位与同一劳动者只能约定一次试用期。劳动者在同一用人单位调整或变更工作岗位,用人单位不得再次约定试用期。

(3)不得约定试用期的情形。以完成一定工作任务为期限的劳动合同或者劳动合同期限不满3个月的,不得约定试用期。非全日制用工不得约定试用期。

(4)试用期包含在劳动合同期限内。劳动合同仅约定试用期的,试用期不成立,该期限为劳动合同期限。

(5)劳动者在试用期的工资不得低于本单位相同岗位最低档工资的80%或者劳动合同约定工资的80%,并不得低于用人单位所在地的最低工资标准。

(6)试用期内劳动者的各项劳动权利受法律保护。用人单位应为试用者缴纳社会保险费。

(二)保密协议(条款)

(1)双方当事人可以就商业秘密的范围、保密期限、保密措施、保密义务及违约责任和赔偿责任等进行约定。

(2)劳动者因违反约定保密事项给用人单位造成损失的,应承担赔偿责任。

(三)竞业限制条款

第23条第2款,对负有保密义务的劳动者,用人单位可以在劳动合同或者保密协议中与劳动者约定竞业限制条款,并约定在解除或者终止劳动合同后,在竞业限制期限内按月给予劳动者经济补偿。劳动者违反竞业限制约定的,应当按照约定向用人单位支付违约金。

第24条,竞业限制的人员限于用人单位的高级管理人员、高级技术人员和其他负有保密义务的人员。竞业限制的范围、地域、期限由用人单位与劳动者约定,竞业限制的约定不得违反法律、法规的规定。

在解除或者终止劳动合同后,前款规定的人员到与本单位生产或者经营同类产品、从事同类业务的有竞争关系的其他用人单位,或者自己开业生产或者经营同类产品、从事同类业务的竞业限制期限,不得超过二年。

(四)违约金条款

本法对违约金条款进行限制,规定只有在用人单位与劳动者约定服务期限、竞业限制条款时,才能与劳动者约定违约金,且对因劳动者违反服务期限协议而约定的违约金的数额不得超过用人单位提供的培训费用,用人单位要求劳动者支付的违约金不得超过服务期尚未履行部分所应分摊的培训费用。

四、劳动合同的解除

劳动合同的解除,是指在劳动合同期满之前终止劳动合同关系的法律行为。解除劳动合同,既可以是劳动者和用人单位协商一致解除合同,也可以是劳动者或者用人单位单方解除合同。

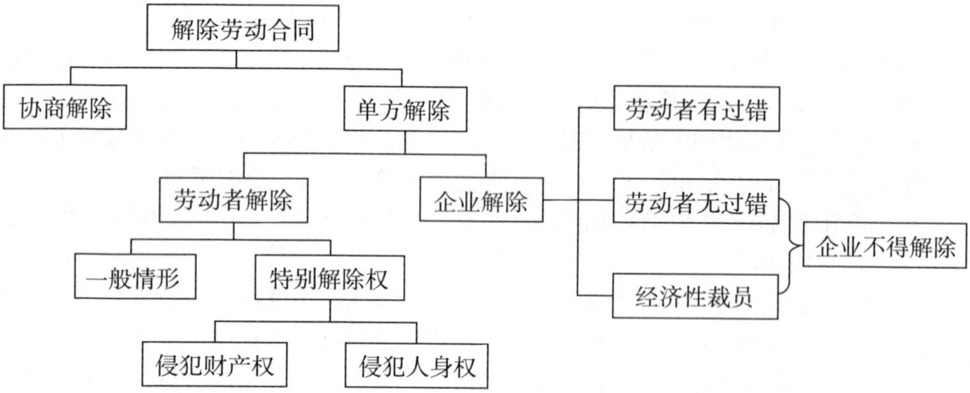

(一)双方协商解除劳动合同

用人单位与劳动者协商一致,可以解除劳动合同。(第36条)

(二)劳动者单方解除劳动合同

1.预告解除

劳动者提前30日以书面形式通知用人单位,可以解除劳动合同。劳动者在试用期内提前3日通知用人单位,可以解除劳动合同。(第37条)

2.无须预告解除

劳动者无须预告的解除,是指劳动者享有特别解除权,可以无条件的不用事先预告就单方与用人单位解除劳动合同。这是一种单方解除劳动合同的方式。

第38条,用人单位有下列情形之一的,劳动者可以解除劳动合同:

(一)未按照劳动合同约定提供劳动保护或者劳动条件的;

(二)未及时足额支付劳动报酬的;

(三)未依法为劳动者缴纳社会保险费的;

(四)用人单位的规章制度违反法律、法规的规定,损害劳动者权益的;

(五)因本法第二十六条第一款规定的情形致使劳动合同无效的;

(六)法律、行政法规规定劳动者可以解除劳动合同的其他情形。

用人单位以暴力、威胁或者非法限制人身自由的手段强迫劳动者劳动的,或者用人单位违章指挥、强令冒险作业危及劳动者人身安全的,劳动者可以立即解除劳动合同,无须事先告知用人单位。

（三）用人单位单方解除劳动合同

在劳动者享有单方解除权的同时，也赋予了用人单位的“单方解除权”。为了防止用人单位滥用解除权，本法严格限定企业自主解除劳动合同。

1. 过错性解除

在劳动者有过错情形时，用人单位有权单方解除劳动合同。

（1）当劳动者有过错时，用人单位单方解除劳动合同无严格的程序限制（无提前30天、书面通知等程序要求）。

（2）用人单位无须支付劳动者解除劳动合同的经济补偿金。

第39条，劳动者有下列情形之一的，用人单位可以解除劳动合同：

（一）在试用期间被证明不符合录用条件的；

（二）严重违反用人单位的规章制度的；

（三）严重失职，营私舞弊，给用人单位造成重大损害的；

（四）劳动者同时与其他用人单位建立劳动关系，对完成本单位的工作任务造成严重影响，或者经用人单位提出，拒不改正的；

（五）因本法第二十六条第一款第一项规定的情形致使劳动合同无效的；

（六）被依法追究刑事责任的。

2. 非过错性解除（用人单位需预告的解除）

劳动者在劳动合同的履行过程中，可能因为客观情况的变化导致不能再履行原合同。如身体原因不能胜任工作，或者难以适应新的生产技术或难以操作自动化设备等。因此本法赋予企业单方解除权。

第40条，有下列情形之一的，用人单位提前三十日以书面形式通知劳动者本人或者额外支付劳动者一个月工资后，可以解除劳动合同：

（一）劳动者患病或者非因工负伤，在规定的医疗期满后不能从事原工作，也不能从事由用人单位另行安排的工作的；

（二）劳动者不能胜任工作，经过培训或者调整工作岗位，仍不能胜任工作的；

（三）劳动合同订立时所依据的客观情况发生重大变化，致使劳动合同无法履行，经用人单位与劳动者协商，未能就变更劳动合同内容达成协议的。

3. 裁员

裁员，是企业因为经营不善等经济性原因，一次裁减20人以上或者裁减不足20人但占企业职工总数10%以上的劳动者。现代企业制度中的企业是独立的经济主体，自主经营，自负盈亏，因此用人单位享有自主经营权。企业既可以自主招用人员，在经营困难的情况下也可以裁减人员。

第41条，有下列情形之一，需要裁减人员二十人以上或者裁减不足二十人但占企业职工总数百分之十以上的，用人单位提前三十日向工会或者全体职工说明情况，听取工会或者职工的意见后，裁减人员方案经向劳动行政部门报告，可以裁减人员：

（一）依照企业破产法规定进行重整的；

（二）生产经营发生严重困难的；

（三）企业转产、重大技术革新或者经营方式调整，经变更劳动合同后，仍需裁减人员的；

（四）其他因劳动合同订立时所依据的客观经济情况发生重大变化，致使劳动合同无法履行的。

裁减人员时，应当优先留用下列人员：

（一）与本单位订立较长期限的固定期限劳动合同的；

（二）与本单位订立无固定期限劳动合同的；

（三）家庭无其他就业人员，有需要扶养的老人或者未成年人的。

用人单位依照本条第一款规定裁减人员，在六个月内重新招用人员的，应当通知被裁减的人员，并在同等条件下优先招用被裁减的人员。

（四）用人单位不得解除合同的情形

为保护特定群体劳动者的利益，本法第 42 条规定了法定情况下禁止用人单位单方解除劳动合同。

第 42 条，劳动者有下列情形之一的，用人单位不得依照本法第四十条、第四十一条的规定解除劳动合同：

（一）从事接触职业病危害作业的劳动者未进行离岗前职业健康检查，或者疑似职业病病人在诊断或者医学观察期间的；

（二）在本单位患职业病或者因工负伤并被确认丧失或者部分丧失劳动能力的；

（三）患病或者非因工负伤，在规定的医疗期内的；

（四）女职工在孕期、产期、哺乳期的；

（五）在本单位连续工作满十五年，且距法定退休年龄不足五年的；

（六）法律、行政法规规定的其他情形。

五、劳务派遣

我国《劳动合同法》规定，劳务派遣只能在临时性、辅助性或者替代性的工作岗位上实施。临时性工作岗位是指存续时间不超过 6 个月的岗位；辅助性工作岗位是指为主营业务岗位提供服务的非主营业务岗位；替代性工作岗位是指用工单位的劳动者因脱产学习、休假等原因无法工作的一定期间内，可以由其他劳动者替代工作的岗位。

【特别提示】劳务派遣“三性”的界定，为 2012 年修订新增内容。

（一）劳务派遣单位

1. 劳务派遣单位的法律地位

本法明确劳务派遣单位是用人单位，应当履行用人单位对劳动者的义务。因此，劳务派遣单位应当与被派遣劳动者订立劳动合同。

第 57 条，经营劳务派遣业务应当具备下列条件：

(一)注册资本不得少于人民币二百万元;

(二)有与开展业务相适应的固定的经营场所和设施;

(三)有符合法律、行政法规规定的劳务派遣管理制度;

(四)法律、行政法规规定的其他条件。

经营劳务派遣业务,应当向劳动行政部门依法申请行政许可;经许可的,依法办理相应的公司登记。未经许可,任何单位和个人不得经营劳务派遣业务。(2012年修订)

2. 劳动合同的特殊要求

第58条第2款,劳务派遣单位应当与被派遣劳动者订立二年以上的固定期限劳动合同,按月支付劳动报酬;被派遣劳动者在无工作期间,劳务派遣单位应当按照所在地人民政府规定的最低工资标准,向其按月支付报酬。

3. 劳务派遣单位(用人单位)的义务

(1)告知义务。劳务派遣单位应当将劳务派遣协议的内容告知被派遣劳动者。(第60条)

(2)付薪义务。劳务派遣单位不得克扣用工单位按照劳务派遣协议支付给被派遣劳动者的劳动报酬。(第60条)

(3)禁止收费。劳务派遣单位和用工单位不得向被派遣劳动者收取费用。(第60条)

(4)用人单位不得设立劳务派遣单位向本单位或者所属单位派遣劳动者。(第67条)

(二)用工单位的义务

用工单位并非劳务派遣关系中的"用人单位",但由于劳动者直接在用工单位工作,因此,本法加强了用工单位对劳动者的保障。

(1)用工单位不得将连续用工期限分割订立数个短期劳务派遣协议。

(2)用工单位不得向被派遣劳动者收取费用。

(3)用工单位不得将被派遣劳动者再派遣到其他用人单位。

(4)执行国家劳动标准,提供相应的劳动条件和劳动保护;对劳动者进行工作岗位所必需的培训。

(5)告知劳动报酬并支付加班费、绩效奖金,提供与工作岗位相关的福利待遇。

(6)连续用工的,实行正常的工资调整机制。

(三)被派遣劳动者的权利

1. 同工同酬的权利

第63条第1款,被派遣劳动者享有与用工单位的劳动者同工同酬的权利。用工单位应当按照同工同酬原则,对被派遣劳动者与本单位同类岗位的劳动者实行相同的劳动报酬分配办法。用工单位无同类岗位劳动者的,参照用工单位所在地相同或者相近岗位劳动者的劳动报酬确定。

【特别提示】“同工同酬”条款为2012年修订的《劳动合同法》主要内容。

2. 参加工会的权利

3. 解除劳动合同的权利

（四）劳动合同的解除

第65条，被派遣劳动者可以依照本法第三十六条、第三十八条的规定与劳务派遣单位解除劳动合同。

被派遣劳动者有本法第三十九条和第四十条第一项、第二项规定情形的，用工单位可以将劳动者退回劳务派遣单位，劳务派遣单位依照本法有关规定，可以与劳动者解除劳动合同。

劳务派遣关系中劳动合同解除与一般劳动合同的解除

（1）被派遣劳动者不可依照本法第37条解除合同（第37条，劳动者提前三十日以书面形式通知用人单位，可以解除劳动合同。劳动者在试用期内提前三日通知用人单位，可以解除劳动合同）。

（2）用人单位不可依照本法第40条第3项，第41条解除劳动合同。

第40条第3项，劳动合同订立时所依据的客观情况发生重大变化，致使劳动合同无法履行，经用人单位与劳动者协商，未能就变更劳动合同内容达成协议的。

第41条，有下列情形之一，需要裁减人员二十人以上或者裁减不足二十人但占企业职工总数百分之十以上的，用人单位提前三十日向工会或者全体职工说明情况，听取工会或者职工的意见后，裁减人员方案经向劳动行政部门报告，可以裁减人员：

（一）依照企业破产法规定进行重整的；

（二）生产经营发生严重困难的；

（三）企业转产、重大技术革新或者经营方式调整，经变更劳动合同后，仍需裁减人员的；

（四）其他因劳动合同订立时所依据的客观经济情况发生重大变化，致使劳动合同无法履行的。

裁减人员时，应当优先留用下列人员：

（一）与本单位订立较长期限的固定期限劳动合同的；

（二）与本单位订立无固定期限劳动合同的；

（三）家庭无其他就业人员，有需要扶养的老人或者未成年人的。

用人单位依照本条第一款规定裁减人员，在六个月内重新招用人员的，应当通知被裁减的人员，并在同等条件下优先招用被裁减的人员。

（五）法律责任（《劳动合同法》2012年修订的内容）

（1）违反本法规定，未经许可，擅自经营劳务派遣业务的，由劳动行政部门责令停止违法行为，没收违法所得，并处违法所得一倍以上五倍以下的罚款；没有违法所得的，可以处50000元以下的罚款。

(2)劳务派遣单位、用工单位违反本法有关劳务派遣规定的,由劳动行政部门责令限期改正;逾期不改正的,以每人5000元以上10000元以下的标准处以罚款,对劳务派遣单位,吊销其劳务派遣业务经营许可证。

(3)用工单位给被派遣劳动者造成损害的,劳务派遣单位与用工单位承担连带赔偿责任。

六、非全日制用工

非全日制用工,是指以小时计酬为主,劳动者在同一用人单位一般平均每日工作时间不超过4小时,每周工作时间累计不超过24小时的用工形式。由于非全日工是短期用工,是灵活就业的一种重要形式,见《劳动合同法》第68~72条。

非全日工劳动合同和一般劳动合同有所区别,其要点有以下几条。

(1)非全日制用工双方,可以签订书面协议,也可以订立口头协议。

(2)非全日制工劳动者可以订立多个劳动合同。即"从事非全日制用工的劳动者可以与一个或者一个以上用人单位订立劳动合同;但是,后订立的劳动合同不得影响先订立的劳动合同的履行。"

(3)非全日制用工双方当事人不得约定试用期。

(4)非全日制用工双方当事人任何一方都可以随时通知对方终止用工。

(5)终止用工,用人单位不向劳动者支付经济补偿。

(6)非全日制用工劳动报酬结算支付周期最长不得超过15日。计酬标准不得低于用人单位所在地人民政府规定的最低小时工资标准。

肆 社会保险法

一、社会保险的适用范围

1.社会保险是一种强制险,与商业保险的自愿原则不同

《社会保险法》的目的是保障公民在年老、疾病、工伤、失业、生育等情况下依法从国家和社会获得物质帮助的权利。

第2条,国家建立基本养老保险、基本医疗保险、工伤保险、失业保险、生育保险等社会保险制度,保障公民在年老、疾病、工伤、失业、生育等情况下依法从国家和社会获得物质帮助的权利。

2.相关法条

《劳动法》第72条,社会保险基金按照保险类型确定资金来源,逐步实行社会统筹。用人单位和劳动者必须依法参加社会保险,缴纳社会保险费。

《劳动法》第73条,劳动者在下列情形下,依法享受社会保险待遇:

(一)退休;

(二)患病、负伤;

(三)因工伤残或者患职业病;

(四)失业;

(五)生育。

劳动者死亡后,其遗属依法享受遗属津贴。

劳动者享受社会保险待遇的条件和标准由法律、法规规定。

劳动者享受的社会保险金必须按时足额支付。

二、基本养老保险

(1)职工应当参加基本养老保险,由用人单位和职工共同缴纳基本养老保险费。(第10条)

(2)领取基本养老金的条件。参加基本养老保险的个人,达到法定退休年龄时累计缴费满15年的,按月领取基本养老金。(法定退休年龄+缴费15年,第16条)

(3)个人账户不得提前支取,记账利率不得低于银行定期存款利率,免征利息税。个人死亡的,个人账户余额可以继承。

(4)养老保险"全国统筹"。即个人跨统筹地区就业的,其基本养老保险关系随本人转移,缴费年限累计计算。个人达到法定退休年龄时,基本养老金分段计算、统一支付。(第19条)

三、基本医疗保险

四、工伤保险

职工应当参加工伤保险,由用人单位缴纳工伤保险费,职工不缴纳工伤保险费。

(一)工伤保险费率的确定

第1步:国家确定行业的差别费率、行业内费率档次。

第2步:社会保险经办机构确定用人单位缴费费率。

第3步:用人单位缴纳工伤保险费,职工不缴纳工伤保险费。

(二)职工工伤的认定

(1)职工因工作原因受到事故伤害或者患职业病,且经工伤认定的,享受工伤保险待遇;其中,经劳动能力鉴定丧失劳动能力的,享受伤残待遇。工伤认定和劳动能力鉴定应当简捷、方便。

(2)不认定工伤的情形。

第37条,职工因下列情形之一导致本人在工作中伤亡的,不认定为工伤:

(一)故意犯罪;

(二)醉酒或者吸毒;

(三)自残或者自杀;

(四)法律、行政法规规定的其他情形。

(三)支付

第42条,由于第三人的原因造成工伤,第三人不支付工伤医疗费用或者无法确定第三人的,由工伤保险基金先行支付。工伤保险基金先行支付后,有权向第三人追偿。

上述第42条是民事侵权责任和工伤保险责任竞合时的处理。在能够确定侵权人时，由侵权人支付，本条是指“不支付”或“无法确定”时，由工伤保险基金先行支付。此外，就工伤的支付，还要掌握以下几条规则。

1. 按照国家规定由用人单位支付的因工伤发生的费用

(1)治疗工伤期间的工资福利；

(2)五级、六级伤残职工按月领取的伤残津贴；

(3)终止或者解除劳动合同时，应当享受的一次性伤残就业补助金。

2. 工伤保险待遇、伤残津贴和基本养老保险待遇的衔接

工伤职工符合领取基本养老金条件的，停发伤残津贴，享受基本养老保险待遇。基本养老保险待遇低于伤残津贴的，从工伤保险基金中补足差额。

3. 未参保单位职工发生工伤时的处理

职工所在用人单位未依法缴纳工伤保险费，发生工伤事故的，由用人单位支付工伤保险待遇。用人单位不支付的，从工伤保险基金中先行支付。从工伤保险基金中先行支付的工伤保险待遇应当由用人单位偿还。用人单位不偿还的，社会保险经办机构可以追偿。

4. 停止享受工伤保险待遇的情形

工伤职工有下列情形之一的，停止享受工伤保险待遇：

(1)丧失享受待遇条件的；

(2)拒不接受劳动能力鉴定的；

(3)拒绝治疗的。

五、失业保险

第45条，失业人员符合下列条件的，从失业保险基金中领取失业保险金：

(一)失业前用人单位和本人已经缴纳失业保险费满一年的；

(二)非因本人意愿中断就业的；

(三)已经进行失业登记，并有求职要求的。

六、社会保险基金

(1)社会保险基金包括基本养老保险基金、基本医疗保险基金、工伤保险基金、失业保险基金和生育保险基金。

(2)各项社会保险基金按照社会保险险种分别建账，分账核算，执行国家统一的会计制度。

(3)社会保险基金专款专用，任何组织和个人不得侵占或者挪用。

(4)社会保险基金在保证安全的前提下，按照国务院规定投资运营实现保值增值。

社会保险基金不得违规投资运营，不得用于平衡其他政府预算，不得用于兴建、改建办公场所和支付人员经费、运行费用、管理费用，或者违反法律、行政法规规定挪作其他用途。

◉ 近年真题

一、单选题

关于非全日制用工的说法，下列哪一选项不符合《劳动合同法》规定？（2012年卷一28题）

A. 从事非全日制用工的劳动者与多个用人单位订立劳动合同的，后订立的合同不得影响先订立合同的履行

B. 非全日制用工合同不得约定试用期

C. 非全日制用工终止时，用人单位应当向劳动者支付经济补偿

D. 非全日制用工劳动报酬结算支付周期最长不得超过十五日

二、多选题

1. 甲厂与工程师江某签订了保密协议。江某在劳动合同终止后应聘至同行业的乙厂，并帮助乙厂生产出与甲厂相同技术的发动机。甲厂认为保密义务理应包括竞业限制义务，江某不得到乙厂工作，乙厂和江某共同侵犯其商业秘密。关于此案，下列哪些选项是正确的？（2013年卷一65题）

A. 如保密协议只约定保密义务，未约定支付保密费，则保密义务无约束力

B. 如双方未明确约定江某负有竞业限制义务，则江某有权到乙厂工作

C. 如江某违反保密协议的要求，向乙厂披露甲厂的保密技术，则构成侵犯商业秘密

D. 如乙厂能证明其未利诱江某披露甲厂的保密技术，则不构成侵犯商业秘密

2. 甲公司与梁某签订劳动合同后，与乙公司签订劳务派遣协议，派梁某到乙公司做车间主任，派遣期3个月。2012年1月至2013年7月，双方已连续6次续签协议，梁某一直在乙公司工作。2013年6月，梁某因追索上一年加班费与乙公司发生争议，申请劳动仲裁。下列哪些选项是正确的？（2013年卷一71题）

A. 乙公司是在辅助性工作岗位上使用梁某，符合法律规定

B. 乙公司是在临时性工作岗位上使用梁某，符合法律规定

C. 梁某申请仲裁不受仲裁时效期间的限制

D. 梁某申请仲裁时应将甲公司和乙公司作为共同当事人

3. 关于基本养老保险的个人账户，下列哪些选项是正确的？（2012年卷一70题）

A. 职工个人缴纳的基本养老保险费全部记入个人账户

B. 用人单位缴纳的基本养老保险费按规定比例记入个人账户

C. 个人死亡的，个人账户余额可以继承

D. 个人账户不得提前支取

4. 李某因追索工资与所在公司发生争议，遂向律师咨询。该律师提供的下列哪些意见是合法的？（2012年卷一70题）

A. 解决该争议既可与公司协商，也可申请调解，还可直接申请仲裁

B. 应向劳动者工资关系所在地的劳动争议仲裁委提出仲裁请求

C. 如追索工资的金额未超过当地月最低工资标准12个月金额,则仲裁裁决为终局裁决,用人单位不得再起诉

D. 即使追索工资的金额未超过当地月最低工资标准12个月金额,只要李某对仲裁裁决不服,仍可向法院起诉

5. 某公司从事出口加工,有职工500人。因国际金融危机影响,订单锐减陷入困境,拟裁减职工25人。公司决定公布后,职工提出异议。下列哪些说法缺乏法律依据?(2011年卷一68题)

A. 职工甲:公司裁减决定没有经过职工代表大会批准,无效

B. 职工乙:公司没有进入破产程序,不能裁员

C. 职工丙:我一家4口,有70岁老母10岁女儿,全家就我有工作,公司不能裁减我

D. 职工丁:我在公司销售部门曾连续3年评为优秀,对公司贡献大,公司不能裁减我

6. 关于社会保险制度,下列哪些说法是正确的?(2011年卷一69题)

A. 国家建立社会保险制度,是为了使劳动者在年老、患病、工伤、失业、生育等情况下获得帮助和补偿

B. 国家设立社会保险基金,按照保险类型确定资金来源,实行社会统筹

C. 用人单位和职工都有缴纳社会保险费的义务

D. 劳动者死亡后,其社会保险待遇由遗属继承

7. 下列哪些说法违反劳动法的规定?(2010年卷一73题)

A. 我国公民未满十六岁的,用人单位一律不得招用

B. 双方当事人不可以约定周六加班

C. 劳动合同期限约定为二年的,试用期应在半年以上

D. 双方当事人可就全部合同条款做出违约金约定

8. 关于工资保障制度,下列哪些表述符合劳动法的规定?(2010年卷一74题)

A. 按照最低工资保障制度,用人单位支付劳动者的工资不得低于当地最低工资标准

B. 乡镇企业不适用最低工资保障制度

C. 加班工资不包括在最低工资之内

D. 劳动者在婚丧假以及依法参加社会活动期间,用人单位应当依法支付工资

9. 关于劳动关系的表述,下列哪些选项是正确的?(2009年卷一70题)

A. 劳动关系是特定当事人之间的法律关系

B. 劳动关系既包括劳动者与用人单位之间的关系也包括劳动行政部门与劳动者、用人单位之间的关系

C. 劳动关系既包括财产关系也包括人身关系

D. 劳动关系既具有平等关系的属性也具有从属关系的属性

10. 2009年2月，下列人员向所在单位提出订立无固定期限劳动合同，哪些人具备法定条件？(2009年卷一71题)

A. 赵女士于1995年1月到某公司工作，1999年2月辞职，2002年1月回到该公司工作

B. 钱先生于1985年进入某国有企业工作。2006年3月，该企业改制成为私人控股的有限责任公司，年满50岁的钱先生与公司签订了三年期的劳动合同

C. 孙女士于2000年2月进入某公司担任技术开发工作，签订了为期三年、到期自动续期三年且续期次数不限的劳动合同。2009年1月，公司将孙女士提升为技术部副经理

D. 李先生原为甲公司的资深业务员，于2008年2月被乙公司聘请担任市场开发经理，约定：先签订一年期合同，如果李先生于期满时提出请求，可以与公司签订无固定期限劳动合同

11. 东星公司新建的化工生产线在投入生产过程中，下列哪些行为违反了《劳动法》的规定？(2009年卷一72题)

A. 安排女技术员参加公司技术攻关小组并到位于地下的设备室进行检测

B. 在防止有毒气体泄漏的预警装置调试完成之前，开始生产线的试运行

C. 试运行期间，从事特种作业的操作员已经接受了专门培训，但未取得相应的资格证书

D. 试运行开始前，未对生产线上的员工进行健康检查

12. 下列哪些情形不属于《劳动争议处理条例》规定的劳动争议范围？
(2009年卷一73题)

A. 张某自动离职一年后，回原单位要求复职被拒绝

B. 郑某辞职后，不同意公司按存款本息购回其持有的职工股，要求做市场价评估

C. 秦某退休后，因社会保险经办机构未及时发放社会保险金，要求公司协助解决

D. 刘某因工伤致残后，对劳动能力鉴定委员会评定的伤残等级不服，要求重新鉴定

三、不定项选择题

某公司聘用首次就业的王某，口头约定劳动合同期限2年，试用期3个月，月工资1200元，试用期满后1500元。

2012年7月1日起，王某上班，不久即与同事李某确立恋爱关系。9月，由经理办公会讨论决定并征得工会主席同意，公司公布施行《工作纪律规定》，要求同事不得有恋爱或婚姻关系，否则一方必须离开公司。公司据此解除王某的劳动合同。

经查明，当地月最低工资标准为1000元，公司与王某一直未签订书面劳动合同，但为王某买了失业保险。

1. 关于双方约定的劳动合同内容，下列符合法律规定的说法是：(2013年卷一94题)

A. 试用期超过法定期限

B. 试用期工资符合法律规定

C. 8月1日起,公司未与王某订立书面劳动合同,应每月付其两倍的工资

D. 8月1日起,如王某拒不与公司订立书面劳动合同,公司有权终止其劳动关系,且无须支付经济补偿

2. 关于该《工作纪律规定》,下列说法正确的是:(2013年卷一95题)

A. 制定程序违法

B. 有关婚恋的规定违法

C. 依据该规定解除王某的劳动合同违法

D. 该公司执行该规定给王某造成损害的,应承担赔偿责任

3. 关于王某离开该公司后申请领取失业保险金的问题,下列说法正确的是:(2013年卷一96题)

A. 王某及该公司累计缴纳失业保险费尚未满1年,无权领取失业保险金

B. 王某被解除劳动合同的原因与其能否领取失业保险金无关

C. 若王某依法能领取失业保险金,在此期间还想参加职工基本医疗保险,则其应缴纳的基本医疗保险费从失业保险基金中支付

D. 若王某选择跨统筹地区就业,可申请退还其个人缴纳的失业保险费

甲房地产公司与乙国有工业公司签订《合作协议》,在乙公司原有的仓库用地上开发商品房。双方约定,共同成立"玫园置业有限公司"(以下简称"玫园公司")。甲公司投入开发资金,乙公司负责将该土地上原有的划拨土地使用权转变为出让土地使用权,然后将出让土地使用权作为出资投入玫园公司。

玫园公司与丙劳务派遣公司签订协议,由其派遣王某到玫园公司担任保洁员。不久,甲、乙产生纠纷,经营停顿。玫园公司以签订派遣协议时所依据的客观情况发生重大变化为由,将王某退回丙公司,丙公司遂以此为由解除王某的劳动合同。

4. 根据《劳动合同法》,王某的用人单位是:(2012年卷一95题)

A. 甲公司

B. 乙企业

C. 丙公司

D. 玫园公司

5. 关于王某劳动关系解除问题,下列选项正确的是:(2012年卷一96题)

A. 玫园公司有权将王某退回丙公司

B. 丙公司有权解除与王某的劳动合同

C. 王某有权要求丙公司继续履行劳动合同

D. 王某如不愿回到丙公司,有权要求其支付赔偿金

邓某系K制药公司技术主管。2008年2月,邓某私自接受Y制药公司聘请担任

其技术顾问。5月,K公司得知后质问邓某。邓某表示自愿退出K公司,并承诺5年内不以任何直接或间接方式在任何一家制药公司任职或提供服务,否则将向K公司支付50万元违约金。2009年,K公司发现邓某已担任Y公司的副总经理,并持有Y公司20%的股份,而且Y公司新产品已采用K公司研发的配方。K公司以Y公司和邓某为被告提起侵犯商业秘密的诉讼。

6. 关于Y公司和邓某的行为,下列说法正确的是:(2011年卷一95题)

A. Y公司的行为构成侵犯他人商业秘密

B. 邓某的行为构成侵犯他人商业秘密

C. Y公司的行为构成违反竞业禁止义务

D. 邓某的行为构成违反竞业禁止义务

7. 案件审理期间邓某提出,本案纠纷起因于自己与K公司的劳动关系,应属劳动争议案件,故K公司应向劳动争议仲裁机构提起仲裁申请,遂请求法院裁定驳回起诉。关于该主张,下列说法正确的是:(2011年卷一96题)

A. 侵犯商业秘密本质上属于侵权,违反竞业禁止本质上属于违约

B. 本案存在法律关系竞合,K公司有选择权

C. 劳动关系优先于商事关系

D. 邓某的主张应予支持

答案解析

一、单选题

【答案】 C

【解析】 本题考查非全日制用工。

选项A符合《劳动合同法》规定。《劳动合同法》第69条第2款规定,从事非全日制用工的劳动者可以与一个或者一个以上用人单位订立劳动合同;但是,后订立的劳动合同不得影响先订立的劳动合同的履行。

选项B符合《劳动合同法》规定。《劳动合同法》第70条规定,非全日制用工双方当事人不得约定试用期。

选项C不符合《劳动合同法》规定。《劳动合同法》第71条规定,终止用工,用人单位不向劳动者支付经济补偿。

选项D符合《劳动合同法》规定。《劳动合同法》第72条第2款,非全日制用工劳动报酬结算支付周期最长不得超过15日。

二、多选题

1.**【答案】** BC

【解析】 本题考查《劳动合同法》中规定的保密协议及竞业禁止义务。

选项A错误。《劳动合同法》第23条第1款规定,用人单位与劳动者可以在劳动

合同中约定保守用人单位的商业秘密和与知识产权相关的保密事项。合同约定的保密义务自成立时生效,是否支付保密费不影响合同效力。

选项B正确。《劳动合同法》第23条第2款规定,对负有保密义务的劳动者,用人单位可以在劳动合同或者保密协议中与劳动者约定竞业限制条款,并约定在解除或者终止劳动合同后,在竞业限制期限内按月给予劳动者经济补偿。劳动者违反竞业限制约定的,应当按照约定向用人单位支付违约金。如果合同未约定竞业限制条款,则没有竞业限制。

选项C正确,选项D错误。《反不正当竞争法》第10条第1、2款规定,经营者不得采用下列手段侵犯商业秘密:(一)以盗窃、利诱、胁迫或者其他不正当手段获取权利人的商业秘密;(二)披露、使用或者允许他人使用以前项手段获取的权利人的商业秘密;(三)违反约定或者违反权利人有关保守商业秘密的要求,披露、使用或者允许他人使用其所掌握的商业秘密。第三人明知或者应知前款所列违法行为,获取、使用或者披露他人的商业秘密,视为侵犯商业秘密。本案中,江某违约披露甲厂的商业秘密,构成侵犯甲厂的商业秘密。乙厂违反甲厂有关保守商业秘密的要求,使用甲厂的商业秘密,构成侵犯甲厂商业秘密。

2.**【答案】** CD

【解析】 本题考查劳务派遣、劳动仲裁。

选项A、B错误。《劳动合同法》第66条第1、2款规定,劳动合同用工是我国的企业基本用工形式。劳务派遣用工是补充形式,只能在临时性、辅助性或者替代性的工作岗位上实施。前款规定的临时性工作岗位是指存续时间不超过六个月的岗位;辅助性工作岗位是指为主营业务岗位提供服务的非主营业务岗位;替代性工作岗位是指用工单位的劳动者因脱产学习、休假等原因无法工作的一定期间内,可以由其他劳动者替代工作的岗位。本案中,车间主任不是辅助性岗位,时间超过了6个月。因此,该劳务派遣不符合法律规定。

选项C正确。《劳动争议调解仲裁法》第27条第4款规定,劳动关系存续期间因拖欠劳动报酬发生争议的,劳动者申请仲裁不受本条第一款规定的仲裁时效期间的限制;但是,劳动关系终止的,应当自劳动关系终止之日起一年内提出。

选项D正确。《劳动争议调解仲裁法》第22条第2款规定,劳务派遣单位或者用工单位与劳动者发生劳动争议的,劳务派遣单位和用工单位为共同当事人。

3.**【答案】** ACD

【解析】 本题考查基本养老保险。

选项A正确,选项B错误。《社会保险法》第12条第1、2款规定,用人单位应当按照国家规定的本单位职工工资总额的比例缴纳基本养老保险费,记入基本养老保险统筹基金。职工应当按照国家规定的本人工资的比例缴纳基本养老保险费,记入个人账户。

选项C、D正确。《社会保险法》第14条规定，个人账户不得提前支取，记账利率不得低于银行定期存款利率，免征利息税。个人死亡的，个人账户余额可以继承。

4.【答案】 ACD

【解析】 本题考查劳动仲裁。

选项A正确。《劳动争议调解仲裁法》第5条规定，发生劳动争议，当事人不愿协商、协商不成或者达成和解协议后不履行的，可以向调解组织申请调解；不愿调解、调解不成或者达成调解协议后不履行的，可以向劳动争议仲裁委员会申请仲裁；对仲裁裁决不服的，除本法另有规定的外，可以向人民法院提起诉讼。

选项B错误。《劳动争议调解仲裁法》第21条规定，劳动争议仲裁委员会负责管辖本区域内发生的劳动争议。劳动争议由劳动合同履行地或者用人单位所在地的劳动争议仲裁委员会管辖。双方当事人分别向劳动合同履行地和用人单位所在地的劳动争议仲裁委员会申请仲裁的，由劳动合同履行地的劳动争议仲裁委员会管辖。

选项C正确。《劳动争议调解仲裁法》第47条规定，下列劳动争议，除本法另有规定的外，仲裁裁决为终局裁决，裁决书自作出之日起发生法律效力：(一)追索劳动报酬、工伤医疗费、经济补偿或者赔偿金，不超过当地月最低工资标准十二个月金额的争议；(二)因执行国家的劳动标准在工作时间、休息休假、社会保险等方面发生的争议。

选项D正确。《劳动争议调解仲裁法》第48条规定，劳动者对本法第四十七条规定的仲裁裁决不服的，可以自收到仲裁裁决书之日起十五日内向人民法院提起诉讼。

5.【答案】 ABD

【解析】 本题考查劳动合同的解除。

《劳动合同法》第41条第1款规定，有下列情形之一，需要裁减人员二十人以上或者裁减不足二十人但占企业职工总数百分之十以上的，用人单位提前三十日向工会或者全体职工说明情况，听取工会或者职工的意见后，裁减人员方案经向劳动行政部门报告，可以裁减人员：(一)依照企业破产法规定进行重整的；(二)生产经营发生严重困难的；(三)企业转产、重大技术革新或者经营方式调整，经变更劳动合同后，仍需裁减人员的；(四)其他因劳动合同订立时所依据的客观经济情况发生重大变化，致使劳动合同无法履行的。

选项A没有法律依据。《劳动合同法》规定只是要求向工会或全体职工说明情况，听取工会或职工意见，没有规定必须经过职工代表大会批准。

选项B没有法律依据。公司因为受金融危机影响，订单锐减陷入困境，已经属于《劳动合同法》第41条第1款第2项规定的“生产经营发生严重困难”的情形，因此，可以裁员。

选项C有法律依据。《劳动合同法》第41条第2款第3项规定“家庭无其他就业人员，有需要扶养的老人或者未成年人的”在裁减人员时，应当优先留用。

选项D没有法律依据。丁属于可裁减的人员。

6.【答案】 ABC

【解析】 本题考查社会保险制度。

选项A正确。《社会保险法》第2条规定，国家建立基本养老保险、基本医疗保险、工伤保险、失业保险、生育保险等社会保险制度，保障公民在年老、疾病、工伤、失业、生育等情况下依法从国家和社会获得物质帮助的权利。

选项B正确。国家设立社会保险基金，按照保险类型确定资金来源，实行社会统筹，多渠道筹集社会保险资金，包括用人单位和个人缴费以及政府补贴等。

选项C正确。《社会保险法》第12条第1、2款规定，用人单位应当按照国家规定的本单位职工工资总额的比例缴纳基本养老保险费，记入基本养老保险统筹基金。职工应当按照国家规定的本人工资的比例缴纳基本养老保险费，记入个人账户。

选项D错误。《社会保险法》第17条规定，参加基本养老保险的个人，因病或者非因工死亡的，其遗属可以领取丧葬补助金和抚恤金；在未达到法定退休年龄时因病或者非因工致残完全丧失劳动能力的，可以领取病残津贴。所需资金从基本养老保险基金中支付。据此可知，劳动者死亡后，其社会保险待遇不能直接由遗属继承，其遗属只能领取丧葬补助金和抚恤金。

7.【答案】 ABCD

【解析】 本题考查劳动者年龄、加班、试用期、违约金的相关规定。

选项A违反《劳动法》规定。《劳动法》第15条规定，禁止用人单位招用未满十六周岁的未成年人。文艺、体育和特种工艺单位招用未满十六周岁的未成年人，必须依照国家有关规定，履行审批手续，并保障其接受义务教育的权利。可见，选项A说法过于绝对，违反劳动法的规定，当选。

选项B违反《劳动法》规定。《劳动法》第38条规定，用人单位应当保证劳动者每周至少休息一日。故双方当事人可以约定周六加班，保证每周至少休息一日即可。

选项C违反《劳动法》规定。《劳动合同法》第19条第1款规定，劳动合同期限三个月以上不满一年的，试用期不得超过一个月；劳动合同期限一年以上不满三年的，试用期不得超过二个月；三年以上固定期限和无固定期限的劳动合同，试用期不得超过六个月。可见，劳动合同期限约定为二年的，试用期不得超过二个月。

选项D违反《劳动法》规定。《劳动合同法》第25条规定，除本法第二十二条和第二十三条规定的情形外，用人单位不得与劳动者约定由劳动者承担违约金。《劳动合同法》第22条规定了服务期条款，第23条规定了保密义务和竞业限制条款。

8.【答案】 ACD

【解析】 本题考查工资保障制度。

选项A正确。《劳动法》第48条规定，国家实行最低工资保障制度。最低工资的具体标准由省、自治区、直辖市人民政府规定，报国务院备案。用人单位支付劳动者的工资不得低于当地最低工资标准。这个选项比较容易选择。

选项B错误。最低工资保障制度是对所有劳动者的保护。《最低工资规定》第2条规定,本规定适用于在中华人民共和国境内的企业、民办非企业单位、有雇工的个体工商户(以下统称用人单位)和与之形成劳动关系的劳动者。国家机关、事业单位、社会团体和与之建立劳动合同关系的劳动者,依照本规定执行。

选项C正确。《最低工资规定》第12条第1款规定,在劳动者提供正常劳动的情况下,用人单位应支付给劳动者的工资在剔除下列各项以后,不得低于当地最低工资标准:(一)延长工作时间工资;(二)中班、夜班、高温、低温、井下、有毒有害等特殊工作环境、条件下的津贴;(三)法律、法规和国家规定的劳动者福利待遇等。

选项D正确。《劳动法》第51条规定,劳动者在法定休假日和婚丧假期间以及依法参加社会活动期间,用人单位应当依法支付工资。

9.【答案】 ACD

【解析】 本题考查劳动关系。

选项A正确。劳动关系的当事人是特定的,一方是劳动者,另一方是用人单位。

选项B错误。劳动行政部门与劳动者、用人单位之间的关系属于与劳动关系密切联系的其他社会关系。

选项C正确。劳动关系具有人身属性,用人单位有权依法管理和使用劳动者。劳动关系具有财产关系的属性,劳动者有偿提供劳动力,用人单位向劳动者支付报酬。

选项D正确。双方当事人在建立、变更劳动关系时,应依照平等自愿、合法原则进行,因而劳动关系具有平等性。同时,劳动关系具有从属性,劳动关系一经确立,劳动者成为用人单位的职工,与用人单位存在身份、组织和经济上的从属关系,用人单位按照其劳动规章制度管理和使用劳动者,双方形成管理与被管理、支配与被支配的关系。

10.【答案】 BCD

【解析】 本题考查无固定期限劳动合同的规定。

《劳动合同法》第14条,无固定期限劳动合同,是指用人单位与劳动者约定无确定终止时间的劳动合同。

用人单位与劳动者协商一致,可以订立无固定期限劳动合同。有下列情形之一,劳动者提出或者同意续订、订立劳动合同的,除劳动者提出订立固定期限劳动合同外,应当订立无固定期限劳动合同:

(一)劳动者在该用人单位连续工作满十年的;

(二)用人单位初次实行劳动合同制度或者国有企业改制重新订立劳动合同时,劳动者在该用人单位连续工作满十年且距法定退休年龄不足十年的;

(三)连续订立二次固定期限劳动合同,且劳动者没有本法第三十九条和第四十条第一项、第二项规定的情形,续订劳动合同的。

用人单位自用工之日起满一年不与劳动者订立书面劳动合同的,视为用人单位与劳动者已订立无固定期限劳动合同。

选项A错误。不满足《劳动合同法》第14条的规定。

选项B正确。根据规定，国家法定的企业职工退休年龄，是指国家法律规定的正常退休年龄，即男工人年满60周岁，女工人年满50周岁，女干部年满55周岁。同时根据《劳动合同法》第14条第2款第2项，该项符合题干要求。

选项C正确。符合《劳动合同法》第14条第2款第3项的规定。

选项D正确。属于用人单位与劳动者协商一致的情况。

11.**【答案】**　BC

【解析】　本题考查劳动安全卫生和特殊保护的规定。

选项A不违反《劳动法》规定。《劳动法》第59条规定，禁止安排女职工从事矿山井下、国家规定的第四级体力劳动强度的劳动和其他禁忌从事的劳动。

选项B违反《劳动法》规定。《劳动法》第53条规定，劳动安全卫生设施必须符合国家规定的标准。新建、改建、扩建工程的劳动安全卫生设施必须与主体工程同时设计、同时施工、同时投入生产和使用。

选项C违反《劳动法》规定。《劳动法》第55条规定，从事特种作业的劳动者必须经过专门培训并取得特种作业资格。

选项D不违反《劳动法》规定。《劳动法》第54条规定，用人单位必须为劳动者提供符合国家规定的劳动安全卫生条件和必要的劳动防护用品，对从事有职业危害作业的劳动者应当定期进行健康检查。

12.**【答案】**　BCD

【解析】　本题考查《企业劳动争议处理条例》规定的劳动争议范围。

《企业劳动争议处理条例》第2条规定，本条例适用于中华人民共和国境内的企业与职工之间的下列劳动争议：

(一)因企业开除、除名、辞退职工和职工辞职、自动离职发生的争议；

(二)因执行国家有关工资、保险、福利、培训、劳动保护的规定发生的争议；

(三)因履行劳动合同发生的争议；

(四)法律、法规规定应当依照本条例处理的其他劳动争议。

由以上规定可知，选项A不属于劳动争议范围，选项B、C、D属于劳动争议范围。

三、不定项选择题

1.**【答案】**　ABC

【解析】　本题考查劳动合同、试用期。

选项A正确。《劳动合同法》第19条第1款规定，劳动合同期限三个月以上不满一年的，试用期不得超过一个月；劳动合同期限一年以上不满三年的，试用期不得超过二个月；三年以上固定期限和无固定期限的劳动合同，试用期不得超过六个月。本案中，公司与王某签订的劳动合同期限是2年，因此，其试用期不能超过2个月。

选项B正确。《劳动合同法》第20条规定,劳动者在试用期的工资不得低于本单位相同岗位最低档工资或者劳动合同约定工资的百分之八十,并不得低于用人单位所在地的最低工资标准。该试用期工资合法。

选项C正确,选项D错误。《劳动合同法实施条例》第6条规定,用人单位自用工之日起超过一个月不满一年未与劳动者订立书面劳动合同的,应当依照劳动合同法第八十二条的规定向劳动者每月支付两倍的工资,并与劳动者补订书面劳动合同;劳动者不与用人单位订立书面劳动合同的,用人单位应当书面通知劳动者终止劳动关系,并依照劳动合同法第四十七条的规定支付经济补偿。前款规定的用人单位向劳动者每月支付两倍工资的起算时间为用工之日起满一个月的次日,截止时间为补订书面劳动合同的前一日。

2.【答案】 ABCD

【解析】 本题考查用人单位章程。

选项A正确。《劳动合同法》第4条第2款规定,用人单位在制定、修改或者决定有关劳动报酬、工作时间、休息休假、劳动安全卫生、保险福利、职工培训、劳动纪律以及劳动定额管理等直接涉及劳动者切身利益的规章制度或者重大事项时,应当经职工代表大会或者全体职工讨论,提出方案和意见,与工会或者职工代表平等协商确定。本案中,公司公布施行的《工作纪律规定》直接涉及劳动者的切身利益,但仅仅征得了工会主席同意,没有经职工代表大会或者全体职工讨论。因此,制定程序违法。

选项B正确。用人单位关于婚恋的规定显然损害了劳动者的婚姻恋爱自由,违法。

选项C正确。用人单位规章制度违法,基于该规定解除劳动合同显然违法。

选项D正确。《劳动合同法》第48条规定,用人单位违反本法规定解除或者终止劳动合同,劳动者要求继续履行劳动合同的,用人单位应当继续履行;劳动者不要求继续履行劳动合同或者劳动合同已经不能继续履行的,用人单位应当依照本法第八十七条规定支付赔偿金。据此可知,用人单位违法解除劳动合同,造成损失的,应当承担承担赔偿责任。

3.【答案】 ABC

【解析】 本题考查失业保险金。

选项A、B正确。《社会保险法》第45条规定,失业人员符合下列条件的,从失业保险基金中领取失业保险金:(一)失业前用人单位和本人已经缴纳失业保险费满一年的;(二)非因本人意愿中断就业的;(三)已经进行失业登记,并有求职要求的。本案中,王某累计缴纳失业保险未满1年,无权领取失业保险金。只要是非本人意愿中止就业的,就符合领取失业保险金的条件之一,与劳动者被用人单位解除劳动合同的具体原因没有关系。

选项C正确。《社会保险法》第48条第2款规定,失业人员应当缴纳的基本医疗保险费从失业保险基金中支付，个人不缴纳基本医疗保险费。

选项D错误。《社会保险法》第52条规定，职工跨统筹地区就业的，其失业保险关系随本人转移，缴费年限累计计算。据此可知，王某不能申请退还缴纳的失业保险费。

4.【答案】　C

【解析】　本题考查劳务派遣。

《劳动合同法》第58条第1款规定，劳务派遣单位是本法所称用人单位，应当履行用人单位对劳动者的义务。劳务派遣单位与被派遣劳动者订立的劳动合同，除应当载明本法第十七条规定的事项外，还应当载明被派遣劳动者的用工单位以及派遣期限、工作岗位等情况。"玫园公司与丙劳务派遣公司签订协议，由其派遣王某到玫园公司担任保洁员"，可见，丙公司为用人单位，玫园公司为用工单位。所以选项C正确，选项A、B、D错误。

5.【答案】　CD

【解析】　本题考查劳动关系的解除。

《劳动合同法》第65条规定，被派遣劳动者可以依照本法第三十六条、第三十八条的规定与劳务派遣单位解除劳动合同。被派遣劳动者有本法第三十九条和第四十条第一项、第二项规定情形的，用工单位可以将劳动者退回劳务派遣单位，劳务派遣单位依照本法有关规定，可以与劳动者解除劳动合同。据此可知，选项A、B错误，选项C、D正确。

6.【答案】　ABD

【解析】　本题考查商业秘密保护和竞业禁止义务。

选项A正确。《反不正当竞争法》第10条第2款规定，第三人明知或者应知前款所列违法行为，获取、使用或者披露他人的商业秘密，视为侵犯商业秘密。邓某允许Y制药公司使用其掌握的K公司研发的配方的行为，属于擅自披露、使用他人商业秘密的行为。Y制药公司明知该商业秘密来源违法而使用，应承担法律责任。

选项B正确。《劳动合同法》第23条第2款规定，对负有保密义务的劳动者，用人单位可以在劳动合同或者保密协议中与劳动者约定竞业限制条款，并约定在解除或者终止劳动合同后，在竞业限制期限内按月给予劳动者经济补偿。劳动者违反竞业限制约定的，应当按照约定向用人单位支付违约金。

选项C错误，选项D正确。《劳动合同法》第24条规定，竞业限制的人员限于用人单位的高级管理人员、高级技术人员和其他负有保密义务的人员。竞业限制的范围、地域、期限由用人单位与劳动者约定，竞业限制的约定不得违反法律、法规的规定。在解除或者终止劳动合同后，前款规定的人员到与本单位生产或者经营同类产品、从事同类业务的有竞争关系的其他用人单位，或者自己开业生产或者经营同类产品、从事同类业务的竞业限制期限，不得超过二年。邓某为K公司技术主管，属于知晓商业秘密的人员，并且双方签有保密协议，因此邓某应承担竞业禁止义务。Y公司不属于竞业禁止条款的适用对象,因此,不构成违反竞业禁止义务。

7.【答案】　AB

【解析】　本题考查法律关系竞合。

选项A正确。侵犯商业秘密,属于侵犯权利人经济性权利的行为,在本质上属于侵权。违反竞业禁止义务,要求责任人与被侵害人之间存在竞业禁止约定,在本质上属于违约行为。

选项B正确,选项D错误。《合同法》第122条规定,因当事人一方的违约行为,侵害对方人身、财产权益的,受损害方有权选择依照本法要求其承担违约责任或者依照其他法律要求其承担侵权责任。这里K公司既可以要求邓某承担违反竞业禁止义务的违约责任,也可以要求邓某承担侵犯商业秘密的侵权责任。根据法律规定,权利人K公司享有选择权,邓某没有选择权,其主张得不到法律支持。

选项C错误。劳动关系和商事关系均属于广义上的民事法律关系,相互之间没有先后之分。

◎ 案例实训

【案由】　张某于2006年7月被某食品机械厂招收为全民所有制工人,担任厂部技术科化验员。同年10月试用期满后,双方正式签订劳动合同,有关合同条款如下:合同期限3年,从2006年10月5日起到2009年10月4止;实行每周5天,每天工作10小时;张某工作岗位为技术科化验员;每月工资1000元;若双方在合同履行过程中产生纠纷,应当将纠纷交由劳动争议仲裁委员会仲裁。

2007年3月,张某提出每日工作10小时违反了《劳动法》,要求厂方缩短劳动时间。厂方认为既然工作时间不合法,那就是无效合同。因此,不需要履行劳动合同。随后安排他人接替张某工作。张某不服,向区劳动争议仲裁委员会申请仲裁。

区劳动争议仲裁委员会受理此案后经过对双方当事人签订的劳动合同的审查,认为劳动合同中的劳动时间条款不符合国家法律规定,应认定为无效劳动合同,裁决劳动合同无效,终止劳动关系。张某不服,诉讼到人民法院。

【问题】

张某与某食品机械厂签订的劳动合同中的工作时间是否有效?

【评析】

(1)张某与某食品机械厂关于工作时间的约定违反了法律的规定,应当属于无效条款。《劳动法》第36条规定,国家实行劳动者每日工作时间不超过8小时,平均每周工作时间不超过44小时的工时制度。《国务院关于职工工作时间的规定》将《劳动法》规定的工作时间修改为每日工作8小时,每周工作40小时。本案中劳动合同约定"每周5天,每天10小时"的工作时间显然违反了法律规定,所以属于无效条款。

(2)我国《劳动法》第18条第2款规定,无效劳动合同,从订立的时候起,就没有法律约束力。确认劳动合同部分无效的,如果不影响其余部分的效力,其余部分仍然有效。具体到本案件中,工作时间不符合《劳动法》的规定,其余条款合法,该不合法的条款不影响其余条款效力;同时,造成工作时间条款约定无效的原因在于用人单位,不是劳动者。既然其余条款均符合国家法律规定,除将工作时间的条款需要按照《劳动法》的规定执行外,其余条款仍然需要继续执行。该劳动合同仍然为有效合同,某区劳动争议仲裁委员会的处理不正确,应当予以更正。

第七讲　土　地　法

重点体系

- 城市房地产管理法
  - 国有土地使用权的取得
    - 出让土地使用权
    - 划拨土地使用权
  - 房地产交易
    - 转让
      - 订立合同
      - 出让用地转让条件
      - 划拨用地转让条件
    - 租赁——划拨用地租赁的处理
    - 抵押
  - 商品房预售——条件
- 土地管理法
  - 土地用途管理制度
  - 集体土地使用权
    - 农用地使用权(土地承包经营权)
    - 非农用地使用权
  - 耕地保护
    - 占地补偿
    - 防治撂荒
  - 建设用地
    - 建设用地的取得
    - 建设用地的类型
      - 国家建设用地——土地征收制度
      - 乡(镇)村建设用地
      - 临时用地
  - 土地纠纷的解决
    - 确权纠纷
    - 侵权纠纷

考点精讲

全面论述

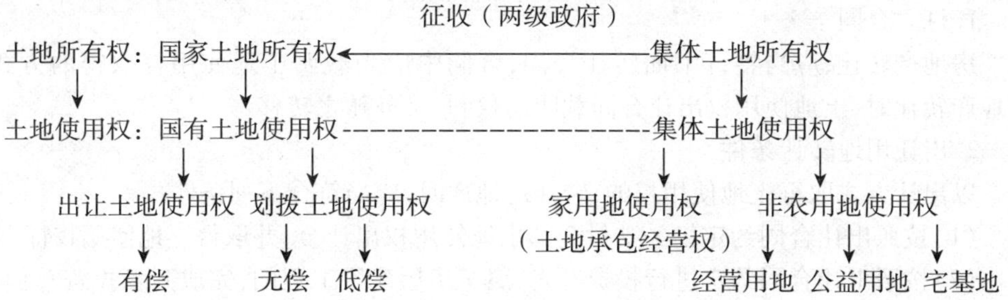

我国土地权利形态

壹　城市房地产管理法

一、国有土地使用权的取得

(一)出让土地使用权

1. 含义与特征

土地使用权出让,是指国家将国有土地使用权在一定年限内出让给土地使用者,由土地使用者向国家支付土地使用权出让金的行为。

2. 续期

土地使用权出让合同约定的使用年限届满,土地使用者需要继续使用土地的,应当至迟于届满前一年申请续期,除根据社会公共利益需要收回该幅土地的,应当予以批准。经批准准予续期的,应当重新签订土地使用权出让合同,依照规定支付土地使用权出让金。土地使用权出让合同约定的使用年限届满,土地使用者未申请续期或者虽申请续期但未获批准的,土地使用权由国家无偿收回。

(二)划拨土地使用权

1. 含义与特征

土地使用权划拨,是指县级以上人民政府依法批准,在土地使用者缴纳补偿、安置等费用后将该幅土地交付其使用,或者将土地使用权无偿交付给土地使用者使用的行为。

2. 范围

下列建设用地的土地使用权,确属必需的,可以由县级以上人民政府依法批准划拨:

(1)国家机关用地和军事用地;

(2)城市基础设施用地和公益事业用地;

(3)国家重点扶持的能源、交通、水利等项目用地;

(4)法律、行政法规规定的其他用地。

二、房地产交易(转让、抵押、租赁)

房地产转让、抵押时,房屋的所有权和该房屋占用范围内的土地使用权同时转让、抵押。

（一）转让

1. 订立合同

房地产转让，应当签订书面转让合同，合同中应当载明土地使用权取得的方式。房地产转让时，土地使用权出让合同载明的权利、义务随之转移。

2. 出让用地转让条件

以出让方式取得土地使用权的，转让房地产时，应当符合下列条件：

（1）按照出让合同约定已经支付全部土地使用权出让金，并取得土地使用权证书；

（2）按照出让合同约定进行投资开发，属于房屋建设工程的，完成开发投资总额的25%以上，属于成片开发土地的，形成工业用地或者其他建设用地条件；

（3）转让房地产时房屋已经建成的，还应当持有房屋所有权证书。

• 以出让方式取得土地使用权的，转让房地产后，其土地使用权的使用年限为原土地使用权出让合同约定的使用年限减去原土地使用者已经使用年限后的剩余年限。

• 以出让方式取得土地使用权的，转让房地产后，受让人改变原土地使用权出让合同约定的土地用途的，必须取得原出让方和市、县人民政府城市规划行政主管部门的同意，签订土地使用权出让合同变更协议或者重新签订土地使用权出让合同，相应调整土地使用权出让金。

3. 划拨用地转让条件

（1）以划拨方式取得土地使用权的，转让房地产时，应当按照国务院规定，报有批准权的人民政府审批。有批准权的人民政府准予转让的，应当由受让方办理土地使用权出让手续，并依照国家有关规定缴纳土地使用权出让金。

（2）以划拨方式取得土地使用权的，转让房地产报批时，有批准权的人民政府按照国务院规定决定可以不办理土地使用权出让手续的，转让方应当按照国务院规定将转让房地产所获收益中的土地收益上缴国家或者作其他处理。

（二）租赁

划拨用地租赁的处理，以营利为目的，房屋所有权人将以划拨方式取得使用权的国有土地上建成的房屋出租的，应当将租金中所含土地收益上缴国家。

三、商品房预售

商品房预售，应当符合下列条件：

（1）已交付全部土地使用权出让金，取得土地使用权证书；

（2）持有建设工程规划许可证；

（3）按提供预售的商品房计算，投入开发建设的资金达到工程建设总投资的25%以上，并已经确定施工进度和竣工交付日期；

（4）向县级以上人民政府房产管理部门办理预售登记，取得商品房预售许可证明。商品房预售人应当按照国家有关规定将预售合同报县级以上人民政府房产管理部门和土地管理部门登记备案。商品房预售所得款项,必须用于有关的工程建设。

贰 土地管理法

一、土地用途管理制度

国家实行土地用途管理制度。国家编制土地利用总体规划,规定土地用途,将土地分为农用地、建设用地和未利用地。

二、集体土地使用权

(一)农用地使用权(土地承包经营权)

家庭承包:农村土地承包采取农村集体经济组织内部的家庭承包方式,家庭承包的承包方是本集体经济组织的农户。承包合同自成立之日起生效,承包方自承包合同生效时取得土地承包经营权。

(二)非农用地使用权

(1)非农经营用地使用权投资取得;

(2)非农公益用地使用权拨付取得;

(3)宅基地使用权分配取得,无偿无期限,身份限制,建设自用房屋,一户一宅。

三、耕地保护

(一)占地补偿

国家实行占用耕地补偿制度。非农业建设经批准占用耕地的,按照"占多少,垦多少"

的原则,由占用耕地的单位负责开垦与所占用耕地的数量和质量相当的耕地;没有条件开垦或者开垦的耕地不符合要求的,应当按照省、自治区、直辖市的规定缴纳耕地开垦费,专款用于开垦新的耕地。

省、自治区、直辖市人民政府应当制订开垦耕地计划,监督占用耕地的单位按照计划开垦耕地或者按照计划组织开垦耕地,并进行验收。

(二)防止撂荒

已经办理审批手续的非农业建设占用耕地,一年内不用而又可以耕种并收获的,应当由原耕种该幅耕地的集体或者个人恢复耕种,也可以由用地单位组织耕种;一年以上未动工建设的,应当按照省、自治区、直辖市的规定缴纳闲置费;连续二年未使用的,经原批准机关批准,由县级以上人民政府无偿收回用地单位的土地使用权;该幅土地原为农民集体所有的,应当交由原农村集体经济组织恢复耕种。

四、建筑用地

(一)建设用地的取得

任何单位和个人进行建设,需要使用土地的,必须依法申请使用国有土地;但是,非农用地除外。

(二)建设用地的类型

我国将建设用地分为国家建设用地和乡(镇)村建设用地。

1. 国家建设用地——土地征收制度

征收下列土地的，由国务院批准：

(1)基本农田；

(2)基本农田以外的耕地超过35公顷的；

(3)其他土地超过70公顷的。征收上述规定以外的土地的，由省、自治区、直辖市人民政府批准，并报国务院备案。

2. 乡(镇)村建设用地

(1)非农经营用地；

(2)非农公益用地；

(3)宅基地。

3. 临时用地

建设项目施工和地质勘查需要临时使用国有土地或者农民集体所有的土地的，由县级以上人民政府土地行政主管部门批准。其中，在城市规划区内的临时用地，在报批前，应当先经有关城市规划行政主管部门同意。土地使用者应当支付临时使用土地补偿费，并不得修建永久性建筑物。临时使用土地期限一般不超过2年。

4. 土地纠纷解决

5. 确权纠纷

6. 处理前置

土地所有权和使用权争议，由当事人协商解决；协商不成的，由人民政府处理。当事人对有关人民政府的处理决定不服的，可以自接到处理决定通知之日起30日内，向法院起诉。

7. 分级处理

单位之间的争议，由县级以上人民政府处理；个人之间、个人与单位之间的争议，由乡级人民政府或者县级以上人民政府处理。

8. 侵权纠纷当事人协商解决

协商不成的，可由土地行政主管部门进行行政调处。当事人对调处不服的，可以提起诉讼。

⊙ 重点总结

壹　土地管理法

一、国有土地使用权

(一)概述

(1)国有土地使用权属于用益物权，可以依法转让。

(2)国有土地使用权的特征如下：

①主体的广泛性。境内外法人、非法人组织及公民自然个人均可依法取得国有土地使用权，而集体土地使用权主体多为特殊主体。

②取得方式的多样性。国有土地所有者代表可依法通过出让（含以出让金作价出资或入股）、租赁或划拨等方式将国有土地使用权让与土地使用者。

③内容的差异性。

（3）可以收回国有土地使用权的情形。

（二）国有土地使用权的出让

（1）出让土地使用权，是指土地使用者以向国有土地所有者代表支付出让金为代价而原始取得的有期限限制的国有土地使用权。

（2）出让合同是双务有偿合同。该合同有期限限制；要支付出让金；并受违约责任的约束。（《城市房地产管理法》第15～17条）

（3）出让方式。（《城市房地产管理法》第13条）

①一般的土地用途：拍卖、招标或者双方协议的方式。

②商业、旅游、娱乐和豪华住宅用地，有条件的，必须采取拍卖、招标方式；没有条件，不能采取拍卖、招标方式的，可以采取双方协议的方式。

（三）国有土地使用权的划拨

《城市房地产管理法》第23条，土地使用权划拨，是指县级以上人民政府依法批准，在土地使用者缴纳补偿、安置等费用后将该幅土地交付其使用，或者将土地使用权无偿交付给土地使用者使用的行为。

依照本法规定以划拨方式取得土地使用权的，除法律、行政法规另有规定外，没有使用期限的限制。

《城市房地产管理法》第24条，下列建设用地的土地使用权，确属必需的，可以由县级以上人民政府依法批准划拨：

（一）国家机关用地和军事用地；

（二）城市基础设施用地和公益事业用地；

（三）国家重点扶持的能源、交通、水利等项目用地；

（四）法律、行政法规规定的其他用地。

表7－1 出让与划拨

	出让	划拨
相同点	均是国有土地使用权的使用方式	
不同点	1. 合同关系	1. 行政行为
	2. 有期限	2. 无期限
	3. 有偿	3. 可有偿，可无偿
	4. 是开发商取得土地使用权的一般方式（招、拍、挂）	4. 只有特定情形才可：机关、军事、公益、城基、重点扶持项目

二、建设用地管理

（一）国家建设用地

1. 国家建设征地的批准权限

国家建设征收农民集体土地，应依法报国务院或省、自治区、直辖市人民政府批准。

征收下列土地由国务院批准：

（1）基本农田；

（2）基本农田以外的耕地超过35公顷的；

（3）其他土地超过70公顷的。

征收上述规定以外的土地的，由省、自治区、直辖市人民政府批准，并报国务院备案。

2. 国家建设征地的程序

国家征收土地，先依照法定程序经有审批权的人民政府审批，再由县级以上地方人民政府土地管理部门确定征地补偿安置方案，并由同级人民政府予以公告后，听取被征地的农村集体经济组织和农民的意见并组织实施。

3. 征地补偿标准

（二）乡村建设用地

1. 乡村建设用地的审批权限

乡村建设用地的审批权限为：

（1）乡村兴办企业需要使用土地的，应当持有关批准文件，向县级以上地方人民政府土地行政主管部门提出申请，按照省、自治区、直辖市规定的批准权限，由县级以上人民政府批准；其中，涉及占用农用地的，依法办理农用地转用审批手续。

（2）乡村公共设施、公益事业建设，需要使用土地的，先经乡、镇人民政府审核，其他审批程序同于乡村兴办企业用地。

（3）农村村民住宅用地，经乡、镇人民政府审核，由县级人民政府批准；其中，涉及占用农用地的，依法办理农用地转用审批手续。

2. 乡村建设用地的控制原则

乡村建设用地的控制原则是：

（1）乡村兴办企业的建设用地，严格控制，其用地面积不得超过省、自治区、直辖市按照乡镇企业的不同行业和经营规模分别规定的控制标准。

（2）农村村民一户只能拥有一处宅基地，其宅基地的面积不得超过省、自治区、直辖市规定的控制标准。

（三）临时建设用地

临时建设用地是指因建设项目施工和地质勘察等需要临时使用国有土地或者集体土地。

（1）临时建设用地，由县级以上人民政府审批。其中，在城市规划区内的临时用地，在报批前，应当先经有关城市规划行政主管部门同意。土地使用者应当根据土地权属，与有关土地行政主管部门或者农村集体经济组织、村民委员会签订临时使用土地合同，并按照合同的约定支付临时使用土地补偿费。

(2)临时建设用地的限制。土地管理法对临时建设用地作了以下限制性规定：

①必须按照临时使用合同约定的用途使用土地；

②不得修建永久性建筑；

③临时使用土地的期限不得超过2年。

三、土地纠纷及其解决途径

(一)土地确权纠纷

此类纠纷是指因不同主体间就土地所有权或土地使用权的归属或界限等问题产生异议而引发的争议纠纷。

《土地管理法》第16条，土地所有权和使用权争议，由当事人协商解决；协商不成的，由人民政府处理。

单位之间的争议，由县级以上人民政府处理；个人之间、个人与单位之间的争议，由乡级人民政府或者县级以上人民政府处理。

当事人对有关人民政府的处理决定不服的，可以自接到处理决定通知之日起三十日内，向人民法院起诉。

在土地所有权和使用权争议解决前，任何一方不得改变土地利用现状。

要点为：

(1)(特殊点)土地确权纠纷应当依顺序进行：协商—政府处理—行政诉讼。

(2)注意行政处理的主体：

①单位之间的争议，由县级以上人民政府处理。

②凡是涉及个人的土地确权纠纷，由乡级人民政府或县级以上人民政府处理。

(3)行政处理决定与诉讼的关系：根据相关法律规定，此种诉讼为行政诉讼，行政处理决定为诉讼的前置程序，即先处理再提起诉讼。当事人对行政处理决定不服的，可以作出处理决定的人民政府为被告提起行政诉讼。

(二)土地侵权纠纷

(1)此类纠纷是指因对他人已依法取得的土地所有权或使用权构成侵害，侵权人与被侵权人之间引发的争议纠纷。

(2)土地侵权纠纷，由当事人协商解决。协商不成的，可由土地行政主管部门进行行政调处。当事人对行政调处不服的，可以以对方当事人为被告提起民事诉讼；当事人也可不经行政调处直接提起民事诉讼。

(三)土地承包经营纠纷

当事人可以通过协商解决，也可以请求村民委员会、乡(镇)人民政府等调解解决。当事人不愿协商、调解或者协商、调解不成的，可以向农村土地承包仲裁机构申请仲裁，也可以直接向人民法院起诉。当事人对农村土地承包仲裁机构的仲裁裁决不服的,可以自收到裁决书之日起30日内向人民法院起诉。逾期不起诉的,裁决书即发生法律效力。

(四)土地行政争议

贰　城乡规划法

一、城乡规划的内容

第2条第1、2款,制定和实施城乡规划,在规划区内进行建设活动,必须遵守本法。

本法所称城乡规划,包括城镇体系规划、城市规划、镇规划、乡规划和村庄规划。城市规划、镇规划分为总体规划和详细规划。详细规划分为控制性详细规划和修建性详细规划。

二、城乡规划的实施

(一)建设用地规划许可

第37条,在城市、镇规划区内以划拨方式提供国有土地使用权的建设项目,经有关部门批准、核准、备案后,建设单位应当向城市、县人民政府城乡规划主管部门提出建设用地规划许可申请,由城市、县人民政府城乡规划主管部门依据控制性详细规划核定建设用地的位置、面积、允许建设的范围,核发建设用地规划许可证。

建设单位在取得建设用地规划许可证后,方可向县级以上地方人民政府土地主管部门申请用地,经县级以上人民政府审批后,由土地主管部门划拨土地。

第38条,在城市、镇规划区内以出让方式提供国有土地使用权的,在国有土地使用权出让前,城市、县人民政府城乡规划主管部门应当依据控制性详细规划,提出出让地块的位置、使用性质、开发强度等规划条件,作为国有土地使用权出让合同的组成部分。未确定规划条件的地块,不得出让国有土地使用权。

以出让方式取得国有土地使用权的建设项目,在签订国有土地使用权出让合同后,建设单位应当持建设项目的批准、核准、备案文件和国有土地使用权出让合同,向城市、县人民政府城乡规划主管部门领取建设用地规划许可证。

城市、县人民政府城乡规划主管部门不得在建设用地规划许可证中,擅自改变作为国有土地使用权出让合同组成部分的规划条件。要点:

掌握以出让方式提供国有土地使用权的规划许可程序:

(1)出让合同签订前,先规划。

(2)出让合同签订后,领取建设用地规划许可证。

(二)乡村建设规划许可

在乡、村庄规划区内进行乡镇企业、乡村公共设施和公益事业建设的,建设单位或者个人应当向乡、镇人民政府提出申请,由乡、镇人民政府报城市、县人民政府城乡规划主管部门核发乡村建设规划许可证。

在乡、村庄规划区内使用原有宅基地进行农村村民住宅建设的规划管理办法,由省、自治区、直辖市制定。

在乡、村庄规划区内进行乡镇企业、乡村公共设施和公益事业建设以及农村村民住宅建设,不得占用农用地;确需占用农用地的,应当依照《土地管理法》有关规定办理农用地转用审批手续后,由城市、县人民政府城乡规划主管部门核发乡村建设规划许可证。

建设单位或者个人在取得乡村建设规划许可证后,方可办理用地审批手续。

(三)建设工程规划许可

第40条,在城市、镇规划区内进行建筑物、构筑物、道路、管线和其他工程建设的,建设单位或者个人应当向城市、县人民政府城乡规划主管部门或者省、自治区、直辖市人民政府确定的镇人民政府申请办理建设工程规划许可证。

申请办理建设工程规划许可证,应当提交使用土地的有关证明文件、建设工程设计方案等材料。需要建设单位编制修建性详细规划的建设项目,还应当提交修建性详细规划。对符合控制性详细规划和规划条件的,由城市、县人民政府城乡规划主管部门或者省、自治区、直辖市人民政府确定的镇人民政府核发建设工程规划许可证。

城市、县人民政府城乡规划主管部门或者省、自治区、直辖市人民政府确定的镇人民政府应当依法将经审定的修建性详细规划、建设工程设计方案的总平面图予以公布。

(四)城乡规划的修改

第46条,省域城镇体系规划、城市总体规划、镇总体规划的组织编制机关,应当组织有关部门和专家定期对规划实施情况进行评估,并采取论证会、听证会或者其他方式征求公众意见。组织编制机关应当向本级人民代表大会常务委员会、镇人民代表大会和原审批机关提出评估报告并附具征求意见的情况。

第47条,有下列情形之一的,组织编制机关方可按照规定的权限和程序修改省域城镇体系规划、城市总体规划、镇总体规划:

(一)上级人民政府制定的城乡规划发生变更,提出修改规划要求的;

(二)行政区划调整确需修改规划的;

(三)因国务院批准重大建设工程确需修改规划的;

(四)经评估确需修改规划的;

(五)城乡规划的审批机关认为应当修改规划的其他情形。

修改省域城镇体系规划、城市总体规划、镇总体规划前,组织编制机关应当对原规划的实施情况进行总结,并向原审批机关报告;修改涉及城市总体规划、镇总体规划强制性内容的,应当先向原审批机关提出专题报告,经同意后,方可编制修改方案。

修改后的省域城镇体系规划、城市总体规划、镇总体规划,应当依照本法第十三条、第十四条、第十五条和第十六条规定的审批程序报批。

第48条,修改控制性详细规划的,组织编制机关应当对修改的必要性进行论证,征求规划地段内利害关系人的意见,并向原审批机关提出专题报告,经原审批机关同意后,方可编制修改方案。修改后的控制性详细规划,应当依照本法第十九条、第二十条规定的审批程序报批。控制性详细规划修改涉及城市总体规划、镇总体规划的强制性内容的,应当先修改总体规划。

修改乡规划、村庄规划的,应当依照本法第二十二条规定的审批程序报批。

第49条,城市、县、镇人民政府修改近期建设规划的,应当将修改后的近期建设规划报总体规划审批机关备案。

第50条,在选址意见书、建设用地规划许可证、建设工程规划许可证或者乡村建设规划许可证发放后,因依法修改城乡规划给被许可人合法权益造成损失的,应当依法给予补偿。

经依法审定的修建性详细规划、建设工程设计方案的总平面图不得随意修改;确需修改的,城乡规划主管部门应当采取听证会等形式,听取利害关系人的意见;因修改给利害关系人合法权益造成损失的,应当依法给予补偿。

(五)临时建设规划管理

在城市、镇规划区内进行临时建设的,应当经城市、县人民政府城乡规划主管部门批准。

临时建设影响近期建设规划或者控制性详细规划的实施以及交通、市容、安全等的,不得批准。临时建设应当在批准的使用期限内自行拆除。临时建设和临时用地规划管理的具体办法,由省、自治区、直辖市人民政府制定。

叁　城市房地产管理法

按照交易形式不同,房地产交易可分为房地产转让、抵押、租赁。

(一)房地产转让

房地产转让,是指房地产权利人通过买卖、赠与或者其他合法方式将其房地产转移给他人的行为。

(1)交易原则采取房地一体主义。房地产交易时,房屋的所有权和该房屋占用范围内的土地使用权同时转让、抵押(即"房随地走,地随房走")。

(2)国家实行房地产成交价格申报制度。

(3)房地产转让、抵押,当事人应当办理权属登记。

(4)出让方式取得土地使用权,转让其上房屋的条件要满足"一金二证一投资开发"的条件。

(5)划拨方式取得土地,转让房地产的条件。

第 40 条，以划拨方式取得土地使用权的，转让房地产时，应当按照国务院规定，报有批准权的人民政府审批。有批准权的人民政府准予转让的，应当由受让方办理土地使用权出让手续，并依照国家有关规定缴纳土地使用权出让金。

以划拨方式取得土地使用权的，转让房地产报批时，有批准权的人民政府按照国务院规定决定可以不办理土地使用权出让手续的，转让方应当按照国务院规定将转让房地产所获收益中的土地收益上缴国家或者作其他处理。

(二)房地产抵押

房地产抵押，是指抵押人以其合法的房地产以不转移占有的方式向抵押权人提供债务履行担保的行为。债务人不履行债务时，抵押权人有权依法以抵押的房地产拍卖所得的价款优先受偿。

(1)取得房屋所有权连同该房屋占用范围的土地使用权，可以设定抵押权。

(2)出让方式取得的土地使用权，可以单独设定抵押权；若该土地上有房屋时，应当将该国有土地上的房屋同时抵押。

(3)划拨方式取得的土地使用权不得单独抵押。但如果该土地上有房产，以房产设定抵押时必须同时抵押房屋所占用范围内的划拨土地使用权。(第 48 条)(也就是说，划拨土地使用权只能同地上房屋一同成为抵押权客体)

(4)房地产抵押合同签订后，土地上新增的房屋不属于抵押财产。

第 52 条，房地产抵押合同签订后，土地上新增的房屋不属于抵押财产。需要拍卖该抵押的房地产时，可以依法将土地上新增的房屋与抵押财产一同拍卖，但对拍卖新增房屋所得，抵押权人无权优先受偿。

《物权法》第 200 条，建设用地使用权抵押后，该土地上新增的建筑物不属于抵押财产。该建设用地使用权实现抵押权时，应当将该土地上新增的建筑物与建设用地使用权一并处分，但新增建筑物所得的价款，抵押权人无权优先受偿。

(三)房屋租赁

第 56 条，以营利为目的，房屋所有权人将以划拨方式取得使用权的国有土地上建成的房屋出租的，应当将租金中所含土地收益上缴国家。具体办法由国务院规定。

◉ 近年真题

一、单选题

1. 某建设项目在市中心依法使用临时用地，并修建了临时建筑物，超过批准期限后仍未拆除。对此，下列哪一机关有权责令限期拆除？(2013 年卷一 30 题)

A. 市环保行政主管部门

B. 市土地行政主管部门

C. 市城乡规划行政主管部门

D. 市建设行政主管部门

2. 关于承包经营集体土地可以从事的生产活动，下列哪一选项符合《土地管理法》规定？（2009 年卷一 28 题）

A. 种植业、林业

B. 种植业、林业、畜牧业

C. 种植业、林业、畜牧业、渔业

D. 种植业、林业、畜牧业、渔业、农产品加工业

二、多选题

1. 甲公司以出让方式取得某地块50 年土地使用权，用于建造写字楼。土地使用权满 3 年时，甲公司将该地块的使用权转让给乙公司，但将该地块上已建成的一幢楼房留作自用。对此，下列哪些选项是正确的？（2013 年卷一 72 题）

A. 如该楼房已取得房屋所有权证，则甲公司可只转让整幅地块的使用权而不转让该楼房

B. 甲公司在土地使用权出让合同中载明的权利、义务应由乙公司整体承受

C. 乙公司若要改变原土地使用权出让合同约定的土地用途，取得原出让方的同意即可

D. 乙公司受让后，可以在其土地使用权的使用年限满 46 年之前申请续期

2. 农户甲外出打工，将自己房屋及宅基地使用权一并转让给同村农户乙，5 年后甲返回该村。关于甲返村后的住宅问题，下列哪些说法是错误的？（2012 年卷一 72 题）

A. 由于甲无一技之长，在外找不到工作，只能返乡务农。政府应再批给甲一处宅基地建房

B. 根据“一户一宅”的原则，甲作为本村村民应拥有自己的住房。政府应再批给甲一处宅基地建房

C. 由于农村土地具有保障功能，宅基地不得买卖，甲乙之间的转让合同无效。乙应返还房屋及宅基地使用权

D. 由于与乙的转让合同未经有关政府批准，转让合同无效。乙应返还房屋及宅基地使用权

3. 某市政府在土地管理中的下列哪些行为违反了《土地管理法》的规定？（2011 年卷一 70 题）

A. 甲公司在市郊申请使用一片国有土地修建经营性墓地，市政府批准其以划拨方式取得土地使用权

B. 乙公司投标取得一块商品房开发用地的出让土地使用权，市政府同意其在房屋建成销售后缴纳土地出让金

C. 丙公司以出让方式在本市规划区取得一块工业用地，市国土局在未征得市规划局同意的情况下，将该土地的用途变更为住宅建设用地

D. 丁公司在城市规划区取得一块临时用地，使用已达 6 年，并在该处修建了永久

性建筑，市政府未收回土地，还为该建筑发放了房屋产权证

4. 某镇政府正在编制本镇规划。根据《城乡规划法》，下列哪些建设项目应当在规划时予以优先安排？（2011 年卷一 71 题）

A. 镇政府办公楼、招待所

B. 供水、供电、道路、通信设施

C. 商业街、工业园、公园

D. 学校、幼儿园、卫生院、文化站

5. 下列哪些机构属于房地产中介服务机构？（2011 年卷一 72 题）

A. 房地产咨询机构

B. 房地产经纪机构

C. 房地产职业培训机构

D. 房地产价格评估机构

6. 关于国有土地，下列哪些说法是正确的？（2010 年卷一 75 题）

A. 国有土地可以是建设用地，也可以是农用地

B. 国有土地可以确定给单位使用，也可以确定给个人使用

C. 国有土地可以有偿使用，也可以无偿使用

D. 国有土地使用权可以有期限，也可以无期限

7. 村民王某创办的乡镇企业打算在村庄规划区内建设一间农产品加工厂，就有关审批手续向镇政府咨询。关于镇政府的答复，下列哪些选项符合《城乡规划法》规定？（2010 年卷一 76 题）

A. “你应当向镇政府提出申请，由镇政府报县政府城乡规划局核发乡村建设规划许可证。”

B. “你的加工厂使用的土地不能是农地。如确实需要占用农地，必须依照土地管理法的有关规定办理农地转用审批手续。”

C. “你必须先办理用地审批手续，然后才能办理乡村建设规划许可证。”

D. “你必须在规划批准后，严格按照规划条件进行建设，绝对不允许作任何变更。”

8. 根据《土地管理法》规定，在下列哪些情况下使用集体土地从事建设不需要经过国家征收？（2009 年卷一 74 题）

A. 兴办乡镇企业

B. 村民建设住宅

C. 乡村公共设施建设

D. 乡村公益事业建设

9. 根据《城乡规划法》规定，下列哪些选项属于城乡规划的种类？（2009 年卷一 75 题）

A. 城乡规划包括城镇体系规划、城市规划、镇规划、乡规划和村庄规划

B. 城市规划、镇规划分为总体规划和详细规划

C. 详细规划分为控制性详细规划和修建性详细规划

D. 修建性详细规划分为建设用地规划和建设工程规划

10. 关于以划拨方式取得土地使用权的房地产转让时适用的《房地产管理法》特殊规定，下列哪些表述是正确的？(2009 年卷—75 题)

A. 应当按照国务院规定，报有批准权的人民政府审批

B. 有批准权的人民政府准予转让的，可以决定由受让方办理土地使用权出让手续，也可以允许其不办理土地使用权出让手续

C. 办理土地使用权出让手续的，受让方应缴纳土地使用权出让金

D. 不办理土地使用权出让手续的，受让方应缴纳土地使用权转让费，转让方应当按规定将转让房地产所获收益中的土地收益上缴国家

三、不定项选择题

甲房地产公司与乙国有工业公司签订《合作协议》，在乙公司原有的仓库用地上开发商品房。双方约定，共同成立玫园置业有限公司(以下简称玫园公司)。甲公司投入开发资金，乙公司负责将该土地上原有的划拨土地使用权转变为出让土地使用权，然后将出让土地使用权作为出资投入玫园公司。

玫园公司与丙劳务派遣公司签订协议，由其派遣王某到玫园公司担任保洁员。不久，甲、乙产生纠纷，经营停顿。玫园公司以签订派遣协议时所依据的客观情况发生重大变化为由，将王某退回丙公司，丙公司遂以此为由解除王某的劳动合同。

1. 关于该土地使用权由划拨转为出让，下列说法正确的是：(2012 年卷—92 题)

A. 将划拨土地使用权转为出让土地使用权后再行转让属于土地投机，为法律所禁止

B. 乙公司应当先将划拨土地使用权转让给玫园公司，然后由后者向政府申请办理土地使用权出让合同

C. 该土地使用权由划拨转为出让，应当报有批准权的政府审批，经批准后方可办理土地使用权出让手续

D. 如乙公司取得该地块的出让土地使用权，则只能自己进行开发，不能与他人合作开发

2. 关于甲、乙双方签订的《合作协议》的性质，下列选项正确的是：(2012 年卷—93 题)

A. 房地产开发合同

B. 房地产转让合同

C. 土地使用权转让合同

D. 国有资产合作经营合同

3. 开发期间，由于政府实施商品房限购政策，甲公司因其已开发项目滞销而陷于财务困境，致玫园公司经营陷于停顿，甲乙双方发生纠纷，乙公司主张合同无效。下列理由依法不能成立的是：(2012 年卷—94 题)

A. 该合同为乙公司前任经理所签订,现该经理已被撤换

B. 签订合同时,该土地还是划拨土地使用权

C. 根据《合作协议》,乙公司仅享有玫园公司 40% 的股份,现在因该地段新建地铁导致地价上涨,乙公司所占股份偏低,属于国有资产流失

D. 乙公司无房地产开发资格,无权参与房地产开发

2010 年 1 月,高某与某房地产开发公司签订了一份《预售商品房认购书》。《认购书》约定,公司为高某预留所选房号,双方于公司取得商品房预售许可证时正式签订商品房预售合同。《认购书》还约定,认购人于签订认购书时缴纳"保证金"一万元,该款于双方签订商品房预售合同时自动转为合同定金,如认购人接到公司通知后七日内不签订商品房预售合同,则该款不予退还。同年 2 月,高某接到公司已经取得商品房预售许可证的通知,立即前往公司签订了商品房预售合同,并当场缴纳了首期购房款 80 万元。同年 5 月,高某接到公司通知:房屋预售合同解除。经了解,该套房屋已经被公司以更高价格出售给第三人。双方发生争议。

4. 公司主张,双方在签订《预售商品房认购书》时,公司尚未取得商品房预售许可证,故该《认购书》无效,以此为基础订立的商品房预售合同也应无效。对此,下列判断正确的是:(2010 年卷一 95 题)

A. 法律规定,取得商品房预售许可证是商品房预售的必备条件之一

B.《预售商品房认购书》不是商品房预售合同,不以取得商品房销售许可证为条件

C. 双方签订商品房预售合同时,公司已具备商品房预售的法定条件,该合同有效

D. 因施工进度及竣工交付日期变化的,房屋可另售他人

5. 公司还主张,公司在解除商品房预售合同时,该合同尚未报区政府房地产管理局备案,故不受法律保护。对此,下列判断正确的是:(2010 年卷一 96 题)

A. 登记备案是商品房预售合同的法定生效要件,该合同未经登记备案不受法律保护

B. 登记备案是商品房预售人的法定义务,但不是合同的生效条件,该合同应受法律保护

C. 登记备案是商品房预售合同当事人的权利,未登记备案不影响该合同的效力

D. 商品房预售合同无须登记备案,当事人在房屋交付时办理产权登记即可

6. 经双方协商,高某同意解除商品房预售合同。但在款项支付问题上,双方发生分歧。高某要求返还 80 万元首期房款本息并双倍返还定金。公司主张只退还 80 万元首期房款和一万元"保证金"。对此,下列判断正确的是:(2010 年卷一 97 题)

A. 商品房预售合同无约束力,只能按公司的意见办理退款

B. 商品房预售合同有效,但《预售商品房认购书》无效,故应按公司的意见办理退款

C.《预售商品房认购书》和商品房预售合同均有效,应该支持高某的主张

D. 开发商违约,高某有权请求赔偿损失

▲ 答案解析

一、单选题

1.【答案】 C

【解析】 本题考查城乡规划法的相关规定。

《城乡规划法》第66条规定,建设单位或者个人有下列行为之一的,由所在地城市、县人民政府城乡规划主管部门责令限期拆除,可以并处临时建设工程造价一倍以下的罚款:(一)未经批准进行临时建设的;(二)未按照批准内容进行临时建设的;(三)临时建筑物、构筑物超过批准期限不拆除的。因此,选项C正确。

2.【答案】 C

【解析】 本题考查土地管理法。

《土地管理法》第15条规定,国有土地可以由单位或者个人承包经营,从事种植业、林业、畜牧业、渔业生产。因此,本题的正确答案是C。

二、多选题

1.【答案】 BD

【解析】 本题考查土地使用权出让规则。

选项A错误。《城市房地产管理法》第32条规定,房地产转让、抵押时,房屋的所有权和该房屋占用范围内的土地使用权同时转让、抵押。据此可知,我国实行房地一体转让主义。

选项B正确。《城市房地产管理法》第42条规定,房地产转让时,土地使用权出让合同载明的权利、义务随之转移。

选项C错误。《城市房地产管理法》第44条规定,以出让方式取得土地使用权的,转让房地产后,受让人改变原土地使用权出让合同约定的土地用途的,必须取得原出让方和市、县人民政府城市规划行政主管部门的同意,签订土地使用权出让合同变更协议或者重新签订土地使用权出让合同,相应调整土地使用权出让金。

选项D正确。《城市房地产管理法》第22条第1款规定,土地使用权出让合同约定的使用年限届满,土地使用者需要继续使用土地的,应当至迟于届满前一年申请续期,除根据社会公共利益需要收回该幅土地的,应当予以批准。经批准准予续期的,应当重新签订土地使用权出让合同,依照规定支付土地使用权出让金。据此可知,甲公司取得某地块的土地使用权期限是50年,已经使用了3年,那么乙公司受让后应当在其使用46年之前申请续期。

2.【答案】 ABCD

【解析】 本题考查宅基地转让。

选项A、B错误。《土地管理法》第62条第1、4款规定,农村村民一户只能拥有一处宅基地,其宅基地的面积不得超过省、自治区、直辖市规定的标准。农村村民出卖、出租住房后,再申请宅基地的,不予批准。

选项C、D错误。《土地管理法》第2条第3款规定，任何单位和个人不得侵占、买卖或者以其他形式非法转让土地。土地使用权可以依法转让。据此，宅基地不得买卖，但可在本集体范围内转让。另外，即使土地转让行为无效，但转让合同并未违背法律规定，仍是有效的。

3.【答案】 ABCD

【解析】 本题考查土地管理制度。

选项A正确。《土地管理法》第54条规定，建设单位使用国有土地，应当以出让等有偿使用方式取得；但是，下列建设用地，经县级以上人民政府依法批准，可以以划拨方式取得：(一)国家机关用地和军事用地；(二)城市基础设施用地和公益事业用地；(三)国家重点扶持的能源、交通、水利等基础设施用地；(四)法律、行政法规规定的其他用地。《城市房地产管理法》第13条第2款规定，商业、旅游、娱乐和豪华住宅用地，有条件的，必须采取拍卖、招标方式；没有条件，不能采取拍卖、招标方式的，可以采取双方协议的方式。"经营性墓地"是商业用地，不能通过划拨方式取得土地使用权。

选项B正确。《土地管理法》第55条第1款规定，以出让等有偿使用方式取得国有土地使用权的建设单位，按照国务院规定的标准和办法，缴纳土地使用权出让金等土地有偿使用费和其他费用后，方可使用土地。因此，应当先缴费后用地。

选项C正确。《土地管理法》第56条规定，建设单位使用国有土地的，应当按照土地使用权出让等有偿使用合同的约定或者土地使用权划拨批准文件的规定使用土地；确需改变该幅土地建设用途的，应当经有关人民政府土地行政主管部门同意，报原批准用地的人民政府批准。其中，在城市规划区内改变土地用途的，在报批前，应当先经有关城市规划行政主管部门同意。

选项D正确。《土地管理法》第57条第2、3款规定，临时使用土地的使用者应当按照临时使用土地合同约定的用途使用土地，并不得修建永久性建筑物。临时使用土地期限一般不超过二年。

4.【答案】 BD

【解析】 本题考查城乡规划法。

《城乡规划法》第29条第2款规定，镇的建设和发展，应当结合农村经济社会发展和产业结构调整，优先安排供水、排水、供电、供气、道路、通信、广播电视等基础设施和学校、卫生院、文化站、幼儿园、福利院等公共服务设施的建设，为周边农村提供服务。由此，选项B、D正确。

5.【答案】 ABD

【解析】 本题考查房地产中介服务机构。

《城市房地产管理法》第57条规定，房地产中介服务机构包括房地产咨询机构、房地产价格评估机构、房地产经纪机构等。由此，选项A、B、D正确。

6.【答案】 ABCD

【解析】 本题考查国有土地的相关规定。

选项A正确。《土地管理法实施条例》第2条规定,下列土地属于全民所有即国家所有:(一)城市市区的土地;(二)农村和城市郊区中已经依法没收、征收、征购为国有的土地;(三)国家依法征用的土地;(四)依法不属于集体所有的林地、草地、荒地、滩涂及其他土地;(五)农村集体经济组织全部成员转为城镇居民的,原属于其成员集体所有的土地;(六)因国家组织移民、自然灾害等原因,农民成建制地集体迁移后不再使用的原属于迁移农民集体所有的土地。

选项B正确。《土地管理法》第9条规定,国有土地和农民集体所有的土地,可以依法确定给单位或者个人使用。

选项C正确。《土地管理法》第2条第5款规定,国家依法实行国有土地有偿使用制度。但是,国家在法律规定的范围内划拨国有土地使用权的除外。

选项D正确。《城市房地产管理法》第23条第2款规定,依照本法规定以划拨方式取得土地使用权的,除法律、行政法规另有规定外,没有使用期限的限制。

本题选项看似简单,实则考核考生对国有土地所有权的客体、主体、使用方式、期限的把握。

7.【答案】 AB

【解析】 本题考查乡村建设规划许可。

本题有一定难度。《城乡规划法》是2011年大纲中新增的内容。

选项A、B正确。《城乡规划法》第41条规定,在乡、村庄规划区内进行乡镇企业、乡村公共设施和公益事业建设的,建设单位或者个人应当向乡、镇人民政府提出申请,由乡、镇人民政府报城市、县人民政府城乡规划主管部门核发乡村建设规划许可证。在乡、村庄规划区内使用原有宅基地进行农村村民住宅建设的规划管理办法,由省、自治区、直辖市制定。在乡、村庄规划区内进行乡镇企业、乡村公共设施和公益事业建设以及农村村民住宅建设,不得占用农用地;确需占用农用地的,应当依照《中华人民共和国土地管理法》有关规定办理农用地转用审批手续后,由城市、县人民政府城乡规划主管部门核发乡村建设规划许可证。建设单位或者个人在取得乡村建设规划许可证后,方可办理用地审批手续。

选项C错误。颠倒了先取得县区的乡村建设规划许可证后再办理用地审批手续的顺序。

选项D表述绝对。《城乡规划法》第43条第1款规定,建设单位应当按照规划条件进行建设;确需变更的,必须向城市、县人民政府城乡规划主管部门提出申请。

8.【答案】 ABCD

【解析】 本题考查集体土地使用权。

《土地管理法》第43条规定,任何单位和个人进行建设,需要使用土地的,必须依法申请使用国有土地;但是,兴办乡镇企业和村民建设住宅经依法批准使用本集体经济组织农民集体所有的土地的,或者乡(镇)村公共设施和公益事业建设经依法批准使用农民集体所有的土地的除外。前款所称依法申请使用的国有土地包括国家所有的土地和国家征收的原属于农民集体所有的土地。由此,选项A、B、C、D正确。

9.【答案】 ABC

【解析】 本题考查房地产开发制度中城乡规划的种类。

《城乡规划法》第2条第2款规定,本法所称城乡规划,包括城镇体系规划、城市规划、镇规划、乡规划和村庄规划。城市规划、镇规划分为总体规划和详细规划。详细规划分为控制性详细规划和修建性详细规划。由此,选项A、B、C正确。

10.【答案】 ABC

【解析】 本题考查房地产开发制度中有关建设开发许可的相关规定。

《城市房地产管理法》第40条规定,以划拨方式取得土地使用权的,转让房地产时,应当按照国务院规定,报有批准权的人民政府审批(选项A正确)。有批准权的人民政府准予转让的,应当由受让方办理土地使用权出让手续(选项B正确),并依照国家有关规定缴纳土地使用权出让金(选项C正确)。

以划拨方式取得土地使用权的,转让房地产报批时,有批准权的人民政府按照国务院规定决定可以不办理土地使用权出让手续的,转让方应当按照国务院规定将转让房地产所获收益中的土地收益上缴国家或者作其他处理(选项D错误)。

三、不定项选择题

1.【答案】 C

【解析】 本题考查土地使用权的划拨与出让。

选项A、B错误,选项C正确。《城市房地产管理法》第40条第1款规定,以划拨方式取得土地使用权的,转让房地产时,应当按照国务院规定,报有批准权的人民政府审批。有批准权的人民政府准予转让的,应当由受让方办理土地使用权出让手续,并依照国家有关规定缴纳土地使用权出让金。

选项D错误。法律并未禁止以划拨方式取得土地使用权的土地,不得合作开发。

2.【答案】 A

【解析】 本题考查房地产开发。

"在乙公司原有的仓库用地上开发商品房",这里并非转让土地所有权,而是进行合作开发,因此属于房地产开发合同。

3.【答案】 ABCD

【解析】 本题考查合作开发房地产合同纠纷。

选项A错误。企业内部的人员调整不能影响到其原先所签订合同的效力。

选项B错误。《关于审理涉及国有土地使用权合同纠纷案件适用法律问题的解释》第16条规定,土地使用权人未经有批准权的人民政府批准,以划拨土地使用权作为投资与他人订立合同合作开发房地产的，应当认定合同无效。但起诉前已经办理批准手续的，应当认定合同有效。

选项C错误。土地的增值是“因该地段新建地铁导致地价上涨”，不能代表签订合同时该土地价值被低估，并未侵害国家利益。

选项D错误。《关于审理涉及国有土地使用权合同纠纷案件适用法律问题的解释》第15条规定，合作开发房地产合同的当事人一方具备房地产开发经营资质的，应当认定合同有效。当事人双方均不具备房地产开发经营资质的，应当认定合同无效。但起诉前当事人一方已经取得房地产开发经营资质或者已依法合作成立具有房地产开发经营资质的房地产开发企业的，应当认定合同有效。

4.**【答案】** ABC

【解析】 选项A正确。《城市房地产管理法》第45条第1款规定，商品房预售，应当符合下列条件：(一)已交付全部土地使用权出让金，取得土地使用权证书；(二)持有建设工程规划许可证；(三)按提供预售的商品房计算，投入开发建设的资金达到工程建设总投资的百分之二十五以上，并已经确定施工进度和竣工交付日期；(四)向县级以上人民政府房产管理部门办理预售登记，取得商品房预售许可证明。

选项B正确。《预售商品房认购书》是一个独立于商品房预售合同的合同，《预售商品房认购书》规定的条件具备时，当事人应当签订商品房预售合同。这个合同并不以取得商品房销售许可证为条件。

选项C正确。题干中给出“高某在接到公司已经取得商品房预售许可证的通知后，立即前往公司签订了商品房预售合同”，据此可知，公司与高某签订商品房预售合同时，公司已具备商品房预售的法定条件，则该预售合同有效。

选项D错误。《合同法》第60条第1款规定，当事人应当按照约定全面履行自己的义务。房地产开发公司也应当按照合同约定履行义务，不得将房屋另售他人。

5.**【答案】** B

【解析】 本题考查商品房预售合同备案。

《城市房地产管理法》第45条第2款规定，商品房预售人应当按照国家有关规定将预售合同报县级以上人民政府房产管理部门和土地管理部门登记备案。

《合同法》第44条规定，依法成立的合同，自成立时生效。法律、行政法规规定应当办理批准、登记等手续生效的，依照其规定。所以，登记备案是商品房预售人的法定义务，但备案与否不影响合同生效。

6.**【答案】** CD

【解析】 本题考查商品房预售合同。

由上面题目分析可知，《预售商品房认购书》和商品房预售合同均有效。

《合同法》第107条规定，当事人一方不履行合同义务或者履行合同义务不符合约定的，应当承担继续履行、采取补救措施或者赔偿损失等违约责任。《合同法》第115

条规定，当事人可以依照《中华人民共和国担保法》约定一方向对方给付定金作为债权的担保。债务人履行债务后，定金应当抵作价款或者收回。给付定金的一方不履行约定的债务的，无权要求返还定金；收受定金的一方不履行约定的债务的，应当双倍返还定金。所以，应当支持高某的主张。

◎ 案例实训

【案由】 通州某村村民李某及其妻王某生前有宅基地一处，建房三间，宅基地使用权证登记在王某名下，二人育有子女三人，分别为大李、二李、三李。1965年，大李成家，村委会另批宅基地一处，大李建房后分家另过。1968年，二李成家，村委会在紧邻李某宅基地的东面给其另批了一处宅基地，二李建房后分家另过。1970年，三李通过招工进城，成为了一名工人，户口也由村里迁入城市。1993年李某和王某相续去世，二人宅基地上的房屋因无人居住和维护，不久就倒塌了。1994年，二李的子女已到结婚年龄，向村里申请在父母的宅基地上建房，村里批准之后，由于两块宅基地相邻，二李就建了院墙，将两块宅基地合在一起，在上面建了四间房屋，但父母的宅基地使用权证未变更。2012年，由于村里面临拆迁，三李就向法院提起诉讼，要求继承父母的宅基地和地上房屋。

【问题】

请结合土地法所学内容回答法院是否会支持三李的诉讼请求？

【评析】

三李的诉求无法得到法院的支持。村民个人不享有对宅基地的所有权，而只享有使用权。根据《继承法》第3条的规定，能够继承的遗产是公民死亡时遗留的个人合法财产，包括：公民的收入；公民的房屋、储蓄和生活用品；公民的林木、牲畜和家禽；公民的文物、图书资料；法律允许公民所有的生产资料；公民的著作权、专利权中的财产权利；公民的其他合法财产。由于村民个人对于宅基地只享有使用权不享有所有权，因此，集体土地是一种特殊性的土地性质，就不属"个人合法财产"，它属集体所有，只能是本村村民才能享有使用权，不能依法继承。

本案中，李某夫妻已死亡，自然不再享有宅基地的使用权。同时，三李的户口已迁出本村，不再享有本村村民资格，相应地也不能再享有只有本村村民才能享有的宅基地使用权。故，三李要求继承宅基地的诉求无法律上的依据。当然，尽管李某的子女不能继承宅基地，但却可依法继承宅基地之上的房产，因李某原有的三间房屋因年久失修而倒塌，自然灭失，客观上无法继承。宅基地上现有的房屋是二李经村里批准，新建的房屋，应为二李的财产，不属于李某的遗产，三李也无权要求继承。

二李已取得诉争宅基地的使用权，二李在原父母的宅基地上建房，是经过村里批准，属于原始取得，并非因继承取得。李某房屋倒塌后，村集体可以收回宅基地，并将宅基地批给具备用地资格的村民使用，二李的子女具备分户条件，自然具备使用宅基地的资格,根据国家土地管理局1995年发布的《确定土地所有权和使用权的若干规定》([1995]国土(籍)字第26号)第47条:“符合当地政府分户建房规定而尚未分户的农村居民,其现有的宅基地没有超过分户建房用地合计面积标准的,可按现有宅基地面积确定集体土地建设用地使用权。”二李可以要求政府部门将现有的宅基地确认使用权归他享有。

第八讲　环　境　法

◇ 重点体系

- 环境保护法
  - 环境保护基本制度
    - 环境影响评价制度
    - 排污收费制度
    - 环境标准制度
    - 三同时制度
    - 限期治理制度
  - 环境民事侵权责任
    - 特殊的构成要件
    - 免责事由
  - 环境民事纠纷的处理程序
    - 环境行政处理
    - 环境民事诉讼

◈ 考点精讲

• 全面论述

环境保护法

一、环境保护基本制度

（一）环境影响评价制度

（1）环境影响评价，是指在一定区域内进行开发建设活动，事先对拟建项目可能对周围环境造成的影响进行调查、预测和评定，并提出防治对策和措施，为项目决策提供科学依据。

（2）国家对建设项目的环境保护实行分类管理：按对环境的影响程度由大到小，分别编制或填写环境影响报告书、环境影响报告表、环境影响登记表。

（二）排污收费制度

（1）企业事业单位向水体排放污染物，不超过国家或者地方规定的污染物排放标准的，缴纳排污费，超过国家或者地方规定的污染物排放标准的，缴纳超标准排污费，即对排放水污染物实行达标排放的征收排污费，超标准排放征收超标准排污费的双收费制度。

（2）向大气和海洋排放污染物的，其污染物排放浓度不得超过国家和地方规定的排放标准,达标排放的征收排污费,超标排污应当限期治理并科以罚款。

(三)环境标准制度

(1)环境标准分为国家环境标准和地方环境标准,国家环境标准包括国家环境质量标准和国家污染物排放标准。

(2)省级人民政府对国家环境质量标准中未作规定的项目,可以制定地方环境质量标准;对国家污染物排放标准中未作规定的项目,可以规定地方污染物排放标准;对国家污染物排放标准已作规定的项目,可以制定严于国家污染物排放标准的地方污染物排放标准。

(四)三同时制度

(1)建设项目中防治污染的措施,必须与主体工程同时设计、同时施工、同时投产使用。防治污染的设施必须经原审批环境影响报告书的环境保护行政主管部门验收合格后,该建设项目方可投入生产或者使用。

(2)防治污染的设施不得擅自拆除或者闲置,确有必要拆除或者闲置的,必须征得所在地的环境保护行政主管部门的同意。

(五)限期治理制度

对造成环境严重污染的企业事业单位,限期治理。

(1)中央或省、自治区、直辖市人民政府直接管辖的企业事业单位的限期治理,由省、自治区、直辖市人民政府决定。市、县或者市、县以下人民政府管辖的企业事业单位的限期治理,由市、县人民政府决定。被限期治理的企业事业单位必须如期完成治理任务。

(2)对经限期治理逾期未完成治理任务的企业事业单位,除依照国家规定加收超标准排污费外,可以根据所造成的危害后果处以罚款,或者责令停业、关闭。罚款由环境保护行政主管部门决定。责令停业、关闭,由作出限期治理决定的人民政府决定;责令中央直接管辖的企业事业单位停业、关闭,须报国务院批准。

二、环境民事侵权责任

(一)特殊的构成要件

(1)无过错责任。

(2)不要求行为违法(达标排污、已经缴纳排污费)。

(二)免责事由

(1)完全由于不可抗拒的自然灾害,并经及时采取合理措施,仍然不能避免造成环境污染损害的。

(2)受害人自我致害。

(3)第三者过错。

三、环境民事纠纷的处理程序

(1)环境行政处理。赔偿责任和赔偿金额的纠纷,可以根据当事人的请求,由环境保护行政主管部门或者其他依照法律规定行使环境监督管理权的部门处理，当事人对处理决定不服的，可以向法院起诉。当事人也可以直接向法院起诉。

(2)环境民事诉讼，诉讼时效3年；举证责任倒置；因果关系推定。

⊙ 重点总结

壹　环境保护法的基本制度

一、环境影响评价制度

环境影响评价，是指对规划和建设项目实施后可能造成的环境影响进行分析、预测和评估，提出预防或者减轻不良环境影响的对策和措施，进行跟踪监测的方法与制度。

(1)建设项目的环境影响评价。

国家根据建设项目对环境的影响程度，对建设项目的环境影响评价实行分类管理。建设单位应当按照下列规定组织编制环境影响报告书、环境影响报告表或者填报环境影响登记表。

《环境影响评价法》第16条，国家根据建设项目对环境的影响程度，对建设项目的环境影响评价实行分类管理。

建设单位应当按照下列规定组织编制环境影响报告书、环境影响报告表或者填报环境影响登记表(以下统称环境影响评价文件)：

(一)可能造成重大环境影响的，应当编制环境影响报告书，对产生的环境影响进行全面评价；

(二)可能造成轻度环境影响的，应当编制环境影响报告表，对产生的环境影响进行分析或者专项评价；

(三)对环境影响很小、不需要进行环境影响评价的，应当填报环境影响登记表。

建设项目的环境影响评价分类管理名录，由国务院环境保护行政主管部门制定并公布。

(2)环境影响报告书中，涉及水土保持的建设项目，还必须有经水行政主管部门审查同意的水土保持方案。(《环境影响评价法》第17条第2款)

(3)建设项目的环境影响评价报告书、报告表、登记表应在建设项目可行性研究阶段报批。

(4)建设项目的环境影响评价，应当避免与规划的环境影响评价相重复。作为一项整体建设项目的规划，按照建设项目进行环境影响评价，不进行规划的环境影响评价。已经进行了环境影响评价的规划所包含的具体建设项目，其环境影响评价内容建设单位可以简化。(《环境影响评价法》第18条)

(5)为建设项目环境影响评价提供技术服务的机构，不得与负责审批建设项目环

境影响评价文件的环境保护行政主管部门或者其他有关审批部门存在任何利益关系。(《环境影响评价法》第19条第3款)

二、排污收费制度

排污收费制度是指国家环境管理机关根据法律、法规的规定,对排污者征收一定数额的费用的一项法律制度。该制度基于环境保护的一项基本原则——污染者负担原则。

(1)征收排污费的对象是超过国家或地方污染物排放标准排放污染物的企业事业单位。

(2)有以下例外:企业事业单位向水体排放污染物,不超过国家或者地方规定的污染物排放标准的,缴纳排污费,超过国家或者地方规定的污染物排放标准的,缴纳超标准排污费,即对排放水污染物实行达标排放的征收排污费,超标准排放征收超标准排污费的双收费制度。

(3)对排污者而言,其缴纳了排污费,并不免除其负担治理污染、赔偿污染损失和法律规定的其他义务和责任。

三、环境标准制度

《环境保护法》第15条,国务院环境保护主管部门制定国家环境质量标准。

省、自治区、直辖市人民政府对国家环境质量标准中未作规定的项目,可以制定地方环境质量标准;对国家环境质量标准中已作规定的项目,可以制定严于国家环境质量标准的地方环境质量标准。地方环境质量标准应当报国务院环境保护主管部门备案。

国家鼓励开展环境基准研究。

《环境保护法》第16条,国务院环境保护主管部门根据国家环境质量标准和国家经济、技术条件,制定国家污染物排放标准。

省、自治区、直辖市人民政府对国家污染物排放标准中未作规定的项目,可以制定地方污染物排放标准;对国家污染物排放标准中已作规定的项目,可以制定严于国家污染物排放标准的地方污染物排放标准。地方污染物排放标准应当报国务院环境保护主管部门备案。

四、环境监测制度

《环境保护法》第17条,国家建立、健全环境监测制度。国务院环境保护主管部门制定监测规范,会同有关部门组织监测网络,统一规划国家环境质量监测站(点)的设置,建立监测数据共享机制,加强对环境监测的管理。

有关行业、专业等各类环境质量监测站(点)的设置应当符合法律法规规定和监测规范的要求。

监测机构应当使用符合国家标准的监测设备,遵守监测规范。监测机构及其负责人对监测数据的真实性和准确性负责。

《环境保护法》第18条,省级以上人民政府应当组织有关部门或者委托专业机构,对环境状况进行调查、评价,建立环境资源承载能力监测预警机制。

《环境保护法》第47条,各级人民政府及其有关部门和企业事业单位,应当依照《中华人民共和国突发事件应对法》的规定,做好突发环境事件的风险控制、应急准备、应急处置和事后恢复等工作。

县级以上人民政府应当建立环境污染公共监测预警机制,组织制定预警方案;环境受到污染,可能影响公众健康和环境安全时,依法及时公布预警信息,启动应急措施。

企业事业单位应当按照国家有关规定制定突发环境事件应急预案,报环境保护主管部门和有关部门备案。在发生或者可能发生突发环境事件时,企业事业单位应当立即采取措施处理,及时通报可能受到危害的单位和居民,并向环境保护主管部门和有关部门报告。

突发环境事件应急处置工作结束后,有关人民政府应当立即组织评估事件造成的环境影响和损失,并及时将评估结果向社会公布。

五、生态保护补偿制度

《环境保护法》第31条,国家建立、健全生态保护补偿制度。

国家加大对生态保护地区的财政转移支付力度。有关地方人民政府应当落实生态保护补偿资金,确保其用于生态保护补偿。

国家指导受益地区和生态保护地区人民政府通过协商或者按照市场规则进行生态保护补偿。

贰 环境责任和环境纠纷[1]

最新《环境保护法》(以下称新法)于2014年4月24日修订通过,自2015年1月1日起施行。现行《环境保护法》(以下称现行环保法)制定于1989年,此次修订内容繁多,几乎涉及了现行环保法的所有条款。修订后的《环境保护法》,严格了企业防治环境污染的责任,加大了对企业环保违法的惩治力度,确立了国家鼓励环境产业发展、支持企业主动采取环保措施的政策,并且建立了环境公益诉讼制度。其中重点修订内容如下:

一、强化企业防治环境污染的责任

(1)扩大需要进行环境影响评价的项目范围,并明确法律后果。所有开发利用规划和对环境有影响的项目都需要进行环境影响评价,未依法进行环境影响评价的,不

---

〔1〕 金杜律师事务所:《〈环境保护法〉2014年最新修订》,载 http://law. wkinfo. com. cn/document/showarticle? aid = NjAwMDAwMDgzNzI% 253D&collection = article&free = 0&interviewType = recommend&lang = en_US&sysLang = zh_CN,最后访问时间:2015年8月1日。

得组织实施或者开工建设。

(2)要求企业建立环境保护责任制度。排放污染物的企业,应当建立环境保护责任制度,明确单位责任人和相关责任人员的责任。重点排污企业应当安装使用监测设备,并且保存原始监测记录。

(3)实行重点污染物排放总量控制制度。新法规定,企业在执行国家和地方污染物排放标准的同时,应当遵守分解落实到本单位的重点污染物排放总量控制指标。即排污企业首先要达标排放,在污染物总量指标不达标情况下,排污企业还要通过提高排放标准等手段来分担。

(4)建立排污许可证制度。新法明确了对所有排放污染物的企业实行"排污许可管理制度",企业需在申请到排污许可证之后才能排放污染物,且应当按照排污许可证的要求进行排放。目前,环境保护部正在推动综合排污许可证制度,并建议国务院抓紧制定和出台《排污许可证条例》。

(5)要求企业制定突发环境应急预案。企业应当制定突发环境事件应急预案,并且向环境主管部门备案;在发生突发环境事件时,立即采取措施处理。

(6)要求企业建立相关信息公开制度。新法设立信息公开与公众参与专门章节,明确要求重点排污企业应当如实向社会公开其主要污染物的名称、排放方式、排放浓度和总量、超标排放情况以及防治污染设施的建设和运行情况,接受社会监督。把原来企业"自愿"公开排污信息变成"强制"公开排污信息。同时,企业在编制环境影响报告书时,应当向可能受影响的公众说明情况,充分征求意见。

二、加大对企业环境违法的惩治力度

(1)环境主管部门可直接责令停业、关闭违法排污情节严重的企业。现行环保法规定对造成严重污染的企业进行限期治理,只有对经限期治理逾期未完成治理任务的企业,才可能责令其停业、关闭。而新法的规定更加严格,主管部门除了可以采取限制生产、停产整治等措施之外,可直接责令对排污情节严重的企业停业、关闭。

(2)环境主管部门可查封、扣押污染设施。新法赋予政府环保部门在监管和处罚方面更大的权力。在此之前,环保部门对污染企业没有查封、扣押的权力。新法规定,对违法排污设施、设备可以查封、扣押。

(3)引入"按日计罚"制度,对违法排污的罚款"上不封顶"。首先,罚款金额的确定因素为,防治污染设施的运行成本,违法行为造成的直接损失,或者违法所得等,且罚款"上不封顶";其次,如果企业受到主管机关罚款处罚,被责令改正,但却拒不改正,主管机关可以按照原处罚数额"按日计罚",对持续性的环境违法行为进行按日、连续的罚款。这意味着,非法偷排、超标排放、逃避检测等行为,违反的时间越久,罚款越多,同样"上不封顶",增加了企业的违法成本。

(4)实施污染企业黑名单制度。新法规定企业的环境违法信息将被记入企业社会诚信档案,并向社会公布。

(5)对违法企业直接责任人员可处以行政拘留。新法规定了在企业严重环保违法行为时,如没有做环境保护评价、偷排污染物、伪造数据,其责任人都可能被依法拘留。对有弄虚作假行为的环境监测机构以及环境监测设备和防治污染设施维护、运营机构,规定承担连带责任。

三、建立环境公益诉讼制度

(1)确立了提起环境公益诉讼的主体范围。新法规定了符合条件的社会组织可以对污染环境、破坏生态,损害社会公共利益的行为,向法院提起诉讼,建立起了环境公益诉讼制度,为公民和社会团体参与环境保护提供了法律渠道。提起环境公益诉讼的主体是符合条件的社会组织,具体条件为依法在地级市以上人民政府民政部门登记,专门从事环境保护公益活动,且连续五年以上无违法记录。据初步估计,目前全中国可能有近300家社会组织具有环境公益诉讼资格。

(2)明确了环境和生态损害按照《中华人民共和国侵权责任法》承担侵权责任。

(3)明确了诉讼时效。提起环境损害赔偿诉讼的时效期间为三年,从当事人知道或者应当知道其受到损害时起计算。

◉ 近年真题

一、单选题

1. 某央企位于某省的一家工厂,因严重污染环境,被责令限期治理。该厂逾期仍未完成治理任务,被责令停业。关于对该厂污染治理的行政处理的权限,下列哪一说法是正确的?(2013年卷一31题)

A. 由所在市环保主管部门责令限期治理,省政府责令停业

B. 由省政府责令限期治理,国务院责令停业

C. 由省政府责令限期治理,省政府责令停业并报国务院批准

D. 由国家环保主管部门责令限期治理,国务院责令停业

2. 某河流拟建的水电站涉及水土保持,并可能造成重大环境影响。根据《环境影响评价法》,下列哪一选项是合法的?(2013年卷一31题)

A. 建设单位应编制环境影响报告表,对环境影响进行分析或专项评价

B. 其环境影响评价文件还须有经水行政主管部门审查同意的水土保持方案

C. 由于该河流的流域开发利用规划已进行了环境影响评价,水电站属于该规划所包含的具体建设项目,可不再进行环境影响评价

D. 建设单位可委托负责审批部门下属的环境技术研究所为水电站的环境影响评价提供技术服务

3. 某化肥厂以其污水处理设施"效率低、费用高"为由,予以停运拆除。在下列哪一情况下,该厂构成违反《环境保护法》的行为?(2011年卷一31题)

A. 未在事前获得权威性技术论证

B. 未采用替代性的污水处理措施

C. 未征得当地环保局的同意

D. 未征得附近村民的同意

4. 根据《环境保护法》规定，关于污染物排放标准，下列哪一说法是错误的？（2010年卷一28题）

A. 省级地方政府对国家污染物排放标准中已作规定和未作规定的项目，都可以制定地方污染物排放标准

B. 对国家污染物排放标准中已作规定的项目，在制定地方污染物排放标准时，可以因地制宜，严于或宽于国家污染物排放标准

C. 地方污染物排放标准须报国务院环境保护行政主管部门备案

D. 凡是向已有地方污染物排放标准的区域排放污染物的，应当执行地方污染物排放标准

二、多选题

1. 因连降大雨，某厂设计流量较小的排污渠之污水溢出，流入张某承包的鱼塘，致鱼大量死亡。张某诉至法院，要求该厂赔偿。该厂提出的下列哪些抗辩事由是依法不能成立的？（2013年卷一73题）

A. 本市环保主管部门证明，我厂排污从未超过国家及地方排污标准

B. 天降大雨属于不可抗力，依法应予免责

C. 经有关机构鉴定，死鱼是全市最近大规模爆发的水生动物疫病所致

D. 张某鱼塘地势低洼，未对污水流入采取防范措施，其损失咎由自取

2. 甲化工厂和乙造纸厂排放污水，造成某村农作物减产。当地环境主管部门检测认定，甲排污中的有机物超标3倍，是农作物减产的原因，乙排污未超标，但其中的悬浮物仍对农作物减产有一定影响。关于甲、乙厂应承担的法律责任，下列哪些选项是正确的？（2012年卷一73题）

A. 甲厂应对该村损失承担赔偿责任

B. 乙厂应对该村损失承担赔偿责任

C. 环境主管部门有权追究甲厂的行政责任

D. 环境主管部门有权追究乙厂的行政责任

3. 中央直接管辖的某大型国有企业在某县境内设立的工厂发生剧毒物质大量泄漏事故，该县张县长提出的下列哪些意见符合《环境保护法》的规定？（2011年卷一73题）

A. 要求该企业立即采取措施控制泄漏，并及时通报污染地区的单位和居民

B. 县环保局应立即上报市政府，请市政府采取有效措施紧急疏散群众

C. 建议省政府对该企业作出限期治理的决定

D. 该企业如未在限期内完成治理任务，县政府将处以罚款，并报省政府批准责令

该工厂关闭

4. 我国对建设项目的环境影响评价实行分类管理制度。根据《环境影响评价法》的规定,下列哪些说法是正确的?(2010年卷一77题)

A. 可能造成重大环境影响的建设项目,应当编制环境影响报告书,对产生的环境影响进行全面评价

B. 可能造成轻度环境影响的建设项目,应当编制环境影响报告表,对产生的环境影响进行分析或者专项评价

C. 环境影响很小的建设项目,不需要进行环境影响评价,无须填报环境影响评价文件

D. 环境影响报告书和环境影响报告表,应当由具有相应资质的机构编制

5. 根据《环境保护法》规定,下列哪些选项属于农业环境保护的措施?(2009年卷一77题)

A. 防治土地沙化、盐渍化、贫瘠化、沼泽化

B. 防治植被破坏、水土流失、水源枯竭

C. 推广植物病虫害的综合防治

D. 合理使用化肥、农药及植物生长激素

答案解析

一、单选题

1.【答案】 C

【解析】 本题考查限期治理制度。

《环境保护法》第29条第2款规定,中央或者省、自治区、直辖市人民政府直接管辖的企业事业单位的限期治理,由省、自治区、直辖市人民政府决定。市、县或者市、县以下人民政府管辖的企业事业单位的限期治理,由市、县人民政府决定。被限期治理的企业事业单位必须如期完成治理任务。该法第39条第2款规定,责令停业、关闭,由作出限期治理决定的人民政府决定;责令中央直接管辖的企业事业单位停业、关闭,须报国务院批准。

2.【答案】 B

【解析】 本题考查环境影响评价。

选项A错误。《环境影响评价法》第16条第2款规定,建设单位应当按照下列规定组织编制环境影响报告书、环境影响报告表或者填报环境影响登记表(以下统称环境影响评价文件):(一)可能造成重大环境影响的,应当编制环境影响报告书,对产生的环境影响进行全面评价;(二)可能造成轻度环境影响的,应当编制环境影响报告表,对产生的环境影响进行分析或者专项评价;(三)对环境影响很小、不需要进行环境影响评价的,应当填报环境影响登记表。

选项 B 正确。《环境影响评价法》第 17 条第 2 款规定，涉及水土保持的建设项目，还必须有经水行政主管部门审查同意的水土保持方案。

选项 C 错误。《环境影响评价法》第 18 条规定，建设项目的环境影响评价，应当避免与规划的环境影响评价相重复。作为一项整体建设项目的规划，按照建设项目进行环境影响评价，不进行规划的环境影响评价。已经进行了环境影响评价的规划所包含的具体建设项目，其环境影响评价内容建设单位可以简化。

选项 D 错误。《环境影响评价法》第 19 条第 3 款规定，为建设项目环境影响评价提供技术服务的机构，不得与负责审批建设项目环境影响评价文件的环境保护行政主管部门或者其他有关审批部门存在任何利益关系。

3.**【答案】** C

【解析】 本题考查违反《环境保护法》的行为。

《环境保护法》第 26 条第 2 款规定，防治污染的设施不得擅自拆除或者闲置，确有必要拆除或者闲置的，必须征得所在地的环境保护行政主管部门同意。

4.**【答案】** B

【解析】 本题考查污染物排放标准。

《环境保护法》第 10 条规定，国务院环境保护行政主管部门根据国家环境质量标准和国家经济、技术条件，制定国家污染物排放标准。省、自治区、直辖市人民政府对国家污染物排放标准中未作规定的项目，可以制定地方污染物排放标准；对国家污染物排放标准中已作规定的项目，可以制定严于国家污染物排放标准的地方污染物排放标准。地方污染物排放标准须报国务院环境保护行政主管部门备案。凡是向已有地方污染物排放标准的区域排放污染物的，应当执行地方污染物排放标准。

二、多选题

1.**【答案】** ABD

【解析】 本题考查环境污染责任的免责事由。

《环境保护法》第 41 条规定，造成环境污染危害的，有责任排除危害，并对直接受到损害的单位或者个人赔偿损失。赔偿责任和赔偿金额的纠纷，可以根据当事人的请求，由环境保护行政主管部门或者其他依照法律规定行使环境监督管理权的部门处理；当事人对处理决定不服的，可以向人民法院起诉。当事人也可以直接向人民法院起诉。完全由于不可抗拒的自然灾害，并经及时采取合理措施，仍然不能避免造成环境污染损害的，免予承担责任。

2.**【答案】** ABC

【解析】 本题考查环境污染责任的承担。

选项 A、B 正确。《环境保护法》第 41 条第 1 款规定，造成环境污染危害的，有责任排除危害，并对直接受到损害的单位或者个人赔偿损失。《侵权责任法》第 65 条规定，因污染环境造成损害的，污染者应当承担侵权责任。

选项C正确，选项D错误。《环境保护法》第39条第1款规定，对经限期治理逾期未完成治理任务的企业事业单位，除依照国家规定加收超标准排污费外，可以根据所造成的危害后果处以罚款，或者责令停业、关闭。据此，甲厂超标排污，应承担行政责任；乙厂并未超标排污，无须承担行政责任。

3.【答案】　ABC

【解析】　本题考查《环境保护法》的内容。

选项A正确。《环境保护法》第31条第1款规定，因发生事故或者其他突然性事件，造成或者可能造成污染事故的单位，必须立即采取措施处理，及时通报可能受到污染危害的单位和居民，并向当地环境保护行政主管部门和有关部门报告，接受调查处理。

选项B正确。《环境保护法》第32条规定，县级以上地方人民政府环境保护行政主管部门，在环境受到严重污染威胁居民生命财产安全时，必须立即向当地人民政府报告，由人民政府采取有效措施，解除或者减轻危害。

选项C正确。《环境保护法》第29条规定，对造成环境严重污染的企业事业单位，限期治理。中央或者省、自治区、直辖市人民政府直接管辖的企业事业单位的限期治理，由省、自治区、直辖市人民政府决定。市、县或者市、县以下人民政府管辖的企业事业单位的限期治理，由市、县人民政府决定。被限期治理的企业事业单位必须如期完成治理任务。该企业是中央直接管辖的国有企业，根据法律规定，对其作出限制治理决定的，应当由省级人民政府决定。

选项D错误。《环境保护法》第39条第2款决定，前款规定的罚款由环境保护行政主管部门决定。责令停业、关闭，由作出限期治理决定的人民政府决定；责令中央直接管辖的企业事业单位停业、关闭，须报国务院批准。

4.【答案】　ABD

【解析】　本题考查环境影响评价制度。

选项A、B正确，选项C错误。《环境影响评价法》第16条规定，国家根据建设项目对环境的影响程度，对建设项目的环境影响评价实行分类管理。建设单位应当按照下列规定组织编制环境影响报告书、环境影响报告表或者填报环境影响登记表（以下统称环境影响评价文件）：（一）可能造成重大环境影响的，应当编制环境影响报告书，对产生的环境影响进行全面评价；（二）可能造成轻度环境影响的，应当编制环境影响报告表，对产生的环境影响进行分析或者专项评价；（三）对环境影响很小、不需要进行环境影响评价的，应当填报环境影响登记表。建设项目的环境影响评价分类管理名录，由国务院环境保护行政主管部门制定并公布。

选项D正确。《环境影响评价法》第20条第1款规定，环境影响评价文件中的环境影响报告书或者环境影响报告表，应当由具有相应环境影响评价资质的机构编制。

5.【答案】 ABCD

【解析】 本题考查农业环境保护的措施。

《环境保护法》第20条规定，各级人民政府应当加强对农业环境的保护，防治土壤污染、土地沙化、盐渍化、贫瘠化、沼泽化、地面沉降和防治植被破坏、水土流失、水源枯竭、种源灭绝以及其他生态失调现象的发生和发展，推广植物病虫害的综合防治，合理使用化肥、农药及植物生长激素。

◎ 案例实训

【案由】 光明造纸厂位于某河流中上游。1998年6月，环境监测站对该造纸厂的污水进行监测，发现该厂对所排放的污水的净化处理不够，多种污染物质的含量严重超标。遂向该厂提出限期治理的要求，但光明纸厂不予理会，没有采取任何净化措施。1998年10月，市环保局按照国家有关规定向其征收排污费，但该厂领导却以经济效益不好为由，拒绝缴纳。

环保局在多次征收未果的情况下，向人民法院起诉，要求光明纸厂缴纳应缴排污费。

【问题】

市环保局提出的诉讼请求是否合理？

【评析】

本案是关于污染环境拒交排污费争议问题。环保局提出的诉讼请求是合理的。

征收排污费是我国环保法规定的一项重要制度，其目的是促进企业事业单位加强经营管理，提高资源和能源的利用率，治理污染，改善环境。《水污染防治法》第21条规定，直接或者间接向水体排放污染物的企业事业单位和个体工商户，应当按照国务院环境保护主管部门的规定，向县级以上地方人民政府环境保护主管部门申报登记拥有的水污染物排放设施、处理设施和在正常作业条件下排放水污染物的种类、数量和浓度，并提供防治水污染方面的有关技术资料。企业事业单位和个体工商户排放水污染物的种类、数量和浓度有重大改变的，应当及时申报登记；其水污染物处理设施应当保持正常使用；拆除或者闲置水污染物处理设施的，应当事先报县级以上地方人民政府环境保护主管部门批准。第24条规定，直接向水体排放污染物的企业事业单位和个体工商户，应当按照排放水污染物的种类、数量和排污费征收标准缴纳排污费。排污费应当用于污染的防治，不得挪作他用。因而，排污单位应当如实向当地环保部门申报登记排污设施和排放污染物的种类、数量和浓度，经环保部门或其指定的监测单位核定后，作为征收排污费的依据，由环保部门按《征收排污费暂行办法》征收。本案光明纸厂不按期缴纳排污费的行为是错误的。至于该厂提出的"企业效益不好，无力支付"的理由，是不能支持的，因为我国的环境保护法并没有这类可以免费的规定。

第九讲　食品安全法

◇ 重点体系

- 食品安全法
  - 适用范围
  - 食品安全风险监测和评估
    - 食品安全风险监测
    - 食品安全风险评估
  - 食品安全控制
    - 食品行业许可制度
    - 食品添加剂生产许可制度
    - 食品召回制度
  - 食品安全事故处理
    - 事故通报制度
    - 调查处理措施
  - 监督管理与法律责任
    - 信息统一公布制度
    - 惩罚性赔偿制度
    - 有期限的禁止从业
- 《最高人民法院关于审理食品药品纠纷案件适用法律若干问题的规定》
  - 知假买假仍受保护
  - 赠品也受保护
  - 交易场所责任
  - 网络交易平台责任
  - 挂靠责任
  - 检验机构连带责任
  - 认证机构连带责任

◈ 考点精讲

● **全面论述**

壹　食品安全法

一、适用范围

在中华人民共和国境内从事下列活动，应当遵守本法：

(1)食品生产和加工(以下称食品生产)，食品流通和餐饮服务(以下称食品经营)；

(2)食品添加剂的生产经营;

(3)用于食品的包装材料、容器、洗涤剂、消毒剂和用于食品生产经营的工具、设备(以下称食品相关产品)的生产经营;

(4)食品生产经营者使用食品添加剂、食品相关产品;

(5)对食品、食品添加剂和食品相关产品的安全管理。

供食用的源于农业的初级产品(以下称食用农产品)的质量安全管理,遵守农产品质量安全法的规定。但是,制定有关食用农产品的质量安全标准、公布食用农产品安全有关信息,应当遵守本法的有关规定。

二、食品安全风险监测和评估

(一)食品安全风险监测

(1)对象。国家建立食品安全风险监测制度,对食源性疾病、食品污染以及食品中的有害因素进行监测。

(2)实施机构。国务院卫生行政部门会同国务院有关部门制定、实施国家食品安全风险监测计划。

(二)食品安全风险评估

(1)评估的实施。国务院卫生行政部门通过食品安全风险监测或者接到举报发现食品可能存在安全隐患的,应当立即组织进行检验和食品安全风险评估。

(2)评估的作用。食品安全风险评估结果是制定、修订食品安全标准和对食品安全实施监督管理的科学依据。食品安全标准是强制执行的标准。除食品安全标准外,不得制定其他的食品强制性标准。

三、食品安全控制

(一)食品行业许可制度

(1)国家对食品生产经营实行许可制度。从事食品生产、食品流通、餐饮服务,应当依法取得食品生产许可、食品流通许可、餐饮服务许可。

(2)取得食品生产许可的食品生产者在其生产场所销售其生产的食品,不需要取得食品流通的许可;取得餐饮服务许可的餐饮服务提供者在其餐饮服务场所出售其制作加工的食品,不需要取得食品生产和流通的许可;农民个人销售其自产的食用农产品,不需要取得食品流通的许可。

(二)食品添加剂生产许可制度

(1)国家对食品添加剂的生产实行许可制度。申请食品添加剂生产许可的条件、程序,按照国家有关工业产品生产许可证管理的规定执行。

(2)申请利用新的食品原料从事食品生产或者从事食品添加剂新品种、食品相关产品新品种生产活动的单位或者个人,应当向国务院卫生行政部门提交相关产品的安全性评估材料。国务院卫生行政部门应当自收到申请之日起60日内组织对相关产品的安全性评估材料进行审查;对符合食品安全要求的,依法决定准予许可并予以公布;

对不符合食品安全要求的,决定不予许可并书面说明理由。

(三)食品召回制度

(1)主动召回。食品生产者发现其生产的食品不符合食品安全标准,应当立即停止生产,召回已经上市销售的食品,通知相关生产经营者和消费者,并记录召回和通知情况。食品经营者发现其经营的食品不符合食品安全标准,应当立即停止经营,通知相关生产经营者和消费者,并记录停止经营和通知情况。食品生产者认为应当召回的,应当立即召回。

(2)责令召回。食品生产经营者未依照规定召回或者停止经营不符合食品安全标准的食品的,县级以上质量监督、工商行政管理、食品药品监督管理部门可以责令其召回或者停止经营。

(3)召回后的处理。食品生产者应当对召回的食品采取补救、无害化处理、销毁等措施,并将食品召回和处理情况向县级以上质量监督部门报告。

四、食品安全事故处理

(一)事故通报制度

(1)事故发生单位和治疗单位的通报。发生食品安全事故的单位应当立即予以处置,防止事故扩大。事故发生单位和接收病人进行治疗的单位应当及时向事故发生地县级卫生行政部门报告。

(2)政府各部门的通报。农业行政、质量监督、工商行政管理、食品药品监督管理部门在日常监督管理中发现食品安全事故,或者接到有关食品安全事故的举报,应当立即向卫生行政部门通报。

(3)重大事故的通报。发生重大食品安全事故的,接到报告的县级卫生行政部门应当按照规定向本级人民政府和上级人民政府卫生行政部门报告。县级人民政府和上级人民政府卫生行政部门应当按照规定上报。

(二)调查处理措施

县级以上卫生行政部门接到食品安全事故的报告后,应当立即会同有关农业行政、质量监督、工商行政管理、食品药品监督管理部门进行调查处理,并采取下列措施,防止或者减轻社会危害:

(1)开展应急救援工作,对因食品安全事故导致人身伤害的人员,卫生行政部门应当立即组织救治;

(2)封存可能导致食品安全事故的食品及其原料,并立即进行检验;对确认属于被污染的食品及其原料,责令食品生产经营者依照本法第53条的规定予以召回、停止经营并销毁;

(3)封存被污染的食品用工具及用具,并责令进行清洗消毒;

(4)做好信息发布工作,依法对食品安全事故及其处理情况进行发布,并对可能产生的危害加以解释、说明。

发生重大食品安全事故的,县级以上人民政府应当立即成立食品安全事故处置指挥机构,启动应急预案,依照前款规定进行处置。

五、监督管理与法律责任

(一)信息统一公布制度

国家建立食品安全信息统一公布制度。下列信息由国务院卫生行政部门统一公布:

(1)国家食品安全总体情况;

(2)食品安全风险评估信息和食品安全风险警示信息;

(3)重大食品安全事故及其处理信息;

(4)其他重要的食品安全信息和国务院确定的需要统一公布的信息。

上述第(2)、(3)项规定的信息,其影响限于特定区域的,也可以由有关省、自治区、直辖市人民政府卫生行政部门公布。县级以上地方卫生行政、农业行政、质量监督、工商行政管理、食品药品监督管理部门获知需要统一公布的信息,应当向上级主管部门报告,由上级主管部门立即报告国务院卫生行政部门;必要时,可以直接向国务院卫生行政部门报告。

(二)惩罚性赔偿制度

(1)违反本法规定,造成人身、财产或者其他损害的,依法承担赔偿责任。生产不符合食品安全标准的食品或者销售明知是不符合食品安全标准的食品,消费者除要求赔偿损失外,还可以向生产者或者销售者要求支付价款十倍的赔偿金。

(2)违反本法规定,应当承担民事赔偿责任和缴纳罚款、罚金,其财产不足以同时支付时,先承担民事赔偿责任。

(三)有期限的禁止从业

(1)被吊销食品生产、流通或者餐饮服务许可证的单位,其直接负责的主管人员自处罚决定作出之日起五年内不得从事食品生产经营管理工作。

(2)违反本法规定,受到刑事处罚或者开除处分的食品检验机构人员,自刑罚执行完毕或者处分决定作出之日起十年内不得从事食品检验工作。

贰 《最高人民法院关于审理食品药品纠纷案件适用法律若干问题的规定》

一、知假买假仍受保护

第3条,因食品、药品质量问题发生纠纷,购买者向生产者、销售者主张权利,生产者、销售者以购买者明知食品、药品存在质量问题而仍然购买为由进行抗辩的,人民法院不予支持。

二、赠品也受保护

第4条,食品、药品生产者、销售者提供给消费者的食品或者药品的赠品发生质量安全问题,造成消费者损害,消费者主张权利,生产者、销售者以消费者未对赠品支付对价为由进行免责抗辩的,人民法院不予支持。

三、交易场所责任

第8条,集中交易市场的开办者、柜台出租者、展销会举办者未履行食品安全法规定的审查、检查、管理等义务,发生食品安全事故,致使消费者遭受人身损害,消费者请求集中交易市场的开办者、柜台出租者、展销会举办者承担连带责任的,人民法院应予支持。

四、网络交易平台责任

第9条,消费者通过网络交易平台购买食品、药品遭受损害,网络交易平台提供者不能提供食品、药品的生产者或者销售者的真实名称、地址与有效联系方式,消费者请求网络交易平台提供者承担责任的,人民法院应予支持。

网络交易平台提供者承担赔偿责任后,向生产者或者销售者行使追偿权的,人民法院应予支持。

网络交易平台提供者知道或者应当知道食品、药品的生产者、销售者利用其平台侵害消费者合法权益,未采取必要措施,给消费者造成损害,消费者要求其与生产者、销售者承担连带责任的,人民法院应予支持。

五、挂靠责任

第10条,未取得食品生产资质与销售资质的个人、企业或者其他组织,挂靠具有相应资质的生产者与销售者,生产、销售食品,造成消费者损害,消费者请求挂靠者与被挂靠者承担连带责任的,人民法院应予支持。

消费者仅起诉挂靠者或者被挂靠者的,必要时人民法院可以追加相关当事人参加诉讼。

六、检验机构连带责任

第12条,食品、药品检验机构故意出具虚假检验报告,造成消费者损害,消费者请求其承担连带责任的,人民法院应予支持。

食品、药品检验机构因过失出具不实检验报告,造成消费者损害,消费者请求其承担相应责任的,人民法院应予支持。

七、认证机构连带责任

第13条,食品认证机构故意出具虚假认证,造成消费者损害,消费者请求其承担连带责任的,人民法院应予支持。

食品认证机构因过失出具不实认证,造成消费者损害,消费者请求其承担相应责任的,人民法院应予支持。

◎ 重点总结

一、食品安全风险监测和评估

《食品安全法》第14条第1款,国家建立食品安全风险监测制度,对食源性疾病、食品污染以及食品中的有害因素进行监测。

第16条,食品安全风险监测结果表明可能存在食品安全隐患的,县级以上人民政府卫生行政部门应当及时将相关信息通报同级食品药品监督管理等部门,并报告本级人民政府和上级人民政府卫生行政部门。食品药品监督管理等部门应当组织开展进一步调查。

第18条,有下列情形之一的,应当进行食品安全风险评估:

(一)通过食品安全风险监测或者接到举报发现食品、食品添加剂、食品相关产品可能存在安全隐患的;

(二)为制定或者修订食品安全国家标准提供科学依据需要进行风险评估的;

(三)为确定监督管理的重点领域、重点品种需要进行风险评估的;

(四)发现新的可能危害食品安全因素的;

(五)需要判断某一因素是否构成食品安全隐患的;

(六)国务院卫生行政部门认为需要进行风险评估的其他情形。

第21条第1款,食品安全风险评估结果是制定、修订食品安全标准和实施食品安全监督管理的科学依据。

二、食品生产经营

(一)一般规定

第35条第1款,国家对食品生产经营实行许可制度。从事食品生产、食品销售、餐饮服务,应当依法取得许可。但是,销售食用农产品,不需要取得许可。

第39条,国家对食品添加剂生产实行许可制度。从事食品添加剂生产,应当具有与所生产食品添加剂品种相适应的场所、生产设备或者设施、专业技术人员和管理制度,并依照本法第三十五条第二款规定的程序,取得食品添加剂生产许可。

生产食品添加剂应当符合法律、法规和食品安全国家标准。

第42条,国家建立食品安全全程追溯制度。

食品生产经营者应当依照本法的规定,建立食品安全追溯体系,保证食品可追溯。国家鼓励食品生产经营者采用信息化手段采集、留存生产经营信息,建立食品安全追溯体系。

国务院食品药品监督管理部门会同国务院农业行政等有关部门建立食品安全全程追溯协作机制。

(二)生产经营过程控制

第50条,食品生产者采购食品原料、食品添加剂、食品相关产品,应当查验供货者的许可证和产品合格证明;对无法提供合格证明的食品原料,应当按照食品安全标准进行检验;不得采购或者使用不符合食品安全标准的食品原料、食品添加剂、食品相关产品。

食品生产企业应当建立食品原料、食品添加剂、食品相关产品进货查验记录制度,如实记录食品原料、食品添加剂、食品相关产品的名称、规格、数量、生产日期或者生产批号、保质期、进货日期以及供货者名称、地址、联系方式等内容，并保存相关凭证。记录和凭证保存期限不得少于产品保质期满后六个月；没有明确保质期的，保存期限不得少于二年。

第63条，国家建立食品召回制度。

食品生产者发现其生产的食品不符合食品安全标准或者有证据证明可能危害人体健康的，应当立即停止生产，召回已经上市销售的食品，通知相关生产经营者和消费者，并记录召回和通知情况。

食品经营者发现其经营的食品有前款规定情形的，应当立即停止经营，通知相关生产经营者和消费者，并记录停止经营和通知情况。食品生产者认为应当召回的，应当立即召回。由于食品经营者的原因造成其经营的食品有前款规定情形的，食品经营者应当召回。

食品生产经营者应当对召回的食品采取无害化处理、销毁等措施，防止其再次流入市场。但是，对因标签、标志或者说明书不符合食品安全标准而被召回的食品，食品生产者在采取补救措施且能保证食品安全的情况下可以继续销售；销售时应当向消费者明示补救措施。

食品生产经营者应当将食品召回和处理情况向所在地县级人民政府食品药品监督管理部门报告；需要对召回的食品进行无害化处理、销毁的，应当提前报告时间、地点。食品药品监督管理部门认为必要的，可以实施现场监督。

食品生产经营者未依照本条规定召回或者停止经营的，县级以上人民政府食品药品监督管理部门可以责令其召回或者停止经营。

（三）标签、说明书和广告

第68条，食品经营者销售散装食品，应当在散装食品的容器、外包装上标明食品的名称、生产日期或者生产批号、保质期以及生产经营者名称、地址、联系方式等内容。

第69条，生产经营转基因食品应当按照规定显著标示。

第70条，食品添加剂应当有标签、说明书和包装。标签、说明书应当载明本法第六十七条第一款第一项至第六项、第八项、第九项规定的事项，以及食品添加剂的使用范围、用量、使用方法，并在标签上载明“食品添加剂”字样。

第71条，食品和食品添加剂的标签、说明书，不得含有虚假内容，不得涉及疾病预防、治疗功能。生产经营者对其提供的标签、说明书的内容负责。

食品和食品添加剂的标签、说明书应当清楚、明显，生产日期、保质期等事项应当显著标注，容易辨识。

食品和食品添加剂与其标签、说明书的内容不符的，不得上市销售。

三、食品安全事故处置

第102条，国务院组织制定国家食品安全事故应急预案。

县级以上地方人民政府应当根据有关法律、法规的规定和上级人民政府的食品安全事故应急预案以及本行政区域的实际情况，制定本行政区域的食品安全事故应急预案，并报上一级人民政府备案。

食品安全事故应急预案应当对食品安全事故分级、事故处置组织指挥体系与职责、预防预警机制、处置程序、应急保障措施等作出规定。

食品生产经营企业应当制定食品安全事故处置方案，定期检查本企业各项食品安全防范措施的落实情况，及时消除事故隐患。

第103条，发生食品安全事故的单位应当立即采取措施，防止事故扩大。事故单位和接收病人进行治疗的单位应当及时向事故发生地县级人民政府食品药品监督管理、卫生行政部门报告。

县级以上人民政府质量监督、农业行政等部门在日常监督管理中发现食品安全事故或者接到事故举报，应当立即向同级食品药品监督管理部门通报。

发生食品安全事故，接到报告的县级人民政府食品药品监督管理部门应当按照应急预案的规定向本级人民政府和上级人民政府食品药品监督管理部门报告。县级人民政府和上级人民政府食品药品监督管理部门应当按照应急预案的规定上报。

任何单位和个人不得对食品安全事故隐瞒、谎报、缓报，不得隐匿、伪造、毁灭有关证据。

四、法律责任

第131条第2款，消费者通过网络食品交易第三方平台购买食品，其合法权益受到损害的，可以向入网食品经营者或者食品生产者要求赔偿。网络食品交易第三方平台提供者不能提供入网食品经营者的真实名称、地址和有效联系方式的，由网络食品交易第三方平台提供者赔偿。网络食品交易第三方平台提供者赔偿后，有权向入网食品经营者或者食品生产者追偿。网络食品交易第三方平台提供者作出更有利于消费者承诺的，应当履行其承诺。

第140条第2款、第3款，广告经营者、发布者设计、制作、发布虚假食品广告，使消费者的合法权益受到损害的，应当与食品生产经营者承担连带责任。

社会团体或者其他组织、个人在虚假广告或者其他虚假宣传中向消费者推荐食品，使消费者的合法权益受到损害的，应当与食品生产经营者承担连带责任。

第148条，消费者因不符合食品安全标准的食品受到损害的，可以向经营者要求赔偿损失，也可以向生产者要求赔偿损失。接到消费者赔偿要求的生产经营者，应当实行首负责任制，先行赔付，不得推诿；属于生产者责任的，经营者赔偿后有权向生产者追偿；属于经营者责任的，生产者赔偿后有权向经营者追偿。

生产不符合食品安全标准的食品或者经营明知是不符合食品安全标准的食品，消费者除要求赔偿损失外，还可以向生产者或者经营者要求支付价款十倍或者损失三倍的赔偿金；增加赔偿的金额不足一千元的，为一千元。但是，食品的标签、说明书存在不影响食品安全且不会对消费者造成误导的瑕疵的除外。

◉ 近年真题

一、单选题

1. 红星超市发现其经营的“荷叶牌”速冻水饺不符合食品安全标准，拟采取的下列哪一措施是错误的?（2013 年卷一 28 题）

A. 立即停止经营该品牌水饺

B. 通知该品牌水饺生产商和消费者

C. 召回已销售的该品牌水饺

D. 记录停止经营和通知情况

2. 关于食品添加剂管制，下列哪一说法符合《食品安全法》的规定?（2011 年卷一 28 题）

A. 向食品生产者供应新型食品添加剂的，必须持有省级卫生行政部门发放的特别许可证

B. 未获得食品添加剂销售许可的企业，不得销售含有食品添加剂的食品

C. 生产含有食品添加剂的食品的，必须给产品包装加上载有“食品添加剂”字样的标签

D. 销售含有食品添加剂的食品的，必须在销售场所设置载明“食品添加剂”字样的专柜

3. 某企业明知其产品不符合食品安全标准，仍予以销售，造成消费者损害。关于该企业应承担的法律责任，下列哪一说法是错误的?（2010 年卷一 25 题）

A 除按消费者请求赔偿实际损失外，并按消费者要求支付所购食品价款十倍的赔偿金

B. 应当承担民事赔偿责任和缴纳罚款、罚金的，优先支付罚款、罚金

C. 可能被采取的强制措施种类有责令改正、警告、停产停业、没收、罚款、吊销许可证

D. 如该企业被吊销食品生产许可证，其直接负责的主管人员五年内不得从事食品生产经营管理工作

二、多选题

1. 某省发现有大米被镉污染的情况，立即部署各地成立联合执法组，彻查市场中的大米及米制品。对此，下列哪些说法是正确的?（2013 年卷一 67 题）

A. 大米、米制品的质量安全管理须以《食品安全法》为依据

B. 应依照《食品安全法》有关规定公布大米、米制品安全有关信息

C. 县有关部门进入某米粉加工厂检查时，该厂不得以商业秘密为由予以拒绝

D. 虽已构成重大食品安全事故，但影响仅限于该省，可由省卫生行政部门公布有

关食品安全信息

2. D市S县发生重大食品安全事故。根据《食品安全法》的规定,关于有关部门采取的措施,下列哪些选项是正确的?(2012年卷—65题)

A. 接收病人的S县医院立即向S县卫生局报告

B. 接到报告的S县卫生局及时向S县政府和D市卫生局报告

C. S县卫生局立即成立食品安全事故处置指挥部

D. S县卫生局在必要时可直接向卫生部报告事故及其处理信息

3. 关于国家食品安全风险监测制度,下列哪些表述是正确的?(2009年卷—67题)

A. 食品安全风险监测制度以食源性疾病、食品污染以及食品中的有害因素为监测对象

B. 食品安全风险监测计划由国务院卫生行政部门会同有关部门制定、实施

C. 通过食品安全风险监测发现食品安全隐患时,国务院卫生行政部门应当立即进行检验和食品安全风险评估

D. 食品安全风险监测信息是制定、修订食品安全标准和对食品安全实施监督管理的科学依据

答案解析

一、单选题

1.【答案】 C

【解析】 本题考查食品召回制度。

《食品安全法》第63条第1、2款规定,国家建立食品召回制度。食品生产者发现其生产的食品不符合食品安全标准或者有证据证明可能危害人体健康的,应当立即停止生产,召回已经上市销售的食品,通知相关生产经营者和消费者,并记录召回和通知情况。食品经营者发现其经营的食品有前款规定情形的,应当立即停止经营,通知相关生产经营者和消费者,并记录停止经营和通知情况。食品生产者认为应当召回的,应当立即召回。由于食品经营者的原因造成其经营的食品有前款规定情形的,食品经营者应当召回。本题红星超市是食品经营者,不是生产者,所以其无须召回已经上市销售的食品。

2.【答案】 C

【解析】 本题考查《食品安全法》。

选项A错误。《食品安全法》第37条规定,利用新的食品原料生产食品,或者生产食品添加剂新品种、食品相关产品新品种,应当向国务院卫生行政部门提交相关产品的安全性评估材料。国务院卫生行政部门应当自收到申请之日起六十日内组织审查;对符合食品安全要求的,准予许可并公布;对不符合食品安全要求的,不予许可并书面

说明理由。

选项B错误。《食品安全法》第39条规定,国家对食品添加剂生产实行许可制度。从事食品添加剂生产,应当具有与所生产食品添加剂品种相适应的场所、生产设备或者设施、专业技术人员和管理制度,并依照本法第三十五条第二款规定的程序,取得食品添加剂生产许可。生产食品添加剂应当符合法律、法规和食品安全国家标准。因此,对于销售环节并未实行许可制度。

选项C正确。《食品安全法》第70条规定,食品添加剂应当有标签、说明书和包装。标签、说明书应当载明本法第六十七条第一款第一项至第六项、第八项、第九项规定的事项,以及食品添加剂的使用范围、用量、使用方法,并在标签上载明"食品添加剂"字样。

选项D错误。《食品安全法》第130条第1款规定,违反本法规定,集中交易市场的开办者、柜台出租者、展销会的举办者允许未依法取得许可的食品经营者进入市场销售食品,或者未履行检查、报告等义务的,由县级以上人民政府食品药品监督管理部门责令改正,没收违法所得,并处五万元以上二十万元以下罚款;造成严重后果的,责令停业,直至由原发证部门吊销许可证;使消费者的合法权益受到损害的,应当与食品经营者承担连带责任。因此,法律只要求持有许可证,并没有要求必须设立专柜销售。

3.**【答案】** B

【解析】 本题考查食品安全法律责任。

选项A说法正确。《食品安全法》第148条第2款规定,生产不符合食品安全标准的食品或者经营明知是不符合食品安全标准的食品,消费者除要求赔偿损失外,还可以向生产者或者经营者要求支付价款十倍或者损失三倍的赔偿金;增加赔偿的金额不足一千元的,为一千元。但是,食品的标签、说明书存在不影响食品安全且不会对消费者造成误导的瑕疵的除外。

选项B说法错误。《食品安全法》第147条规定,违反本法规定,造成人身、财产或者其他损害的,依法承担赔偿责任。生产经营者财产不足以同时承担民事赔偿责任和缴纳罚款、罚金时,先承担民事赔偿责任。

选项C说法正确。《消费者权益保护法》第135条第1款规定,被吊销许可证的食品生产经营者及其法定代表人、直接负责的主管人员和其他直接责任人员自处罚决定作出之日起五年内不得申请食品生产经营许可,或者从事食品生产经营管理工作、担任食品生产经营企业食品安全管理人员。

选项D说法正确。《食品安全法》第135条第1款规定,被吊销许可证的食品生产经营者及其法定代表人、直接负责的主管人员和其他直接责任人员自处罚决定作出之日起五年内不得申请食品生产经营许可,或者从事食品生产经营管理工作、担任食品生产经营企业食品安全管理人员。

二、多选题

1.【答案】 BCD

【解析】 本题考查食用农产品质量安全管理。

选项A错误,选项B正确。《食品安全法》第2条第2款规定,供食用的源于农业的初级产品(以下称食用农产品)的质量安全管理,遵守《中华人民共和国农产品质量安全法》的规定。但是,食用农产品的市场销售、有关质量安全标准的制定、有关安全信息的公布和本法对农业投入品作出规定的,应当遵守本法的规定。

选项C正确。根据《食品安全法》第110条规定,县级以上人民政府食品药品监督管理、质量监督部门履行各自食品安全监督管理职责,有权采取下列措施,对生产经营者遵守本法的情况进行监督检查:(一)进入生产经营场所实施现场检查;(二)对生产经营的食品、食品添加剂、食品相关产品进行抽样检验;(三)查阅、复制有关合同、票据、账簿以及其他有关资料;(四)查封、扣押有证据证明不符合食品安全标准或者有证据证明存在安全隐患以及用于违法生产经营的食品、食品添加剂、食品相关产品;(五)查封违法从事生产经营活动的场所。因此,本题中,该厂以商业秘密为由拒绝检查的理由不成立。

选项D正确。根据《食品安全法》第118条第1款规定,国家建立统一的食品安全信息平台,实行食品安全信息统一公布制度。国家食品安全总体情况、食品安全风险警示信息、重大食品安全事故及其调查处理信息和国务院确定需要统一公布的其他信息由国务院食品药品监督管理部门统一公布。食品安全风险警示信息和重大食品安全事故及其调查处理信息的影响限于特定区域的,也可以由有关省、自治区、直辖市人民政府食品药品监督管理部门公布。未经授权不得发布上述信息。

2.【答案】 ABD

【解析】 本题考查食品安全事故报告制度。

选项A、B正确。《食品安全法》第103条规定,发生食品安全事故的单位应当立即采取措施,防止事故扩大。事故单位和接收病人进行治疗的单位应当及时向事故发生地县级人民政府食品药品监督管理、卫生行政部门报告。县级以上人民政府质量监督、农业行政等部门在日常监督管理中发现食品安全事故或者接到事故举报,应当立即向同级食品药品监督管理部门通报。发生食品安全事故,接到报告的县级人民政府食品药品监督管理部门应当按照应急预案的规定向本级人民政府和上级人民政府食品药品监督管理部门报告。县级人民政府和上级人民政府食品药品监督管理部门应当按照应急预案的规定上报。任何单位和个人不得对食品安全事故隐瞒、谎报、缓报,不得隐匿、伪造、毁灭有关证据。

选项C错误。《食品安全法》第105条第2款规定,发生食品安全事故需要启动应急预案的,县级以上人民政府应当立即成立事故处置指挥机构,启动应急预案,依照前款和应急预案的规定进行处置。第103条规定,发生食品安全事故,接到报告的县级人民政府食品药品监督管理部门应当按照应急预案的规定向本级人民政府和上级人民政府食品药品监督管理部门报告。县级人民政府和上级人民政府食品药品监督管理部门应当按照应急预案的规定上报。

选项D正确。《食品安全法》第119条规定，县级以上地方人民政府食品药品监督管理、卫生行政、质量监督、农业行政部门获知本法规定需要统一公布的信息，应当向上级主管部门报告，由上级主管部门立即报告国务院食品药品监督管理部门；必要时，可以直接向国务院食品药品监督管理部门报告。县级以上人民政府食品药品监督管理、卫生行政、质量监督、农业行政部门应当相互通报获知的食品安全信息。

3.【答案】 ABC

【解析】 本题考查国家食品安全风险监测制度。

选项A正确。《食品安全法》第14条第1款规定，国家建立食品安全风险监测制度，对食源性疾病、食品污染以及食品中的有害因素进行监测。

选项B正确。《食品安全法》第14条第2、3、4款规定，国务院卫生行政部门会同国务院食品药品监督管理、质量监督等部门，制定、实施国家食品安全风险监测计划。国务院食品药品监督管理部门和其他有关部门获知有关食品安全风险信息后，应当立即核实并向国务院卫生行政部门通报。对有关部门通报的食品安全风险信息以及医疗机构报告的食源性疾病等有关疾病信息，国务院卫生行政部门应当会同国务院有关部门分析研究，认为必要的，及时调整国家食品安全风险监测计划。省、自治区、直辖市人民政府卫生行政部门会同同级食品药品监督管理、质量监督等部门，根据国家食品安全风险监测计划，结合本行政区域的具体情况，制定、调整本行政区域的食品安全风险监测方案，报国务院卫生行政部门备案并实施。

选项C正确。《食品安全法》第19条规定，国务院食品药品监督管理、质量监督、农业行政等部门在监督管理工作中发现需要进行食品安全风险评估的，应当向国务院卫生行政部门提出食品安全风险评估的建议，并提供风险来源、相关检验数据和结论等信息、资料。属于本法第十八条规定情形的，国务院卫生行政部门应当及时进行食品安全风险评估，并向国务院有关部门通报评估结果。

选项D错误。《食品安全法》第21条第1款规定，食品安全风险评估结果是制定、修订食品安全标准和实施食品安全监督管理的科学依据。第17条第1款规定，国家建立食品安全风险评估制度，运用科学方法，根据食品安全风险监测信息、科学数据以及有关信息，对食品、食品添加剂、食品相关产品中生物性、化学性和物理性危害因素进行风险评估。

◎ 案例实训

【案由】 2008年中国奶制品污染事件（或称2008年中国奶粉污染事件、2008年中国毒奶制品事件、2008年中国毒奶粉事件）是中国的一起食品安全事件。事件起因是很多食用三鹿集团生产的奶粉的婴儿被发现患有肾结石,随后在其奶粉中被发现化工原料三聚氰胺。根据公布数字,截至2008年9月21日,因使用婴幼儿奶粉而接受门诊治疗咨询且已康复的婴幼儿累计39965人,正在住院的有12892人,此前已治愈出院1579人,死亡4人,另截至9月25日,香港有5个人、澳门有1人确诊患病。事件引起各国的高度关注和对乳制品安全的担忧。中国国家质检总局公布对国内的乳制品厂家生产的婴幼儿奶粉的三聚氰胺检验报告后,事件迅速恶化,包括伊利、蒙牛、光明、圣元及雅士利在内的多个厂家的奶粉都检出三聚氰胺。该事件亦重创中国制造商品信誉,多个国家禁止了中国乳制品进口。9月24日,中国国家质检总局表示,牛奶事件已得到控制,9月14日以后新生产的酸乳、巴氏杀菌乳、灭菌乳等主要品种的液态奶样本的三聚氰胺抽样检测中均未检出三聚氰胺。2010年9月,中国多地政府下达最后通牒:若在2010年9月30日前上缴2008年的问题奶粉,不处罚。2011年中国中央电视台《每周质量报告》调查发现,仍有7成中国民众不敢买国产奶粉。

【问题】

毒奶粉事件所涉受害人可依法对相关责任人追究什么责任?

【评析】

一般而言,消费纠纷发生后,消费者可以通过以下各种方式来维护自己的权益:(1)与经营者协商解决,这种方式成本最低、效率高、社会效果好;(2)请求消费者协会调解,这种调解是自愿的,调解成功当事人之间要签订调解协议,但协议不具备强制执行的法律效力,一方当事人也不能向法院申请强制执行;(3)向有关行政部门申诉,一般是向工商行政管理部门或者质量监督部门申诉,要求进行处理;(4)根据与经营者达成的仲裁协议提请仲裁机构仲裁,仲裁裁决一裁终局而且具有强制性,表现在当事人一旦选择仲裁解决纠纷,仲裁者所作的裁决就具有法律效力,权利人可以向人民法院申请强制执行;(5)向人民法院提起诉讼,当事人各方可以向人民法院起诉,这是法律规定的解决产品质量民事争议的最后途径。产品质量纠纷属于民事纠纷,采用民事诉讼。

根据《产品质量法》的规定,消费者或者其他受害人因商品缺陷造成人身、财产损害的,可以向销售者要求赔偿,也可以向生产者要求赔偿。其中人身伤害包括人的肢体损伤、残废、灭失等,以及造成身体疾病、死亡等。三鹿公司生产的该批受三聚氰胺污染的婴幼儿奶粉,已造成一名婴儿因肾结石死亡,近百名婴幼儿童肾功能不全,属于因产品存在缺陷造成受害人人身伤害的情形,应当赔偿受害人医疗费、治疗期间的护理费、因误工减少的收入等费用;造成残疾的,还应当支付残疾者生活自助具费、生活补助费、残疾赔偿金以及由其扶养的人所必需的生活费等费用;造成受害人死亡的,并应当支付丧葬费、死亡赔偿金以及由死者生前扶养的人所必需的生活费等费用。当然,如果按照三鹿公司内部的说明,该批奶粉受污染原因为奶农受利益驱使向鲜牛奶中添加三聚氰胺造成的,则其在对受害者进行经济赔偿后,可以向不法奶农追偿。

因产品缺陷造成人身、财产损害而向法院提起诉讼，是法律赋予消费者的权利，但是这种权利是受时间限制的。法律规定消费者应当在一定期间内向法院起诉，超过了这个法定期间再向法院起诉，法院就可以驳回起诉，这个法定期间叫作诉讼时效。根据《产品质量法》第45条的规定，因产品缺陷造成人身、财产损害，提起损害赔偿请求的诉讼时效期间为两年，自当事人知道或者应当知道其权益受到损害时起算。因此，购买该批受三聚氰胺污染的婴幼儿奶粉的监护人应当在9月11日石家庄三鹿公司发布声明后，及时向法院起诉，以免丧失胜诉权。只要是在法定期限内提起诉讼，法院都会依法给予公正的判决，保护消费者的合法权益。

根据民事诉讼法相关司法解释的规定，因产品质量不合格造成他人财产、人身损害提起的诉讼，产品制造地、产品销售地、侵权行为地(包括行为实施地和损害结果发生地)和被告住所地的人民法院都有管辖权。因此，原告可选择向这几个法院中的一个起诉。

根据《食品卫生法》、《国家重大食品安全事故应急预案》，造成重大食品安全事故的责任单位和责任人应当按照有关规定对受害人给予赔偿。国家对相关企业不仅要进行罚款，还要对生产经营不符合卫生标准的食品，造成严重食物中毒事故或者其他严重食源性疾患，对人体健康造成严重危害的，依法追究刑事责任。

《刑法》第144条规定，在生产、销售的食品中掺入有毒、有害的非食品原料的，或者销售明知掺有有毒、有害的非食品原料的食品的，处五年以下有期徒刑或者拘役，并处或者单处销售金额百分之五十以上二倍以下罚金；造成严重食物中毒事故或者其他严重食源性疾患，对人体健康造成严重危害的，处五年以上十年以下有期徒刑，并处销售金额百分之五十以上二倍以下罚金；致人死亡或者对人体健康造成特别严重危害的，依照本法第一百四十一条的规定处罚(第141条，生产、销售假药，足以严重危害人体健康的，处三年以下有期徒刑或者拘役，并处或者单处销售金额百分之五十以上二倍以下罚金；对人体健康造成严重危害的，处三年以上十年以下有期徒刑，并处销售金额百分之五十以上二倍以下罚金；致人死亡或者对人体健康造成特别严重危害的，处十年以上有期徒刑、无期徒刑或者死刑，并处销售金额百分之五十以上二倍以下罚金或者没收财产)。

由此可见，如果不是出于意外而是故意添加聚氰胺以提高非法的、早已明令禁止的化学蛋白质含量，以欺骗检查、无视其危害后果，其行为足以构成生产销售有毒有害食品罪，从其情节来看，已经符合刑法中的致人死亡或者对人体健康造成特别严重危害的从重法定情节。《刑法》第30条、第31条对追究哪些人的刑事责任作了相关规定："公司、企业、事业单位、机关、团体实施的危害社会的行为，法律规定为单位犯罪的，应当负刑事责任。单位犯罪的，对单位判处罚金，并对其直接负责的主管人员和其他直接责任人员判处刑罚。本法分则和其他法律另有规定的，依照规定。"

参 考 文 献

一、法律法规

1. 竞争法
2. 反垄断法
3. 反不正当竞争法
4. 消费者权益保护法
5. 产品质量法
6. 税法
7. 税收征收管理法
8. 银行法
9. 信托法
10. 票据法
11. 劳动合同法
12. 劳动争议调解仲裁法
13. 社会保险法
14. 城市房地产管理法
15. 土地管理法
16. 环境保护法
17. 食品安全法
18. 最高人民法院关于审理食品药品纠纷案件适用法律若干问题的规定

二、司考讲义

1. 鄢梦萱:2014 年指南针综合提高班经济法
2. 王小龙:2014 年众合系统强化班商经知
3. 李文涛:2014 年新起点系统强化班商经
4. 张能宝:2014 年司法考试历年试题及考点归类精解——商经法

三、著作

1. 江平、李国光主编:《最新公司法理解与适用》,人民法院出版社 2006 年版。
2. 全国人大常委会财经委编:《合伙企业法、独资企业法热点问题研究》,人民法院出版社 1996 年版。

3. 施天涛:《商法学》(第三版),法律出版社 2006 年版。
4. 范健主编:《商法》(第三版),高等教育出版社、北京大学出版社 2007 年版。
5. 高在敏、王延川、程淑娟编著:《商法》,法律出版社 2006 年版。
6. 顾功耘主编:《商法教程》,上海人民出版社 2001 年版。
7. 赵旭东主编:《新破产法案例解读》,人民法院出版社 2005 年版。
8. 黄勇主编:《商法学(第二版)同步辅导与案例集》,武汉大学出版社 2010 年版。
9. 林嘉主编:《商法案例分析》,中国人民大学出版社 2009 年版。
10. 杨紫烜主编:《经济法》,北京大学出版社、高等教育出版社 1999 年版。
11. [美]萨缪尔森:《经济学》,中国发展出版社 1992 年版。
12. 王晓晔编:《反垄断法与市场经济》,法律出版社 1998 年版。
13. 邵建东:《中国竞争法》,江西人民出版社 1994 年版。
14. 李昌麒主编:《经济法学》,中国政法大学出版社 1999 年版。
15. 王保树主编:《经济法律概论》,中国经济出版社 1997 年版。
16. 董玉明主编:《经济法学》,吉林人民出版社 1999 年版。
17. 杨紫烜、徐杰主编:《经济法学》,北京大学出版社 2009 年版。
18. 漆多俊:《经济法学》,复旦大学出版社 2010 年版。
19. 卞耀武:《中华人民共和国价格法释义》,法律出版社 1998 年版。
20. 朱大旗:《金融法》,中国人民大学出版社 2000 年版。
21. 于莹:《票据法》,高等教育出版社 2008 年版。
22. 张文显:《克思主义法理学——理论、方法和前沿》,高等教育出版社 2003 年版。
23. 顾功耘主编:《经济法案例法规选编》,北京大学出版社 2008 年版。

图书在版编目(CIP)数据

经济法实训 / 朱晓燕编著. —北京:法律出版社,
2016
ISBN 978-7-5118-9088-7

Ⅰ. ①经… Ⅱ. ①朱… Ⅲ. ①经济法—中国—教材
Ⅳ. ①D922.29

中国版本图书馆CIP数据核字(2016)第018780号

责任编辑/徐 蕊　　**装帧设计**/鲁 娟

出版/法律出版社　　**编辑统筹**/法律教育出版分社
总发行/中国法律图书有限公司　　**经销**/新华书店
印刷/三河市兴达印务有限公司　　**责任印制**/沙 磊

开本/720毫米×960毫米 1/16　　**印张**/18.5 **字数**/350千
版本/2016年10月第1版　　**印次**/2016年10月第1次印刷

法律出版社/北京市丰台区莲花池西里7号(100073)
网址/www.lawpress.com.cn
投稿邮箱/info@lawpress.com.cn　　**销售热线**/010-63939792/9779
举报维权邮箱/jbwq@lawpress.com.cn　　**咨询电话**/010-63939796

中国法律图书有限公司/北京市丰台区莲花池西里7号(100073)
全国各地中法图分、子公司销售电话:
统一销售客服/400-660-6393
第一法律书店/010-63939781/9782　　**西安分公司**/029-85330678　　**重庆分公司**/023-67453036
上海分公司/021-62071010/1636　　**深圳分公司**/0755-83072995

书号:ISBN 978-7-5118-9088-7　　**定价**:36.00元

(如有缺页或倒装,中国法律图书有限公司负责退换)